本报告的出版得到

国家重点文物保护专项补助经费资助

崇信于家湾周墓

甘肃省文物考古研究所 编著

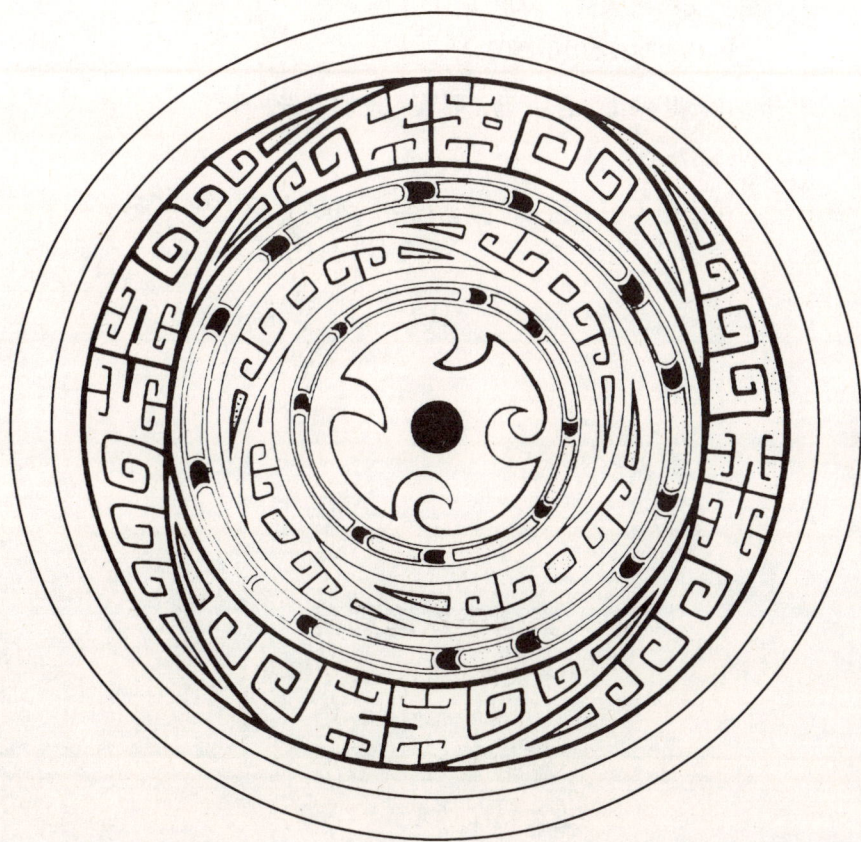

文物出版社

封面设计：张希广

责任印制：陈 杰

责任编辑：杨冠华

图书在版编目（CIP）数据

崇信于家湾周墓/甘肃省文物考古研究所编著. —北

京：文物出版社，2009.1

ISBN 978-7-5010-2507-7

Ⅰ．崇… Ⅱ．甘… Ⅲ．周墓－发掘报告－崇信

Ⅳ．K878.85

中国版本图书馆 CIP 数据核字（2008）第 159676 号

崇信于家湾周墓

甘肃省文物考古研究所　编著

*

文 物 出 版 社 出 版 发 行

（北京东直门内北小街 2 号楼）

http：//www.wenwu.com

E-mail：web@wenwu.com

北京美通印刷有限公司印刷

新 华 书 店 经 销

889×1194　1/16　印张：19.75　插页：2

2009 年 1 月第 1 版　2009 年 1 月第 1 次印刷

ISBN 978-7-5010-2507-7　定价：238.00 元

Zhou Tombs at Yujiawan Village, Chongxin County

(With An English Abstract)

by

Institute of Cultural Relics and Archaeology of Gansu Province

Cultural Relics Press

目　　录

插 图 目 录

彩 版 目 录

图 版 目 录

第一章　前　言

第一节　地理位置

崇信县地处甘肃省东部，隶属平凉市管辖，位于平凉市的东南部，东接泾川县和灵台县，北靠平凉市空峒区，西邻华亭县，南与陕西省陇县相连，地处北纬 35°10′~35°25′，东经 106°50′~107°10′。县境南北长 41.5、东西宽 35 千米，总面积 849.47 平方千米，是一个偏僻、宁静的小县。

崇信县的地理环境属于陇东黄土高原丘陵沟壑区，地势西北高，东南低，陇山（关山）支脉——唐帽山、老爷山屹立于县西北部，泾河支流——汭河、黑河、达溪河由西向东贯穿县境，将全县地形切割成狭长的三川两原和丘陵沟壑地貌，海拔 1085.4~1728 米，相对高差 642.6 米，平均海拔 1393 米。

于家湾是一个较大的行政村，属九功乡管辖，西南距县城约 3.5 千米，于家湾在汭河北岸，县城在其南岸，崇信至泾川公路从南岸经过，于家湾所在的九功乡政府东距泾川县城仅 25 千米，交通较为便利（图一）。

第二节　历史沿革

地处陇东的崇信历史悠久，早在新石器时期就有人类在此繁衍生息。考古调查显示，在该县境河流川道的台地和塬边上分布有大量的新石器时期遗址，主要是仰韶文化和齐家文化遗址。如于家湾所在的九功塬上就有好几处仰韶文化和齐家文化遗址①。

夏商之时，崇信为西戎之地。至殷末周初，包括崇信在内的平凉地区分布着许多戎族、方国。据史书记载，这个时期的共、阮、卢、虞、密须等方国或部族就活动在泾河上游一带（图二）。春秋时期，崇信为义渠戎活动区域。战国时期，秦昭王三十六年（前 271 年）置北地郡，崇信为其辖地②。

"崇信"一名，源于唐代。唐德宗贞元四年（788 年）正月，武康郡王李元谅任陇右节度使，移镇良原（今灵台梁原）。夏季在此筑城，名曰"崇信"。后置崇信军，为左神策军京师西北八镇之一，"崇信"之名始见于史册。当时唐王朝为了西御吐蕃，保境安疆，便以"崇

---

① 参见陶荣：《甘肃崇信古文化遗址调查》，《考古》1995 年 1 期。陶荣：《崇信九功塬遗址》，见本书附录七。平凉地区博物馆张映文等：《平凉文物》，该刊物为内部刊物。

② 崇信县地方志编纂委员会编：《崇信县志》，甘肃人民出版社，1978 年。

信"为城名和军号，取褒"崇尚信义、守信修睦"之意。宋太祖建隆四年（963 年），在今县城所在地择地建县，修筑城垣，创建衙署，始建崇信县，沿用至今①。

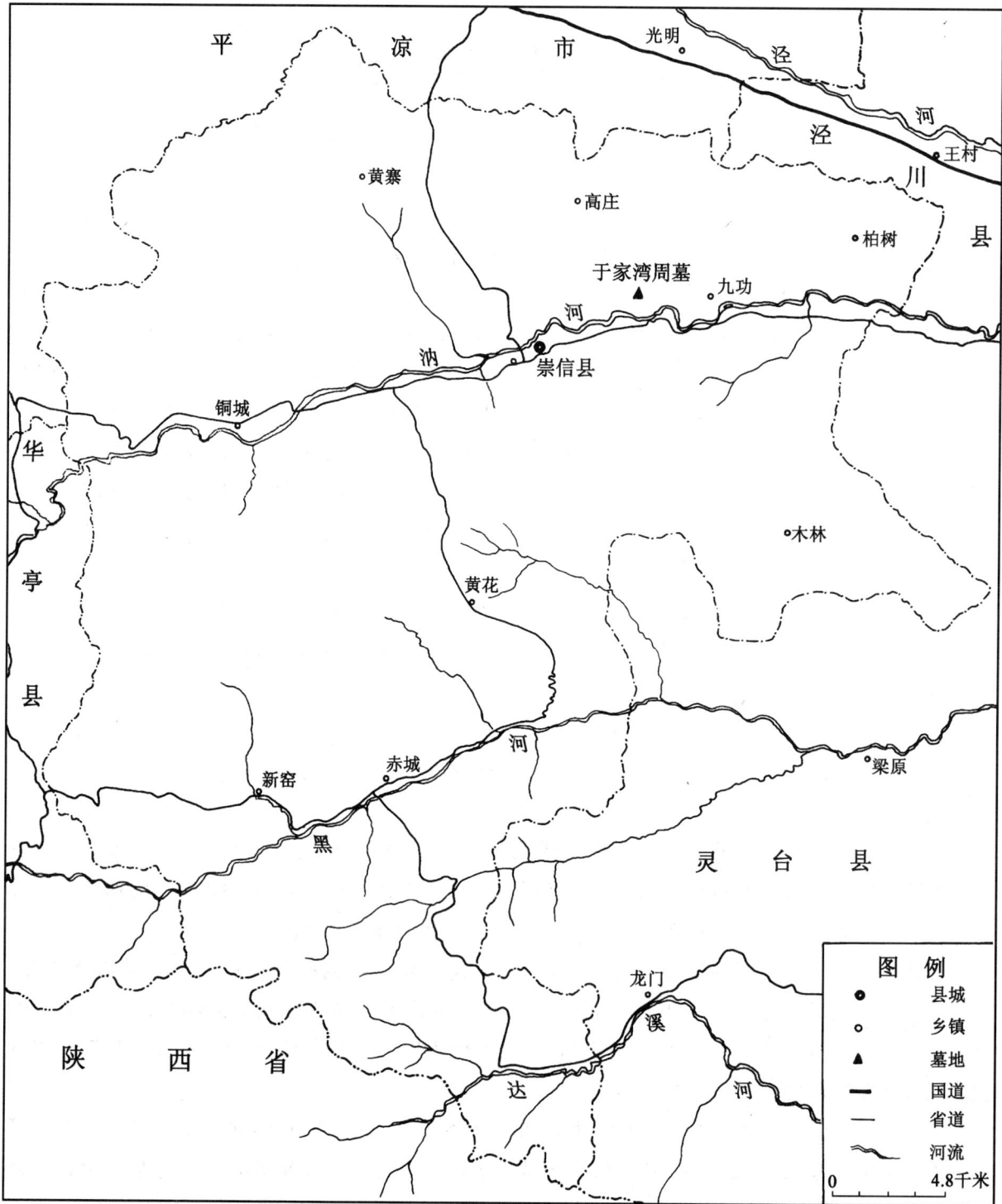

图一　于家湾周墓位置示意图

---

① 张克复、仲兆隆主编：《甘肃的由来》，甘肃人民出版社，1992 年。

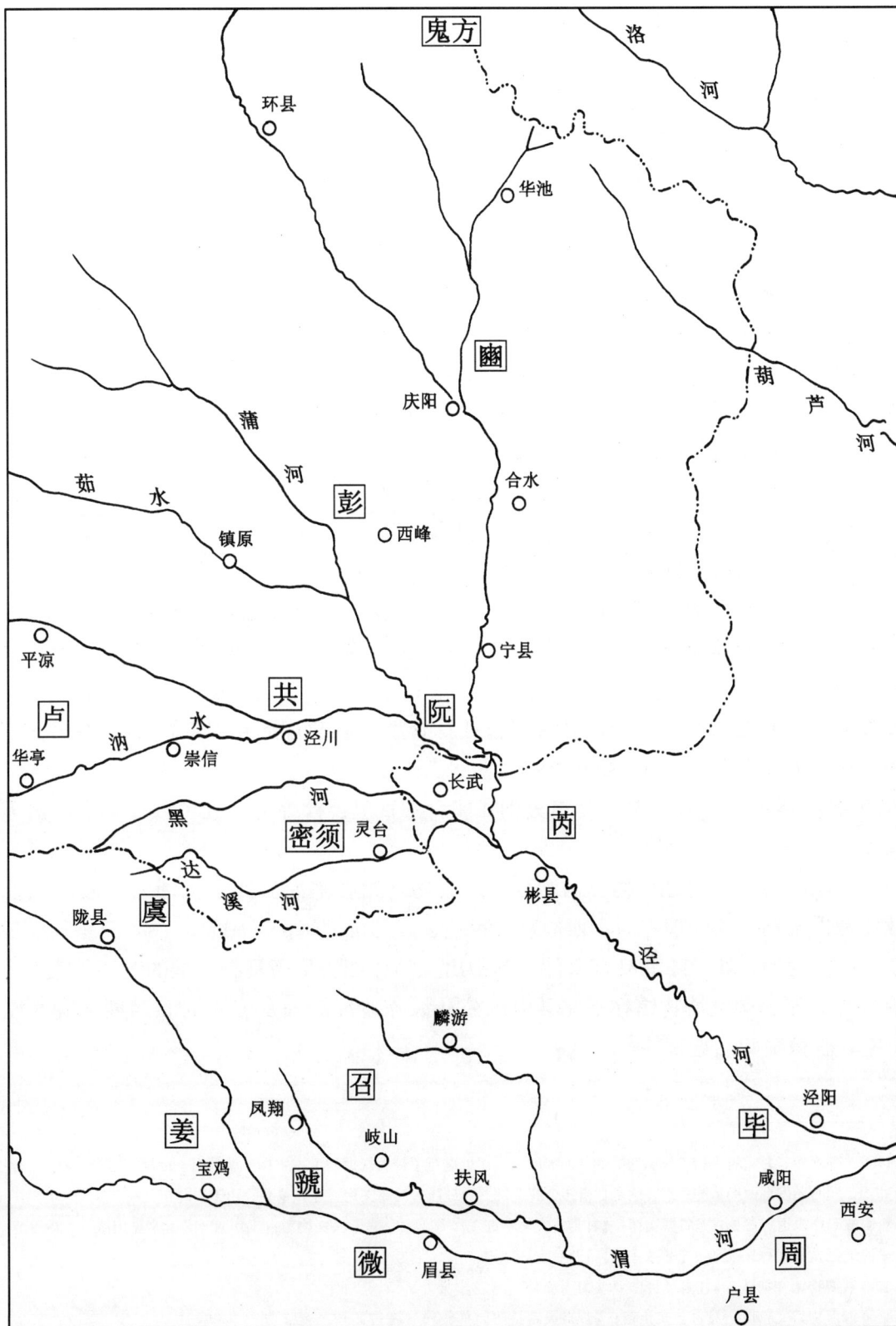

图二　商末周初泾河上游流域形势示意图

（本图参考甘肃省博物馆文物队《甘肃灵台白草坡西周墓》之西周初期泾渭流域形势图绘制）

第三节　周边地区的周文化遗存

考古资料表明，甘肃东部地区是周秦文化的发祥地之一，同时也是狄、羌、氐、戎等少数民族祖先的活动区域。就地域而言，陇山山脉绵亘于甘肃东部，地势呈南北走向，将甘肃东部地区分割为陇东、陇西和陇南三大区域，其中，陇东是周文化的主要分布区域，陇南则是秦文化的主要发源地，而陇西的周文化遗存则相对较少。考古调查资料证实，陇西以西地区目前还没有发现周文化的遗存①。就水系而言，周秦文化主要分布在甘肃东部的三大水系即泾河、渭河、西汉水及其支流流域的二层台地或支流与主流交汇处的三角台地上，其中，地处泾河上游的平凉地区周文化遗存分布最为密集，考古调查与清理发掘工作做得也相对较多。现有资料显示，仅在崇信于家湾 50 千米半径的范围内就有数百处周文化遗址和墓葬区②，其中，经过考古清理发掘并已公布材料的有：

1967 年和 1972 年，甘肃省博物馆两次对灵台县西屯公社白草坡西周墓进行清理发掘，共发掘墓葬 9 座、车马坑 1 座，出土文物一千多件，其中 1 号潶伯墓和 2 号𢀖伯墓的发现，表明周初这里可能是他们的采邑封地③。

1972～1973 年，甘肃省博物馆和灵台县文化馆在灵台县什字公社姚家河、百里公社洞山、独店公社西岭等地清理发掘了 7 座西周墓葬，共出土文物 177 件，其中铜鼎、铜簋上都发现有铭文④。

1972 年，泾川县文化馆在泾川县泾明公社蒜李坪大队清理周初时期的墓葬 1 座，出土文物 9 件，其中 1 件为带有族徽铭文的青铜鬲⑤。

1975 年和 1976 年，灵台县博物馆分别在灵台县百里公社寺沟和五星公社郑家洼清理了两座西周墓葬，出土文物 77 件⑥。

1975～1976 年，平凉地区博物馆配合甘肃省博物馆在平凉县四十里铺公社庙庄遗址进行了抢救性考古发掘，共清理先周和西周墓葬 5 座、车马坑 1 座，其中 M1、M2 两座墓发现有殉人现象。这次发掘共获得随葬品百余件，其中出土的分裆袋足鬲具有典型的先周特点⑦。

1980 年，平凉地区博物馆在平凉县白水公社大陈遗址清理发掘先周和西周墓葬 6 座、车马坑 1 座，获得随葬品近百件⑧。

①　1965～1966 年，甘肃省文物工作队对陇西县西河滩西周遗址进行了较大规模的考古发掘，清理出一批烧陶窑址、居址、窖穴和水井等，同时还发掘西周墓葬 7 座。这是甘肃迄今清理发掘的最西边的周文化遗址和墓葬，由于当时正处在"文革"时期，这批资料因故未作报道。参见甘肃省博物馆：《甘肃省文物考古工作 30 年》，载于《文物考古工作 30 年》，文物出版社，1979 年。

②　平凉地区博物馆张映文等：《平凉文物》1984 年 1 期。

③　甘肃省博物馆文物队：《甘肃灵台白草坡西周墓》，《考古学报》1977 年 2 期。

④　甘肃省博物馆文物队、灵台县文化馆：《甘肃灵台县两周墓葬》，《考古》1976 年 1 期。

⑤　泾川县文化馆刘玉林：《甘肃泾川发现早周铜鬲》，《文物》1977 年 9 期。

⑥　刘得祯：《甘肃灵台两座西周墓》，《考古》1981 年 6 期。

⑦　参见平凉地区博物馆张映文等：《平凉文物》；平凉地区博物馆：《平凉文博》1984 年 1 期。这两种刊物均为内部刊物。

⑧　参见平凉地区博物馆张映文等：《平凉文物》；平凉地区博物馆：《平凉文博》1984 年 1 期。

1981 年，灵台县文化馆在中台公社红崖沟清理西周墓葬 1 座，出土文物 11 件[①]。

1983 年，灵台县文化馆在新集公社崖湾清理西周墓葬 1 座，出土文物 26 件，其中铜甗腹内壁铭"并伯作宝彝"五字，这是灵台县继"潶伯"墓和"㵚伯"墓之后的又一座西周伯侯墓[②]。

1984 年，甘肃省文物工作队和崇信县文化馆在崇信县赤城乡香山寺调查时，发现了一处先周时期的墓葬。清理发掘了其中 1 座，出土文物 9 件，其中 7 件陶器具有先周文化的特征[③]。

另外，在平凉地区的各市、县，都不同程度地发现和清理过一些先周至西周时期的墓葬，大约有 30 多座，由于这些墓葬大都是地、县博物馆或文化馆清理的，材料大多没有公布。不过，我们在这些博物馆或文化馆的展室或文物库房中可以看到很多先周和西周时期的器物，说明在崇信于家湾周墓地的周边，分布着众多的周文化遗址和墓葬，这为探讨和研究陇东地区的周文化提供了丰富的材料和实物例证。

第四节　墓葬的发现及发掘经过

1980 年 10 月，平凉地区博物馆刘玉林、刘德祯、李中等同志在崇信县九功公社于家湾大队进行文物调查时，听社员反映，1979 年初，东沟生产队社员张志德在自家院内挖窑时发现一座古墓葬，出土了几件青铜器。刘玉林等遂找到了张志德了解情况。据张本人讲，该墓距地表不到 3 米深，墓的形制已遭破坏，墓内板灰很厚，挖出文物 4 件，其中无穿青铜戈 3 件、铜泡 1 件，均完整无缺。还挖出陶鬲 1 件，已损坏遗失。经做工作，张志德将出土的这 4 件文物捐献给了崇信县文化馆。另外，社员于士林也反映，1968 年他曾在距他家东边不到 200 米的一条小沟半崖上挖出车軎 2 件（当时就上缴了大队收购组，后下落不明）。经调查组现场观察是早期墓葬，已被破坏。根据这些线索，调查组在东沟生产队 2000×400 米的台地上进行了现场勘察，发现有大量的周文化陶片及零星的汉晋陶片。据此，调查组初步判断，这里可能是一处周代的墓葬区。

1981 年 8 月，于家湾村社员在挖庄基时，在距地表 5 米多深处挖出了铜觚 1 件、铜爵 1 件，这两件铜器的形制、纹饰都具有商末周初的特征，两件铜器上都铸铭文，其中铜觚铭文为"册□册父甲"，铜爵铭文为"□癸父"。同出的还有玉饰、蚌饰、海贝、蛤蜊壳等共 55 件。社员将这批文物上交了崇信县文化馆。距社员反映，当时还挖出了人骨、动物骨骼等。从出土的铜觚、铜爵组合及其形制和纹饰分析，该墓应该是一座商末周初时期的墓葬[④]。

在这之前的二三十年间里，甘肃省文物考古工作者为了探寻周文化的起源及其分布范围，曾在陇东地区特别是泾河上游一带，做过多次深入细致的田野考古调查工作，经确认的周文

①　刘得祯：《甘肃灵台红崖沟出土西周铜器》，《考古与文物》1983 年 6 期。

②　史可晖：《甘肃灵台县又发现一座西周墓葬》，《考古与文物》1987 年 5 期。

③　甘肃省文物考古研究所、崇信县博物馆：《崇信赤城香山寺发现先周墓葬》，见本书附录六。

④　崇信县文化馆陶荣：《崇信出土西周早期青铜器》，《平凉文物》1984 年 1 期。陶荣：《崇信于家湾出土先周时期青铜器》，见本书附录五。

化遗存就有好几百处，并对其中部分遗址和墓葬进行了清理发掘工作①。但是，由于受发掘面积和规模较小的限制以及其他客观因素的制约，一直未能达到预期的目的。因此，寻找一处理想的周文化遗址或墓葬区进行主动的、科学的、有目的地清理发掘是当时甘肃省文物工作队的期盼之一。在这种背景下，我们选择了崇信县九功乡于家湾周墓地。

1980 年底，甘肃省文物工作队派魏怀珩、宋涛同志会同平凉地区博物馆刘玉林同志再次对崇信县于家湾进行了较为全面的考古调查。调查后认为，这里很有可能是一处周代墓葬区，建议对其进行试掘。

1982 年 10 月，甘肃省文物工作队对崇信于家湾墓地进行了试掘，参加发掘的有魏怀珩、宋涛、马建华等同志。这次试掘主要在于家湾周墓地沟东区的第二、三、四梯田台地上进行（图版一，1），共发掘先周和西周墓葬 16 座（编号 82CYM1 ~ M16）、马坑 2 座（编号 82CYMK1 ~ MK2），出土文物 200 余件，是年考古发掘情况——《甘肃崇信于家湾周墓发掘简报》已刊载于《考古与文物》1986 年第 1 期。需要说明的是，凡是该简报内容与本报告不符时，以本报告为准。

1984 年 6 月至 11 月，甘肃省文物工作队开始对崇信县于家湾周墓地沟东区进行正式发掘（图版一，2），参加发掘工作的有魏怀珩、张珑、水涛及崇信县文化馆陶荣等同志，河南省洛阳市文物工作队的两名探工高师傅、朱师傅协助我们进行钻探。这次发掘工作的一个主要任务是对于家湾周墓地沟东区进行全面的考古钻探，以便搞清楚沟东区墓地的墓葬分布情况。钻探工作共持续了三个多月，钻探面积约 14 000 多平方米，总共在沟东区第一至第十梯田台地钻探出 246 座古墓葬、6 座马坑（其中第九、第十梯田台地无墓葬，钻探出的 246 座墓葬和 6 座马坑主要分布在第一至第八梯田台地）。清理发掘工作是在钻探的基础上进行的，由于第一梯田台地的墓葬分布最为密集，面积也最大，故本年度发掘任务的重点就是对第一梯田台地所有钻探出的墓葬进行全面的清理发掘，以求对该墓地的周墓葬有一个较为全面的认识。这次发掘共清理墓葬 67 座、马坑 1 座，其中有先周、西周时期的墓葬 62 座（编号 84CYM17 ~ 35、M38 ~ M42、M44 ~ M66、M68 ~ M81、M83）、马坑 1 座（编号 84CYMK3）、西晋十六国时期的墓葬 5 座（编号 84CYM36、M37、M43、M67、M82）。在清理的 62 座先周、西周墓葬中，共出土文物近 1500 件。这次钻探和发掘的主要收获是搞清楚了于家湾周墓地沟东区是一处文化内涵比较单一的先周和西周时期的墓葬区，而且墓葬分布非常密集。同时，通过这次发掘，还获得了一批重要的西晋十六国时期的考古资料。

1986 年 7 月至 11 月，甘肃省文物考古研究所（原甘肃省文物工作队）对崇信县于家湾周墓地沟东区再次进行清理发掘（彩版一，1），参加发掘工作的有魏怀珩、张珑及崇信县文化馆陶荣等同志（图版二）。发掘工作仍然是依据 1984 年的墓葬钻探分布图来进行的②。由于该墓地墓葬分布情况是从第一梯田台地到第八梯田台地越来越少，为了不影响农民当年 10 月份的冬小麦播种，尽量减少误耕赔偿，故发掘队决定本年度的发掘工作从第八梯田台地开始，

---

① 甘肃省博物馆：《甘肃省文物考古工作 30 年》，《文物考古工作 30 年》，文物出版社，1979 年。

② 由于甘肃省文物考古研究所文物库房多次搬迁，致使《崇信于家湾沟东区墓葬钻探分布图》在搬迁过程中丢失，使本书失去了一份重要的资料，非常遗憾。

依次往下清理发掘。这次发掘，在第二至第八梯田台地共清理墓葬 82 座，其中有先周、西周时期的墓葬 60 座（编号 86CYM94～M99、M101～M102、M104～M106、M108、M110～M132、M134～M140、M142、M144、M146～M161）、马坑 3 座（编号 86CYMK4～MK6）、西晋十六国时期的墓葬 18 座（编号 86CYM84～M93、M100、M103、M107、M109、M133、M141、M143、M145）、宋元时期的瓮棺葬 1 座（编号 86CYW1）。在清理的 60 座先周、西周墓葬中，共出土文物 2000 余件。

按照 1984 年制订的整个钻探和发掘计划，是要将于家湾周墓地沟东区已探明的 246 座墓葬和马坑全部进行清理发掘，但经过 1982 年的试掘和 1984、1986 年两个年度的正式发掘后，认为该墓地墓葬被盗严重，已发掘的墓葬十有九空，再者，发掘的 138 座先周、西周墓葬和 6 座同时代的马坑已经能够揭示该墓地的基本内涵，从学术的角度看，已达到了预期的目的，因此，我们对该墓地的发掘就此结束。需要强调的是，按照《崇信于家湾沟东区墓葬钻探分布图》的标示，沟东区第二、第三梯田台地地下尚有约 80 座周墓没有清理发掘，因此，该墓地仍需作为重要的墓葬保护区加以保护。在此还需要说明的是，在该墓地发掘的 23 座西晋十六国时期的墓葬和 1 座宋元时期的瓮棺葬的资料，将另书发表。

第二章 墓葬概述

第一节 墓地概述

一 墓葬分布情况

于家湾墓地沟东区在于家湾村东头的一小块二层台地上，台地略呈长三角形缓坡地，面积约 15 000 多平方米，据村民说这块地有 22 亩，由十几户村民耕种，他们称这块缓坡地为"小塬嘴子"。缓坡地地形北宽南窄，北高南低，北依北塬山（亦称柏树塬或北塬），南傍汭河畔，整个缓坡地高出汭河水面约 20～30 米，缓坡地的东西两端边缘是冲沟形成的陡坡和断崖。这块缓坡地现被村民开垦为层层梯田，共有 10 级。梯田由南向北依次增高，其中第一梯田的西侧、第二梯田的南侧是一片近现代坟地，第二、第三梯田的西侧断崖和第二梯田的南侧断崖下有村民的窑洞，这些窑洞大部分已废弃。

为了便于发掘工作，我们按照现有的梯田台地，将 10 级梯田台地从南到北、从下往上依次分为 10 个发掘区，编号第一至第十区。经钻探得知第九、第十区无墓葬分布，故于家湾钻探出的墓葬（包括西晋十六国墓葬）都分布在第一至第八区（图三）。

从地形观察，整个于家湾村都位于汭河北岸的二层台地上，这一绵延几千米的台地统称为九功塬子。在于家湾村东部有一条从北塬山一直到汭河畔的南北向大冲沟，据《崇信县志》（民国十五年重修）卷一舆地志载："于家湾沟，城东七里，南流入汭"，说明这条沟很早前就已形成。沟西现为村民居住区，沟东即"小塬嘴子"，也就是墓葬发掘区。其实，在沟西区，也有周墓葬的分布，据村民反映和比画，过去挖窑时曾挖出过青铜鼎、卣、瓠、爵、戈以及陶鬲、陶罐、玉饰、蚌饰、蛤蜊壳等[①]。1993 年被列为甘肃省省级文物保护单位的于家湾周墓地，就是包括了沟西区和沟东区的整个于家湾村。从地形来看，于家湾沟东区以东约 1.5 千米即为九功塬，沟西即于家湾村所在地以西也是汭河自然形成的台地，也就是说，整个于家湾村都属于地势较平缓的台地，是依山傍水、适合丧葬的理想墓地。

根据钻探和发掘情况来看，于家湾沟东区墓地地层比较简单，一般耕土层下即为原生土层。墓地周墓的分布比较密集，排列有序，墓地沿用的时间较长，时代可从先周到西周中期。于家湾沟东区周墓地的墓葬基本上是比较单一的，除了 20 多座西晋十六国墓葬以外，其余

---

① 陶荣：《崇信于家湾出土先周时期青铜器》，见本书附录五。

200 多座都是先周和西周时期的墓葬以及同时代的马坑。墓葬的分布情况大致来讲，周墓一般都集中在坡地的下端，即靠近沕河，而西晋十六国墓葬大都靠近坡地的上端，即靠近北塬山根。周墓是越靠近沕河的台地上越密集，而越靠近北塬山根越稀疏。从年代上看，一般早期的周墓多分布在墓地的南部，即靠近沕河处，较晚的墓葬则较多的集中在中部和北部。由此分析，墓地的使用是由南向北开始的。

已发掘的 138 座周墓葬和 6 座马坑的具体分布情况为：

第一区：共 58 座墓葬，1 座马坑（M17、M18、M19、M20、M21、M22、M23、M24、M25、M26、M27、M28、M29、M31、M32、M33、M34、M38、M40、M41、M42、M44、M45、M46、M47、M48、M49、M50、M51、M53、M54、M55、M56、M57、M58、M59、M60、M61、M62、M63、M64、M65、M66、M68、M69、M70、M71、M72、M73、M74、M75、M76、M77、M78、M79、M80、M81、M83；MK3）。

第二区：共 16 座墓葬，1 座马坑（M5、M6、M7、M8、M9、M10、M11、M12、M13、M14、M15、M16、M30、M35、M39、52；MK2）。

第三区：共 14 座墓葬，2 座马坑（M1、M2、M3、M151、M152、M153、M154、M155、M156、M157、M158、M159、M160、M161；MK1、MK6）。

第四区：共 33 座墓葬，1 座马坑（M4、M110、M111、M112、M113、M114、M115、M116、M117、M118、M119、M120、M121、M122、M123、M124、M125、M126、M127、M128、M129、M130、M131、M132、M134、M135、M136、M137、M138、M139、M140、M142、M144；MK5）。

第五区：共 5 座墓葬（M146、M147、M148、M149、M150）。

第六区：共 7 座墓葬，1 座马坑（M94、M101、M102、M104、M105、M106、M108；MK4）。

第七区：共 5 座墓葬（M95、M96、M97、M98、M99）。

第八区没有周墓葬，全是西晋十六国墓葬。

由于 1984 年发掘时，已将第一区所有钻探出的墓葬和马坑全部发掘清理完毕，1986 年发掘时，又从上而下将第八区、七区、六区、五区、四区所有钻探出的墓葬（包括西晋十六国时期墓葬）和马坑全部发掘清理完毕，故沟东区钻探出的 246 座墓葬除去已发掘清理的 167 座各时期的墓葬外（138 座周墓葬、6 座马坑、23 座西晋十六国时期墓葬），还剩近 80 座未发掘的墓葬就主要集中在第二区和第三区了，从钻探情况得知，剩余的这些墓葬基本都是周墓葬和同时期的马坑。

需要指出的是，在周墓葬的回填土中发现有零星的新石器时代仰韶文化庙底沟类型的陶片和红烧土块，说明早在新石器时代就有人类在这里居住或活动过。

于家湾沟东区墓地由于过去人为的平田整地，修筑梯田，已破坏了这片坡地原有的地貌，故而造成墓葬的开口有的距地表较深（最深的地表距墓口 2.75 米），有的距地表较浅（最浅的地表距墓口仅 0.30 米）。以划分的墓区来说，一般第一、二、三区墓口距地表较浅，第四、五、六、七区墓口距地表则较深；以墓葬所处的位置来说，一般靠整个墓葬区西部的墓口距地表较浅，靠东部的墓口距地表较深。

于家湾沟东区墓葬分布比较密集，但排列基本有序，一般都是 3～5 座相对集中的分布，可能是家族墓葬的关系。

二　墓葬被盗情况

发掘的 138 座先周、西周墓葬，除了 M1 因在社员窑顶上未能全部清理而不知是否被盗掘外，其余 137 座墓葬中，有 113 座被盗掘，被盗掘墓葬约占发掘墓葬的 82%，可见破坏十分严重。其中，大型墓全部被盗掘，中型墓 90% 以上被盗掘，小型墓保存稍好，仅有 56% 被盗掘。被盗墓葬一般都有 1～2 个盗洞，较大的墓如 M147 盗洞多达 6 个。盗墓者似乎找到了这里的墓葬地面分布和埋葬规律，即凡是大、中型墓葬，一般都从墓室的南北两端往下挖（较大的墓除了南北两端外，还从东西两侧辅助往下挖），小型墓则只从墓室的北端往下挖。盗洞一般为圆形或椭圆形，盗挖方法都是顺着墓壁垂直往下挖，一般都不太破坏墓室壁面，挖到棺椁后即向棺椁内斜入而下，将棺内器物盗走，人骨扰乱，很多墓葬仅存零星肢骨，更严重的则是墓被盗掘一空，连棺椁内人骨亦不存。由于是从南北两个方向向棺内盗挖，故棺椁大部分被挖残，特别是棺，破坏更甚，致使有些棺的形制和尺寸往往不详。个别盗洞的底部发现有焚烧物的灰迹，可能是盗墓者点燃物所留痕迹。被盗墓葬出土的随葬器物大都是放置在二层台以及填土中未被盗及的劫后幸存的遗物。

在被盗墓葬 M55 的东南角盗洞中，发现一具可能是盗墓者的完整男性骨架，该骨架头部附近发现有拳头大的石块 4 个，分析可能是早期盗墓者被同伙砸死在盗洞内（图四）。

根据发掘情况，我们分析于家湾周墓葬可能是早期被盗。因为：

1. 在同一墓地发掘的 23 座西晋十六国时期的墓葬一座也未被盗掘，说明周墓的被盗时间应在西晋十六国墓葬埋葬之前。

2. 西周墓葬 M42 北部被盗，但在一开始清理时就没有发现盗洞痕迹，只有被西晋十六国墓葬打破的墓道痕迹，说明 M42 的盗洞痕迹已被西晋十六国墓葬破坏，从而证明周墓葬被盗时间应该在西晋十六国之前。

3. 与周墓葬同时期的 6 座马坑一座也未被盗（其中两座只是被西晋十六国墓葬打破），说明盗墓时间应在墓地地面尚有封土等标志或痕迹前，不然盗墓者何以能够准确的确定盗挖目标和盗挖位置？

4. 墓葬尽管可能是早期被盗，但也应该是在棺椁、人骨、器物等腐朽，墓室塌陷很久以后，因为盗洞挖去的棺椁残口痕迹非常齐整，说明棺椁已腐朽成灰；还有被盗洞挖残的漆器，如 M96 的 1 件钵形漆器，被盗洞挖残一半，其残留部分的灰迹及镶嵌在漆器上面的蚌泡尚存，而挖去部分的蚌泡遗留在盗洞填土中。

综上分析，估计周墓大规模或大面积被盗时间很有可能在汉晋之际。

三　墓葬打破关系

于家湾沟东区墓地的打破关系有两种情况：一种是西晋十六国墓葬打破周墓葬或马坑，如周墓葬 M38、M42、M69、M112、M144、MK3、MK5 等都被西晋十六国墓葬打破或叠压；

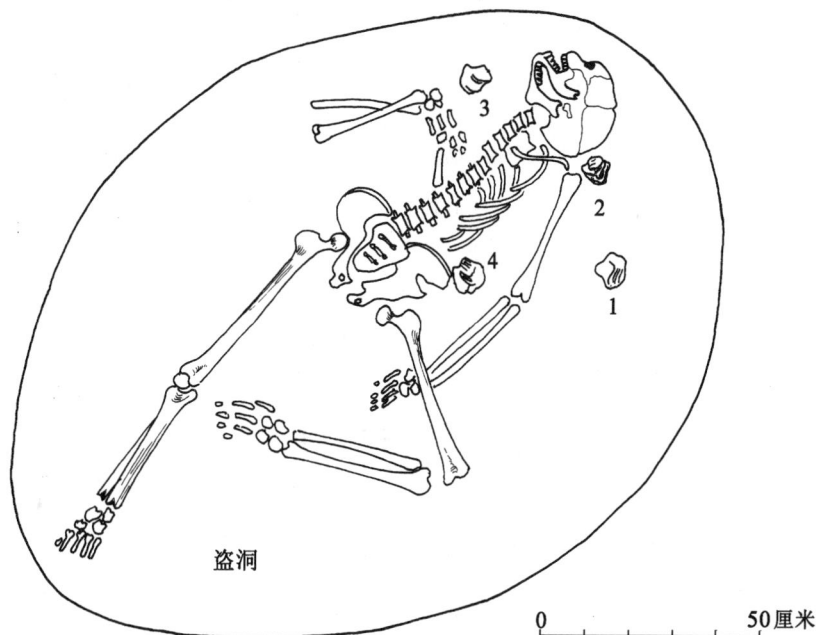

图四　M55 盗洞内盗墓者骨架
1~4. 石块

另一种是周墓的晚期墓葬或马坑打破早期墓葬。周墓葬和马坑有打破关系的都集中在第一区和第二区，共有 4 组打破关系：

1. M35 打破 M39。M35 为中型墓葬，有棺无椁，被盗，残存随葬品有陶鬲、玉璧、蚌泡、海贝等；被打破的 M39 为小型墓葬，无葬具，亦无随葬品，该墓未被盗掘，但人骨架的下肢部分被 M35 墓圹挖掉（图版三，1）。

2. M63 打破 M61 和 M64。M63 为一大型墓葬，有棺有椁，被盗，残存随葬品有陶鬲、残铜戈、铜环、铜铃、铜泡、玉蝉、蚌泡、海贝、蛤蜊壳等；被打破的 M61 和 M64 分别在 M63 的东北角和东南角上，M61 为中型墓葬，有棺无椁，被盗，残存随葬品有陶鬲、罐、纺轮等；M64 为小型墓葬，无葬具，亦无随葬品。

3. M65 打破 M80。M65 为小型墓葬，无葬具，被盗，残存随葬品仅为 1 件陶鬲；被打破的 M80 亦为小型墓葬，无葬具，该墓未被盗掘，随葬品仅为 1 枚海贝。

4. MK3 打破 M83。MK3 为一中型马坑，内埋 4 匹马，无随葬品；被打破的 M83 为小型墓葬，无葬具，也无随葬品。

从以上 4 组打破墓葬可以看出，被打破的都是无葬具、无随葬品或随葬品极少的小型墓葬，这种墓一般来说时代都较早，多为先周时期的墓葬。

第二节　墓葬形制

一　墓葬构造

所发掘的 138 座墓葬基本上都是南北长、东西窄的长方形竖穴土坑墓。墓向都是头朝北足朝南的南北向，头向大致在 8°～305°之间。墓室长 1.65～4.18、宽 0.60～2.95 米，墓圹最大的墓如 M144，其长、宽分别为 4.18、2.95 米，墓室面积达 12.3 平方米；最小的如 M80，其长、宽分别为 1.65、0.70 米，墓室面积仅 1.15 平方米。墓的深度一般随墓的大小而成正比，最深的墓口距墓底达 7.60 米，如 M66；最浅的仅为 0.46 米，如 M6。墓的开口要视其所在的位置来定，一般来说，除了位于第一区的部分墓葬开口在台地的扰乱层上以外，其余大都开在原生黄土层上，故墓内五花土都比较干净。位于第二区以上的有些墓葬的开口呈北高南低的现象，说明当时这一片的地形是缓坡地。从扰乱层或周墓葬的填土中发现有零星的新石器时代陶片及红烧土等遗物、遗迹来看，这里在成为周墓葬的墓地前，曾有史前人类居住或活动。而位于第二区以上的墓葬开口都开在台地的原生黄土层上这一点来看，史前人类在这里的活动范围或区域也仅限于靠近汭河边的二层台地上。

几乎所有的墓室都经过修整，墓壁刮削的很平整，未留下工具痕迹，因为陇东黄土高原的土质干净细腻，有黏性，所以很容易整治。少数大中型墓在墓室近二层台时，四周壁面拍打光滑并在表面髹漆，如 M38、M66、M77 等在墓室壁面上都发现有红色漆皮碎片，M66 的漆皮碎片上还绘有花纹。墓室的填土除熟土二层台以外，均未夯筑。未经扰动的填土较为干净，近墓底时由于棺木腐烂的缘故，土质较为松软。

从墓室的垂直剖面来看，墓口和墓底的大小是不尽相同的，可将其分为竖井形、正斗形、覆斗形三种。

竖井形　墓口与墓底大小基本一致，四面墓壁垂直，墓室的四角多呈圆弧形。在已发掘的可辨认墓葬形制的 135 座墓葬中，此类墓共 107 座，占 79%。

正斗形　墓底略小于墓口，墓壁从墓口开始逐渐向内收缩倾斜，底部比口部大小相差 0.20～0.50 米。此类墓葬共有 11 座，约占可辨认形制的墓葬总数的 8%。

覆斗形　墓底大于墓口，墓壁从墓口开始逐渐向外扩大，底部比口部大小相差 0.20～0.30 米。此类墓葬共有 17 座，约占可辨认形制的墓葬总数的 12%。

另外，个别墓的墓室还有一端宽一端窄的现象，即头向的一端略宽，脚端较窄；还有个别墓的墓口呈不规则的近似椭圆形，这两种现象的墓都是中小型墓。

二　二层台

大多数墓葬都有二层台。二层台有熟土二层台和生土二层台两种形式。熟土二层台其实是墓室四壁与棺椁之间的填土，其宽度随墓室的大小略有不同，高度一般与棺椁齐平或略低于棺椁。大、中型墓的熟土二层台均经过夯打，非常结实坚硬。其他墓葬的熟土二层台虽然未经夯打，但由于埋葬时人在上面踩踏的缘故，也较其他填土结实。生土二层台多为小型墓葬，其建造方法是在墓室近底部时，根据棺或人骨的大小事先在墓底中间挖出长方形浅坑，安放棺或人骨，其四周未挖的部分即为生土二层台。生土二层台的高度一般较低。由于挖的长方形浅坑都略大于棺，故生土二层台与棺之间还有熟填土。

三　壁龛

有壁龛的墓共有 7 座。壁龛都设在墓室的北端近二层台处，壁龛的后壁向外扩展成弧形，底部一般与二层台平齐，形似崖龛。龛高一般在 1.00 米左右，进深 0.25 ~ 0.50 米，宽一般略小于墓室北壁的宽度。也有个别壁龛很小，仅能容纳一两件陶器而已，如 M46。龛内一般放置随葬器物，也有放置祭食的，如 M71 壁龛内就放置羊的下颌骨和肢骨。

四　腰坑

有腰坑的墓只有 2 座，即 M34、M66。这两座墓都是大型墓，腰坑都设在墓底中央的人骨腰部下方，M34 的腰坑呈长方形，长 0.60、宽 0.47、深 0.35 米；M66 的腰坑略呈椭圆形，长 0.65、宽 0.45、深 0.25 米（图版三，2）。腰坑内均埋狗一只，狗是杀殉后被埋的，都是首尾相对，盘卧其中，坑口和狗骨架上都用苇席铺盖。腰坑内均无随葬品。

第三节　葬具与葬式

一　葬具

于家湾周墓除了 14 座墓葬未发现木质葬具外，其余 124 座墓葬都有木质棺椁葬具，但均已腐朽成灰，其形制只能从板灰痕迹中看出个大概。一般来说，大型墓都有椁有棺，而且都是一椁一棺；中型墓除个别墓葬外，都有棺，稍大一点的墓还有椁；小型墓都没有椁，只有一棺，小型墓中更小一点的墓甚至连棺也没有，墓主人直接葬于墓底。

椁一般都用方木构筑，椁板一般厚约 9 ~ 12 厘米，个别的如 M73 椁板厚 18 ~ 20 厘米。也有用直径约 12 厘米的圆木垒筑的，如 M66，其圆木与圆木垒起的接缝处有如当地农村用椽木夯筑土墙时留下的一道道凹痕。另外，M60 的椁是用厚仅 4 厘米的薄木板沿着墓室四壁围起来的，比较特殊。椁的形制有长方形和"Ⅱ"形两种，其中以"Ⅱ"形椁为多。椁的长、宽、高一般和墓室大小成正比，最大的椁如 M66，长 2.95、宽 1.65、高 1.00 米；再如 M128，长 3.05、宽 1.93、高 1.10 米。最小的椁如 M127，长 2.40、宽 1.20、高 0.85 米。

棺均用木板构筑，棺板一般厚约 5 ~ 10 厘米。棺的形制从腐朽的板灰辨认，有长方形和"Ⅱ"形两种，其中以长方形棺为多，在可辨认棺木形制的 101 座墓葬中，长方形棺有 60 座，"Ⅱ"形棺有 41 座（图版四，1）。棺一般长 1.90 ~ 2.20、宽 0.60 ~ 0.90、高 0.40 ~ 0.70 米。有些长方形棺棺板较薄，但棺却较长、较宽，我们分析这种形制的木棺可能是在墓室底部留好生土二层台后，沿墓底及二层台的边缘用薄木板横向垒起来的木棺，如 M59。在所发掘的墓葬中，只有 M60 的棺木从板灰痕迹中可以看出其榫卯结构。大部分棺椁上都髹漆，在二层台周围或棺椁板灰上常有棕色、红色或红褐色地带黑彩的薄如纸的漆皮残片，彩绘图案有垂帐纹和几何形纹等（图五）。

另外，M4 在木棺的两侧各有 5 个直径约 5 ~ 7 厘米的柱

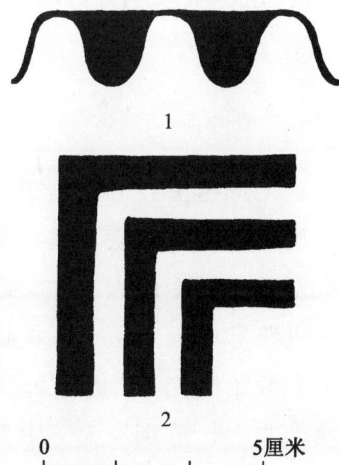

图五　M66、M73 漆皮彩绘摹本

1. 垂帐纹　2. 几何纹

洞，内有朽木痕迹，可能是临时用来固定棺木的，这个现象比较特殊。

除棺椁以外，在墓葬和马坑中普遍的使用苇席作为葬具也是于家湾周墓的一个特点，这可能与于家湾墓地所处于汭河河畔，至今还生长有成片的芦苇（当地人称其为"芋子"）有关。一般大、中型墓葬使用苇席主要是用来铺盖棺椁的，也有用苇席铺垫墓底、墓壁、二层台、壁龛、腰坑等，有些墓葬铺盖的苇席厚达3层。小型墓葬使用苇席则主要是用来裹卷尸体的。从发掘情况来看，凡是苇席纹在棺内的，说明是用来裹卷尸体的，凡是在棺外的，都是用来铺盖棺椁的。不少随葬器物底部有席纹痕迹，可能当时是先将苇席铺垫在二层台或壁龛上，再放置随葬品的。马坑是先在坑底铺一层或两层苇席，然后在苇席上放置被杀殉的马，再在马身上铺盖一层苇席，最后填土掩埋。发现的苇席有经纬纹和人字纹两种编织法。

值得注意的是，M63椁头部位铺盖的苇席上还缀有装饰性的小铜泡，铜泡的平面均朝里，鼓面朝外，共计35枚，这种穿缀有小铜泡的苇席很有可能是当时作为棺罩来使用的。另外，M66椁与棺之间出土了38块骨板，骨板四角与两侧均钻有对称的小孔，里面有经纬较粗的布或麻纹痕迹，分析骨板是穿缀在布或麻质的帷幔上的装饰物，而帷幔则是挂在椁室内壁或覆盖在棺上的（估计覆盖在棺上的可能性大一些）。

在大型墓葬中，有3座墓（M44、M66、M144）在墓室底部横置两根用来支垫棺椁的垫木，其长度略长于椁的宽度，横截面呈方形，厚约20厘米。从垫木下面发现有苇席痕迹分析，当时是在墓室底部先铺放苇席，然后放置垫木，再放置棺椁的。

还有一例较为特殊的现象是M132，先在墓室底部铺一层厚约6厘米的黄色细沙粒，再在其上放置棺椁。我们分析这种细沙粒是取自距墓地不远的汭河河床上的。

二 葬式

尽管有80%的墓葬严重被盗，人骨被扰零乱，但从少数未被盗扰的墓葬可以看出，墓主人的葬式绝大多数是头北足南的仰身直肢葬（图版四，2），只有M20比较例外，是仰身屈肢葬（图版五，1）。仰身直肢葬的姿势是面向上或侧向一边，下肢伸直，双脚并拢，双臂下垂或双手抱于腹上。

第四节 葬俗

于家湾周墓流行的葬俗主要是在死者身上撒抹红色朱砂，通常是撒抹在死者头部和骨骼的上下周围，故在墓底人骨架部位常有大片的红色朱砂痕迹，这种现象在大、中、小型墓葬中都有发现，其中以大、中型墓居多。

这批墓葬中出土了上千枚蛤蜊壳，其中一部分随葬于棺内墓主人两腿之间（图版五，2），但绝大多数蛤蜊壳是撒放在墓室底部、棺椁底部、棺椁之上以及墓室与棺椁之间、棺与椁之间的填土之中，特别是大、中型墓葬，如M22出土的270枚蛤蜊壳布满了整个墓室底部和棺椁之上，M34在墓室底部、熟土二层台以及棺椁之间的填土中撒放有153枚蛤蜊壳，M66在墓室底部放置两根垫木之后，向墓底撒放了60多枚蛤蜊壳。这种在墓室内大量撒放蛤蜊壳的做法，也可能是当时流行的一种表示财富象征的葬俗。

在葬俗方面还有一个值得注意的现象是，出土的 28 件铜戈大多是随葬前被有意砸弯或砸断的残戈，弯曲和残断部位大都在援的中、前部。砸断后多分置两处。这种"毁兵"的现象在甘肃灵台白草坡、陕西长安张家坡以及河南、山西、北京等地区的西周墓葬中都有发现，被认为是当时流行的一种特殊的葬俗①。

另外，在个别墓葬中发现有随葬石块的现象，有的将石块放置于墓主人头部，有的则放置于棺头。还有在盗洞内发现的石块估计也是用来随葬的，因为于家湾墓地所在的小塬嘴子属黄土层，土质比较干净，而这种石块应该是从附近的沘河河床上专门拣来的。

第五节　随葬器物的组合及摆放位置

陶器组合有以下几种情形：

1 墓 1 鬲，这种组合最为普遍，几乎占随葬陶器墓的绝大多数。

1 墓 1 鬲 1 罐，这种组合次之，如 M46、M61、M94（图六）。

1 墓 1 罐，这种组合再次之。

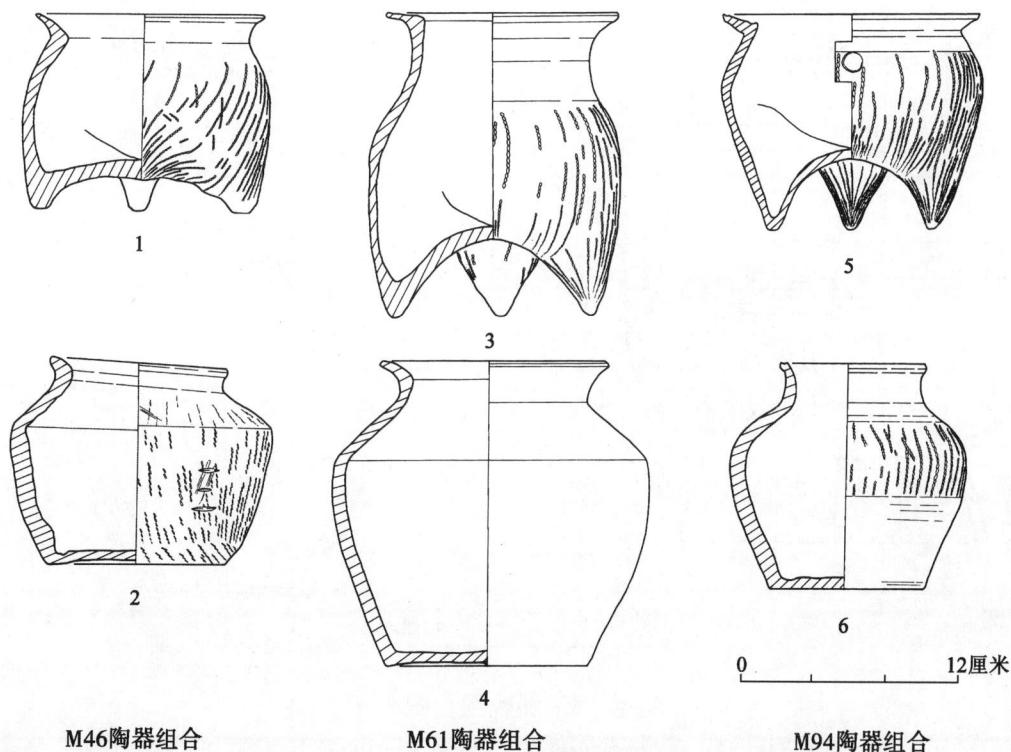

M46陶器组合　　　　　M61陶器组合　　　　　M94陶器组合

图六　随葬陶器组合图

1. Ⅴ Ⅱ 式联裆鬲（M46:2）　2. B 型 Ⅳ 式折肩罐（M46:1）　3. Ⅰ 式联裆鬲（M61:1）
4. A 型折肩罐（M61:2）　5. Ⅵ 式联裆鬲（M94:2）　6. B 型 Ⅱ 式圆肩罐（M94:1）

---

① 井中伟：《西周墓中"毁兵"葬俗的考古学观察》，《考古与文物》2006 年 4 期。

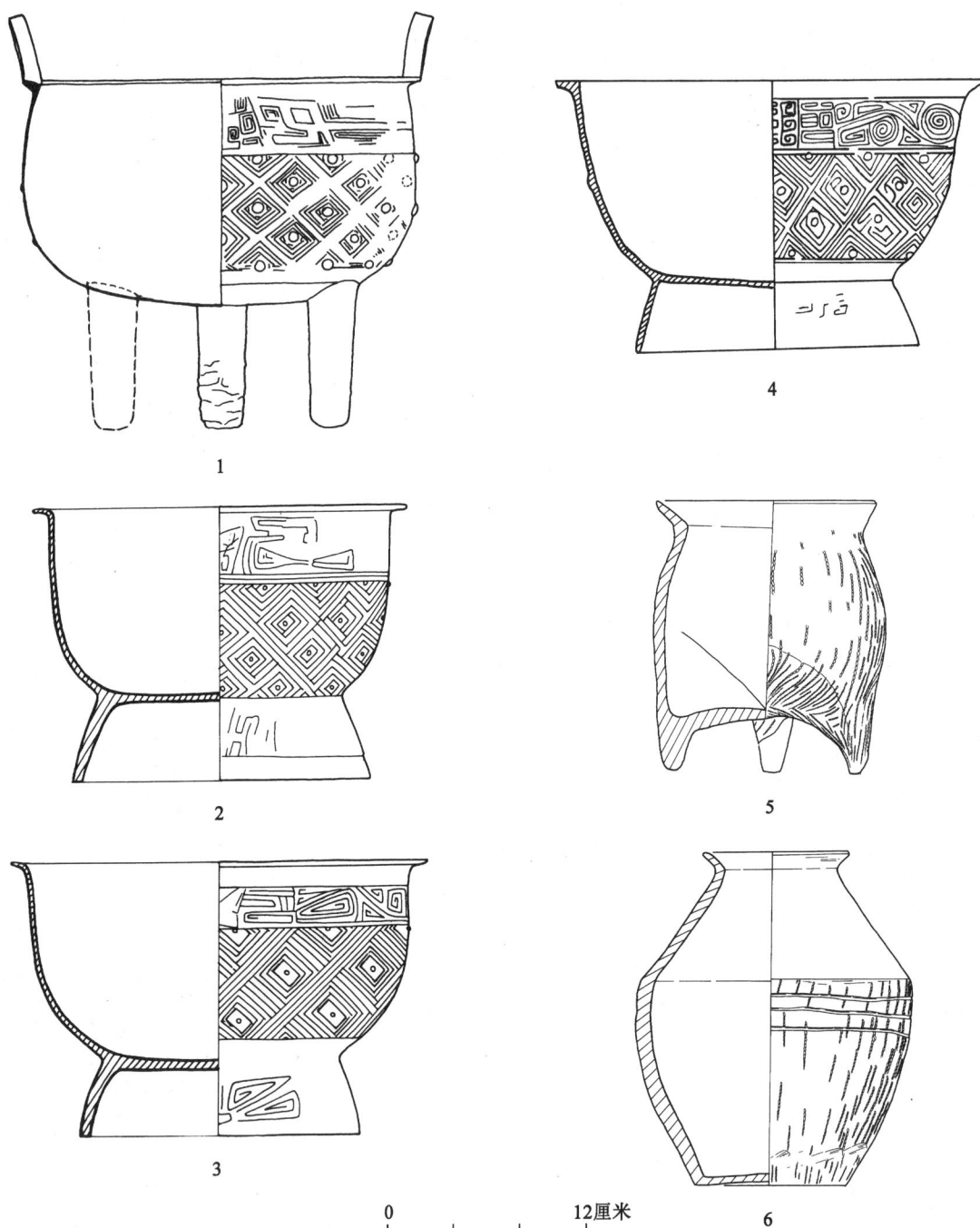

图七 M9 器物组合图

1. I 式铜鼎（M9:1） 2. 铜簋（M9:2） 3. 铜簋（M9:3） 4. 铜簋（M9:4）

5. I 式瘪裆陶鬲（M9:5） 6. B 型 II 式折肩陶罐（M9:6）

　　需要强调的是，在于家湾即使随葬成套青铜礼器的墓，也多使用上述三种陶器组合，如 M9 随葬 1 铜鼎 3 铜簋 1 陶鬲 1 陶罐（图七）；M20 随葬 1 铜簋 1 陶鬲 1 陶罐（图八）；M96 随葬 1 铜鼎 1 鬲 1 罐等。

　　除此之外，个别组合的还有：

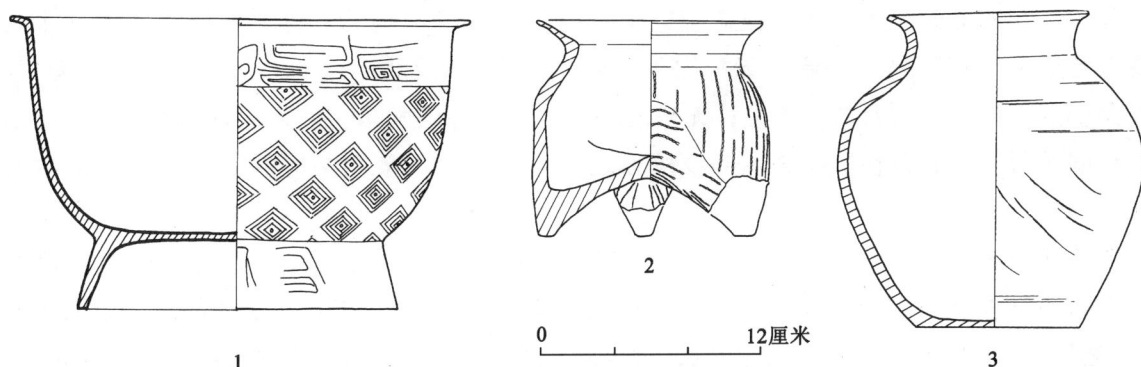

图八 M20 器物组合图

1. 铜簋（M20:1） 2. Ⅱ式瘪裆陶鬲（M20:2） 3. A型圆肩陶罐（M20:3）

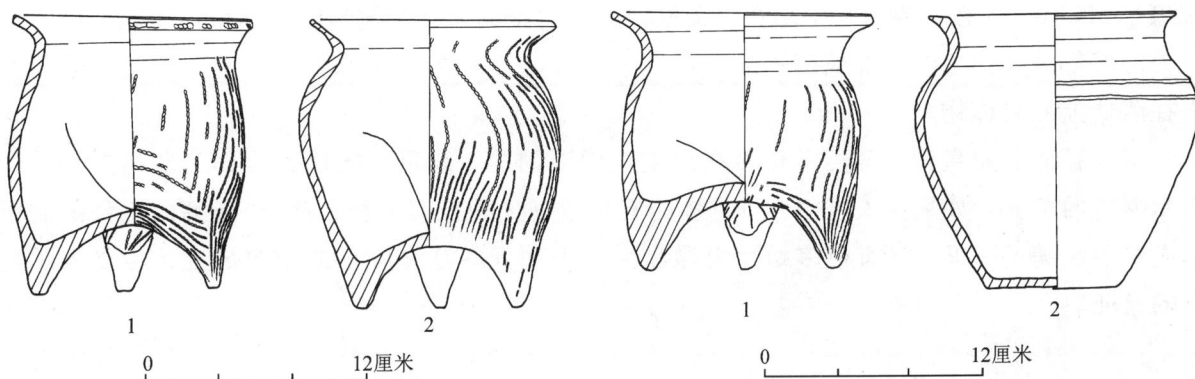

图九 M38 陶器组合图

1. Ⅱ式联裆鬲（M38:1） 2. Ⅰ式瘪裆鬲（M38:2）

图一〇 M50 陶器组合图

1. Ⅴ式联裆鬲（M50:1） 2. 尊（M50:2）

一墓 2 鬲，完整的只有 1 座墓 M38（图九）。另外，M142 残存的鬲足分别为 2 个鬲的鬲足，推断墓内原本也是随葬 2 鬲的。

一墓 1 鬲 1 尊的，只有 1 座墓 M50（图一〇）。

1 墓 1 壶的，只有 2 座墓（M54、M117）。

另外，随葬纺轮的墓有 5 座，都是 1 墓 1 件，其中 2 座墓（M31、M61）是与陶鬲或陶罐共出，只有 3 座墓（M13、M24、M29）是单独出现。

青铜礼器组合从未被盗掘的 M9 和 M20 看，有 1 鼎 3 簋和 1 簋两种情形。随葬锻制铜盆是于家湾周墓铜器组合的一个特色，共有 8 座墓随葬有这种铜盆，由于这种铜盆极薄，容易碎，故只有 M104 保存较为完整，为 1 墓 5 件，其他墓葬从铜盆碎片的数量来看，应为 1 墓 1～3件。

青铜兵器组合主要是戈，一般是 1 墓 1～2 件，个别有 1 墓 3 件或 1 墓 5 件，如 M60 青铜兵器组合为 1 钺 5 戈。

另外，随葬骨刀的墓有 5 座（M15、M16、M55、M59、M76），都是 1 墓 1 件。这类墓葬一般都是周初或西周早期墓葬。

随葬器物的摆放位置,从未被盗掘或未被盗及的墓葬情况看,青铜礼器和陶容器多放置在墓室北边即头端顶部的二层台或两边的二层台靠北部以及北部壁龛内,只随葬一件陶鬲的,多放在墓主人头前二层台的拐角处;无棺的小型墓,随葬的陶鬲一般多放在墓主人头顶上方。

青铜兵器一般放置在棺椁的顶部或棺椁之间,也有放在墓室两边的二层台上或墓主人的头侧。

车马器如軎、辖、衔、镳、当卢、銮铃等一般都放置在棺椁顶部或墓葬填土中。随葬的车马器都不是全套的,只表示墓主人生前拥有车马的情况,如M104,随葬的车马器有銮铃6件、口衔2件、镳4件,但无车軎和辖,这表示墓主人生前有单辕驾两马的车一辆,其规格应当是贵族身份。

铜泡数量较多,大小有别,形制多样,用途不一,故出土的位置也不尽相同。但一般情况,多出在墓主人的腰胯部位和两腿之间,可能是墓主人衣袍上串缀的装饰品。值得注意的现象是M63的35枚小铜泡是串缀在覆盖棺椁的苇席上的,这为铜泡的用途增加了新的内容。

漆器都放置在墓室北部或两边的二层台上。残存漆器的周围都发现有圆形蚌泡,当系镶嵌在漆器上的装饰物。

玉、石饰多随身葬,各类串珠多在墓主人项下周围。海贝、蛤蜊壳除作为装饰品外,还表示财富的象征。如墓主人口中含贝,多的有8枚,少的只有1枚;M104随葬的5件锻制铜盆内分别装满了海贝;还有很多蛤蜊壳撒满大、中型墓的墓室底部或棺椁之上,也是表示财富的象征。

第六节　殉埋

在15座墓(M4、M23、M34、M42、M49、M66、M70、M71、M72、M73、M74、M76、M115、M129、M142)中发现有殉埋马、牛、羊、狗、鸡等动物骨骸的现象,有的是整体殉埋,如小马、羊、狗、鸡等,有的只随葬头部或肢骨,如马、牛、羊、猪等头骨或肢骨,可能是用来祭食的。墓内殉埋的动物骨骸,都是杀殉后随葬的,随葬位置一般在填土中、二层台上、腰坑内,个别也有葬于椁内或棺内的。

发现有殉人的墓葬只有一座,即M66,在墓室西北角二层台之上有一杀殉后放置的人头骨。由于该墓是一座大型墓,一椁一棺,椁室较大(在已发掘的墓葬中其椁室大小仅次于M128),墓室底部有腰坑,内殉一狗,虽然墓葬被盗,重要的随葬品被盗一空,但还是能够看出墓主人生前的身份是较为显贵的,所以,杀殉后随葬人头的可能性是存在的。

第三章　墓葬分类及典型墓葬举例

在138座墓葬中，除2座无法分清其具体形制、尺寸大小外（其中M1在社员张贤德家的窑背上，无法进一步扩挖，故不清楚具体尺寸；M95因暴雨导致坍塌而不清楚具体尺寸），其余136座墓葬按墓坑大小可分为大型墓（墓坑长3.50～4.18、宽2.20～2.95米）、中型墓（墓坑长2.20～3.50、宽1.20～2.20米）、小型墓（墓坑长1.65～2.20、宽0.70～1.20米）三种类型。现分述如下。

第一节　大型墓

共有13座（M34、M44、M63、M66、M97、M102、M115、M127、M128、M130、M144、M147、M149）。大型墓主要集中在第一区和第四区。墓葬形制大多都比较规整，墓壁都经过刮削修整，一般墓口和墓底大小基本相同，呈长方竖井形，个别有口大底小的长方正斗形或口小底大的长方覆斗形，或一侧墓壁不在一条垂直线上。大型墓都有椁有棺，均为一椁一棺。都有熟填土二层台，且经过夯打。所有的大型墓均被盗掘，一般都有2～3个盗洞，个别墓葬（如M147）盗洞多达6个，墓内较大的随葬品都被盗掘一空，只剩一些小件物品。现按墓葬编号顺序举例6座。

一　M34

位于第一区。方向340°。墓口在地表以下0.70米的扰土层上，墓坑呈长方竖井形，墓穴规整，四壁垂直，墓口长3.80、宽2.60、墓口至底深6.30米。熟土二层台，经过夯打，东西宽0.30～0.55、南北宽0.40～0.65、高1.10米。该墓一椁一棺，椁呈"Ⅱ"形，长2.80、中宽1.80、高1.10米；棺呈长方形，长2.10、宽0.85、高0.85米。墓底部正中有一长方形腰坑，长0.60、宽0.57、深0.35米，内有一狗，狗头屈折盘葬于坑中，狗骨架上有席纹痕迹。墓室北部、西部和西南角各有一个盗洞，直通墓底，墓主人骨架自膝盖骨以上全部被盗挖掉，人骨散见于北部和西部的盗洞内。随葬器物也被盗掘一空，仅在北部盗洞内填土发现1件残陶鬲、2件玉鱼饰和6枚蚌泡，在墓室底部、熟土二层台下以及棺椁之间的淤土中出土1件玉鱼饰和153枚蛤蜊壳。值得注意的是，在北部盗洞和西南角盗洞内各有一块直径约15厘米的大石头，由于这片台地为黄土层，土质较为干净，故此类石块应为其他地方的（图一一）。

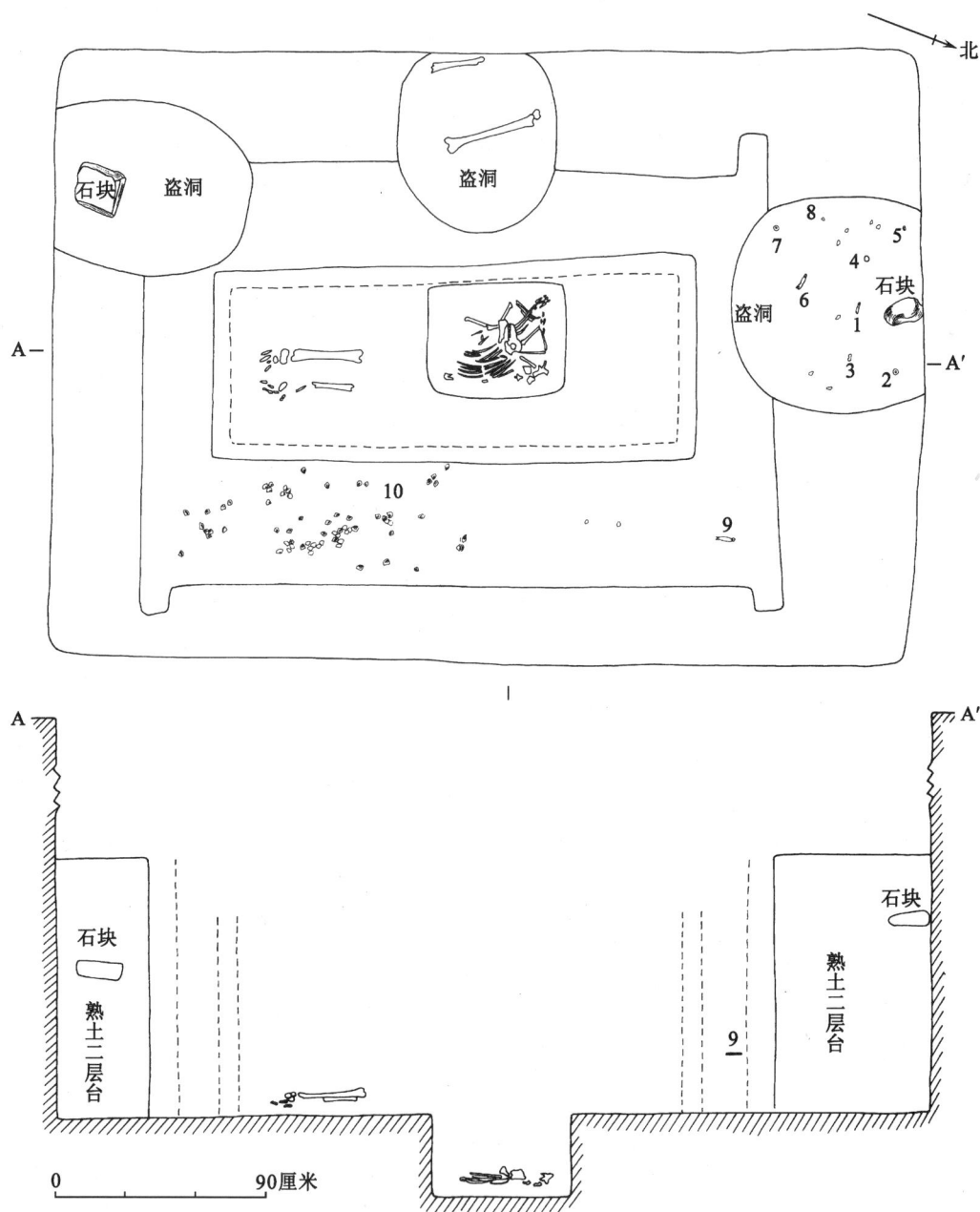

图—— M34 平、剖面图

1、6、9. 玉鱼　2、3、4、5、7、8. 蚌泡　10. 蛤蜊壳

二　M44

位于第一区。方向 350°。墓口在地表以下 0.60 米的扰土层上，墓坑呈长方竖井形，墓穴较为规整，墓口长 3.70、宽 2.33、墓口至底深 5.20 米。墓室北部有一壁龛，壁龛后壁呈弧形，龛高 1.80、进深 0.50、宽 1.85 米。龛下 0.50 米即为熟土二层台，二层台经夯打，较为坚硬。该墓一椁一棺，椁呈 "Ⅱ" 形，长 2.40、中宽 1.20、高 0.70 米。棺呈长方形，长 1.95、宽 0.65 米，高不详（图一二）。椁下近两头处各横放一根垫木，从腐朽的灰迹看，其

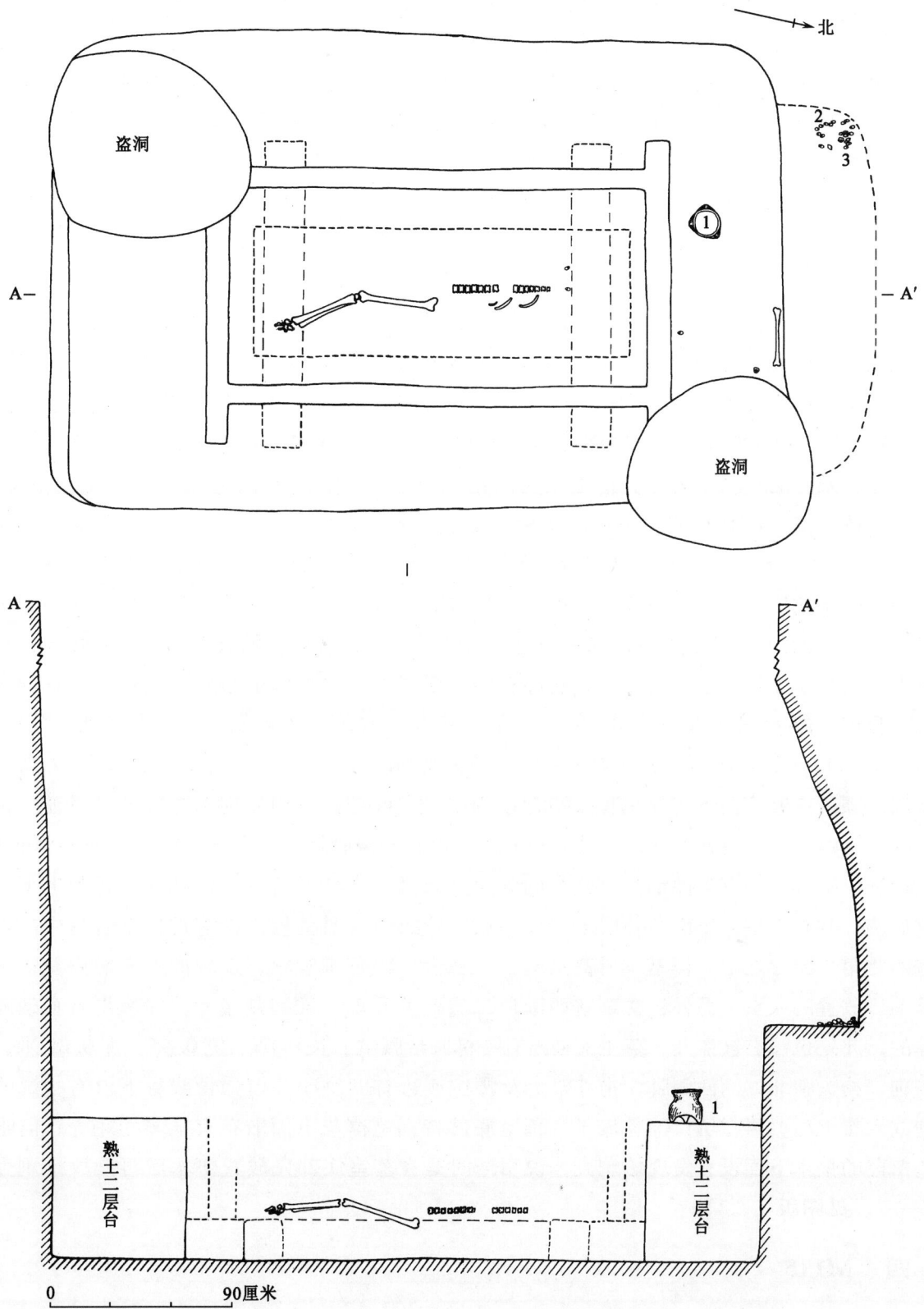

图一二 M44 平、剖面图

1. 陶鬲 2. 海贝 3. 蛤蜊壳

长度略长于椁的宽度，约1.55、厚约0.20米。壁龛和墓底都铺有席子，从席纹痕迹看，席子是从壁龛上铺下来一直延伸到整个墓底。椁内也发现有席纹，这要么是椁内铺有席子，要么是棺由席子包裹。该墓东北角和西南角各有一个盗洞，直通棺内，棺内人骨被盗残，墓内随葬品大部分被盗掘，仅在壁龛内西北角发现一堆磨制精美的海贝，共25枚，另有一枚蛤蜊壳。在头部二层台上出土一件陶鬲，这两个部位都未被盗。另外，在棺内的头部及东北角盗洞填土内发现有很多蚌质小环片，共61枚，可能是墓主人的项串饰。

三　M66

位于第一区。方向325°。墓口在地表以下0.70米的扰土层上，墓穴非常规整，开挖时铲平后的墓口印就像四条直线，是经过专门的刮削修整的。墓坑略呈口大底小的长方正斗形，墓口长3.95、宽2.95米；墓底长3.75、中间宽2.75、墓口至底深7.60米。有熟土二层台，经过夯打处理，非常坚硬，二层台边宽0.40~0.65、高1.00米。墓室四壁近二层台时壁面有髹漆痕迹，残存的小块漆皮上有似垂帐纹的花纹（彩版一，2），底色呈棕色，花纹呈红色。墓内有一椁一棺，椁呈"Ⅱ"形，长2.95、中宽1.65、高约1.00米，椁是用不太规整的直径约12厘米的圆木垒起来的（从接缝处留下的凹痕分析），椁外铺有席子。由于椁室部分较大，腐朽后土质松软，踏上去往下陷脚。在椁与棺之间散布有很多带穿孔的骨片（盗洞内也有发现），有的骨片内面有似麻布纹的痕迹，可能是穿缀在帷幔上的装饰品。分析帷幔是挂在椁室内壁或覆盖在棺顶之上的。墓室底部有两根横置的支垫棺椁的垫木，垫木两头都伸进熟土二层台里，垫木长2.30、厚0.20米。椁内置有一棺，从残存灰迹看，棺呈长方形，长2.20、宽0.70米，高不详，棺板厚8厘米。棺外裹有两层席子。该墓南、北、西三面各有一个盗洞，顺墓室壁面而下直通棺椁。清理过程中，在西部盗洞内发现有零散的羊骨骼。棺椁均被挖残，棺内人骨腐朽严重，且被盗掘零散，仅剩两条股骨且已腐朽。在人骨架左胸前有2件玉鱼饰，胸部正中有1件铜泡。残存的骨架上布满了朱砂，盆骨部位残存的骨架上下都有布纹痕迹，共有三层，里面的一层布纹细一点，外面的两层稍粗。在清理发掘过程中，发现墓室西北角二层台之上与椁基本等高处有一人头骨，经仔细观察，发现此处未被盗及，可能是杀殉后放置的人头。另外，在墓室西南角二层台上发现一堆铜鼎残片，好像是有意砸碎后随葬的，此处也没有被盗及。墓主人腰下有一椭圆形腰坑，长0.65、宽0.45、深0.25米，内殉一狗，狗头朝北，面西侧卧，狗骨架上及腰坑四边有席纹印，但狗骨架身下没有，说明是将狗放入腰坑后，再在坑口铺盖席子。墓室底部特别是椁灰下面散布有很多蛤蜊壳，但唯独支垫棺椁的垫木下面没有发现蛤蜊壳，说明当时是在墓室底部先放置垫木后再撒放蛤蜊壳的（图一三；见图版三，2）。

四　M115

位于第四区。方向335°。墓口在地表以下1.95米的（其中耕土层0.40米，平整梯田时的回填土约1.55米）原生黄土层上，墓坑呈口小底大的长方覆斗形，墓口长3.75、宽2.65米；墓底长4.05、宽2.90、墓口至底深6.05米。有熟填土二层台，经过夯打。在墓口以下

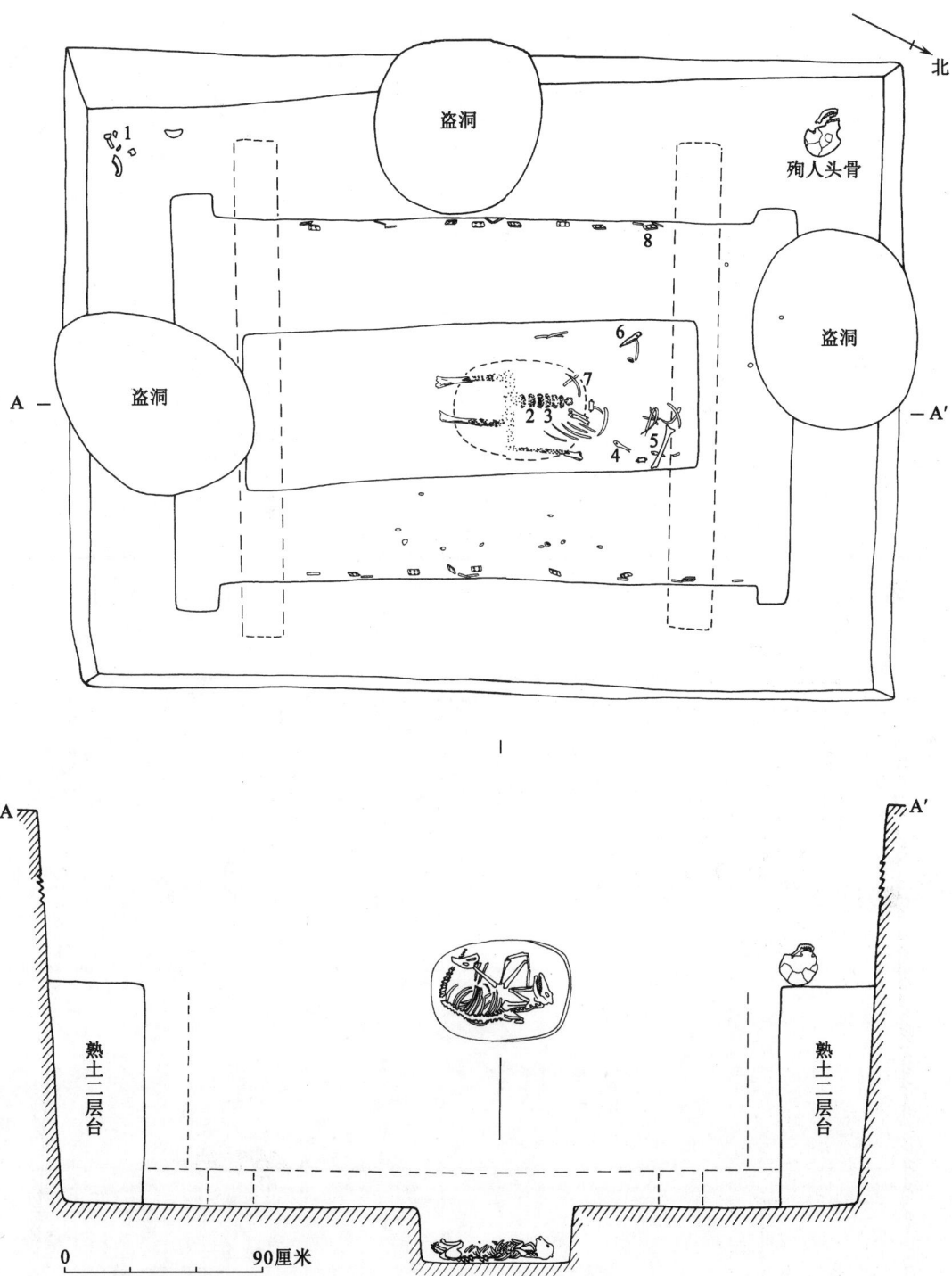

图一三 M66 平、剖面图

1. 铜鼎碎片 2~6. 玉鱼 7. 小铜泡 8. 穿孔骨片

0.40 米深的墓室南部填土里殉葬一匹小马，头朝西蜷缩成一堆。在距墓口 2.60~4.20 米的填土内，陆续出土了 2 件车軎、5 件銮铃、1 件铜戈（这些器物的出土位置都不在盗洞范围内）。墓内一椁一棺，椁呈长方形，长 2.53、宽 1.35、高约 0.95 米，椁侧板宽约 10 厘米。椁顶东

北

盗洞

A —

— A'

A

A'

熟土二层台

熟土二层台

0　　　　　　90厘米

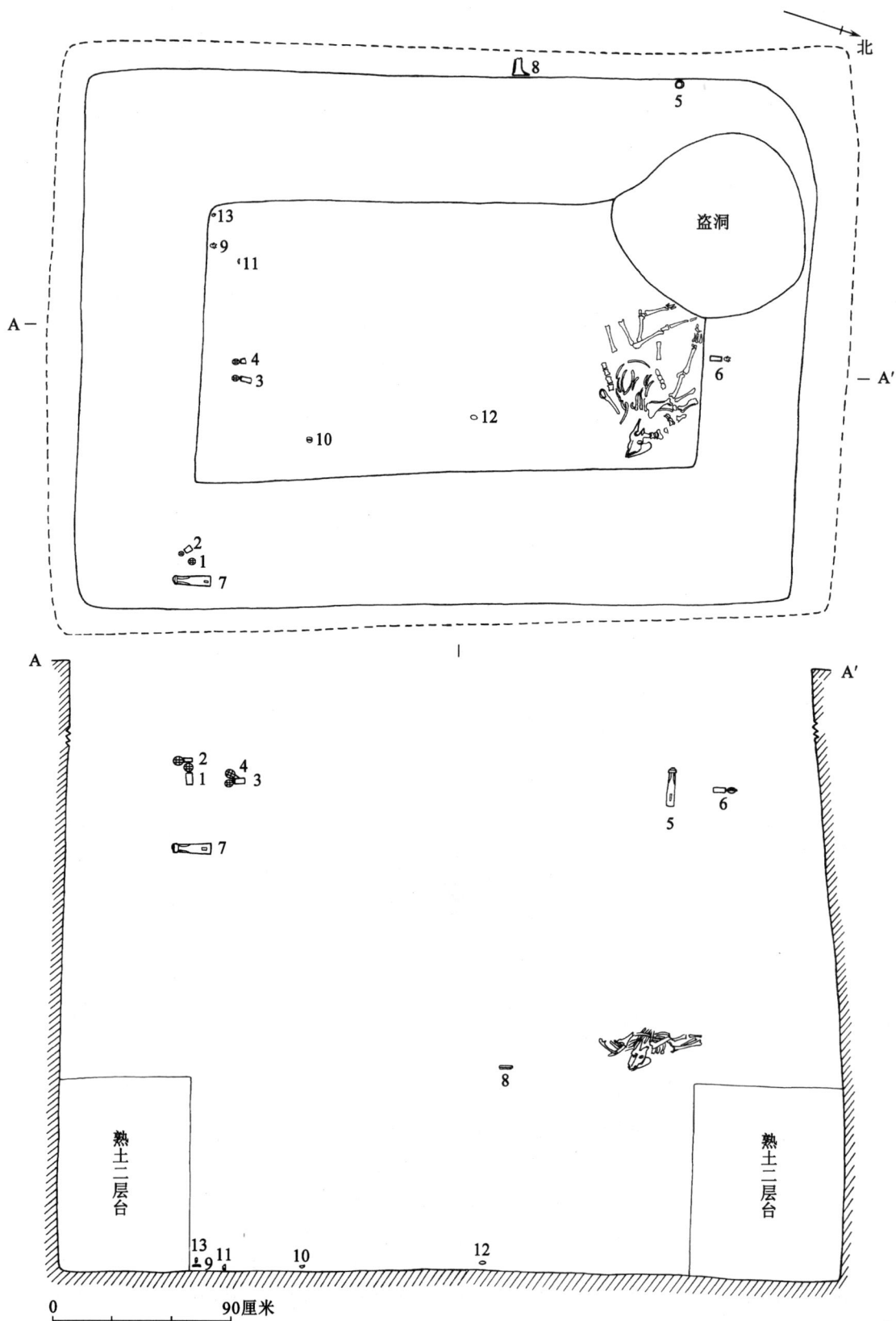

图一四　M115 平、剖面图

1、2、3、4、6. 銮铃　5、7. 车䡇　8. 铜戈　9. 蚌饰　10、11. 铜泡　12. 蛤蜊壳　13. 海贝

北角部位殉葬一只羊，羊呈趴卧状。墓的北部有一个盗洞，盗洞挖至椁顶即斜顺椁室而下，棺室部分整个被挖残，棺内人骨不见，棺的形制和尺寸也不详。在椁室底部随葬有铜泡2枚，海贝、蛤蜊壳及蚌牛首饰各1枚（图一四）。

五 M130

位于第四区。方向345°。墓口在地表以下近2.00米（其中耕土层0.40米，平整梯田时的回填土约1.60米）的原生黄土层上，墓坑呈口小底大的长方覆斗形，墓口长3.20、宽2.10米；墓底长3.70、宽2.55、墓口至底深4.20米（图一五）。有熟土二层台，未经夯筑。墓内

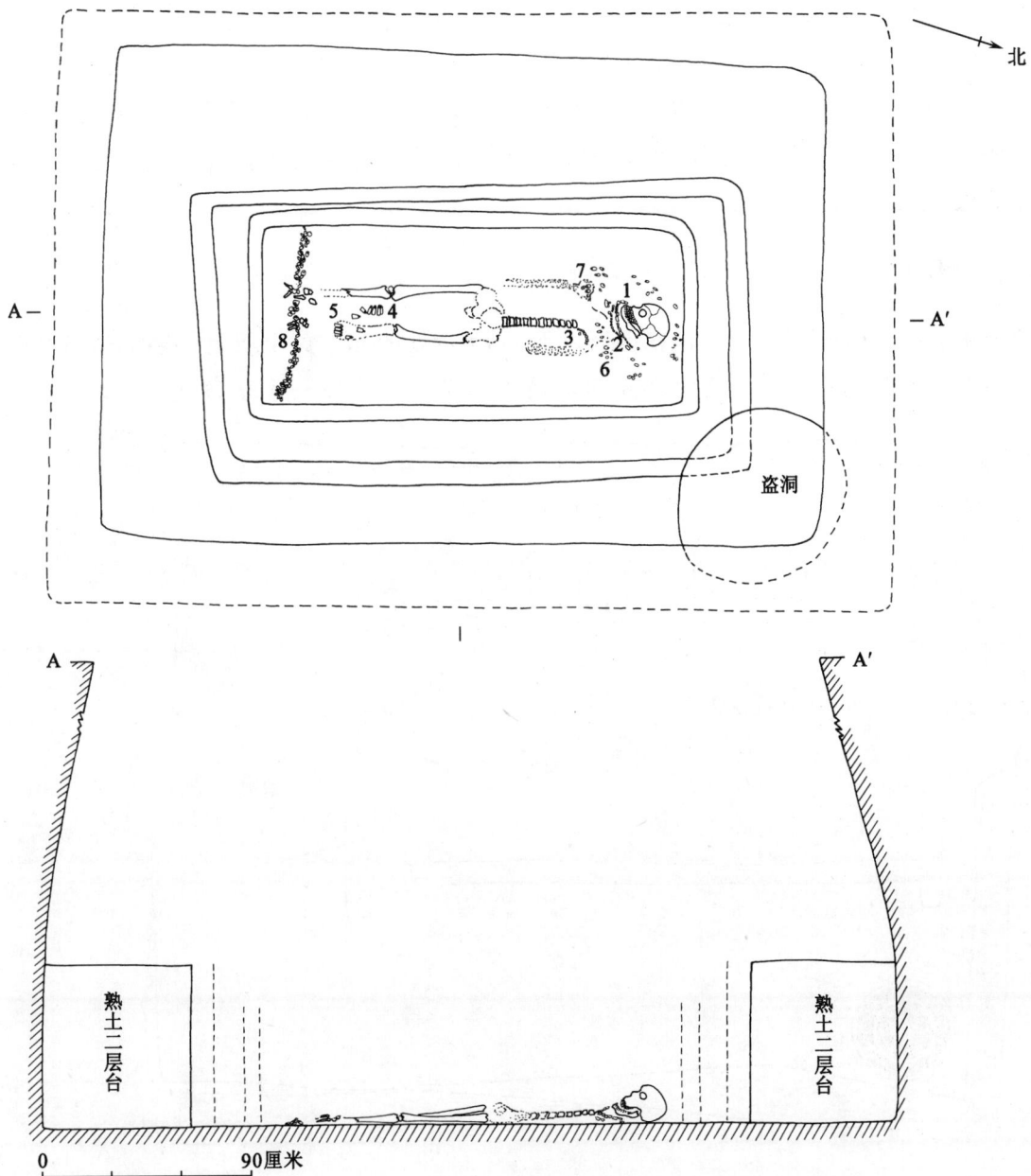

图一五 M130平、剖面图

1~3. 串珠 4. 铜牌 5. 铜铃 6~8. 海贝、蛤蜊壳

一椁一棺，椁呈长方形，长 2.42、宽 1.28、高 0.70 米，椁侧板宽约 9 厘米。棺也呈长方形，长 2.00、宽 0.88、高约 0.52 米，棺侧板厚约 8 厘米。椁外有席纹印，椁内底部也有席纹印。墓的东北角有一盗洞，但未盗及椁内。椁顶及棺内撒有很多海贝和蛤蜊壳。棺内葬一人，仰身直肢，头微偏西（系挤压所致），骨架腐朽严重，上面撒有朱砂，经初步鉴定为一成年女性。墓主人贴身穿有两件布衣，里面的一件经纬较细，似棉布，呈橘红色，外面的一件经纬较粗，似麻布，呈驼色。麻布之上为一件棉毛织品的袍子，呈灰褐色，长至脚面，袍子厚约 1.3 厘米，下摆处有一圈红布作为边饰，红布上镶嵌有一圈穿孔海贝，海贝鼓面朝外，平面贴布，呈八字形镶嵌，共约 150 个，其中每 10 个之中间有一个文蛤蜊壳。下摆之上位于膝盖部位有 10 块小铜牌，铜牌首部都有穿孔，穿孔内有线绳痕迹，铜牌每 5 件穿缀在一起，还配有一件铜铃在其旁。墓主人颈部有三串项饰，分别由玛瑙珠、玉管形珠、料珠、天然绿松石块、绿松石玦、坠、珠等组成（共 79 颗），一串比一串长，呈垂帐形挂在胸前。墓主人口内含有 8 枚磨平海贝，头顶、肩部、胸部撒有 65 枚磨平海贝。从整个装饰来看，墓主人生前当是有一定身份的贵夫人。

六　M149

位于第五区。方向 330°。墓口在地表以下 1.75 米处的原生黄土层上，墓坑呈口大底小的长方正斗形，唯墓室西南角的墓壁逐渐向外略扩，与墓口不在一个垂直线上。墓口长 3.85、

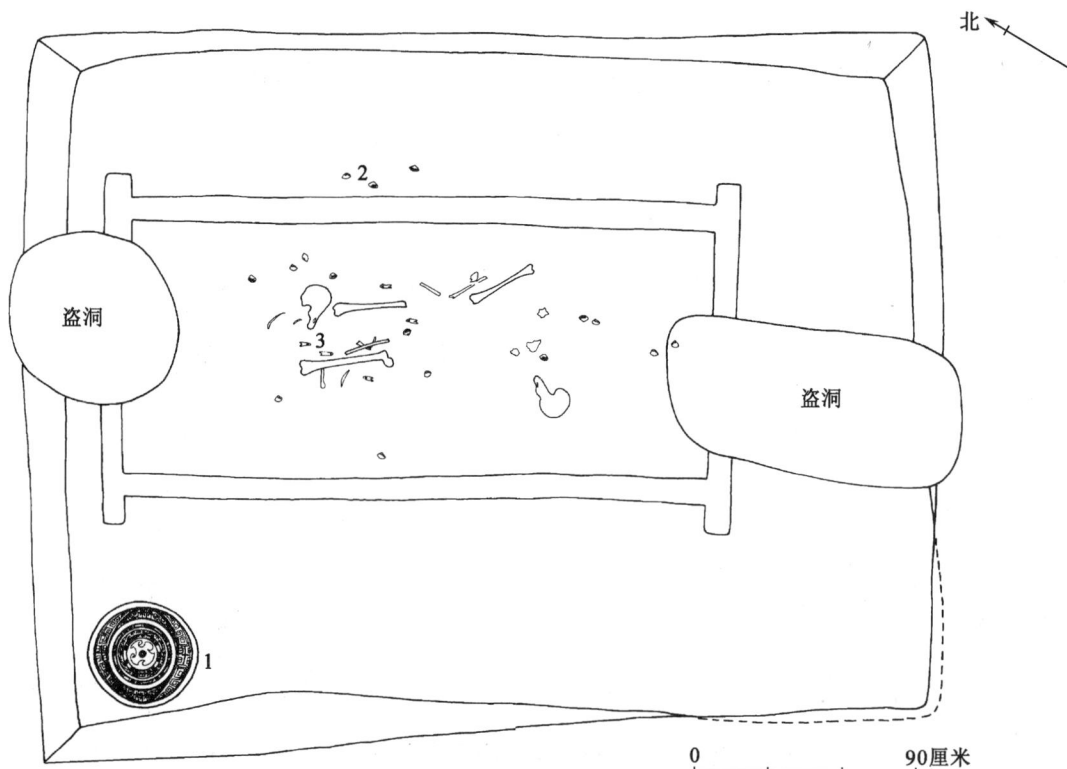

图一六　M149 平面图

1. 漆盘　2. 蛤蜊壳　3. 蚌鱼

宽2.95米，墓底长3.65、宽2.65、墓口至底深4.75米。有熟土二层台，高1.10米。该墓南北各有一盗洞，直通墓底并相互贯通。在北盗洞填土内发现有残铜镞1件。墓内一椁一棺，椁放置于偏靠于墓室北壁。椁呈"Ⅱ"形，长2.70、宽1.20、高约1.10米。棺因盗掘严重，形制和尺寸不详。墓主人骨架散乱不全，葬式不明。椁内发现有红褐色漆皮痕迹，可能是棺上髹的漆皮。在墓室西北角的二层台上随葬有1件圆形漆盘，漆盘为木胎，胎已朽，仅存漆皮，漆皮很薄，和墓土紧黏在一起，漆盘口沿和底部可能是随墓土塌陷的缘故而断裂，但红地黑彩的精美花纹仍相当清晰（彩版一，3）。除此之外，棺椁内外还散落有18枚蛤蜊壳和5件蚌鱼（图一六）。

第二节　中型墓

共有95座（M2、M4、M5、M9、M10、M13、M16、M17、M19、M20、M21、M22、M23、M24、M25、M27、M28、M29、M33、M35、M38、M41、M42、M45、M46、M47、M49、M50、M51、M52、M53、M55、M56、M57、M59、M60、M61、M62、M68、M69、M70、M71、M72、M73、M74、M75、M76、M77、M78、M94、M96、M98、M99、M101、M104、M105、M108、M110、M111、M112、M113、M114、M116、M117、M118、M119、M120、M121、M123、M124、M125、M126、M129、M131、M132、M134、M135、M136、M137、M138、M139、M140、M142、M146、M148、M150、M152、M153、M154、M155、M156、M157、M158、M160、M161）。中型墓数量最多，约占于家湾周墓总数的70%。其分布范围也最广，在有周墓的7个发掘区中都有分布。属于这一类型的墓除个别外都有棺，稍大一点的墓还有椁。一般都有熟填土二层台或生土二层台。95座墓葬除了9座未被盗掘外，其余均被盗掘，被盗率超过90%。中型墓的盗洞一般只有1~2个。现在按墓葬编号顺序举例28座。

一　M2

位于第三区。方向335°。墓口地表以下1.20米的原生黄土层上，墓坑呈长方竖井形，墓口长2.50、宽1.18、墓口至底深2.40米。墓葬未曾盗扰。墓内一棺，棺呈"Ⅱ"形，长2.20、宽0.73、高约0.50、棺板厚0.06米。棺外板灰上附有褐红色漆皮痕迹，说明棺外髹漆。棺四周为熟填土，在于棺顶齐平的西北角上方随葬有陶鬲1件。棺内骨架保存较好，人骨仰身直肢，双臂伸直，两手靠于胯旁，人骨上有覆盖席子的痕迹。人骨右胸部有大铜泡1件，铜泡下有草编织物痕迹；肩、胸、腹部及双脚之间随葬有8枚穿孔海贝（图一七）。

二　M5

位于第二区。方向0°。墓口在地表以下0.60米的原生黄土层上，墓坑呈长方竖井形，墓圹边缘规整，四壁垂直，墓底长2.65、宽1.15、墓口至底深1.60米。墓葬未曾盗扰。墓内一棺，棺呈"Ⅱ"形，长2.20、宽0.83、高约0.50、棺板厚0.05米。棺四周有熟土二层台，在东北角二层台上放置有陶鬲1件。棺内骨架保存完好，仰身直肢，双手屈放于腹上。棺盖上放置铜戈3件、大铜泡1件、中铜泡1件，在人骨头部周围穿孔海贝4枚（图一八）。

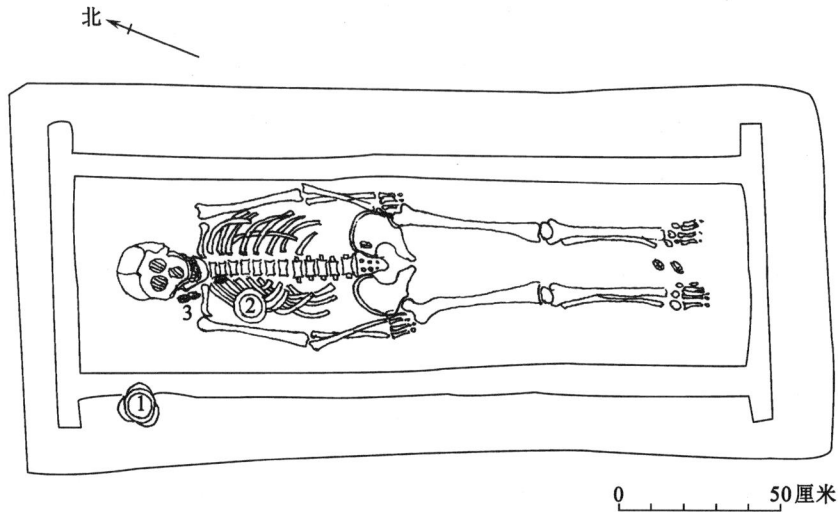

图一七　M2 平面图

1. 陶鬲　2. 铜泡　3. 海贝

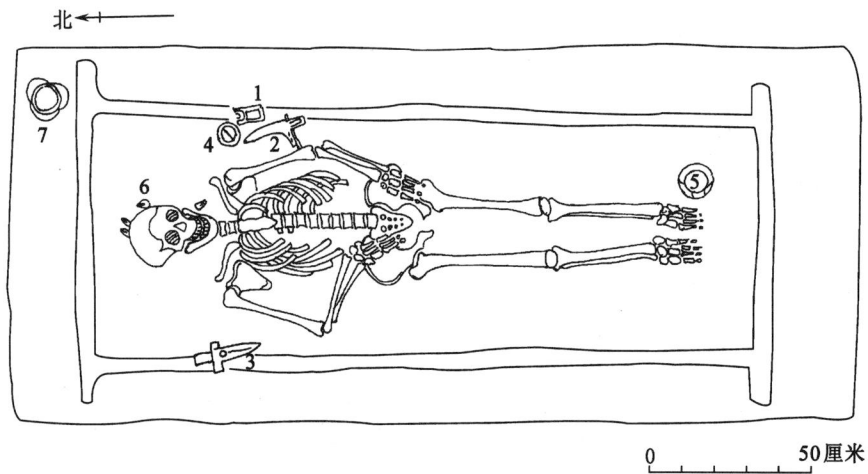

图一八　M5 平面图

1~3. 铜戈　4~5. 铜泡　6. 海贝　7. 陶鬲

三　M9

位于第二区。方向346°。墓口在地表以下0.80米的原生黄土层上，墓坑呈口大底小的长方正斗形，墓口长2.85、宽1.45米；墓底长2.43、宽1.30、墓口至底深0.80米。墓葬未曾盗扰。墓内一棺，棺呈长方形，长1.95、宽0.77、高约0.45米。棺四周有熟土二层台，在二层台东北角放置陶鬲1件、陶罐1件；在二层台西边中部一字排列放置铜鼎1件、铜簋3件。棺内墓主人仰身直肢，骨架保存基本完好，唯头骨陷落在胸部，面朝东，下颌骨脱落至左肩部。头部附近有穿孔海贝1枚及蚌环片50枚，可能是墓主人的口含及项饰；另外，在左腿股骨旁有蚌泡1枚（图一九）。

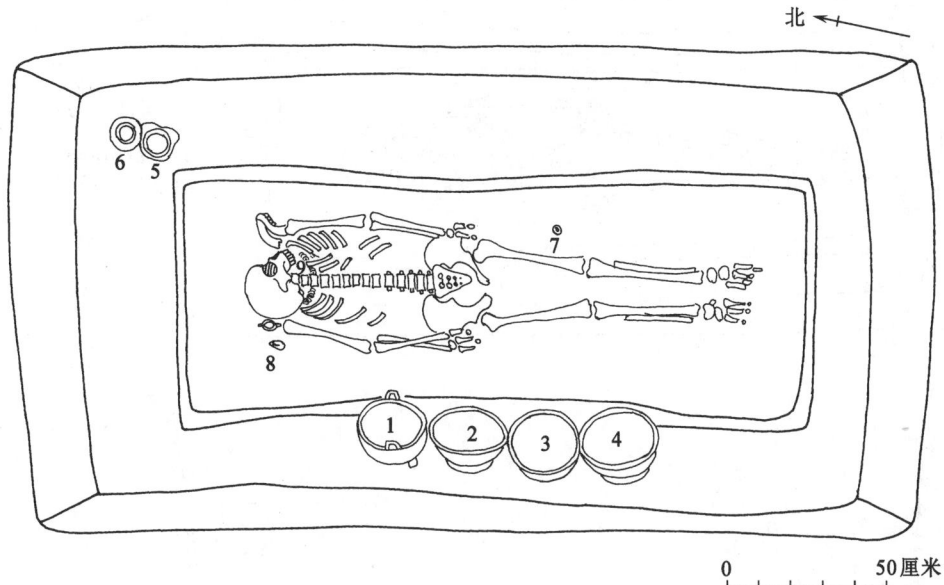

图一九 M9 平面图

1. 铜鼎 2~3. 铜簋 5. 陶鬲 6. 陶罐 7. 蚌泡 8. 海贝 9. 蚌环片串饰

四 M10

位于第二区。方向335°。墓口在地表以下0.50米的原生黄土层上，墓坑呈口大底小的长方正斗形，墓底四隅圆弧。墓口长2.40、宽1.04；墓底长2.15、宽0.85、墓口至底深0.98米。墓葬未曾盗扰。墓内一棺，棺呈长方形，长1.90、宽0.65、高约0.35、棺板厚0.05米。棺四周有熟土二层台，在二层台北部正中放置陶鬲1件。棺内墓主人仰身直肢，骨架保存基本完好。棺内无任何随葬品（图二〇）。

五 M17

位于第一区。方向352°。墓口在地表以下0.30米的扰土层上，墓坑呈长方竖井形，墓壁垂直。墓口长2.55、宽1.15、墓口至底深2.45米。墓葬未曾盗扰。墓内一棺，棺呈"Ⅱ"形，置于墓室偏西处，长2.25、宽0.70、高约0.40、棺板厚0.05米。棺内墓主人仰身直肢，但整个身体微向左倾斜，双手屈放于腹上。骨架胸部略有零乱，可能是小动物扰乱所致。整个墓内未见随葬品，唯棺外左上角有一石块（图二一；见图版四，1）。

六 M20

位于第一区。方向340°。墓口在地表以下0.60米的扰土层上，墓坑呈口小底大的长方覆斗形，与其他覆斗形墓不同的是，该墓南壁基本垂直，北、东、西三壁从墓口开始逐渐向外扩张，其中北壁弧曲做壁龛，壁龛进深0.40、宽1.30、高1.20米。墓底四隅呈圆弧形。墓口长2.70、宽1.20米；墓底长2.95、宽1.55、墓口至底深1.80米。墓葬未曾盗扰。墓内一棺，

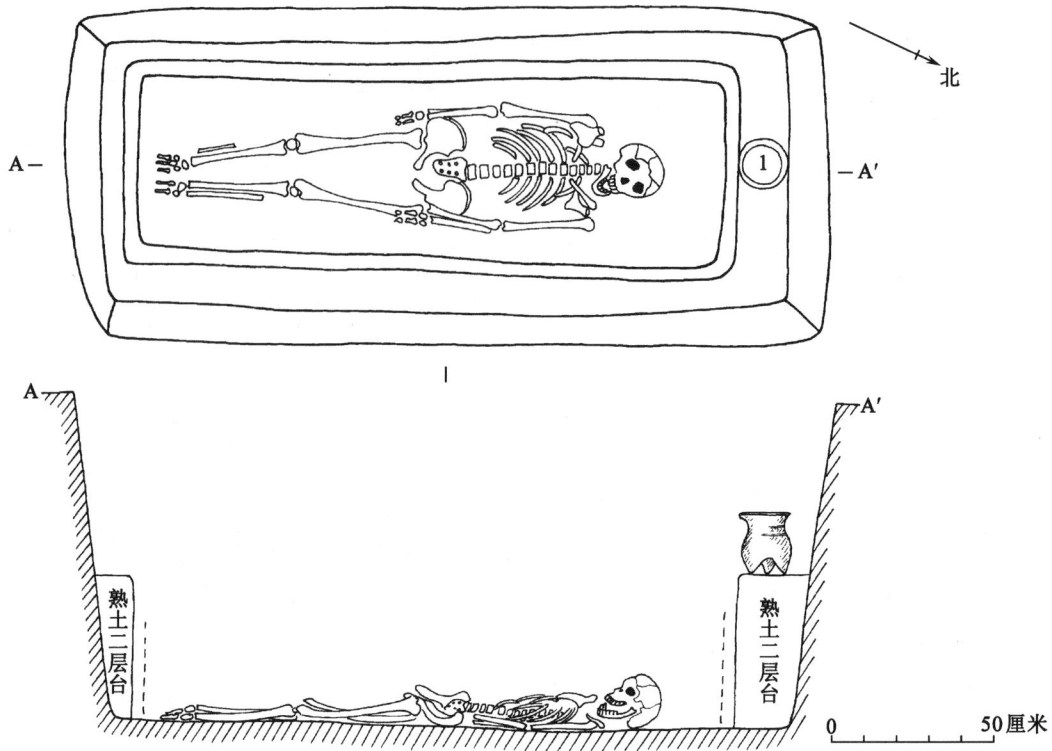

图二〇　M10 平、剖面图

1. 陶鬲

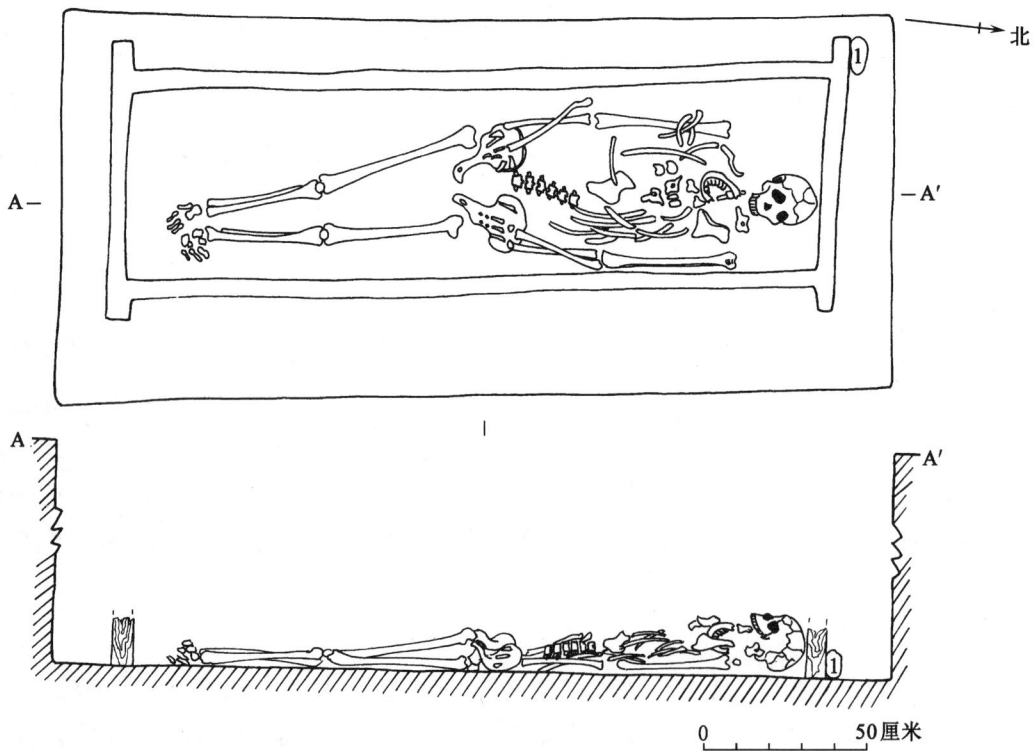

图二一　M17 平、剖面图

1. 石块

棺呈"Ⅱ"形，长 2.15、宽 0.85、高 0.60 米；棺南北两端横档长出棺身 0.12 米，棺板厚 0.10 米。木棺外表有红色漆皮残片，可能髹漆。棺内四壁紧贴苇席，棺底铺苇席两层以上，苇席呈人字形纹样。棺内墓主人仰身屈肢，骨架保存基本完好，为一成年男性，身长在 1.80 米以上。骨架上身向左侧倾，面朝东，左臂伸直向外撇，右臂垂直于胯旁，两腿向左屈肢。人骨上撒有朱砂，特别是头部较多。棺四周为生土二层台，随葬器物都放置在北部二层台上，计有铜簋 1 件、陶鬲 1 件、陶罐 1 件，其中铜簋底部有席纹印，可能北部二层台上当时铺有苇席（图二二；见图版五，1）。

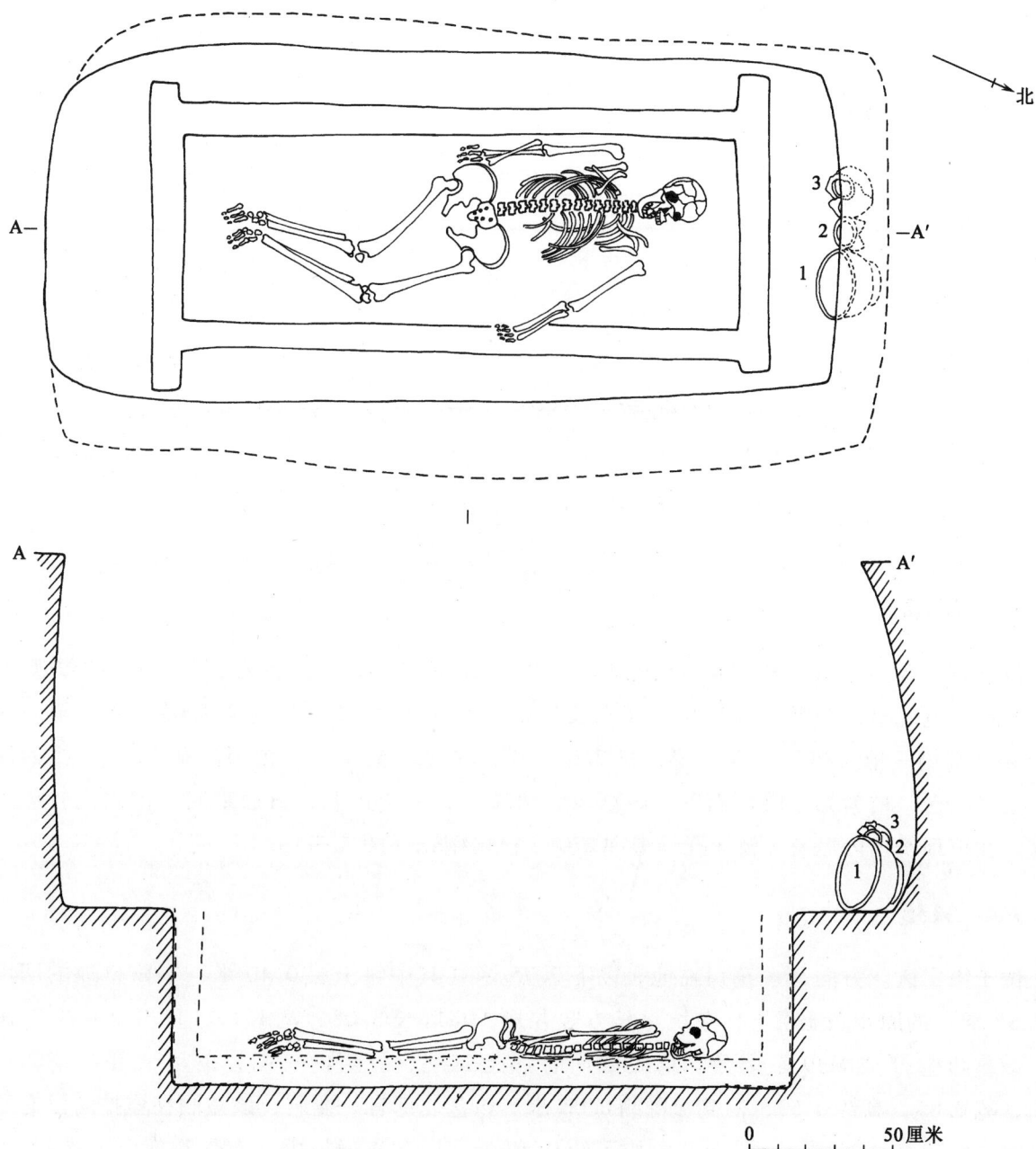

图二二　M20 平、剖面图

1. 铜簋　2. 陶鬲　3. 陶罐

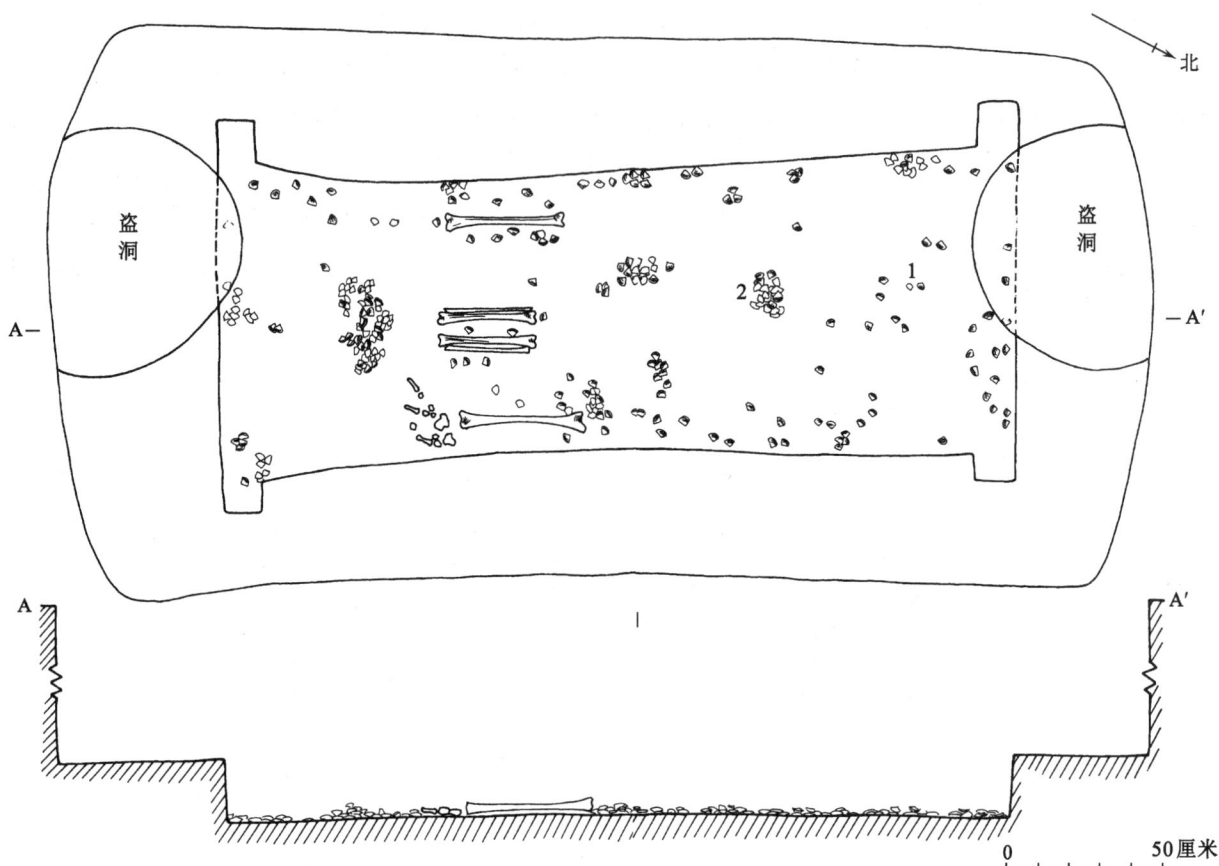

图二三   M22 平、剖面图
1. 蚌泡   2. 蛤蜊壳

七   M22

位于第一区。方向 325°。墓口在地表以下 0.30 米的扰土层上，墓坑呈不规整的长方竖井形，墓室南宽北窄，四隅呈圆弧形。墓底长 3.60、南端宽 1.85、北端宽 1.65、墓口至底深 2.60 米。墓内一棺，棺呈"Ⅱ"形，长 2.60、宽 0.9 米，高不详，棺板厚 0.12 米。棺四周为生土二层台，棺紧靠二层台而置。该墓南北两端各有一个盗洞，直通墓底。棺内人骨盗扰严重。在棺顶及棺内撒有 2 枚无孔蚌泡和 270 多枚蛤蜊壳（图二三）。

八   M35

位于第二区。方向 5°。墓口在地表以下 2.75 米（其中耕土层 0.40 米，平田整地的回填土 2.35 米）的原生黄土层上，墓坑呈长方竖井形，墓底长 3.05、宽 1.15、墓口至底深 2.70 米。该墓西壁打破 M39 东南角。墓底四周有熟土二层台。墓内一棺，棺呈"Ⅱ"形，长 2.30、宽 0.85、高约 0.50、棺侧板厚约 0.06 米。该墓北部有一盗洞，该盗洞在盗挖时没有顺着墓室北壁边缘往下挖，而是向北扩挖了约 0.40 米。盗洞直通棺内，人骨胸部以上被扰乱，头骨等散见于盗洞内。随葬品仅在盗洞底部发现 1 件残陶鬲，在人骨胸部出土 1 件玉璧及 6 枚海贝和 1 枚蚌泡（图二四；见图版三，1）。

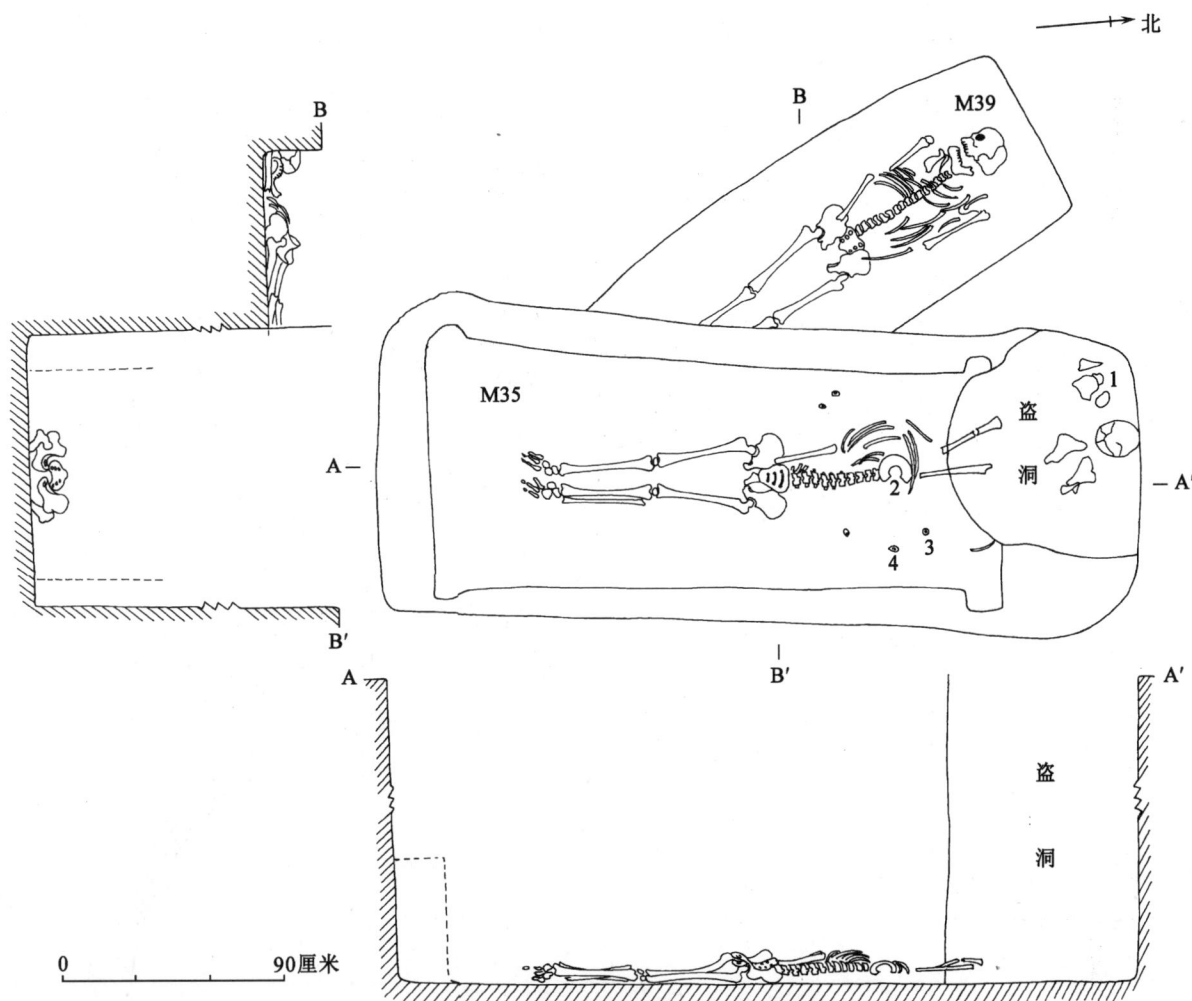

图二四 M35、M39 平、剖面图
1. 陶鬲 2. 玉璧 3. 蚌泡 4. 海贝

九 M38

位于第一区。方向20°。墓口在地表以下0.40米的扰土层上，西南部墓口被一座西晋十六国墓葬打破约1米深。墓坑呈长方竖井形，墓底长2.55、宽1.80、墓口至底深2.15米。墓葬北部有一盗洞直通墓底。墓室北壁有一壁龛，龛高1.30、龛底进深0.45、宽1.60米。龛下0.45米即为生土二层台，二层台北部较宽，为0.25米，南部较窄，仅有0.10米，东西两边各宽0.40米。墓室四壁壁面平整，近二层台时壁面有髹漆痕迹，特别是东西两壁，不时有红色碎漆皮发现。墓内一棺，棺呈长方形，长2.25、宽1.00、残高0.20、棺板厚0.07米。棺内墓主人仰身直肢，除头骨被扰动外，其他骨架较完整，但骨质已腐朽成粉末状。骨架上下都有席子残迹，显然当时是用席子裹尸而葬。该墓壁龛内发现陶鬲1件、铜镞1件，西北角二层台上方随葬有陶鬲1件、蚌泡4件，西南角二层台上方放置砺石2件。棺内残存的随葬品主要集中在墓主人膝骨以下，计有铜镜2件、铜泡8件、海贝50枚，

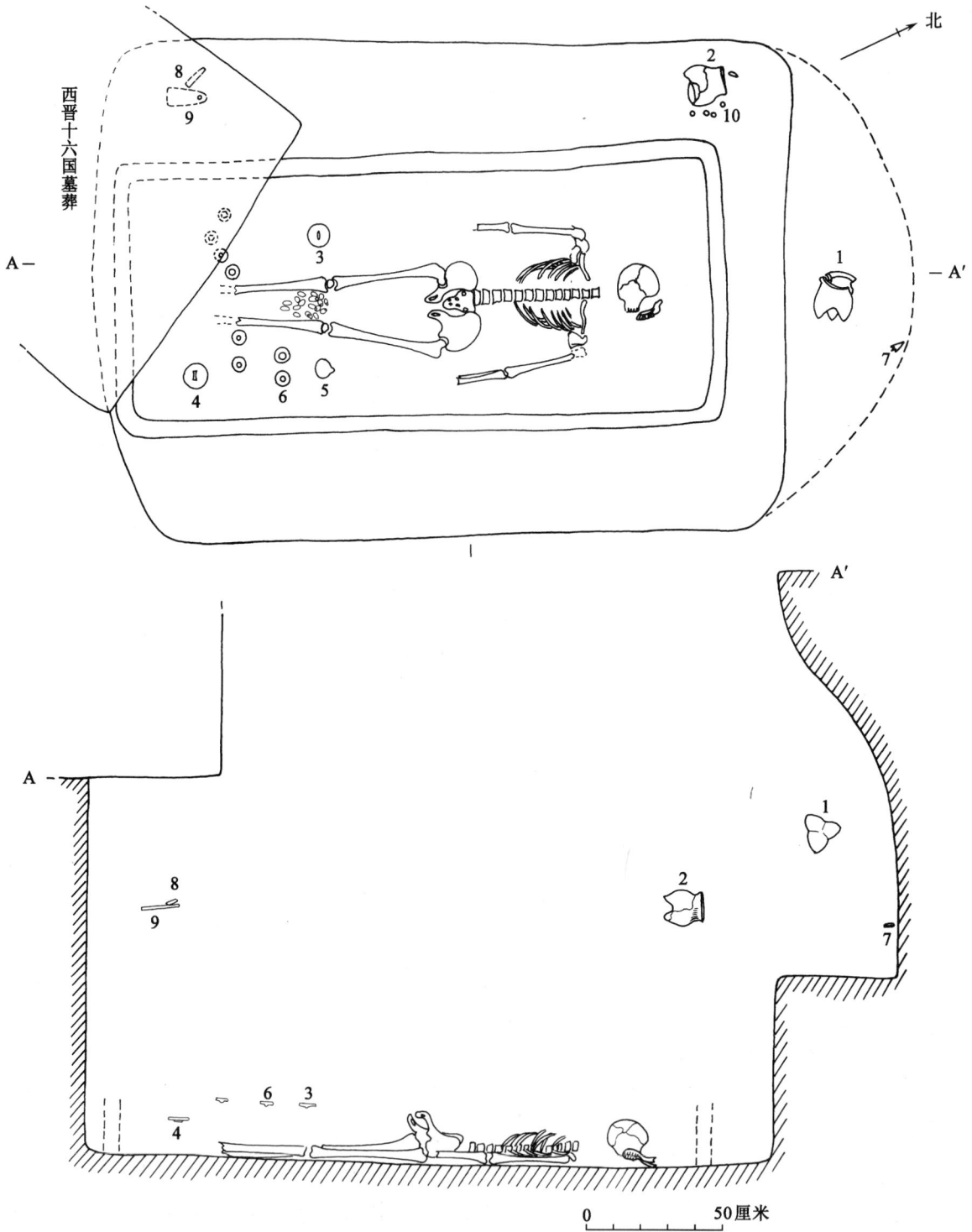

图二五　M38 平、剖面图

1~2. 陶鬲　3~4. 铜镜　5~6. 铜泡　7. 铜镞　8~9. 砺石　10. 蚌泡　11. 海贝

其中 50 枚海贝堆放在墓主人两腿之间。另外，在其头骨周围有零星的蚌环片碎片发现（图二五）。

一〇　M42

位于第一区。方向340°。墓口在地表以下0.40米的扰土层上，北部墓口被一西晋十六国墓葬的墓道打破约0.80米深。墓坑呈长方竖井形，墓底长2.40、宽1.25、墓口至底深1.47米。墓葬西北角有一盗洞直通墓底，但值得注意的是，开始清理时却没有发现盗洞痕迹，直到0.80米以下才发现盗洞痕迹，分析盗洞上半部分可能被西晋十六国墓葬在打破M42时破坏了。墓底有生土二层台，二层台较窄，仅能站脚。墓内一棺，棺呈长方形，长2.05、宽0.70、高约0.55、棺板厚0.08～0.10米。棺外西北角二层台上部与棺顶之间的填土中随葬有一条马腿骨（此处未被盗及）。东部二层台上有4枚海贝、3枚蚌泡及其碎片。棺内墓主人骨架已腐朽成粉末状，且盆骨以上骨骼零乱，头骨不见（图二六）。清理中发现棺内人骨从上到下都撒

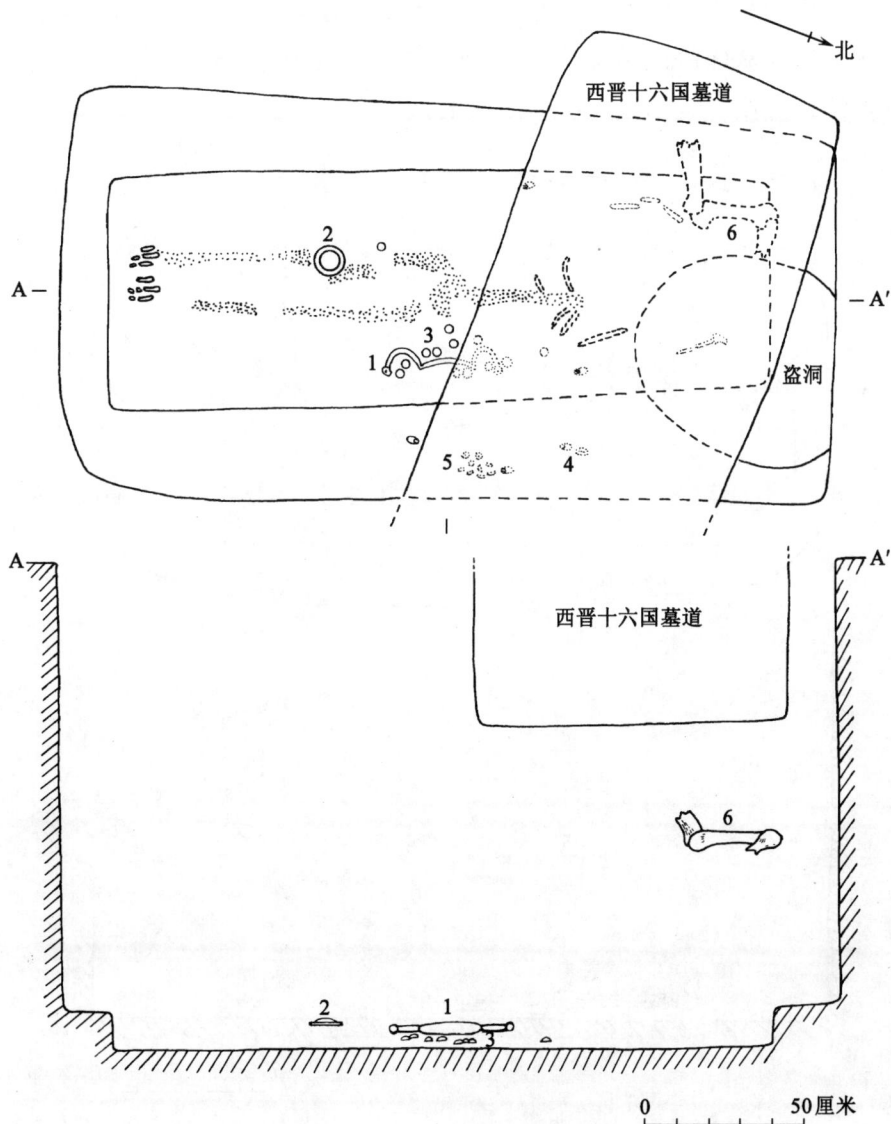

图二六　M42平、剖面图

1. 铜弓形器　2. 大铜镜　3. 小铜泡　4. 海贝　5. 蚌泡碎片　6. 马腿骨

有朱砂及红色布纹痕迹，分析墓主人尸体当时可能用红布包裹。在盆骨左侧即左手部位随葬有弓形器 1 件及小铜泡 13 件，左右臂处各有 1 枚海贝，右大腿骨上有大铜泡 1 件和小铜泡 1 件（图版六，1）。

——　M46

位于第一区。方向 355°。墓口在地表以下 0.40 米的扰土层上，墓坑呈长方竖井形，但不甚规整。墓口四角圆弧，墓口长 2.30、宽 1.35 米；墓口至底深 2.20 米。墓室北壁靠东距墓底 0.45 米处有一象征性的小壁龛，龛高仅 0.40、宽 0.70、进深 0.15 米。近龛处放置陶鬲 1 件、陶罐 1 件。分析这个龛可能在放置了棺后，为了放置陶鬲、陶罐而在与棺顶齐平处临时挖的。该墓北部有一盗洞，但盗墓者只是顺着墓壁往下斜挖，故而没有挖到陶鬲和陶罐。墓内一棺，棺呈长方形，长 2.00、宽 0.90、残高 0.50、棺板厚约 0.05 米。墓主人骨架自盆骨以上全部被盗掘不见，从残留的两腿的葬式看，应该是仰身直肢葬。棺内随葬器物只在墓主人两腿之间发现海贝 1 枚、蛤蜊壳 2 枚（图二七）。

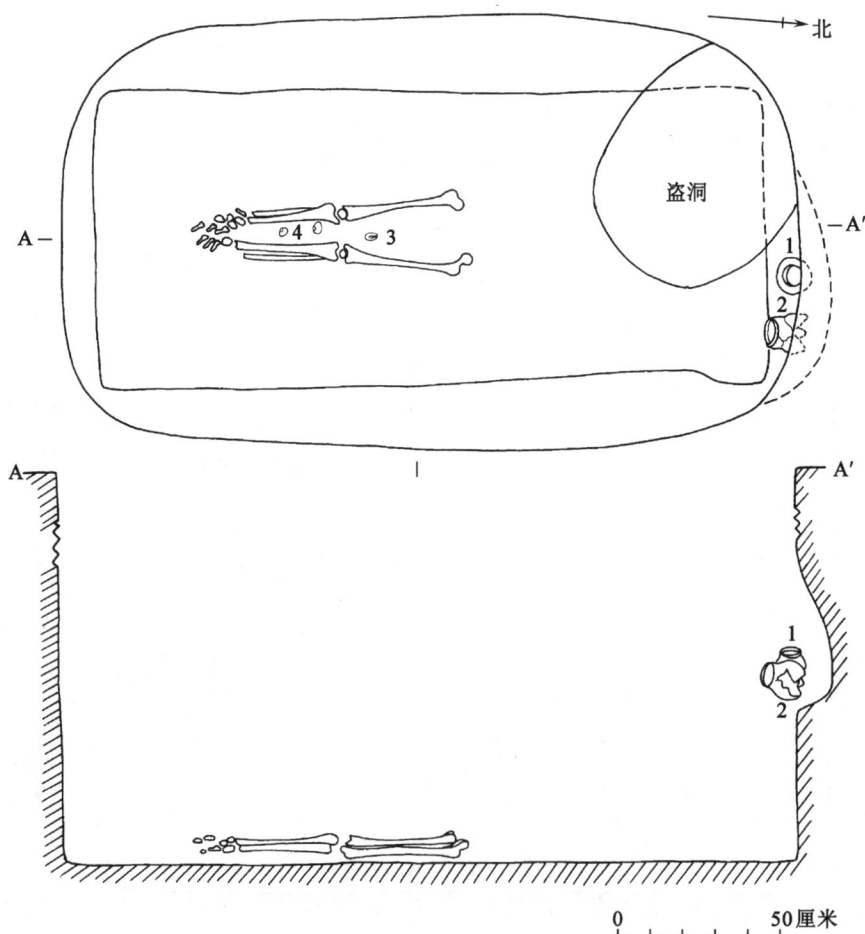

图二七　M46 平、剖面图
1. 陶罐　2. 陶鬲　3. 海贝　4. 蛤蜊壳

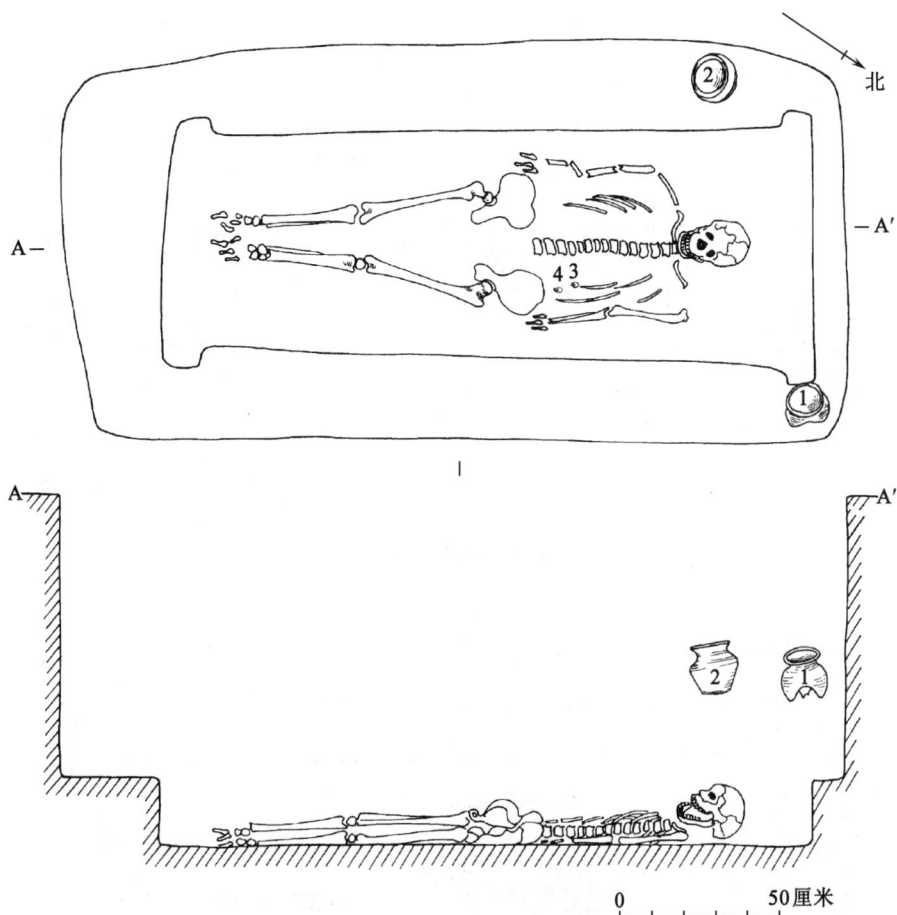

图二八　M50 平、剖面图
1. 陶鬲　2. 陶罐　3~4. 海贝

一二　M50

位于第一区。方向323°。墓口在地表以下0.40米的扰土层上，墓坑呈长方竖井形，四角圆弧。墓底长2.40、宽1.20、墓口至底深1.05米。墓葬未曾被盗扰。有生土二层台，北部较窄宽约0.10米，东、西、南三面宽约0.25~0.35、高0.20米。在东北角和西北角二层台上方分别放置陶鬲1件、陶尊1件。墓内一棺，棺呈"Ⅱ"形，长2.00、宽0.70、高0.40、棺板厚约0.08米。墓主人仰身直肢，骨质已腐朽成末。在骨架左侧腹部有海贝4枚（图二八；图版六，2）。

一三　M51

位于第一区。方向334°。墓口在地表以下0.60米的扰土层上，墓坑呈长方竖井形，其中东西两壁不甚规整，墓室南端向东偏斜。墓底长2.53、中间宽1.00、墓口至底深0.80米。有生土二层台，四边宽窄不一，高0.53米，西北角二层台上放置有陶鬲1件。该墓北端有一盗洞，顺墓室东壁往下斜挖，直通棺内，但未破坏底部棺头。棺呈"Ⅱ"形，长1.95、宽0.60、高约0.50、棺板厚0.04米。整个棺斜置，棺头向西，棺尾向东。棺内墓主人头骨不见，其他完好，

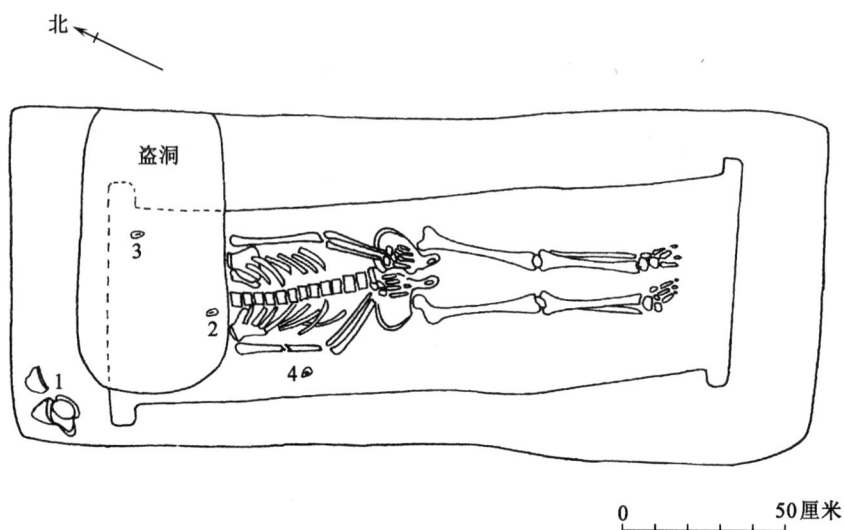

图二九　M51 平面图

1. 陶鬲　2~4. 海贝

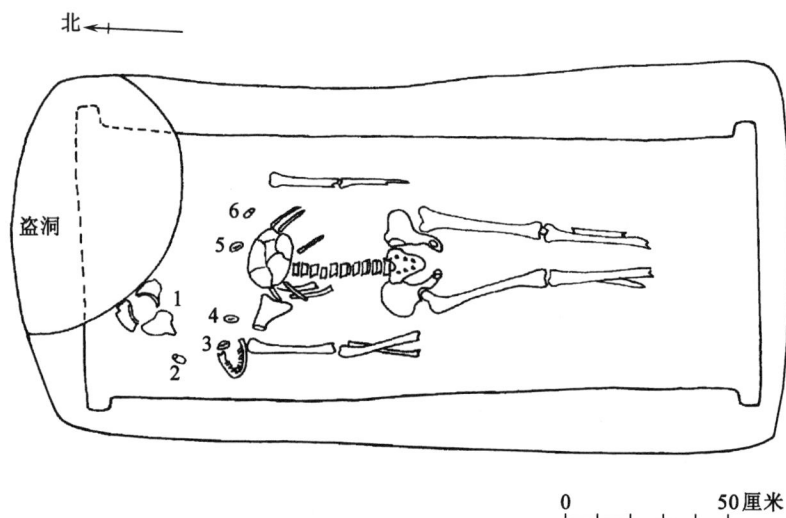

图三〇　M53 平面图

1. 陶鬲　2~6. 海贝

仰身直肢，双手屈放于腹上。在盗洞及骨架右臂处发现海贝 3 枚（图二九；图版七，1）。

一四　M53

位于第一区。方向358°。墓口在地表以下0.60米的扰土层上，墓坑呈长方竖井形，墓圹不甚规整，南部较宽。墓底长2.38、中宽1.10、墓口至底深1.75米。熟土二层台，二层台宽窄不一，宽约0.10~0.20、高0.45米，在二层台西北部放置有陶鬲1件，破碎后大部分塌落在棺内西北角。该墓北端有一盗洞直通棺内。棺呈"Ⅱ"形，长2.10、宽0.80、高0.45、棺板厚0.10米。棺内墓主人头骨被扰乱，其余骨架虽未扰乱，但骨质已腐朽成末。在盗洞及头骨附近发现海贝6枚，可能原系墓主人口含（图三〇）。

一五　M55

位于第一区。方向330°。墓口在地表以下0.65米的扰土层上，墓坑呈长方竖井形，墓壁垂直，四角圆弧，墓底长3.35、宽1.70、墓口至底深4.50米（图三一）。墓葬东北角和东南角各有一个盗洞直通墓底，并互相贯通，其中东南角盗洞在距墓口约2.60米处发现一具男性

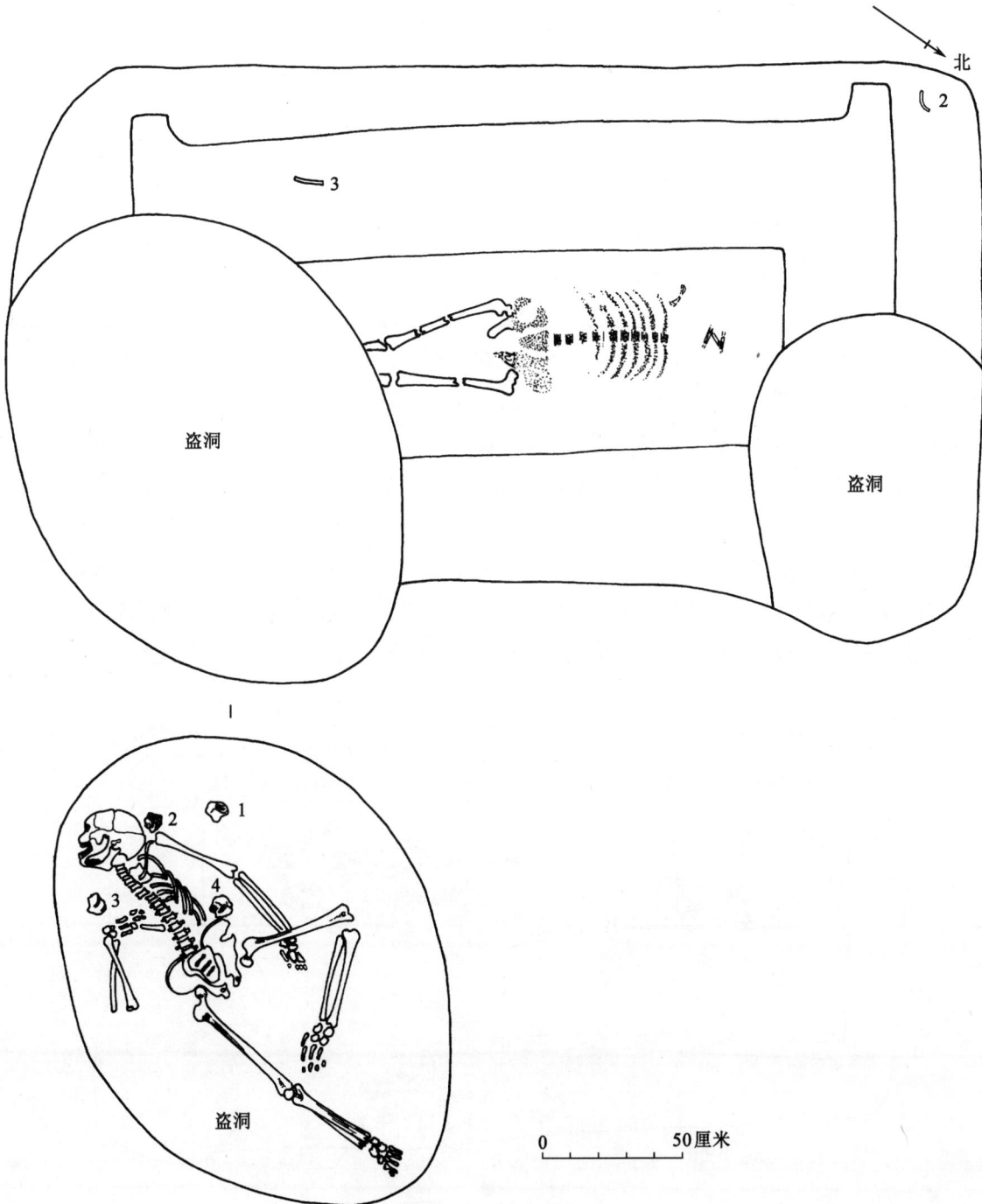

图三一　M55平面图

1. 石块　2. 车軎残片　3. 残骨刀

人骨架仰躺在盗洞内，头向西南，右臂屈折，左臂伸直压在左腿下面，左腿屈折向内，右腿伸直，盆骨比头骨高出 0.25 米。在该骨架头部附近发现有拳头大的石块 4 个，分析可能是早期盗墓者被同伙砸死在盗洞内。墓内一椁一棺，因南北两个盗洞在墓底贯通，故将棺椁东部全部挖残，仅从西部残留的痕迹看出椁呈"Ⅱ"形，长 2.60 米，宽与高不详，椁与墓壁之间有熟土二层台，二层台高 1.00 米。棺呈长方形，长 1.90、宽 0.70 米，高不详。棺内人骨架已腐朽成土黄色粉末，且头骨不见。棺底铺有一层苇席，人骨架上有朱砂痕迹。墓内随葬品仅在西北角二层台上发现残车害 1 件，西部棺椁之间出土骨刀 1 件，盗洞填土内发现蚌环片 2 枚、海贝 3 枚、蛤蜊壳 3 枚。

一六　M59

位于第一区。方向 320°。墓口在地表以下 0.70 米的扰土层上，墓坑呈长方竖井形，墓室四壁垂直，四角圆弧。墓室长 2.80、宽 1.40、墓口至底深 1.40 米。有生土二层台，高 0.55 米。在东北部二层台上放置有骨刀 1 件、骨竿 1 件、漆器 3 件。3 件漆器均为木胎，已朽成灰，只留有与墓土不一样的黑印，黑印表面有残存棕红色漆皮，从残存的灰痕和漆皮看，3 件漆器一件为筒状杯形器，两件为圜底状钵形器，3 件漆器的周围都有残留有棕红色漆痕的穿孔蚌泡和无孔蚌泡，可能当时都是镶嵌在漆器上的装饰品。墓内一棺，棺呈长方形，长 2.28、宽 0.95、高约 0.50、棺板厚 0.05 米。墓室东北角有一盗洞直通棺内，棺内墓主人仰身直肢，右臂微屈，右手压于胯下，左臂向外伸出，但头骨被扰乱倒置，下颌骨脱落一旁，其余骨架保存较好。棺内头骨右侧部位和小腿之间各有一堆海贝，其中头骨部位 13 枚、小腿之间 12 枚；在右肩部和左脚处还各有 1 枚无孔蚌泡。另外，在清理盗洞时，还清理出铜簋口沿残片及骨梳 1 件、蚌泡 2 枚（图三二；图版七，2）。

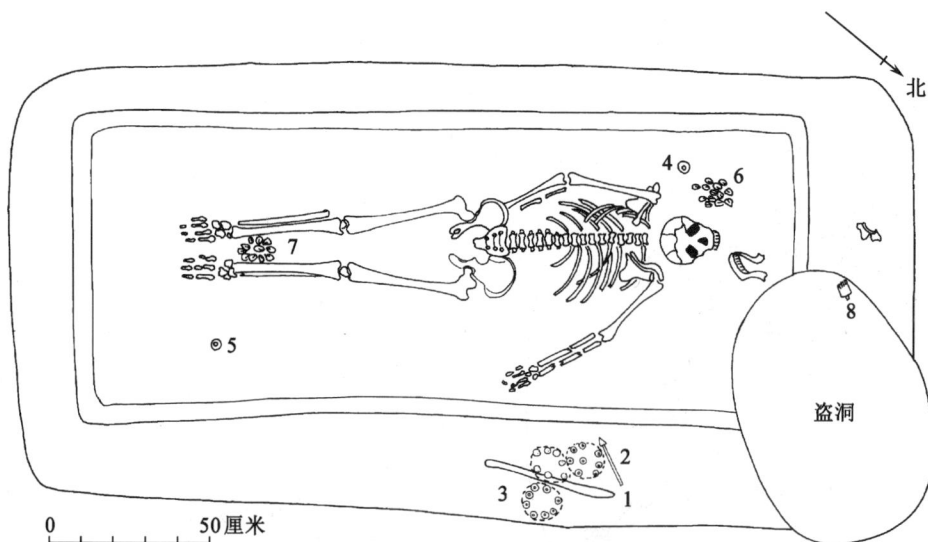

图三二　M59 平面图

1. 骨刀　2. 骨竿　3. 漆器　4、5. 蚌泡　6、7. 海贝　8. 骨梳

一七　M60

位于第一区。方向355°。墓口在地表以下0.70米的扰土层上，墓坑呈长方竖井形，墓室四壁垂直，四角圆弧。墓底长2.55、宽1.20、墓口至底深1.40米（图三三）。墓内一椁一棺，椁呈长方形，长2.40、宽1.10、高约0.55、厚约0.04米，椁板基本上是紧贴墓室壁面而围置，椁板外面和墓室壁面之间有苇席痕迹，由于墓壁与椁之间只有0.08～0.10米，故难以断定苇席是铺在墓室壁面上还是包裹在椁上。椁外表髹漆，漆皮外露面为朱红色，内面为褐红色。椁内一棺，棺呈"Ⅱ"形，棺表面也髹漆，由于该墓北部有一盗洞直通棺内，将棺椁北头挖残，从墓底棺印痕迹看，棺长1.90、宽0.65、高约0.50米。棺虽然已朽成灰，但棺灰清晰，呈白色粉末状，棺板较厚，竖向棺板厚约0.08～0.10米，横向棺板厚约0.07米，从

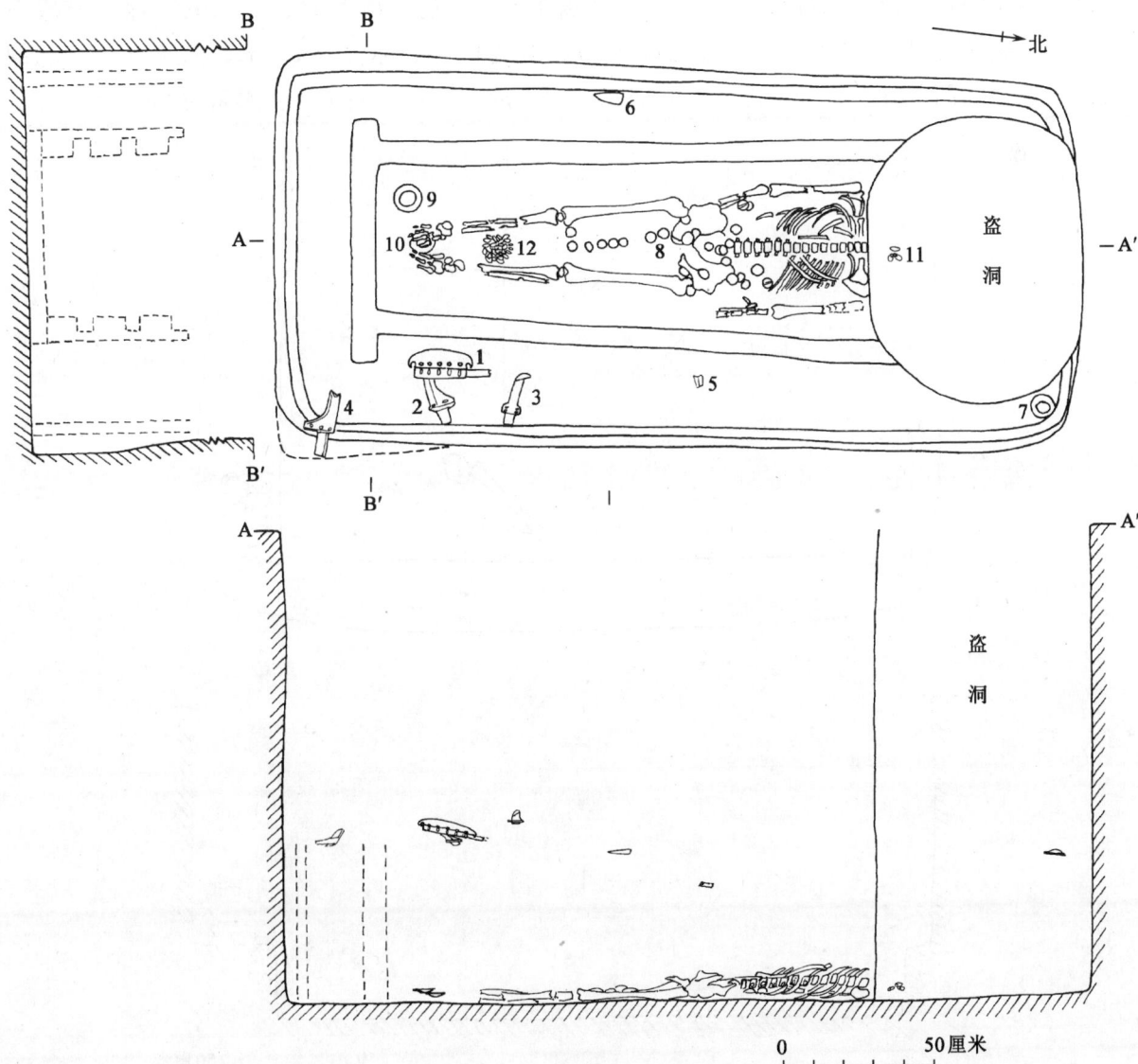

图三三　M60平、剖面图

1. 铜钺　2～6. 铜戈　7～10. 铜泡　11～12. 海贝

棺南部已朽的粉末里可以看出棺的榫卯结构。棺内墓主人仰身直肢，不见头骨，头骨以下似未被盗扰，骨架大部分也腐朽成粉末状。在椁顶及棺椁之间随葬有铜钺1件、铜戈3件、残铜戈尖2件、中铜泡1件，其中铜戈均被有意砸断或砸弯；在墓主人脚部放置大铜泡2件，腰部骨架之上及两腿之间似有规律的随葬小铜泡30件，这些小铜泡排列有序，可能是死者衣袍上的装饰品。另外，在墓主人两小腿之间有一堆磨平海贝，计有49枚，在头骨位置有3枚穿孔海贝，可能是墓主人口含，掉落于此。从该墓出土的铜兵器及身上排列的铜泡分析，墓主人生前可能是一位有兵权的军事首领（图版八，1）。

一八　M61

位于第一区。方向340°。墓口在地表以下0.55米的扰土层上，墓坑呈长方竖井形，墓口不规整，四角圆弧。该墓西部被M63打破，只残存东部。墓口长2.45、宽1.10、墓口至底深1.05米。墓底有生土二层台，二层台北宽0.25、南宽0.10、东宽0.25米，西不详。在北部二层台上放置陶鬲1件、陶罐1件，东北部二层台上放置有陶纺轮1件。墓葬被盗，盗洞是从

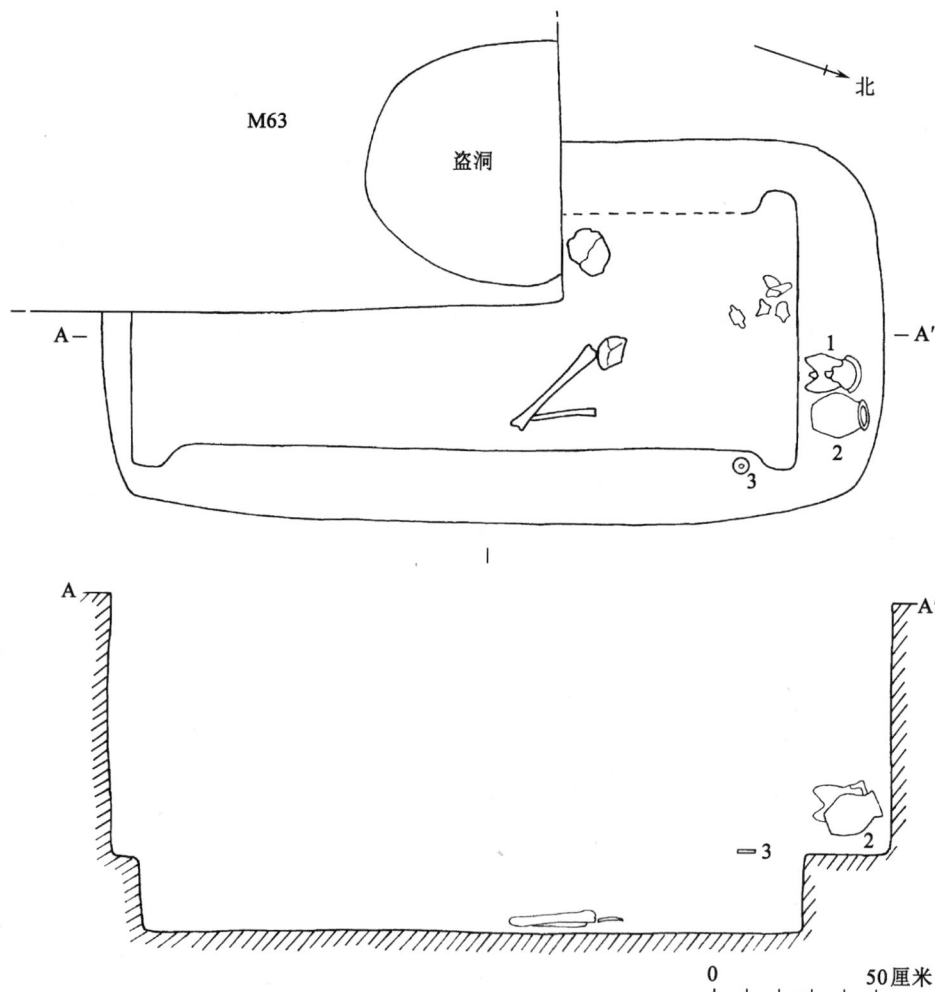

图三四　M61平、剖面图

1. 陶鬲　2. 陶罐　3. 纺轮

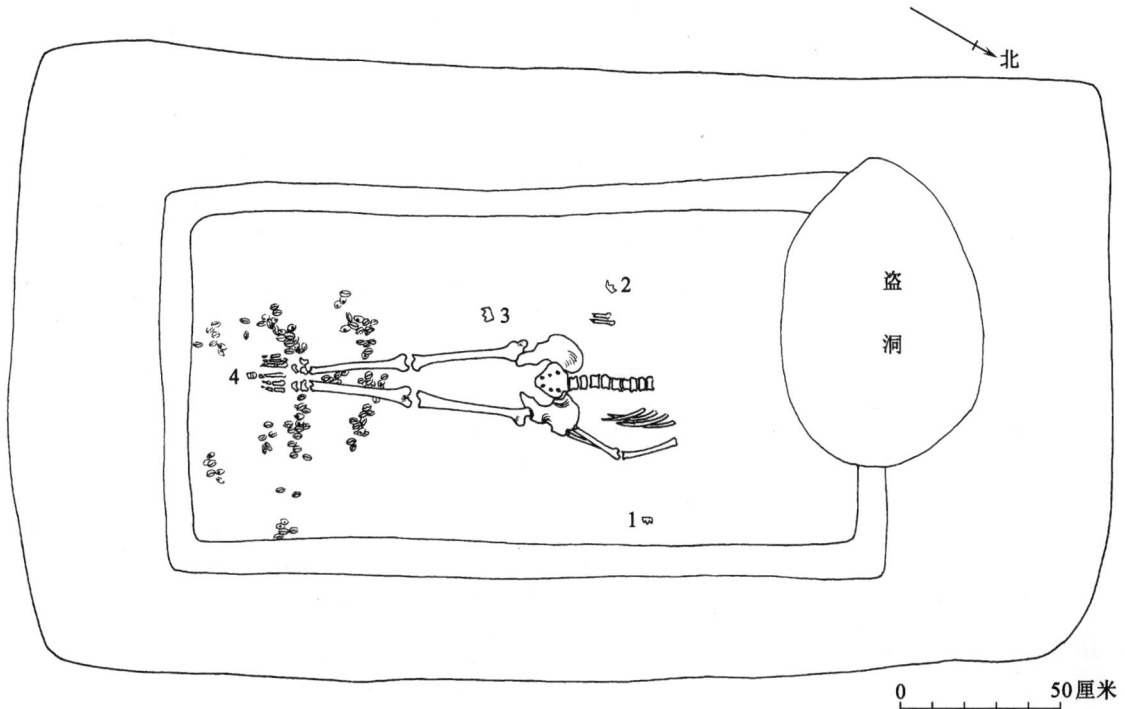

图三五 M70 平面图

1~4. 蚌饰 5. 海贝

M63 打破该墓的地方下挖，然后各通一墓。墓内一棺，呈"Ⅱ"形，长 2.08、高 0.35 米，宽不详，棺板厚约 0.06 米。棺内人骨被盗掘，只剩零星肢骨（图三四）。

一九 M70

位于第一区。方向 330°。墓口在地表以下 1.00 米的原生黄土层上，墓口呈北高南低状。墓坑呈长方竖井形，墓底长 3.35、中间宽 1.80、墓口至底深 2.95 米。有熟土二层台，北宽 0.70、南宽 0.45、东宽 0.30、西宽 0.35、高 0.70 米。墓内一棺，呈长方形，长 2.20、宽 1.15、高 0.70、棺板厚约 0.09~0.10 米，棺板灰迹上有红色漆皮痕迹。墓葬北部有一盗洞直通棺内，棺内人骨腹部以上因盗掘不存，从残存骨架看墓主人是仰身直肢葬，人骨上有大量的朱砂痕迹，棺内四周都有苇席痕迹。盗洞内出土有蚌饰片、蚌泡等，在人骨架两腿之间及周围撒有 76 枚海贝（其中穿孔海贝 56 枚、磨平海贝 20 枚）。另外，在墓葬中部的填土中发现鸡骨架一只、马头骨一个（图三五）。

二〇 M78

位于第一区。方向 354°。墓口在地表以下 0.70 米的原生黄土层上，墓坑呈长方竖井形，墓底长 2.40、宽 1.15、墓口至底深 1.45 米。墓内一棺，呈"Ⅱ"形，棺体狭窄，棺板灰较薄。棺长 2.00、宽 0.55、残高约 0.35、棺侧板厚 0.06 米。棺与墓壁之间有熟土二层台，二层台高 0.35 米。墓葬北部有一盗洞直通棺内，墓主人仰身直肢，头骨被盗不见，其余骨架保存完好。在棺内骨架头部位置的左上方有 1 件破碎的陶罐，可能原放置在棺顶部，因盗掘破

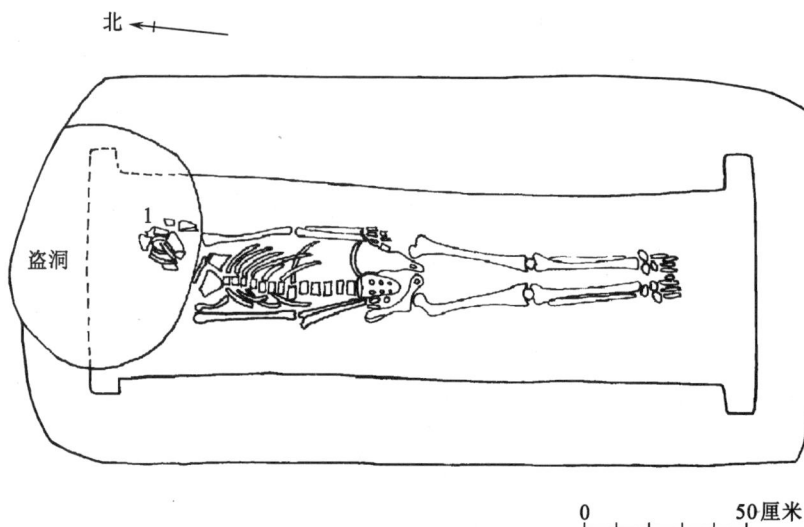

图三六 M78 平面图

1. 陶罐

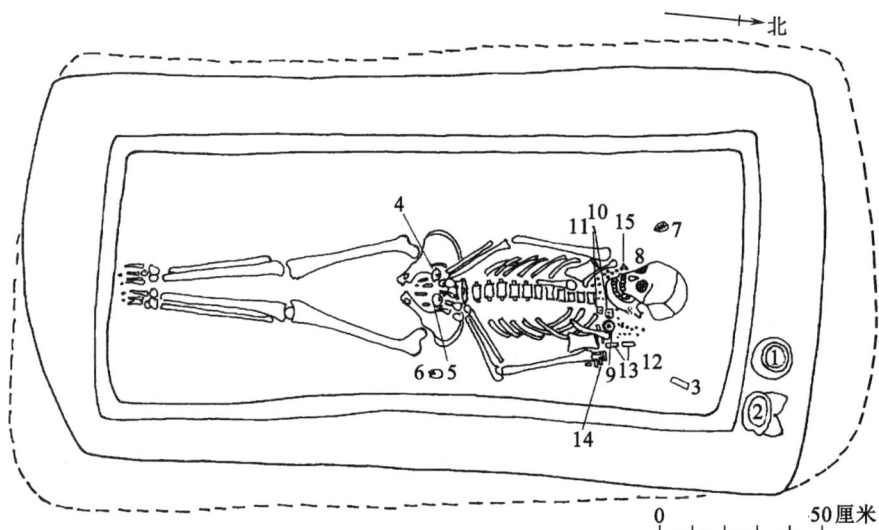

图三七 M94 平面图

1. 陶罐 2. 陶鬲 3. 玉刀 4、5. 文蛤蜊壳 6～8. 海贝 9～11. 玉佩饰 12～15. 串饰

坏而塌陷在棺内（图三六；图版八，2）。

二一 M94

位于第六区。方向355°。墓口在地表以下1.80米的原生黄土层上，墓坑呈口小底大的长方覆斗形，墓圹不太规整。墓口长2.50、宽1.20米；墓底长2.65、宽1.40、墓口至底深2.20米。有熟土二层台，高0.60米。墓内一棺，棺呈长方形，长2.05、宽0.85、高0.40、棺板厚0.05米。棺内人骨保存较好，墓主仰身直肢，面略向右倾斜，双臂屈折，双手抱腹。该墓未曾盗扰，随葬器物保存完好，在北部二层台上放置有陶鬲1件、陶罐1件；棺内头骨左上方有玉刀1件，右上方有海贝2枚，还有1枚海贝出自墓主口内，当系口含；人骨颈部有项

饰 1 串，由圆形、方形、长方形玉佩及料珠、条形河蚌组成；在人骨左右手腕处各有 1 枚穿孔文蛤蜊壳，2 枚文蛤蜊壳两两相合，当系死者的腕饰（图三七）。

二二 M96

位于第七区。方向 345°。墓口在地表以下 2.00 米（其中耕土层 0.35 米，平田整地时的回填土约 1.65 米）的原生黄土层上，墓坑呈口小底大的长方覆斗形，墓口南北两边圆弧，墓底较为规整，四壁垂直。墓口长 3.50、宽 1.40 米，墓底长 3.55、宽 1.95、墓口至底深 3.60 米。该墓被盗，南北两头各有一盗洞直通墓底。墓内一椁一棺，椁呈"Ⅱ"形，长 2.75、宽 1.30、高 0.75、椁侧板厚 0.10 米；棺被盗残，从残存灰迹看，应为长方形，长宽不详，棺侧板厚约 0.08 米。棺板灰外面发现有零星红色漆皮，估计棺上当时可能髹漆。棺内人骨被盗扰，仅存几根下肢骨。椁四周有熟土二层台，北部二层台上铺有苇席，上面放置铜鼎 1 件，在铜鼎旁边有两件钵形漆器，其中一件被盗洞挖残一半，漆器木胎已朽成灰，红色漆皮也朽成碎片。漆器口沿下方都有一圈无孔蚌泡，其中较完整的一件上有 8 枚，被盗挖残的漆器上面仅存 4 枚蚌泡（在北部盗洞内发现有 3 枚无孔蚌泡）。放置铜鼎和漆器的这个部位正好是盗洞未盗及的地方。在北部盗洞底部出土有陶鬲、陶罐残片、石叶、玉笄、玉佩饰、料珠、蚌泡、海贝、蛤蜊壳等（图三八）。

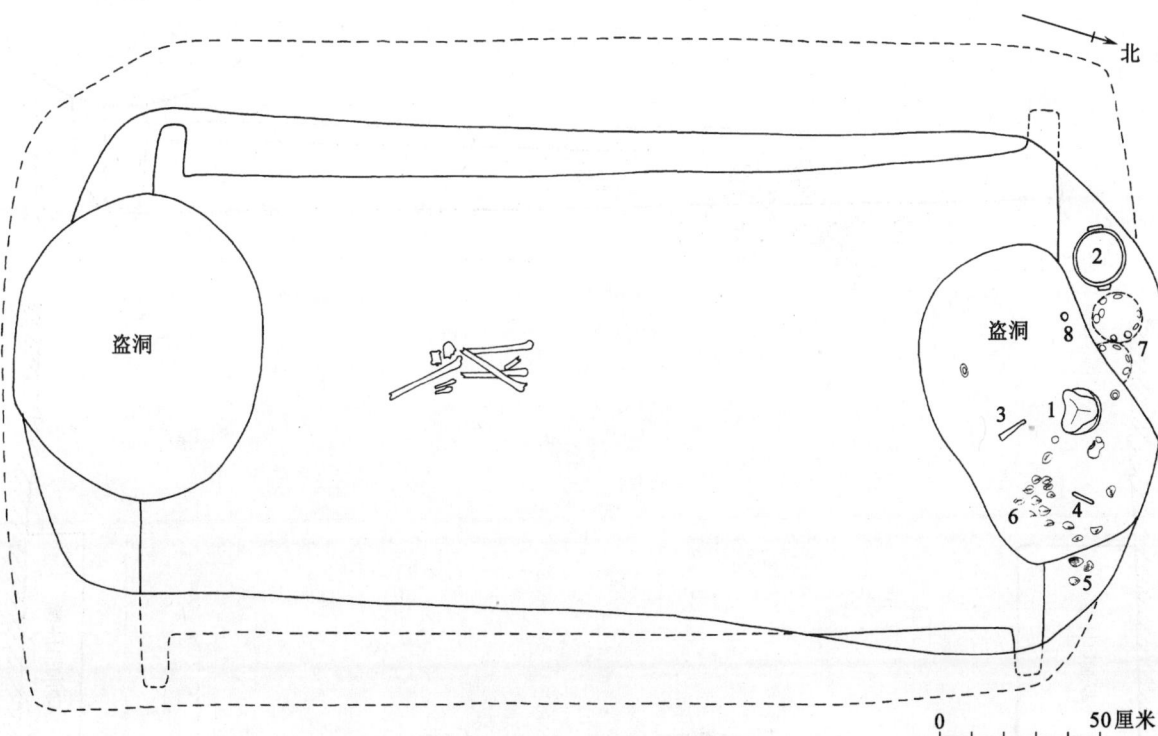

图三八 M96 平面图

1. 陶鬲 2. 铜鼎 3. 玉笄 4. 石叶 5. 蛤蜊壳 6. 海贝 7. 漆器 8. 蚌泡

二三 M104

位于第六区。方向353°。墓口在地表以下1.30米的原生黄土层上，墓坑呈口小底大的长方覆斗形，墓室规整，四壁斜直。墓口长3.20、宽1.55米；墓底长3.40、宽1.85、墓口至底深3.50米。有熟土二层台，宽0.20~0.35米。该墓被盗，墓室东北角和南部各有一盗洞，南部盗洞直通墓底。墓内一椁一棺，椁呈"Ⅱ"形，长2.80、宽1.30、高0.70、椁横板厚0.13、侧板厚0.08米；棺呈长方形，长2.15、宽0.70米，高不详，棺侧板厚0.05米。棺内墓主人头骨被东北角盗洞扰乱，致使面部朝下，下颌骨脱落；下肢骨被南部盗洞扰乱，仅存两条股骨，

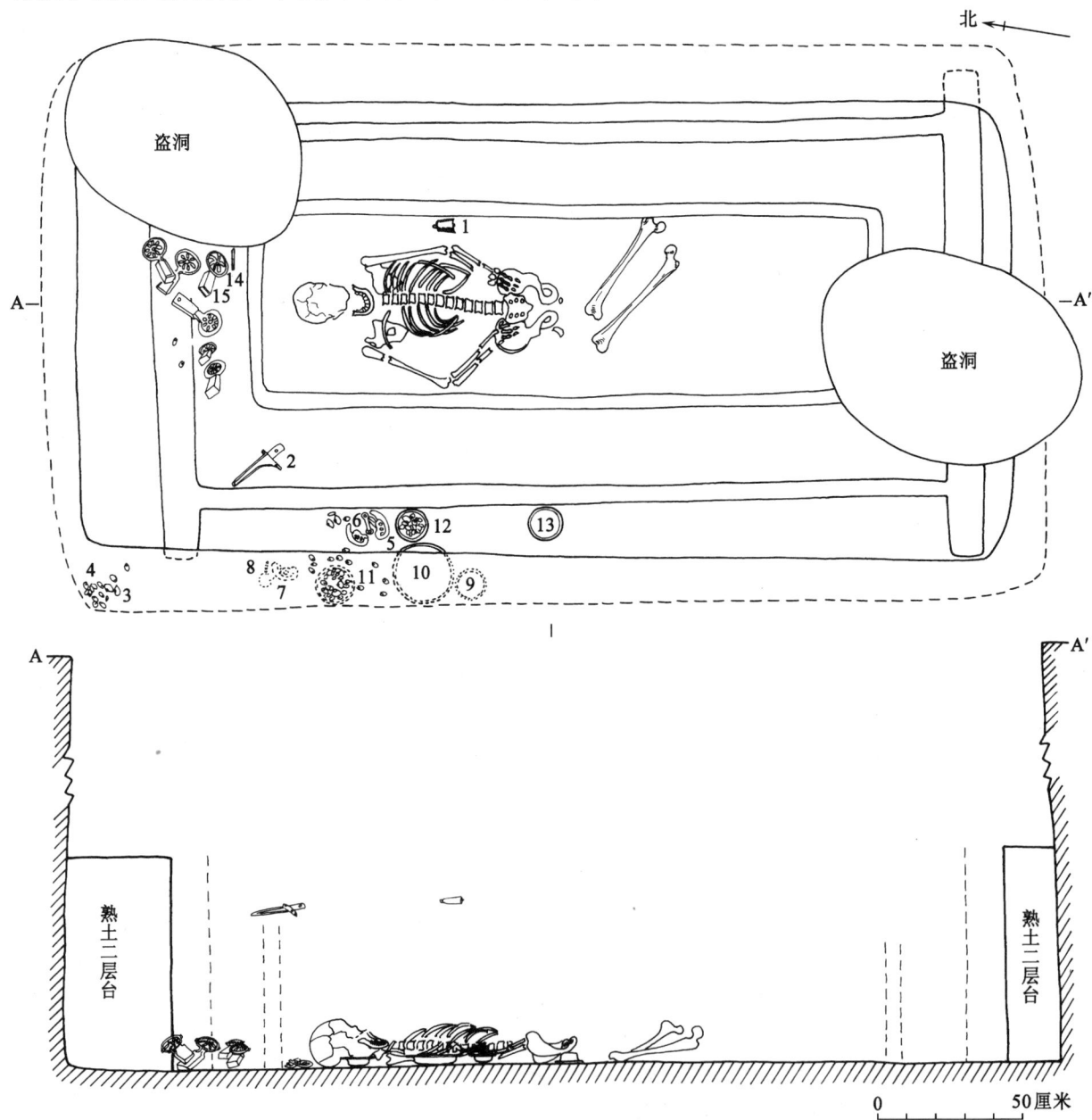

图三九 M104 平、剖面图

1. 铜铃 2. 铜戈 3. 蛤蜊壳 4. 海贝 5、7. 铜镳 6、8. 铜衔 9~13. 铜盒 14. 铜刻刀 15. 铜銮铃

其余骨架似未扰动，骨架上撒有红色朱砂。值得庆幸的是东北角盗洞没有垂直盗到墓底，而是见棺后即向棺内斜入，而恰巧在此下方的墓底椁与棺之间出土了銮铃6件、铜刻刀1件、骨管1件。另外，在棺顶东部和椁顶西北部分别放置有铜铃1件和铜戈1件。在西北部椁与墓室底部之间的填土中随葬有铜盆5件、铜镞4件、铜衔2件以及蚌泡、海贝、蛤蜊壳等，其中两件铜盆（标本86CYM104:50、标本86CYM104:24）内装满了海贝和蛤蜊壳（图三九）。

二四 M108

位于第六区。方向355°。墓口在地表以下1.30米的原生黄土层上，墓坑呈口小底大的长方覆斗形。墓口长2.45、宽1.25米；墓底长2.75、宽1.45、墓口至底深2.30米（图四〇）。有生土二层台，宽0.30~0.40、高0.50米。墓内一棺，呈"Ⅱ"形，长2.10、宽0.80、高约0.50米。该墓北部有一盗洞直通棺内，墓主人头骨被盗不见，其余骨架保存完好。在棺内

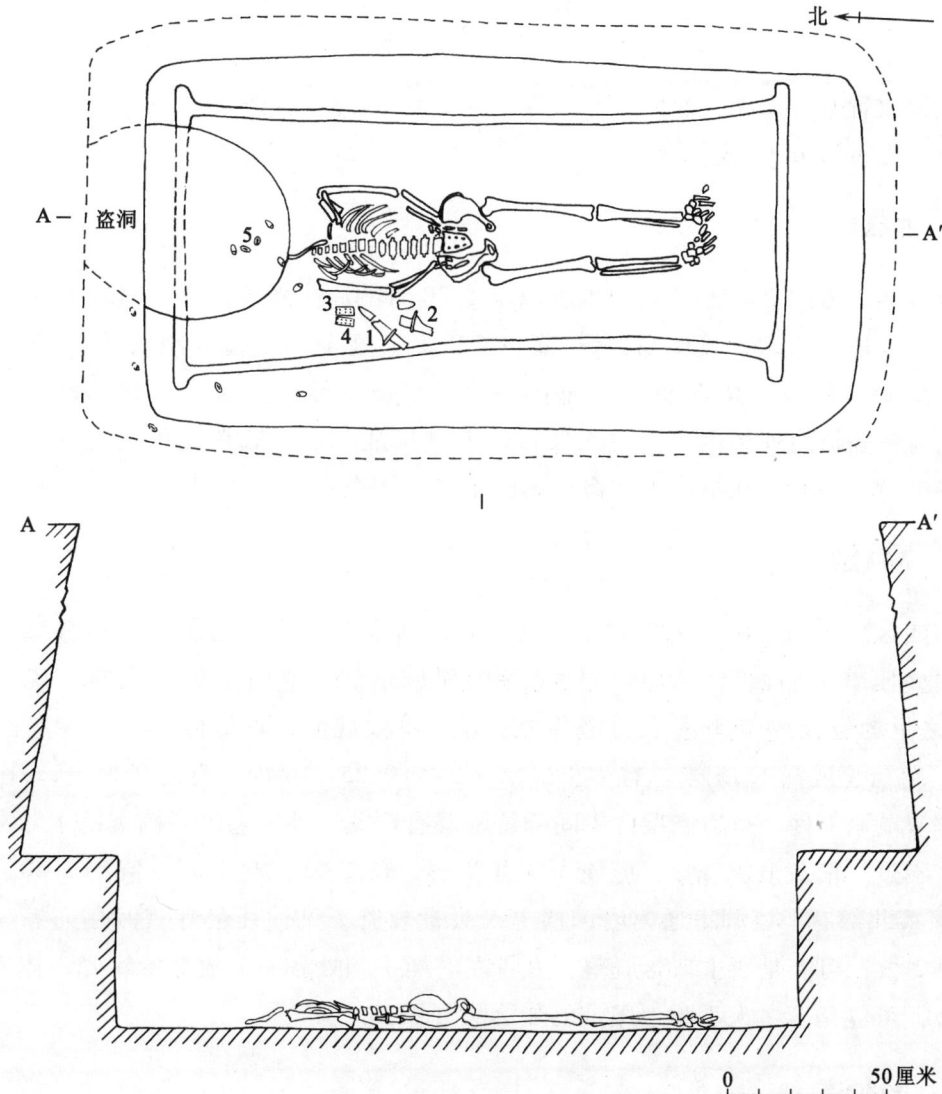

图四〇 M108平、剖面图

1、2. 铜戈 3、4. 骨片 5. 海贝

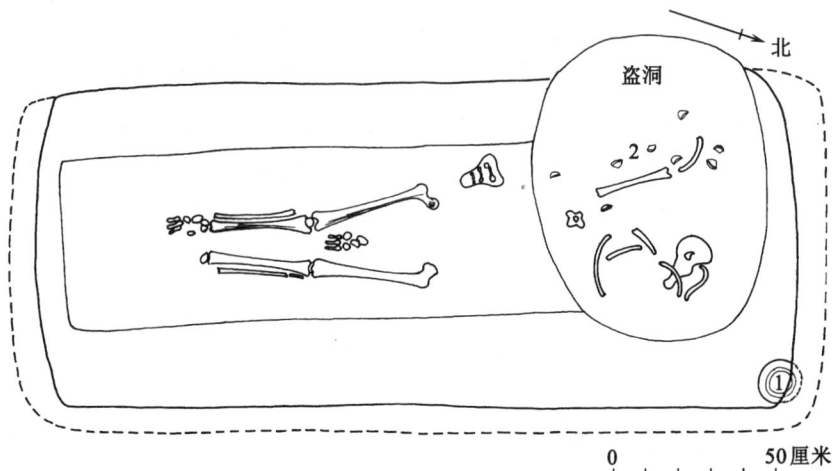

图四一　M110 平面图

1. 陶罐　2. 蛤蜊壳

人骨架右臂旁放置铜戈 2 件、骨片 2 枚，其中铜戈尖部均被有意砸断。另外，在棺外北部及棺内头骨部位出土有海贝 11 枚。

二五　M110

位于第四区。方向 342°。墓口在地表以下 1.30 米的原生黄土层上，墓坑略呈口小底大的长方覆斗形。墓口长 2.35、宽 1.00 米；墓底长 2.55、宽 1.05、墓口至底深 1.35 米。有熟土二层台，宽 0.15～0.35、高 0.35 米。墓内一棺，呈长方形，长 2.10、宽 0.55、高 0.35 米。该墓西北角有一盗洞直通棺内，墓主人盆骨以上被扰乱。在墓底东北角棺与墓壁之间的填土中随葬陶罐 1 件，另外，在棺内外及盗洞内出土有蛤蜊壳 8 枚（图四一）。

二六　M112

位于第四区。方向 335°。墓口在地表以下 1.60 米的原生黄土层上（在该墓墓口之上 0.40 米的扰层中叠压着一座西晋十六国时期墓葬的斜坡墓道，方向也是南北向，其中心线压在 M112 东壁之上的位置）。墓坑呈长方竖井形，墓口不太规整，近似椭圆形。墓室长 2.55、中间宽 1.40、墓口至底深 1.15 米。有生土二层台，宽 0.25～0.40、高约 0.55 米，在西北角二层台上随葬有陶鬲 1 件，东边二层台中间部位随葬有铜戈 1 件。墓内一棺，棺木非常薄，而且腐朽严重，不过从棺灰痕迹观察，应该为"Ⅱ"形，长 2.05、宽 0.60、高约 0.40、棺板厚约 0.05 米。该墓北部有一盗洞直通棺内，墓主人头骨被盗不见，其余骨架保存完好。人骨颈部位置有海贝 2 枚，可能是墓主口含脱落；人骨左右两手腕处各有 1 枚文蛤蜊壳，体大磨孔，两两互相吻合，可能是墓主人手腕上佩带的装饰品（图四二）。

二七　M154

位于第三区。方向 340°。墓口在地表以下 0.55 米的原生黄土层上，墓坑呈长方竖井形，墓室规整，墓壁垂直。墓底长 3.05、宽 1.65、墓口至底深 0.95 米（图四三）。墓内一棺，呈

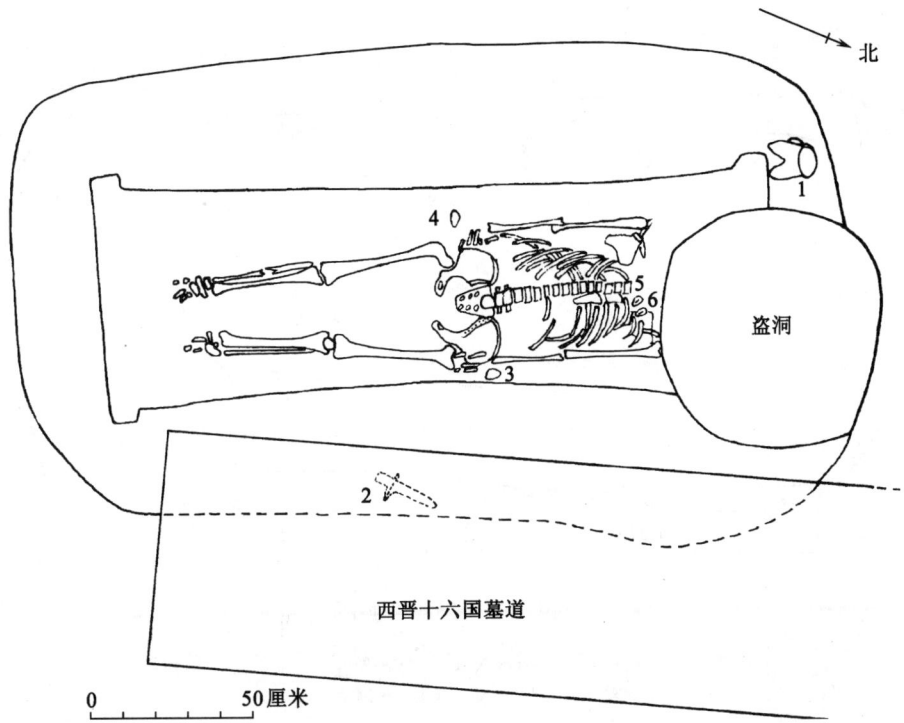

图四二　M112 平面图

1. 陶鬲　2. 铜戈　3、4. 文蛤蛳壳　5、6. 海贝

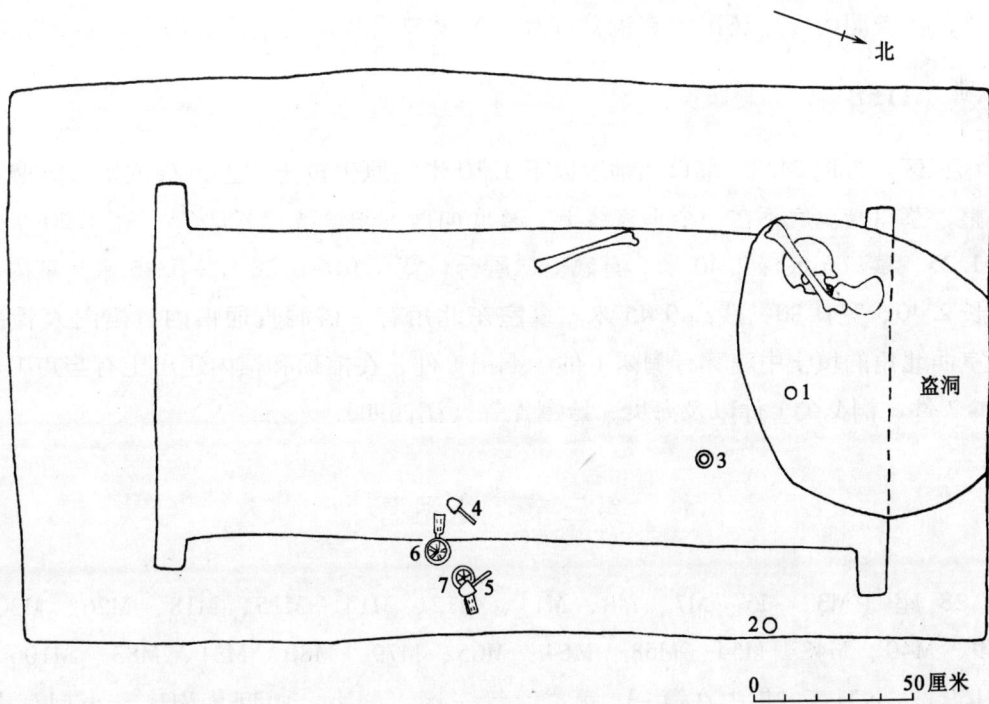

图四三　M154 平面图

1、2. 铜环　3. 铜泡　4、5. 铜车辖　6、7. 铜銮铃

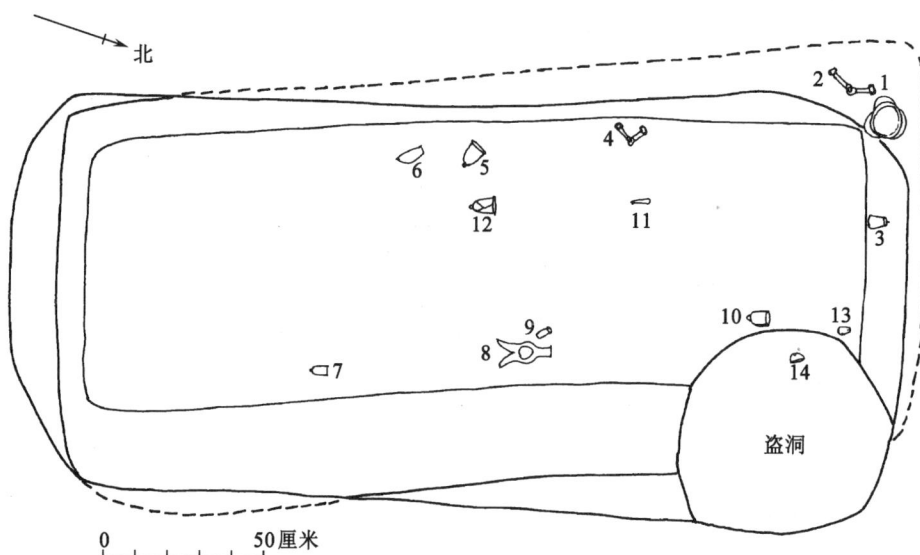

图四四　M158 平面图

1. 陶鬲　2、4. 铜衔　3、5、7、9、10、12. 铜铃　6. 铜戈尖
8. 当卢　11. 铜铃舌　13. 海贝　14. 蛤蜊壳

"Ⅱ"形，长2.30、宽0.95、高约0.45米，棺与墓壁之间有熟土二层台，宽0.25～0.45、高0.45米。墓室北部有一盗洞直通棺内，棺内人骨被严重盗扰，仅存头骨及零星肢骨。在东边二层台中部及棺顶放置有铜车辖2件、銮铃2件，东边二层台靠北处及棺内北部各放置有铜环1件。另外，在盗洞内填土还出土有铜盆残片、陶鬲口沿残片及铜泡、海贝、蛤蜊壳等。

二八　M158

位于第三区。方向343°。墓口在地表以下1.10米的原生黄土层上，墓坑呈长方竖井形，但墓圹不规整，墓口与墓底不在一个垂直线上，墓底向西偏斜。墓口长2.75、宽1.20米，墓底长2.65、宽1.25、墓口至底深2.40米。有熟土二层台，宽0.10～0.28、高0.45米。墓内一棺，呈长方形，长2.40、宽0.80、残高0.45米。墓室东北角有一盗洞直通棺内，棺内人骨被盗扰一空。在墓室西北角的填土中随葬有陶鬲1件、铜衔1件，在棺顶和棺内还出土有当卢1件、铜衔1件、铜铃7件、铜戈尖1件以及海贝、蛤蜊壳等（图四四）。

第三节　小型墓

共有28座（M3、M6、M7、M8、M11、M12、M14、M15、M18、M26、M30、M31、M32、M39、M40、M48、M54、M58、M64、M65、M79、M80、M81、M83、M106、M122、M151、M159）。小型墓多集中在第一、第二、第三区，与大、中型墓相比，小型墓大部分未被盗掘，在已发掘的28座小型墓葬中，有15座未被盗掘，即使被盗掘的也只有1个盗洞。小型墓都没有椁，只有一棺，更小一点的墓甚至连棺也没有，墓主人直接葬于墓底，而且也很少有苇席等其他葬具，其随葬品也相对较少。现在按墓葬编号顺序举例13座。

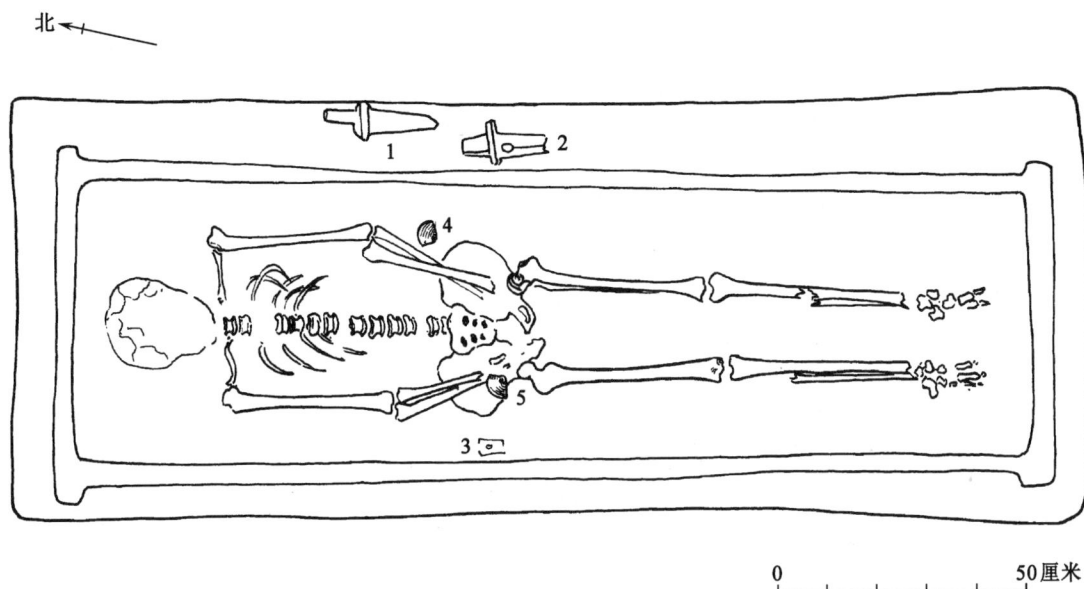

图四五　M3 平面图

1、2. 铜戈　3. 砺石　4、5. 文蛤蜊壳

一　M3

位于第三区。方向 350°。墓口在地表以下 1.20 米的原生黄土层上，墓坑呈长方竖井形，墓室略呈北宽南窄状，长 2.12、中间宽 0.80、墓口至底深 2.00 米。墓内一棺，呈"Ⅱ"形，长 2.00、宽 0.60、高约 0.30、棺侧板厚 0.04 米。棺内人骨腐朽严重，墓主人仰身直肢，双手抱腹。在棺顶部位置的东部与墓室之间的填土中随葬有铜戈 2 件，其中 1 件铜戈被有意砸断，1 件铜戈无戈尖。在棺内人骨架之盆骨右侧放置有砺石 1 件，墓主人两手腕处各有 1 枚穿孔文蛤蜊壳，两两相互吻合，当为墓主人腕饰（图四五）。

二　M6

位于第二区。方向 330°。墓口在地表以下 0.55 米的原生黄土层上，墓坑呈长方竖井形，墓壁斜向内收，墓口略大于墓底。墓口长 2.30、宽 0.90 米，墓底长 2.15、宽 0.80、墓口至底深 0.46 米。墓内未见棺木等任何葬具痕迹，亦无二层台，墓主人直接葬于墓底，墓主人仰身直肢，面部朝西，双足并拢，两手垂直放于胯旁，骨架保存完好。在墓主头骨左侧上方放置陶鬲 1 件、脑后放置小石块 1 件（图四六）。

三　M7

位于第二区。方向 325°。墓口在地表以下 0.40 米的原生黄土层上，墓坑呈长方竖井形，墓室狭窄浅小，长 2.05、宽 0.70、墓口至底深 0.60 米。墓内无棺木等任何葬具痕迹，亦无二层台，墓主人直接葬于墓底，仰身直肢，部分骨架已腐朽成粉末。在墓室西北角放置有陶鬲 1 件，墓主人右手处随葬有砺石 1 件（图四七）。

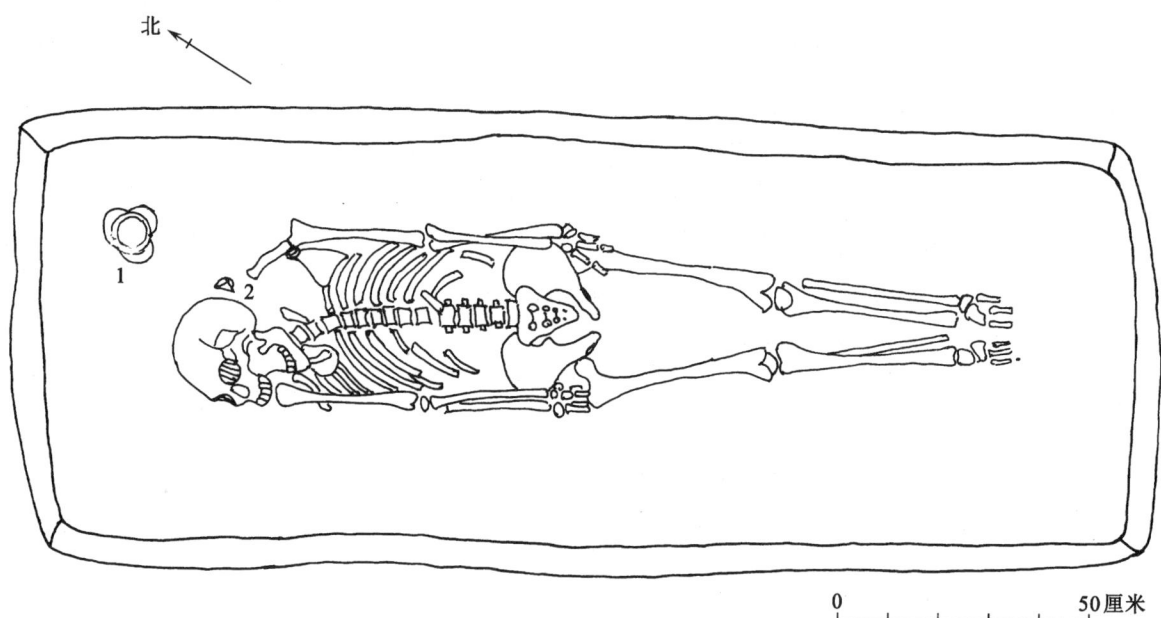

图四六　M6 平面图

1. 陶鬲　2. 小石块

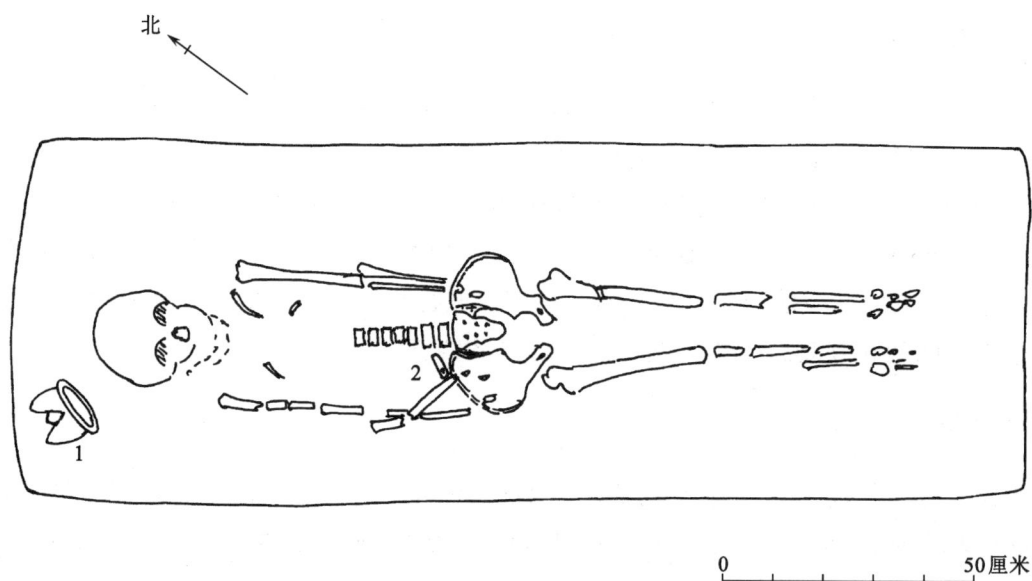

图四七　M7 平面图

1. 陶鬲　2. 砺石

四　M12

位于第二区。方向0°。墓口在地表以下0.30米的原生黄土层上，墓坑呈长方竖井形，墓室东西两壁向外略呈弧形。墓底长2.15、中间宽1.10、墓口至底深0.85米。墓内一棺，棺四周有熟土二层台，二层台东、西、北三面较宽，宽0.15～0.25米，南面较窄，宽仅0.05米。棺呈长方形，长1.95、宽0.60、高约0.35米，棺板较薄，仅0.04米。墓主人仰身直肢，身

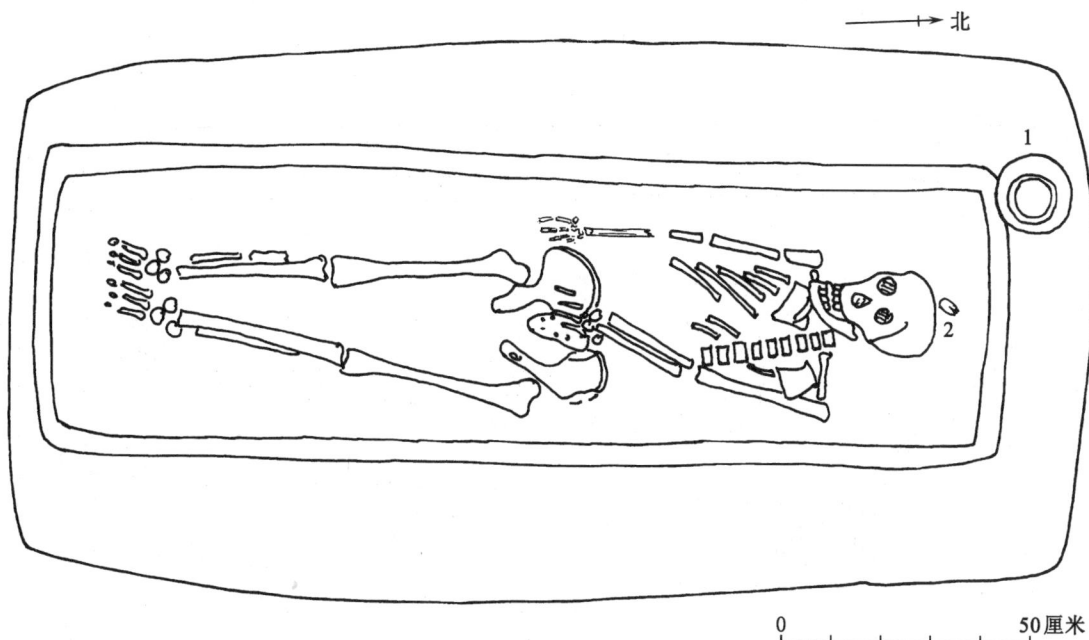

图四八　M12 平面图

1. 陶罐　2. 海贝

体略向右侧，右手垂直放于胯骨旁，左手斜置于腹上，骨架部分已腐朽成粉末状。在棺外西北角二层台上放置陶罐 1 件，棺内骨架头顶上方有穿孔海贝 1 枚（图四八）。

五　M15

位于第二区。方向 328°。墓口在地表以下 0.65 米的原生黄土层上，墓坑呈长方竖井形，墓室北宽南窄。墓底长 2.10、北宽 0.90、南宽 0.75、墓口至底深 1.05 米。墓内一棺，棺四周有较窄的熟土二层台，其中北面宽 0.25、其他三面宽约 0.10 米。棺呈长方形，长 1.75、宽 0.65、高约 0.35、棺板厚约 0.05 米。墓主人仰身直肢，骨架部分已腐朽成粉末状。随葬品均在棺外二层台上及棺顶放置，其中，北部二层台上放置陶鬲 1 件，西北部二层台上放置陶罐 1 件，在棺顶西北角斜置一把骨刀，与陶鬲和陶罐相连（图四九）。

六　M31

位于第一区。方向 340°。墓口在地表以下 0.30 米的扰土层上，墓坑呈长方竖井形，墓室不太规整，南部较窄，西北角圆弧，西壁向外突出。墓室长 2.15、中间宽 1.10、墓口至底深 1.30 米。有生土二层台，北部二层台较窄，宽 0.15～0.30 米。墓内一棺，棺呈长方形，棺身短小狭窄，棺板极薄，棺长 1.70、宽 0.50、高约 0.30、侧板厚 0.03 米。棺内墓主人骨骼细小，长度仅为 1.30 米左右，似为一少年，人骨已腐朽成粉末状，只有右腿骨保存稍好一点，葬式为仰身直肢。随葬品只有 2 件，在墓室东北角二层台上放置 1 件陶罐，棺内骨架左肩上方随葬陶纺轮 1 件（图五〇）。

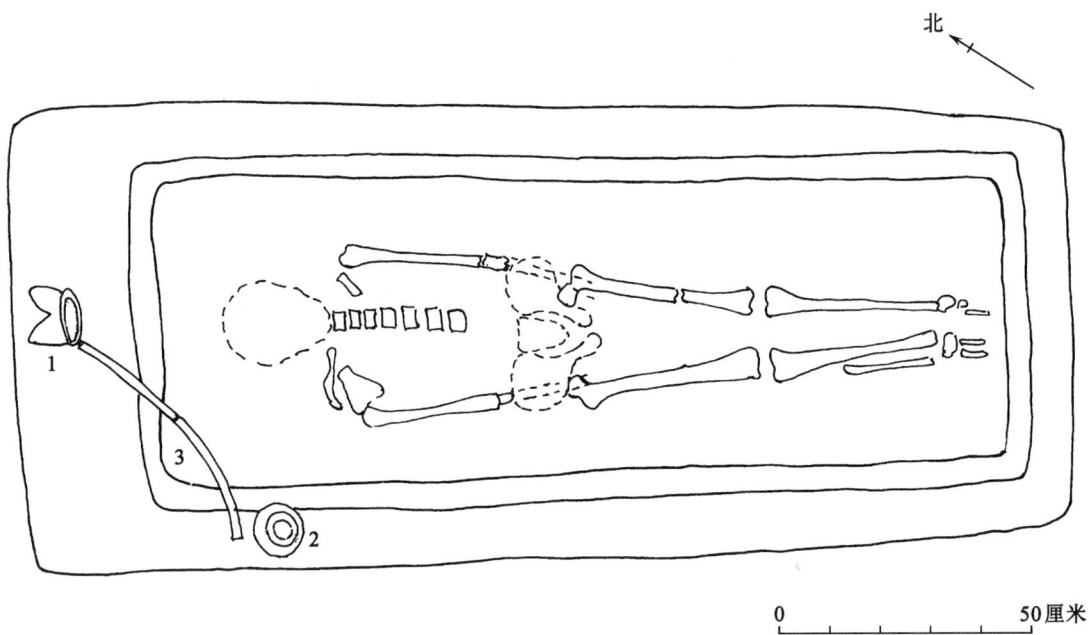

北

0　　　　　　　50厘米

图四九　M15 平面图

1. 陶鬲　2. 陶罐　3. 骨刀

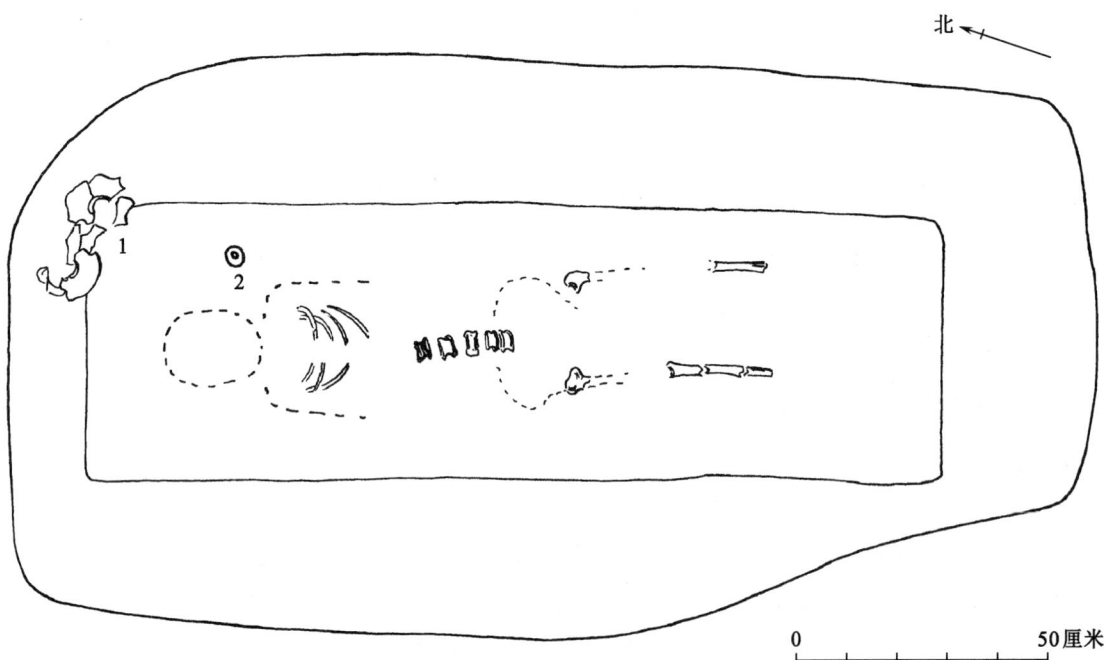

北

0　　　　　　　50厘米

图五〇　M31 平面图

1. 陶罐　2. 纺轮

七　M39

位于第二区。方向330°。墓口在地表以下2.75米（其中耕土层0.40米，平田整地的回填土2.35米）的原生黄土层上，墓坑呈长方形浅坑，短小狭窄，长约1.90、宽0.80、墓口至底深0.35米。墓内五花土土质较干净。该墓东南角被M35打破，但其墓口与M35基本在一个地层面上。墓内无棺木等葬具，墓主人直接葬于坑底，葬式为仰身直肢，面部朝西，其小腿骨被M35打破时挖残。该墓无任何随葬品（见图二四；见图版三，1）。

八　M54

位于第一区。方向345°。墓口在地表以下0.65米的扰土层上，墓坑呈长方竖井形，墓室四壁垂直，墓底长2.20、宽1.05、墓口至底深1.40米（图五一）。墓内一棺，棺四周为熟土

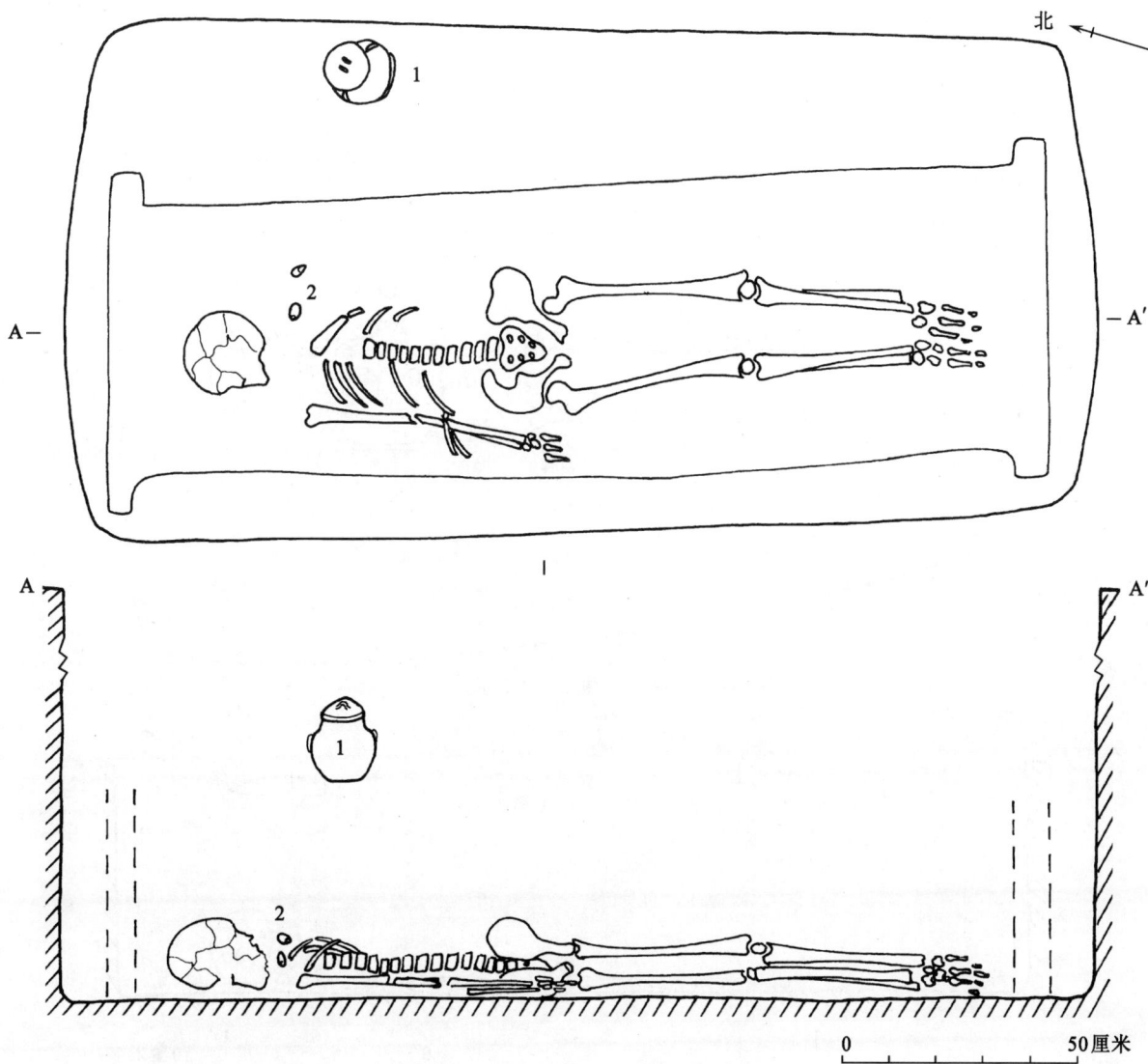

图五一　M54平、剖面图

1. 陶壶　2. 海贝

二层台，由于棺靠西侧放置，故东边二层台较宽，宽0.10~0.30米。棺呈"Ⅱ"形，长2.00、宽0.60、高0.45、棺板厚0.10米。棺内墓主人仰身直肢，骨架部分已腐朽，左臂不见（墓主人死前可能无左臂）。在东边二层台上放置有陶壶1件，棺顶填土中出土铜泡1枚，棺内人骨左肩上方有海贝2枚，估计是口含脱落所致（图版九，1）。

九 M58

位于第一区。方向343°。墓口在地表以下0.65米的扰土层上，墓坑呈长方竖井形，形制不太规整，北宽南窄，四角圆弧，墓底长1.85、中间宽1.05、墓口至底深0.95米。墓内无棺木等葬具，亦无二层台，墓主人直接葬于坑底，葬式为仰身直肢，面部略朝西，下颌骨脱落，骨架腐朽严重，骨质呈酱黄色。从骨架的长度及骨骼细小的程度来看，墓主人为一少年。在墓室西北角距墓底0.40米的填土中随葬有铜戈1件，墓主人口内有口含海贝3枚（图五二；图版九，2）。

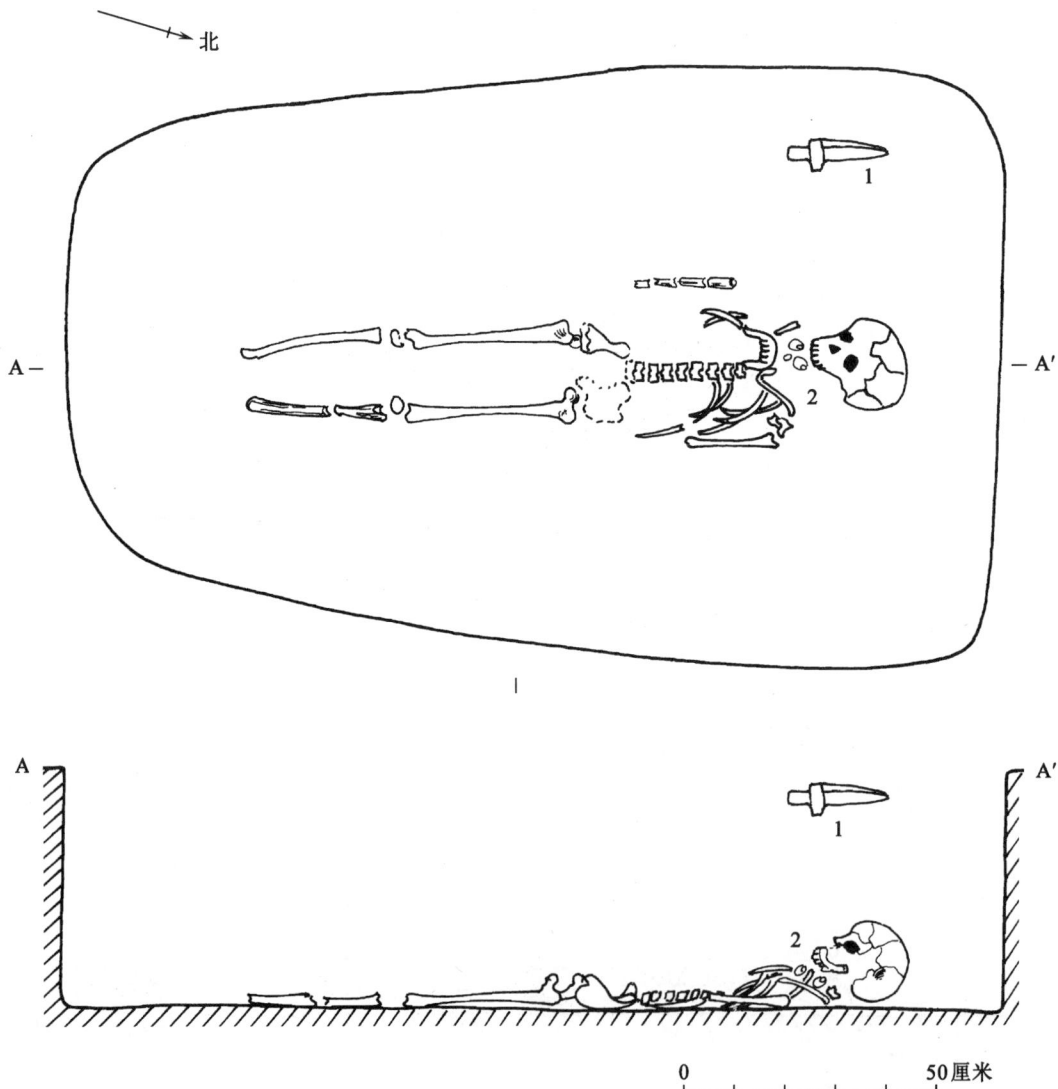

图五二　M58 平、剖面图
1. 铜戈　2. 海贝

一〇　M65

位于第一区。方向335°。墓口在地表以下0.75米的扰土层上，墓坑呈长方竖井形。该墓打破M80。由于该墓事先未钻探出来，加之该墓较浅，故在挖掘M66扩边时未加注意，将该墓西边的墓圹挖掉了，只残留了墓葬底部。墓底长2.20、墓底宽0.80、墓口至底深1.25米。墓底南、北、西三面有生土二层台（东边因打破M80，故无生土二层台），宽0.15～0.25、高0.3米。北部二层台上放置有陶鬲1件。墓内无棺，亦无苇席痕迹，墓底只有一具破碎的头骨及零星肢骨，可能被盗掘（图五三）。

一一　M79

位于第一区。方向330°。墓口在地表以下0.70米的扰土层上，墓坑呈长方竖井形，墓圹四角不太规整，呈圆弧状。墓室长2.30、宽0.95、墓口至底深0.75米。有生土二层台，宽0.10～0.30、高0.30米，在二层台西北部放置残铜戈1件。墓内无葬具，仅在墓底中部挖一长1.85、宽0.65、深0.30的长方形浅坑以放置人骨。墓葬北部有一盗洞，墓主人骨架盆骨以上被盗不见（图五四）。

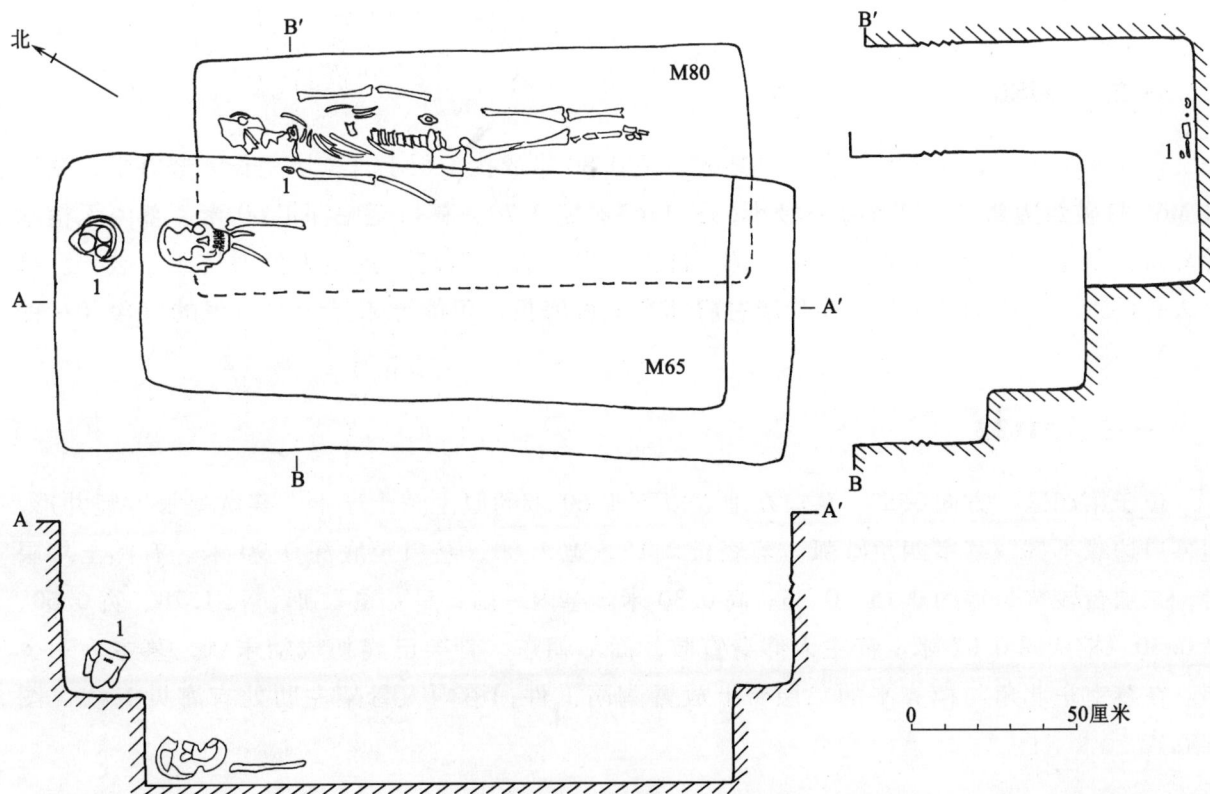

图五三　M65、M80 平、剖面图

M65（1. 铜鬲）　　M80（1. 海贝）

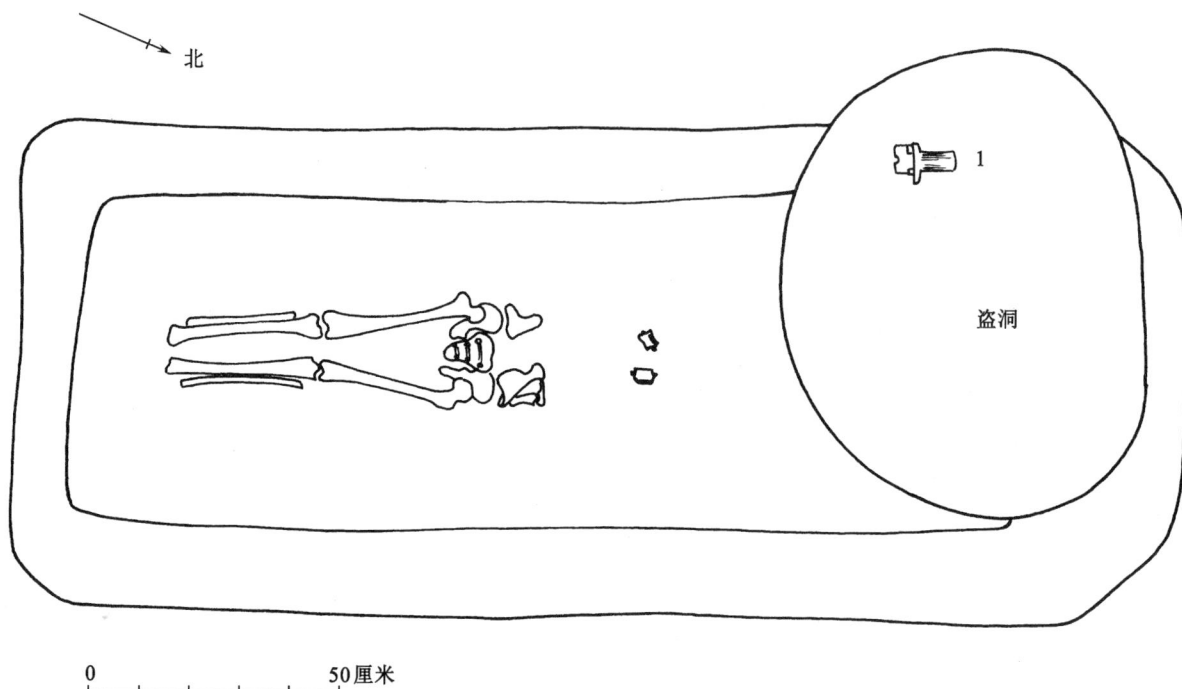

图五四　M79 平面图
1. 铜戈

一二　M80

位于第一区。方向 335°。墓口在地表以下 0.80 米的扰土层上，墓坑呈长方竖井形，墓葬被 M65 打破西边墓口。该墓墓室极小，长 1.65、宽 0.70、墓口至底深 1.60 米。墓内无棺木等葬具，墓主人直接葬于墓底靠东一侧，仰身直肢，骨架腐朽严重，头骨因挤压已破碎。墓主人骨骼细小，应为一少年。在骨架右肩部有 1 枚海贝，可能原来是含在口里的口含（见图五三）。

一三　M122

位于第四区。方向 355°。墓口在地表以下 1.60 米的原生黄土层上，墓坑呈长方竖井形，但墓口边缘不齐，墓室四角圆弧。墓底长 2.15、宽 1.00、墓口至底深 0.90 米。有熟土二层台，二层台较窄，宽约 0.15~0.25、高 0.30 米。墓内一棺，呈"Ⅱ"形，长 1.78、宽 0.60、高 0.30、棺板厚 0.07 米。墓主人仰身直肢，面部朝东，骨架已腐朽成粉末状，墓主为一少年。在墓室东北角与棺齐平的二层台上放置陶鬲 1 件，棺内人骨架左肋处有海贝 1 枚（图五五）。

北

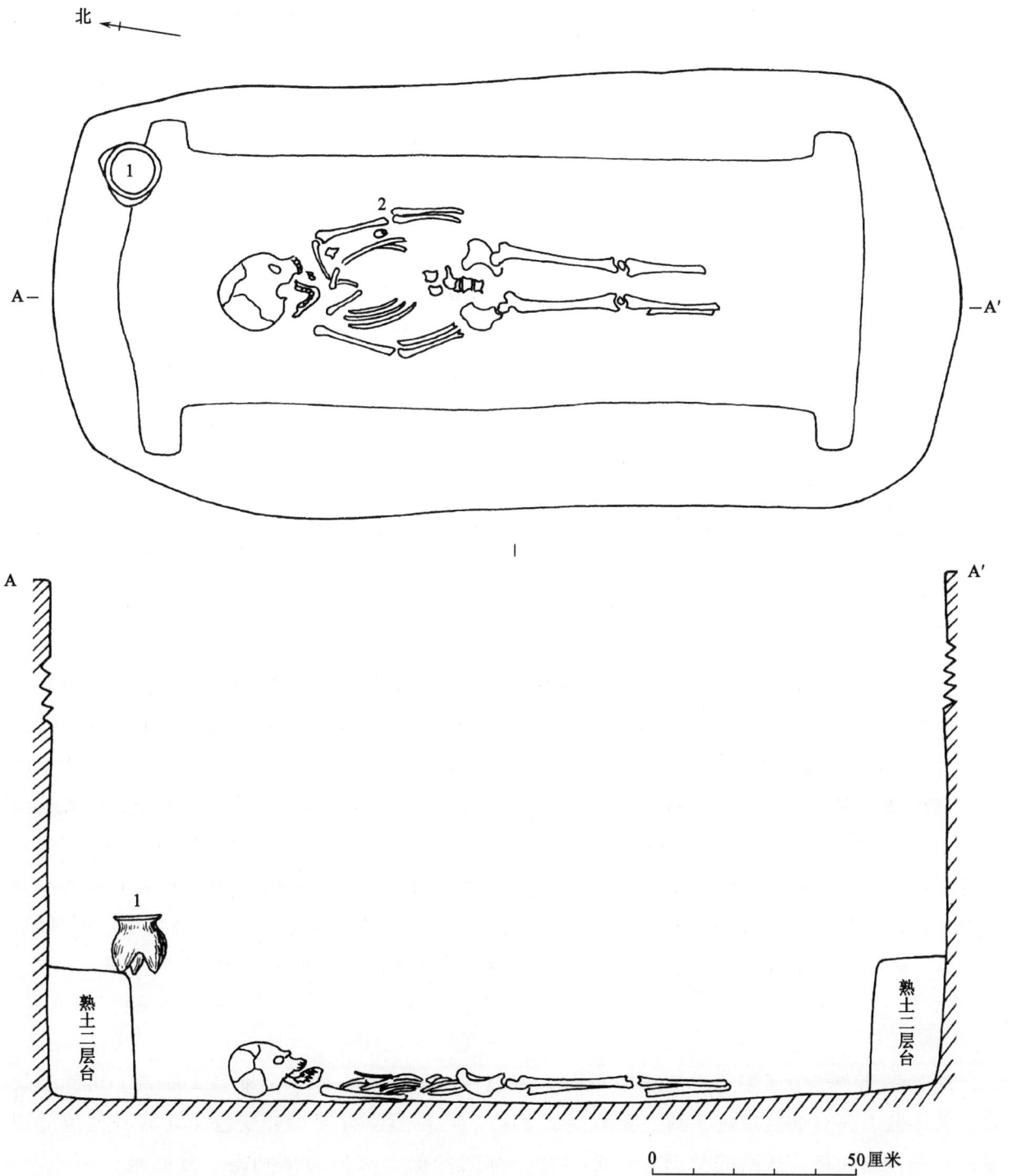

图五五　M122 平、剖面图

1. 陶鬲　2. 海贝

第四章 随葬器物

本章随葬器物不包括马坑中出土的器物，马坑出土器物在第五章中介绍。

在已发掘的 138 座周墓葬中，有 111 座墓出有随葬器物，共计 3770 余件（颗）。以质地可分为陶、铜、玉、石、骨、牙、角、玛瑙、绿松石、料珠、蚌、海贝、蛤蜊壳、漆器及纺织物等 15 类。另在 27 座没有出随葬器物的墓中，有 6 座墓（M11、M14、M17、M30、M39、M81）本身即无随葬品，其余 21 座墓（M27、M32、M40、M41、M45、M47、M49、M56、M64、M68、M69、M74、M75、M83、M99、M111、M119、M124、M131、M134、M146）被盗掘一空，墓内未发现任何随葬器物。现分述如下。

第一节 陶器

由于墓葬绝大多数被盗，故出土完整或能够复原的陶器数量较少，只有 47 件。这 47 件陶器分别出自 37 座墓葬，一般都是 1 墓 1 件，1 墓 2 件者有 7 座墓（M15 鬲 1 罐 1；M20 鬲 1 罐 1；M31 罐 1 纺轮 1；M38 鬲 2；M46 鬲 1 罐 1；M50 鬲 1 尊 1；M94 鬲 1 罐 1），1 墓 3 件者仅有 1 座墓（M61 鬲 1 罐 1 纺轮 1）。陶器的器形主要有鬲、罐、尊、壶以及纺轮等。陶器组合一般为鬲或鬲、罐，个别有鬲或尊的。陶器基本上都是死者生前的实用器，器表颜色斑驳，表面大多都留有烟炱等使用的痕迹。陶器质地有夹砂和泥质两种，制作一般采用轮制和手捏方法制作。陶色可分红陶、褐红陶、灰陶、灰褐陶等，纹饰主要以粗、细绳纹为主，其次为弦纹、锥刺纹、刻划纹、附加堆纹等。有些鬲和罐的素面部分尚保留有未被抹平的绳纹痕迹，似麻点纹。

一 鬲

鬲是随葬陶器中最多的器物，共 29 件。一般一座墓随葬 1 件，个别有 2 件者。鬲作为炊器，大多数表面有烟炱痕迹，其主要着火面如裆、足等部位有被火烧变色、与器身其他部位陶色不一样的现象。按鬲的裆部、足部以及领部的特征，可分为平裆鬲、分裆鬲、联裆鬲、瘪裆鬲 4 种。现分述如下。

（一）平裆鬲 1 件

标本 84CYM53:1，似鼎形。夹砂褐红陶，胎质较粗糙，酥脆，烧制火候明显不高。敞口、粗颈，腹下垂外鼓，平裆，柱足较粗，腹内三足处因置内模形成三个小浅窝，足体外表无明显的分裆界线。器表饰绳纹，然后抹平，形成麻点纹。口径 11.3、高 15.5 厘米（图五六，1；图版一〇，1）。

（二）分裆鬲 4 件

这种鬲的特点是内隔较高，分界线十分明显，最大容积在足腔内。根据有耳和无耳可分为 A、B 两型。

A 型 1 件。

标本 86CYM112:1，夹砂红陶，陶色呈砖红色。单耳，方唇，唇外粘贴泥条一周压平，其上饰锥刺纹，高直领。三袋足修长并向外略撇，足外侧垂鼓，内侧平缓，乳头状足根稍残缺。三足肩上各有弧形刻划纹一道，颈部一侧和裆间一侧附加横列的柳叶形堆纹三道，裆间另外两侧只有一道附加堆纹，既起到了装饰又起到了加固作用。整个器身饰浅细绳纹，表面有烟炱痕迹。口径 10、高 14.5 厘米（图五六，2；图版一〇，2）。

B 型 3 件。可分为 3 式。

Ⅰ式 1 件。

标本 82CYM6:1，夹砂褐红陶，但内外因长期烟熏火燎而呈黑色。方唇，高直领微外斜，领内壁略向外鼓。深腹，足似肥硕乳状，足根呈乳头状。领部饰交错细绳纹，近口沿处抹光，领腹间饰划纹一周，腹饰竖行细绳纹，裆部饰麻点纹，器表布满烟炱痕迹。口径 12.3、高 14.8 厘米（图五六，3；图版一〇，3）。

Ⅱ式 1 件。

标本 84CYM65:1，夹砂褐红陶，陶质坚硬。器身较矮。圆方唇，高斜领，领部有附加的一对花边錾手，三足的裆部各附加一泥条，足根呈乳头状。器表饰深陷的粗绳纹，领与足交接处有一周宽约 4 毫米的划线纹一直延伸到裆部，烟炱较厚。口径 13.5、高 14 厘米（图五六，4；图版一〇，4）。

Ⅲ式 1 件。

标本 84CYM35:1，夹砂褐陶。尖圆唇，短斜领，领部绳纹被抹平，袋足斜直下垂，分裆趋于不明显。三足根均残断（这种鬲的足根是附加上去的，故很容易掉），原应为圆锥形。腹部饰竖行细绳纹，裆部饰斜横绳纹并稍抹平。器表有烟炱痕迹。口径 12、高 11.5 厘米（图五六，5；图版一〇，5）。

（三）联裆鬲 16 件

这种鬲的特征是裆部呈锐角，侧面呈弧形，最大容积在腹部。可分为 7 式。

Ⅰ式 2 件。

标本 82CYM10:1，夹砂红陶。器形高大挺拔且规整。侈口，小平沿，尖圆唇，颈部高而粗，三锥足外撇，裆较高，裆部侧视呈锐角。通体饰粗绳纹，在颈与肩部随意抹划三道弦纹。器表下部有烟炱痕迹。口径 15.3、高 18.5 厘米（图五六，6；图版一〇，6）。

标本 84CYM61:1，夹砂灰陶。直口外撇，小平沿，圆唇，束长颈，尖锥足，腹腔内隔低，联裆略内陷。颈部以下饰细绳纹，然后在器表涂抹一层青灰色泥浆。裆底有烟炱痕迹。口径 12.3、高 16.3 厘米（图五六，7；图版一一，1）。

Ⅱ式 2 件。

标本 84CYM44:1，夹砂灰陶，陶色呈青砖色。器形挺拔规整。侈口，斜沿上翘，尖圆唇，

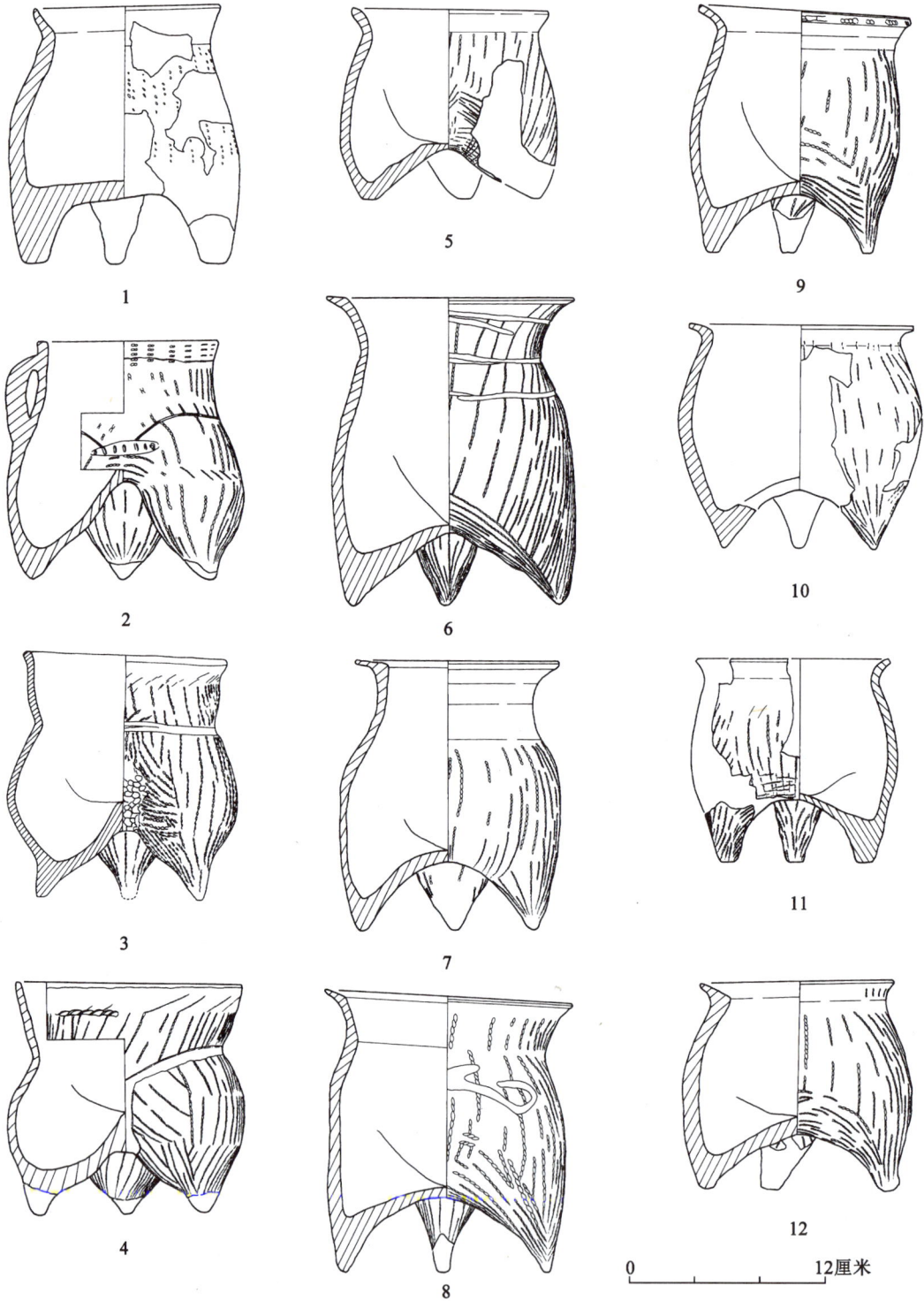

图五六　陶鬲

1. 平裆鬲（M53:1）　2. A 型分裆鬲（M112:1）　3. B 型Ⅰ式分裆鬲（M6:1）　4. B 型Ⅱ式分裆鬲（M65:1）
5. B 型Ⅲ式分裆鬲（M35:1）　6. Ⅰ式联裆鬲（M10:1）　7. Ⅰ式联裆鬲（M61:1）　8. Ⅱ式联裆鬲（M44:1）
9. Ⅱ式联裆鬲（M38:1）　10. Ⅲ式联裆鬲（M72:1）　11. Ⅲ式联裆鬲（M34:1）　12. Ⅳ式联裆鬲（M51:1）

注：书中插图、彩版及图版中器物号均略写，如 84CYM53:1 为 M53:1。

束颈，锥形实足根，腹腔内隔低，裆部侧视呈锐角。通体饰绳纹，肩部一侧用"⌒"形划纹将绳纹抹去。裆部有烟炱痕迹。口径15.4、高17厘米（图五六，8；图版一一，2）。

标本84CYM38:1，夹砂褐红陶。侈口，方唇，唇上有麻点，束颈，锥形足，足尖呈乳头状，腹腔内隔低。颈以下饰细绳纹，表面布满烟炱痕迹。口径12.5、高14.8厘米（图五六，9；图版一一，3）。

Ⅲ式2件。

标本84CYM72:1，夹砂红陶，陶色呈砖红色。直口，外折沿，束颈，方唇，尖锥足，腹较深，腹部略鼓，腹腔内隔低。通体饰细绳纹，颈部绳纹被稍抹去。口径13.5、高13.5厘米（图五六，10；图版一一，4）。

标本84CYM34:1，夹砂灰陶，陶色呈土黄色。短斜颈，方唇，锥形实足根，三足向内倾，颈部以下饰细绳纹。器表有烟炱痕迹。口径11.7、高12.2厘米（图五六，11；图版一一，5）。

Ⅳ式4件。

标本84CYM51:1，夹砂灰陶。整个器形显得制作粗糙。短颈，圆唇，三足不规整，足尖呈圆疙瘩形。通体饰细绳纹，颈部绳纹被抹去。器底有烟炱痕迹。口径11.7、高12.7厘米（图五六，12；图版一一，6）。

标本82CYM2:1，夹砂灰陶，陶色较黑。侈口，卷斜沿，方唇，束颈，柱形实足根。颈部以下饰粗绳纹，但颈部和肩部的绳纹被压平。器表有烟炱痕迹。口径11.5、高12.5厘米（图五七，1；图版一二，1）。

标本84CYM23:1，夹砂灰陶，陶色呈青砖色。束颈，侈口，卷沿，方唇，裆间略内陷，小柱足。颈部以下饰细绳纹，器底有烟炱痕迹。口径12.8、高13.5厘米（图五七，2；图版一二，2）。

标本86CYM116:1，夹砂灰陶，陶色呈青砖色。束颈，侈口，卷沿，方唇，三实足根较粗，裆较宽，足间呈拱形。颈以下饰细绳纹，裆底因烧熏呈黄灰色，有烟炱痕迹。口径12、高13.3厘米（图五七，3；图版一二，3）。

Ⅴ式2件。

标本84CYM50:1，夹砂褐红陶。整个器形显得比较方正。大敞口，卷沿，双方唇，束短颈，肩部微棱起，腹腔较浅，锥形实足根。颈部以下饰细绳纹。器表有烟炱痕迹。口径14、高13.8厘米（图五七，4；图版一二，4）。

标本86CYM158:1，夹砂灰陶，陶质坚硬。器形矮小。大敞口，斜沿，圆唇，束颈，实柱足根，内隔低，最大容积在腹腔内。颈以下饰粗绳纹，器底部有烟炱痕迹。口径11.5、高11厘米（图五七，5；图版一二，5）。

Ⅵ式2件。

标本86CYM94:2，夹砂灰陶，陶色呈灰黑色。敛口，斜平沿上翘，沿上有阴刻弦纹两周，尖圆唇，束颈，腹部较高并略鼓，足体瘦并斜内收，柱形空足根。颈以下饰绳纹，在三足裆部之肩上，各附加一个圆形小泥饼作装饰。整个器表布满烟炱痕迹。口径10、高11.5厘米

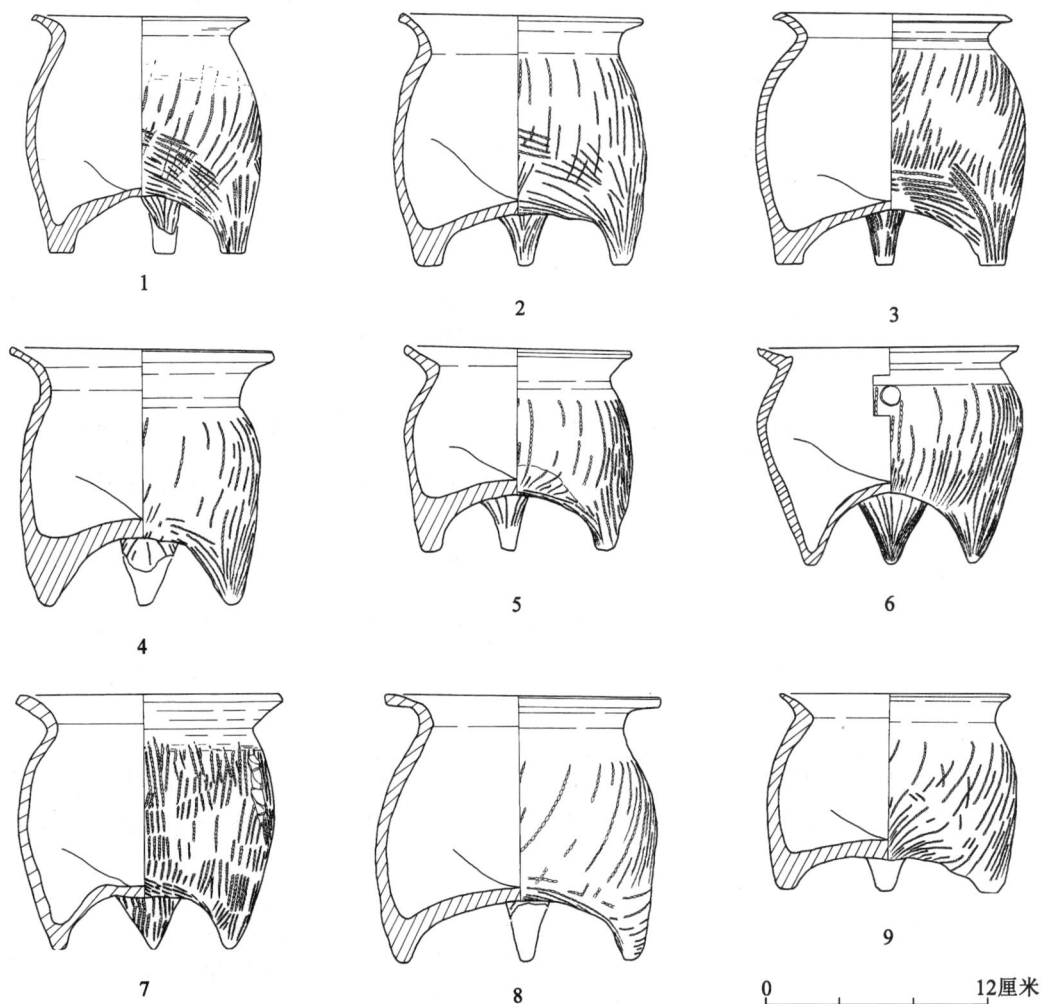

图五七　联裆鬲

1. Ⅳ式（M2:1）　2. Ⅳ式（M23:1）　3. Ⅳ式（M116:1）　4. Ⅴ式（M50:1）
5. Ⅴ式（M158:1）　6. Ⅵ式（M94:2）　7. Ⅵ式（M96:5）　8. Ⅶ式（M122:1）　9. Ⅶ式（M46:2）

（图五七，6；图版一二，6）。

　　标本86CYM96:5，夹砂灰陶，陶色呈青砖色。大敞口，斜卷沿，厚方唇，锥足。三足肩部各有一个竖行的附加齿状扉棱，肩以下饰粗绳纹。口径14、高13.5厘米（图五七，7；图版一三，1）。

　　Ⅶ式2件。

　　标本86CYM122:1，夹砂灰陶。器形显得横矮。大敞口，平沿微卷，厚方唇，短颈，裆较宽，锥形足。颈以下饰粗绳纹，器底有烟炱痕迹。口径14.8、高14.3厘米（图五七，8；图版一三，2）。

　　标本84CYM46:2，夹砂灰陶。器形横矮，明显的宽大于高。侈口，尖圆唇，短颈，低裆，三足略向外撇，实柱足。颈部以下饰浅细绳纹。口径12.3、高10.5厘米（图五七，9；图版一三，3）。

（四）瘪裆鬲 8 件

这种鬲的特征是裆部瘪陷，腹内三足相通或低裆，最大容积在腹部。可分为 3 式。

Ⅰ式 3 件。

标本 82CYM9:5，夹砂褐红陶。器形较瘦长。侈口，尖圆唇，束颈，深腹瘪裆，尖锥形实足根。通体饰细绳纹，口沿下抹光，器表有烟炱痕迹。口径 12.7、高 16 厘米（图五八，1；图版一三，4）。

标本 84CYM38:2，夹砂褐红陶。器形挺拔，瘦长。侈口，圆方唇，束颈，深腹瘪裆，锥形实足根，鬲足的横断面呈三角形，足尖内倾，腹腔内三足间相互沟通，无内隔。器表通体饰细绳纹，领上绳纹稍抹去，器身有烟炱痕迹。口径 13、高 15.3 厘米（图五八，2；图版一三，5）。

标本 82CYM7:1，夹砂褐红陶。器形瘦长。侈口，圆方唇，束颈，瘪裆深陷，内隔较低，三足肥硕，足根较粗微外撇，最大容积在腹腔内。通体饰细绳纹，唇上有麻点，表面有烟炱痕迹。口径 13.5、高 15.5 厘米（图五八，3；图版一三，6）。

Ⅱ式 4 件。

标本 82CYM15:1，夹砂褐红陶。器形方正。侈口，圆唇，束颈，瘪裆内陷较低，低内隔，三足较肥，足根较粗。通体饰细绳纹，颈部绳纹略抹去。裆底有烟炱痕迹。口径 13.5、高 15.8 厘米（图五八，4；图版一四，1）。

标本 82CYM5:7，夹砂褐红陶，陶质坚硬。器形显得干瘦。大敞口，圆唇，束颈，腹部略鼓，瘪裆深陷，三足外撇，实足根。器身饰粗绳纹，表面有烟炱痕迹。口径 12.5、高 13.3 厘米（图五八，5；图版一四，2）。

标本 84CYM20:2，夹砂灰褐陶。器身方正。大敞口，圆唇，矮颈，瘪裆，低内隔，三足外撇。颈部外侧有用泥巴粘接口部的痕迹。肩以下饰细绳纹，裆部绳纹横列，有烟炱痕迹。口径 12、高 11.5 厘米（图五八，6；图版一四，3）。

标本 84CYM33:1，夹砂灰褐陶。大敞口，圆唇，束颈，瘪裆内陷较低，实足根较粗。通体饰细绳纹，三足及裆部绳纹横竖交错，表面有烟炱痕迹。口径 13.1、高 14.2 厘米（图五八，7；图版一四，4）。

Ⅲ式 1 件。

标本 84CYM63:1，夹砂灰陶，陶质坚硬。口略敞，平沿，尖圆唇，直颈较长，三足外撇，瘪裆内陷位置近颈部，低内隔。通体饰粗绳纹，颈部绳纹被抹平，裆部烟炱厚而结块。口径 12.4、高 12.6 厘米（图五八，8；图版一四，5）。

二 罐

罐一般和鬲组合随葬，也有单独随葬或与其他器物一起随葬。总的来说，于家湾陶罐出土较少，只有 10 件（其中 1 件残，无法复原），这可能与当时的随葬习俗有关，因为即使被盗，也很少见有陶罐碎片出土（而陶鬲碎片却比较多）。根据罐的肩部不同，可分为圆肩罐和折肩罐。

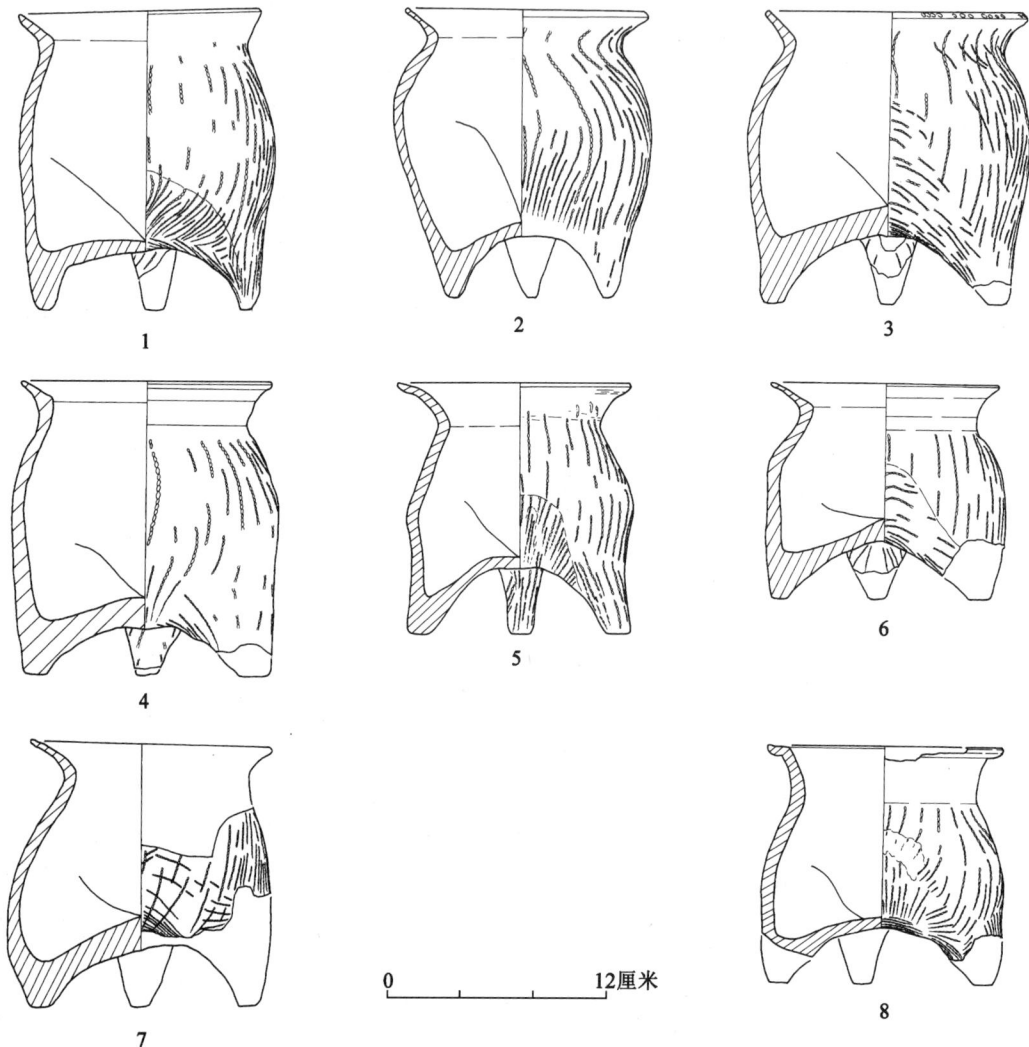

图五八 瘪裆鬲

1. Ⅰ式（M9:5） 2. Ⅰ式（M38:2） 3. Ⅰ式（M7:1） 4. Ⅱ式（M15:1）
5. Ⅱ式（M5:7） 6. Ⅱ式（M20:2） 7. Ⅱ式（M33:1） 8. Ⅲ式（M63:1）

（一）圆肩罐

共3件，出自3座墓。根据陶质和纹饰的不同可分为A、B两型。

A型 1件。

标本84CYM20:3，泥质灰褐陶。敞口，小方唇，束颈。圆肩，鼓腹缓内收，平底。罐体表面磨光呈黑色，肩部有三周隐约可见的细刻划纹。器表腹部有磨光时工具擦划的痕迹。口径10.5、底径8.5、腹径16.6、高16.8厘米（图五九，1；图版一五，1）。

B型 2件。可分为2式。

Ⅰ式1件。

标本82CYM12:1，夹砂灰陶。小敞口，卷平沿，圆唇，束颈，圆肩略斜，鼓腹，腹部表面凹凸不平，平底略内凹。肩部饰两周凹弦纹，肩以上绳纹被刮去，并经打磨，腹部饰粗绳纹。口径10、底径8.9、腹径17.6、高16.8厘米（图五九，2；图版一五，2）。

Ⅱ式 1 件。

标本 86CYM94:1，夹砂灰陶。器形显得矮小。直口微敞，双唇，圆肩，腹斜收，平底。肩部饰绳纹，颈及腹下部的绳纹被刮去，并经打磨，腹部有打磨时工具擦划的痕迹。口径 7.2、底径 8.2、腹径 13、高 12 厘米（图五九，3；图版一五，3）。

（二）折肩罐

共 7 件，分别出自 7 座墓。根据纹饰的不同可分为 A、B 两型。

A 型　1 件。

标本 84CYM61:2，泥质灰陶。敞口，圆唇，短束颈，折肩不明显，肩部斜缓收，平底稍内凹。器表通体磨光呈灰褐色。口径 12、底径 10.3、腹径 16.7、高 16.2 厘米（图五九，4；图版一五，4）。

B 型　6 件。这种罐的特点是在肩腹交接处有一道明显的折痕印，肩以上绳纹被抹光。根据肩部的不同可分为 4 式。

Ⅰ式 1 件。

标本 86CYM110:1，夹砂褐红陶，陶质坚硬，器表砂粒外露。体瘦长。侈口，尖唇，颈部较粗，斜窄折肩，平底微内凹。肩部以上绳纹抹光，但痕迹隐约可见。腹部饰粗绳纹。口径 10、底径 8.8、腹径 14.5、高 15.8 厘米（图五九，5；图版一五，5）。

Ⅱ式 3 件。

标本 82CYM9:6，泥质灰陶。体瘦长。敞口，圆唇，短束颈，斜窄折肩，深腹，腹部微鼓，平底微内凹。肩部绳纹抹光，腹部饰细绳纹并有三周凹弦纹。口径 8.5、底径 8.8、腹径 16.2、高 19.5 厘米（图五九，6；图版一五，6）。

标本 84CYM31:1，夹砂灰陶。敞口，圆唇，短束颈，斜折肩略广，腹斜内收，平底。肩部以上绳纹抹光，肩部有一阴刻陶文"工"字。腹部饰细绳纹，近底部为交错绳纹，底部一侧有烟炱痕迹。口径 10.4、底径 9.6、腹径 17.8、高 19 厘米（图五九，7；图版一六，1）。

Ⅲ式 1 件。

标本 84CYM78:1，泥质灰陶。敞口，圆唇微外翻，束颈，广折肩，腹略鼓，平底。肩部绳纹经刮削磨光，腹部饰细绳纹，近底部为交错绳纹。口径 10、底径 9.5、腹径 18、高 16.4 厘米（图五九，8；图版一六，2）。

Ⅳ式 1 件。

标本 84CYM46:1，泥质灰陶。胎心发红，因烧制火候较低，陶器较酥松。器形低矮，宽大于高，制作粗糙，一侧较矮。敞口，圆唇，短颈，广折肩，腹近直。颈以下饰细绳纹，肩部绳纹被抹平。口径 9.3、底径 9.5、腹径 14.3、高 11 厘米（图五九，9；图版一六，3）。

三　尊

1 件。标本 84CYM50:2，泥质灰褐陶。大敞口，卷平沿，短束颈，圆鼓肩，腹斜收，小平底。器身表面通体磨光，肩部阴刻弦纹两周。口径 13、底径 7.2、腹径 15.3、高 14.5 厘米（图五九，10；图版一六，4）。

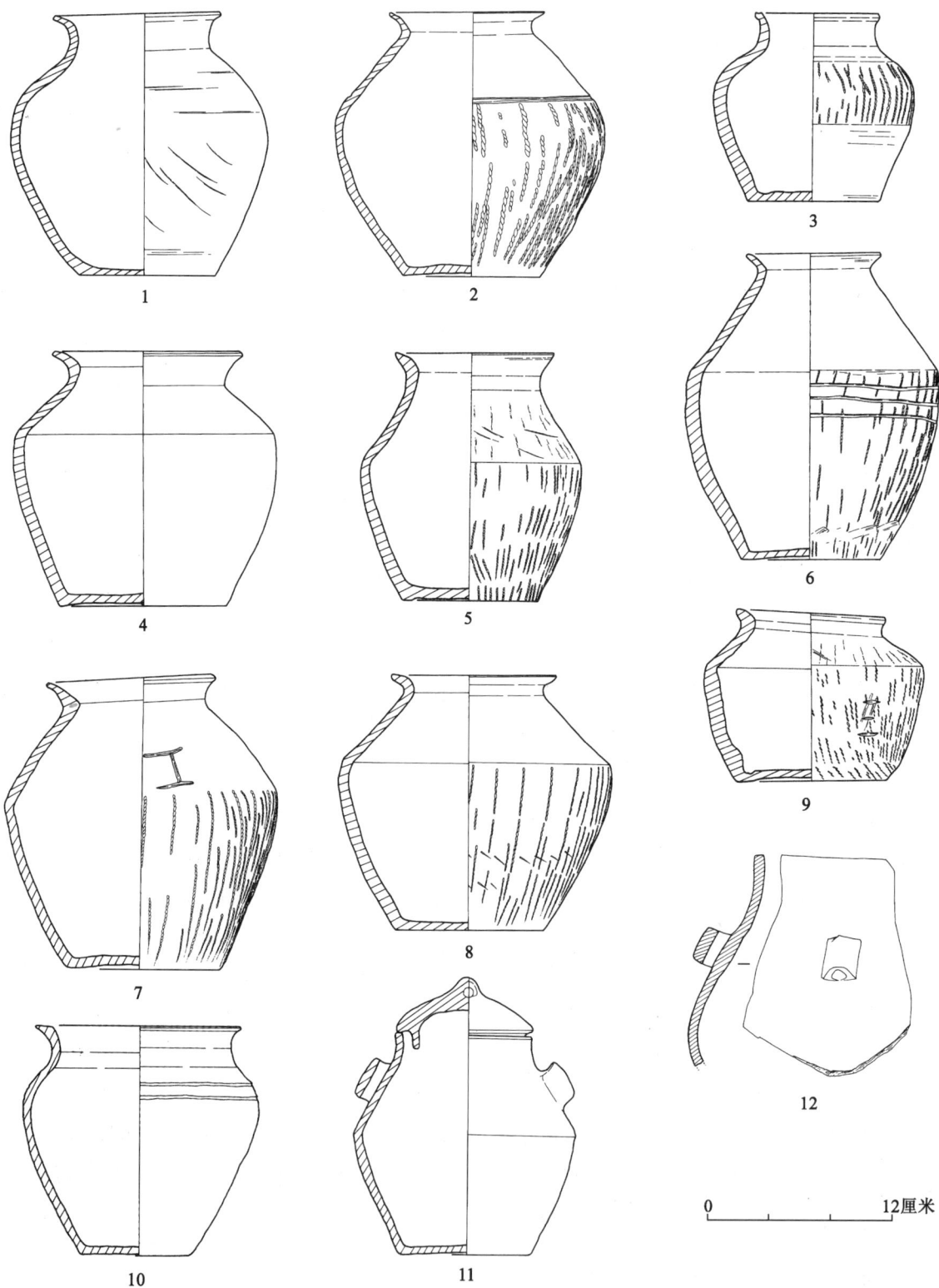

图五九　陶罐、尊、壶

1. A 型圆肩罐（M20∶3）　　2. B 型 I 式圆肩罐（M12∶1）　　3. B 型 II 式圆肩罐（M94∶1）

4. A 型折肩罐（M61∶2）　　5. B 型 I 式折肩罐（M110∶1）　　6. B 型 II 式折肩罐（M9∶6）　　7. B 型 II 式折肩罐（M31∶1）

8. B 型 III 式折肩罐（M78∶1）　　9. B 型 IV 式折肩罐（M46∶1）　　10. 尊（M50∶2）　　11. 壶（M54∶1）　　12. 壶（M117∶1）

四 壶

共 2 件。标本 84CYM54:1，泥质灰褐陶，陶色呈青砖色。似罐。带盖，盖顶鼓起，桥形纽。子母口，直口，平唇，短颈，折肩，深腹，平底，肩部有对称的两个贯耳。器表通体磨光发亮。口径 8.5、底径 8.5、腹径 14.4、通高 17.8 厘米（图五九，11；图版一六，5）。

标本 86CYM117:1，残。泥质褐红陶。从残片看，其形制和标本 84CYM54:1 相似。口径 8.8 厘米，高不详（图五九，12）。

五 纺轮

共 5 件，分别出自 5 座墓。可分为 3 式。

I 式 1 件。

标本 84CYM61:3，夹砂褐红陶。圆饼形，中穿孔，素面。直径 5.5、高 1.2 厘米（图六〇，1；图版一七，1）。

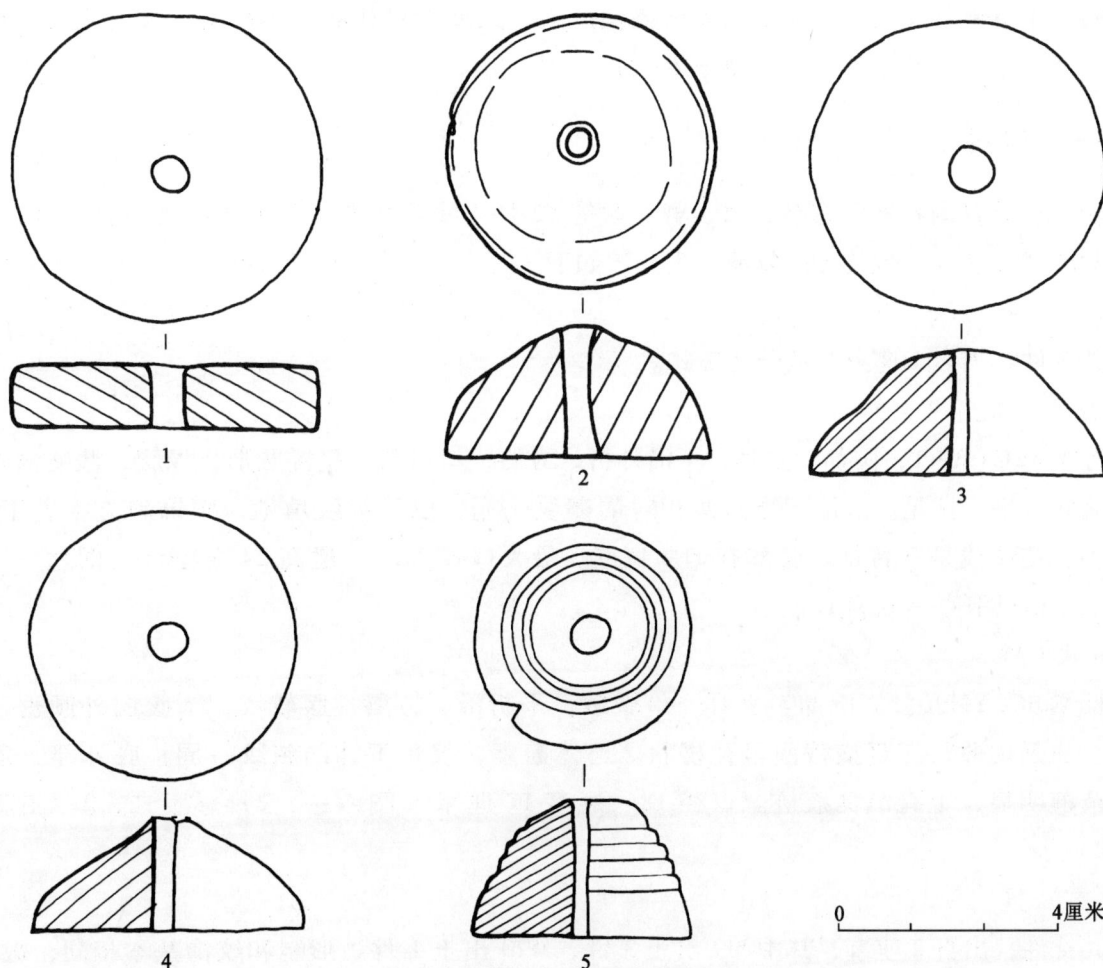

图六〇 陶纺轮

1. I 式（M61:3）　2. II 式（M24:1）　3. II 式　（M31:2）　4. II 式（M29:1）　5. III 式（M13:1）

Ⅱ式3件。

标本84CYM24:1，夹砂灰陶。圆形，平底，正面鼓起，中心穿孔，素面，器形规整。直径4.8、高2厘米（图六〇，2；图版一七，2）。

标本84CYM31:2，夹砂灰陶。圆形，平底，正面鼓起，中间穿孔，素面。直径4.8、高2.2厘米（图六〇，3；图版一七，3）。

标本84CYM29:1，夹砂灰陶。圆形，平底，正面鼓起不规整，中间穿孔，素面。直径5、高2.3厘米（图六〇，4；图版一七，4）。

Ⅲ式1件。

标本CYM13:1，泥质褐红陶，表面灰黑。圆形，平底，正面鼓起，面上阴刻弦纹四周。直径3.8、高2.4厘米（图六〇，5；图版一七，5）。

第二节　青铜器

共出土青铜器321件。由于墓葬被盗掘严重，大型青铜礼器大多被盗，故出土的青铜器多为兵器、车马饰及小件饰品。现分述如下。

一　容器

较完整的青铜容器只有鼎、簋、觯、盆等12件。除此之外，还出土有可辨认为鼎、簋、觯、盆的残片多件，但均无法复原。现分述如下。

（一）鼎

共2件，出自2座墓。可分为2式。

Ⅰ式1件。

标本82CYM9:1，圆鼎。立耳，平沿外折，方唇，口微敛，呈椭圆形，深腹，腹略向外倾垂，圜底近平，柱足。口沿下饰两两相对的夔纹一周，以云雷纹填地，腹饰斜方格乳丁纹。乳丁小、花纹浅是其特征。底部有烟炱痕迹。最大口径21.5、通高24.6厘米（图六一，1；彩版二，1；图版一八，1）。

Ⅱ式1件。

标本86CYM96:1，圆鼎。立耳，口微敛，平折沿，方唇，腹较浅，下腹向外倾垂，底近平，三足内收，三足横截面呈瓦楞状。通体简素，仅颈下饰凸弦纹一周，底外部三角形凸棱范痕明显，上有烟炱痕迹。口径18、通高17厘米（图六一，2；彩版二，2；图版一八，2）。

（二）簋

共4件，出自2座墓，其中M9出土3件，M20出土1件。形制和纹饰基本相同，敞口，平折沿，深腹，高圈足。腹部均饰斜方格乳丁纹。

标本82CYM9:2，口微敞，口沿下由三组夔纹组成，每组两两相对，中有牺首，腹较斜，圈足近底时有内收，呈折棱状。腹饰斜方格乳丁纹，圈足饰夔纹一周。该器铸造不精，口部

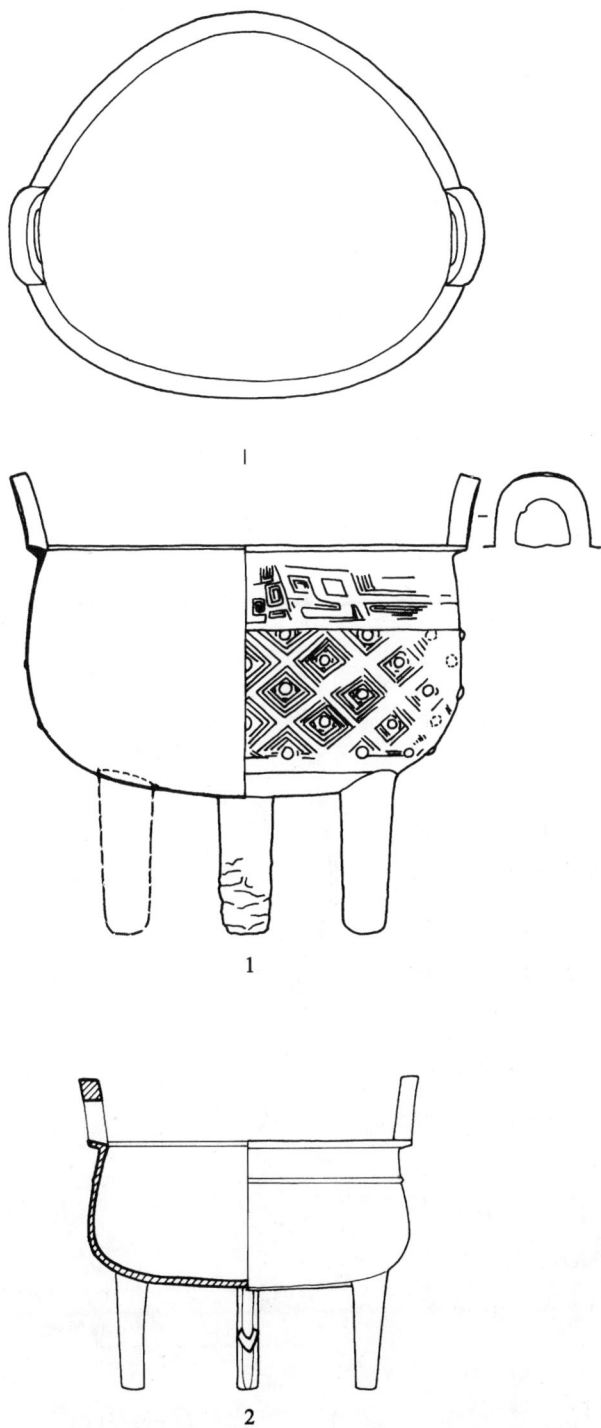

0   12厘米

图六一　铜鼎

1. Ⅰ式（M9:1）　2. Ⅱ式（M96:1）

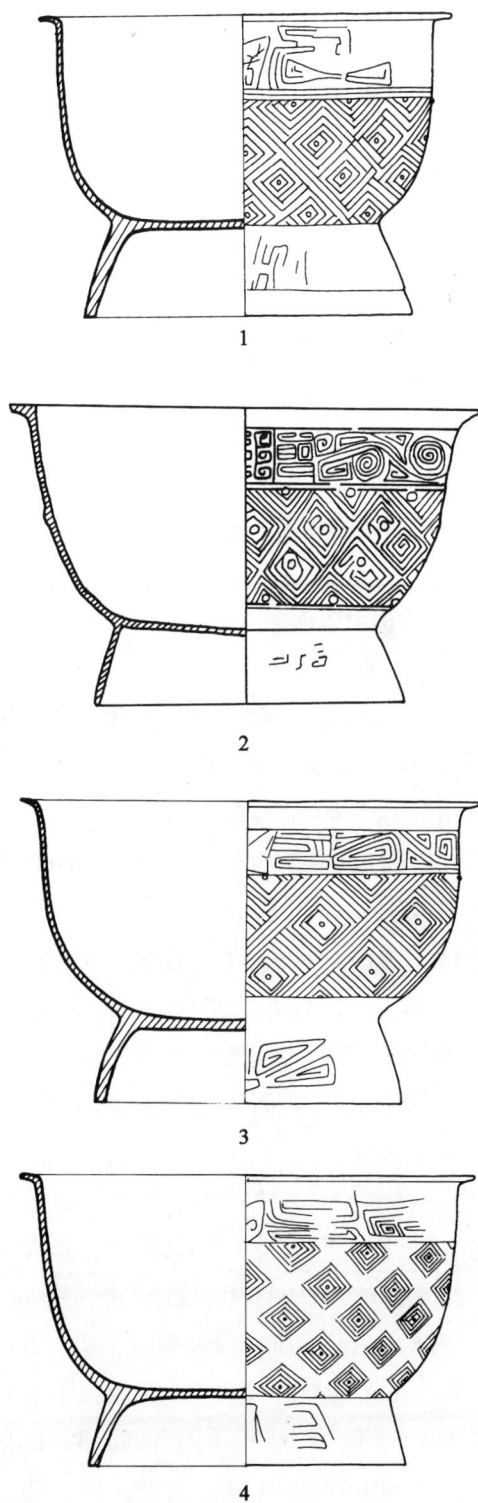

0   12厘米

图六二　铜簋

1. M9:2　2. M9:4　3. M9:3　4. M20:1

略变形，底部与圈足有似铁锈将部分花纹覆盖。口径 22.5、高 16 厘米（图六二，1；彩版三，1；图版一八，3）。

标本 82CYM9:4，器形纹饰基本同上，唯口沿下无牺首。口径 25.5、高 15.8 厘米（图六二，2；图版一八，4）。

标本 82CYM9:3，器形纹饰基本同上，唯腹部斜方格乳丁纹较稀疏。该器铸造不精，口沿内有补铸疤痕，圈足上也有似铁锈的斑块致使花纹漫漶不清。口径 25、高 16 厘米（图六二，3；彩版三，2；图版一八，5）。

标本 84CYM20:1，器形纹饰基本同上，唯腹较深，腹部斜方格纹较小，乳丁较突出。整个器形显得规整厚重。圈足底部有席纹痕迹。口径 22.5、高 15.4 厘米（图六二，4；彩版四，1；图版一八，6）。

（三）觯

1 件。标本 84CYM73:1，截面为扁圆形，器身修长。侈口。颈微束，腹下垂，高圈足。颈下饰雷纹一周。口长径 8、圈足长径 6.7、高 14.2 厘米（图六三；彩版四，2；图版一九，1）。

（四）盆

均为锻制，共有 8 座墓葬（M104、M114、M127、M128、M144、M147、M154、M160）出土了这种锻制的铜盆。由于这种铜盆极薄，厚度仅有 0.51～1.65 毫米，加上这 8 座墓葬都被盗掘，故出土时除 M104 的 5 件较完整外（可能未被盗及），其余均破碎不堪，且难以复原。M104 的 5 件铜盆 1 件（M104:49）器形较大，其余 4 件器形稍小，且口径略呈椭圆形。5 件铜盆形制基本相同，均为平折沿，沿上有等距离的三组冲孔，每组两孔（可能是为系绳而设），浅腹，微圜底或平底，素面无纹饰。其中 2 件出土时盆内装满了海贝和蛤蜊壳。

标本 86CYM104:49，器形较大。敛口，垂腹，平底。口径 20、沿宽 1.2、高 4.5 厘米（图六四，1；彩版五，1；图版一九，2）。

标本 86CYM104:50，腹较直，圜底。口径 12.5、沿宽 1、高 3.2 厘米（图六四，2；图版一九，3）。

标本 86CYM104:24，口微敛，下腹略鼓，圜底。口径 12、沿宽 1.1、高 3.4 厘米（图六四，3；图版一九，4）。

标本 86CYM104:48，敞口，斜直腹，圜底。口径 12.3、沿宽 1、高 3 厘米（图六四，4；图版一九，5）。

标本 86CYM104:51，敞口，斜直腹，圜底略平。口径 12、沿宽 1.1、高 3.2 厘米（图版一九，6）。

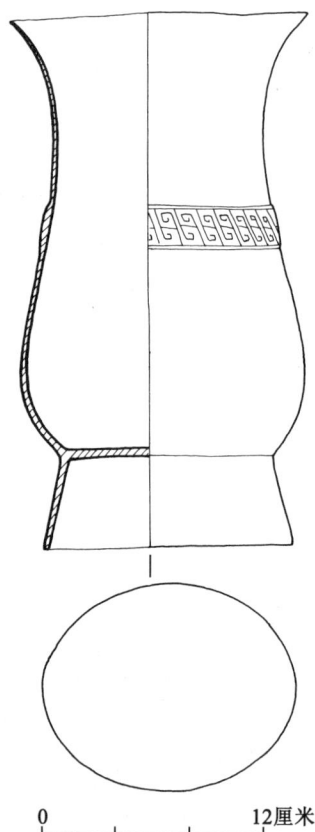

图六三　铜觯（M73:1）

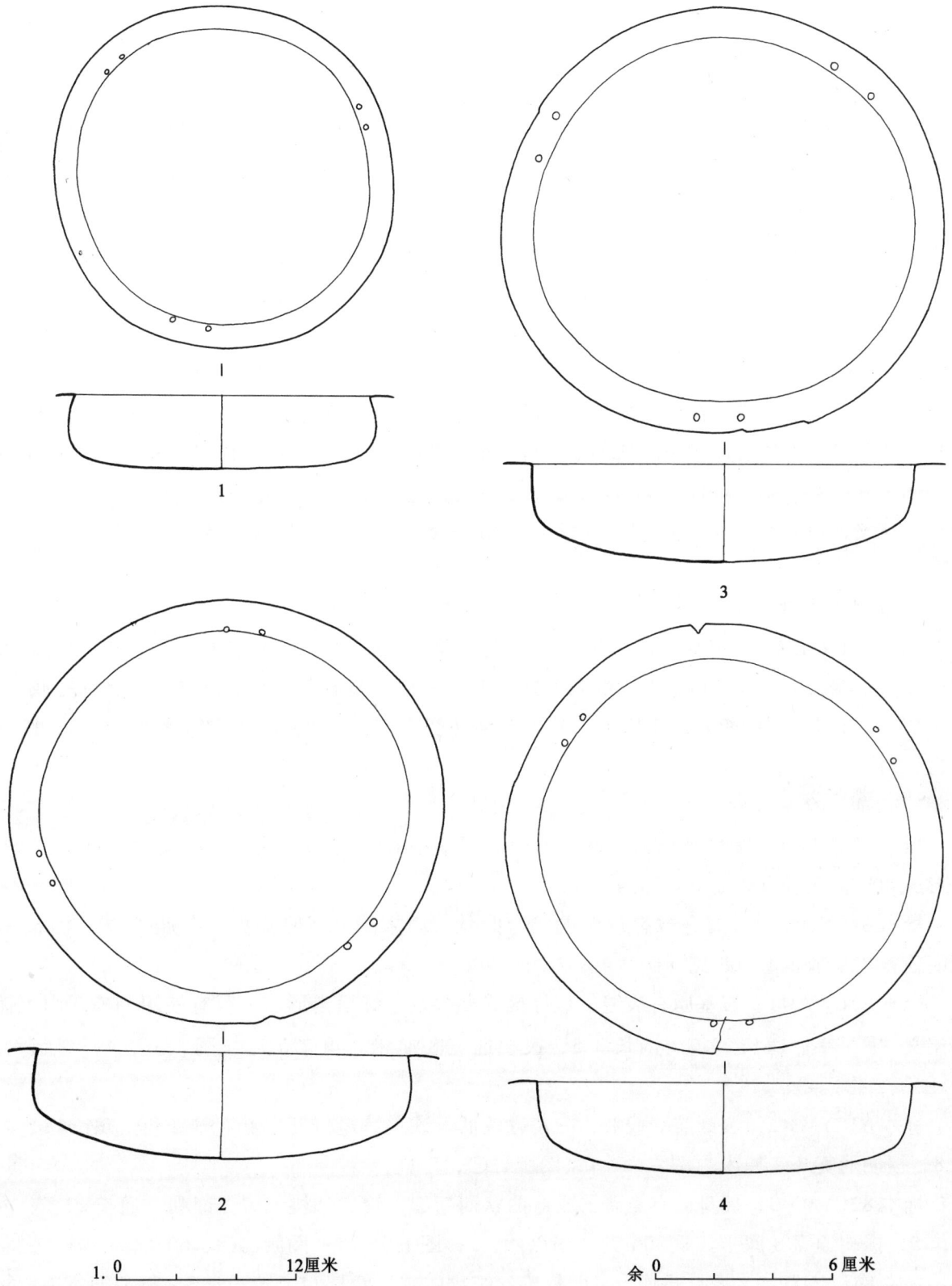

图六四 铜盆

1. M104∶49 2. M104∶50 3. M104∶24 4. M104∶48

二 兵器与工具

（一）五孔銎内钺

1 件。标本 84CYM60:1，钺身似新月形，其体扁窄，弧刃，刃角外侈反卷作云头形。銎断面呈上大下小的椭圆形，其上排列长方形穿孔 5 个，銎背中部有一椭圆形纽，纽下有三角形穿孔。钺之本基有等距离的 5 个圆孔，孔边起缘，与銎上 5 个穿孔相对应。銎两端口缘边饰阴刻直线纹，銎背两侧各有两道竖行线夹折线纹。出土时銎内有朽木，其外露把柄长约 0.10 米，上有漆皮痕迹，可能系人为折断后随葬。此钺锈蚀严重。钺身长 20、中宽 9.5、纽高 1.4 厘米，重 420 克（图六五，1；彩版五，2；图版二○，1）。

（二）戈

戈在于家湾周墓青铜器出土数量中仅次于铜泡，共有 28 件，均为实战用戈。出土的戈大多是随葬前被有意砸弯或砸断的残戈，可辨认形制的有 17 件。另外还有 11 件残断的戈尖和戈内，无法分辨其形制。现根据 17 件可分辨形制的戈的胡、穿、内等差异，将其分为銎内戈、微胡二穿戈、短胡无穿戈、短胡一穿戈、中胡一穿戈、中胡三穿戈、长胡二穿戈。现分述如下。

1. 銎内戈 1 件。

标本 84CYM58:1，援身呈长三角形，锋尖锐角，微胡起缘，三棱脊，援基厚重无圆孔。直内，内末端有两个小缺口，在内的靠阑处上下另铸有椭圆形銎，以供纳柲。銎身饰凸弦纹。通长 22.7、内长 7. 援胡通宽 8 厘米。重 345 克（图六五，2；图七○，1；彩版六，1；图版二○，2）。

2. 微胡二穿戈 6 件。

器形基本相同，援身呈长三角形，直内，援基中心都有一圆孔，三棱突脊，微胡起缘，并形成勾状，在援末有上下对称的二穿。

标本 84CYM60:3，援身被有意砸击成弯曲状，内末略残，锋尖如桃。通长 20、内长 5、援胡通宽 8 厘米。重 309 克（图六五，3；图版二○，3）。

标本 82CYM3:1，援基原有裂缝，似焊接或粘接过。锋呈圭形，下刃有使用崩碴。内上铸一铭文"黄"字。通长 23.7、内长 8.5、援胡通宽 8 厘米。重 270 克（图六五，4；彩版六，2；图版二○，4）。

标本 82CYM3:2，援锋前端残缺，三棱脊较低。该戈铸造精良，上下刃锋利。残长 18、内长 8、援胡通宽 7.7 厘米（图六六，1；图版二○，5）。

标本 82CYM5:3，援身被有意砸击成弯曲状而翘起，锋尖如桃，刃部锋利。通长 22.5、内长 7.5、援胡通宽 8 厘米。重 306 克（图六六，2；图七○，2；图版二○，6）。

标本 84CYM79:1，援身残缺，表面敷着丝织物印迹。残长 11.5、内长 8、援胡通宽 7.2 厘米（图六六，3；图版二一，1）。

标本 82CYM5:1，无内，援身从援基中心圆孔处残断，三棱脊至圆孔处分两侧引伸为矩形。残长 9.4、援本处宽 6.1 厘米（图六六，4；图七○，3；图版二一，2）。

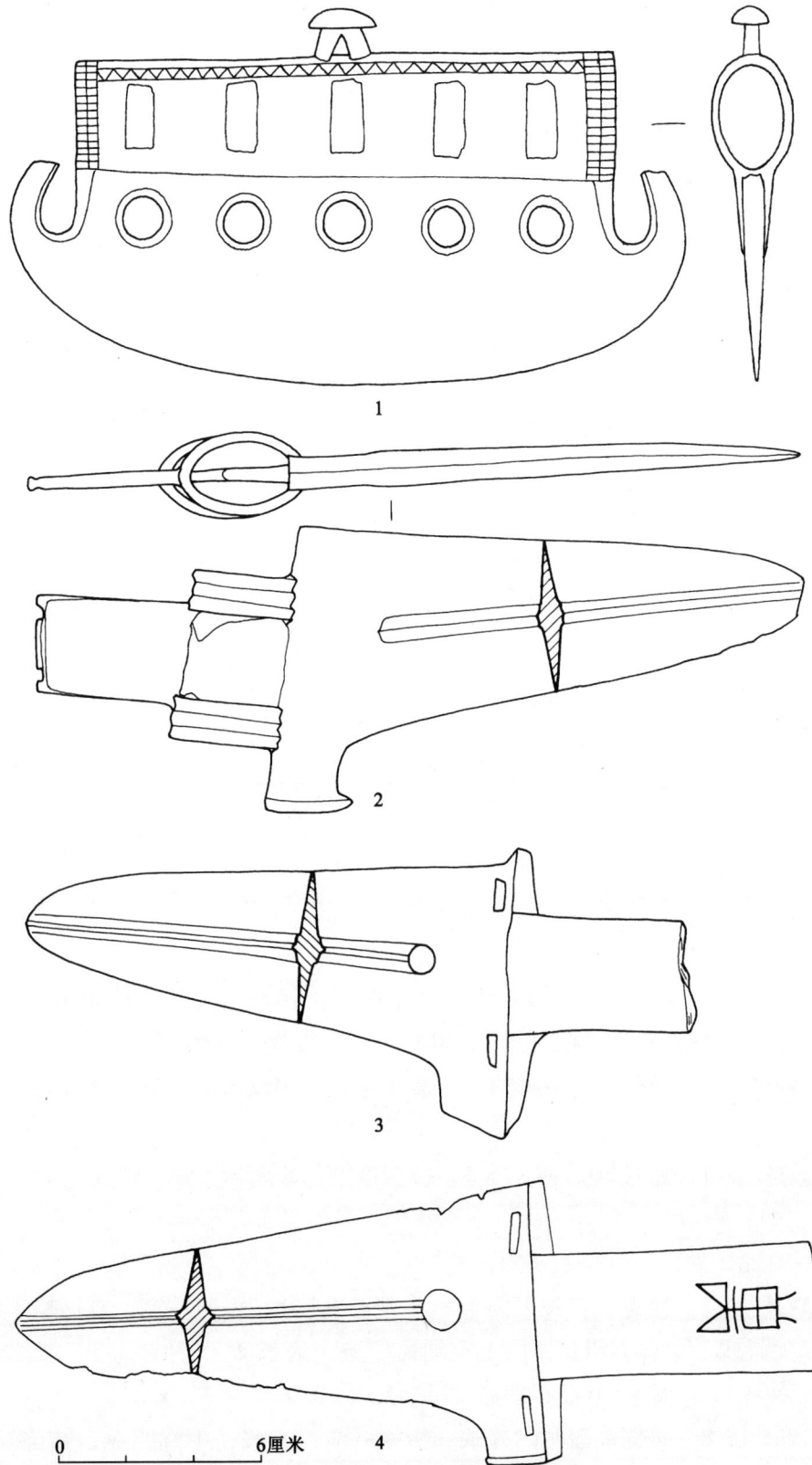

图六五　铜钺、戈

1. 五孔銎内钺（M60:1）　2. 銎内戈（M58:1）　3. 微胡二穿戈（M60:3）　4. 微胡二穿戈（M3:1）

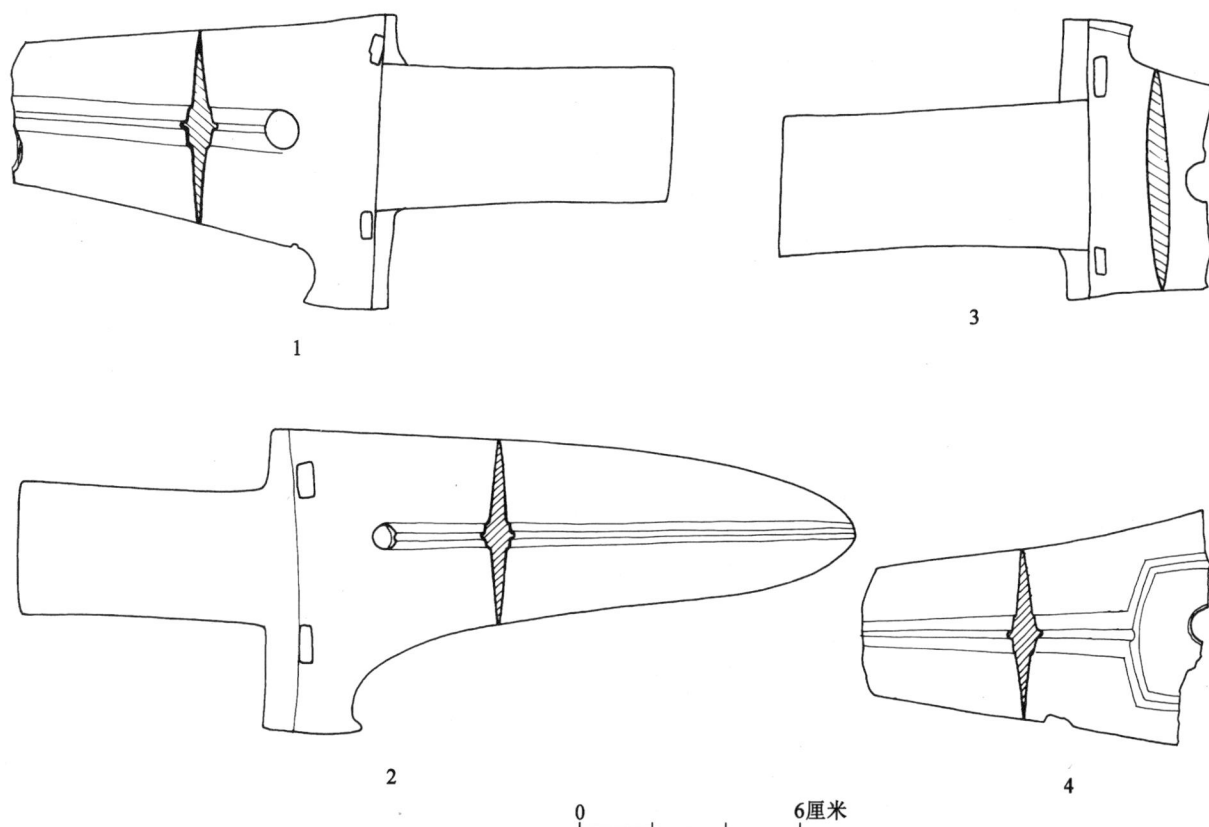

图六六　铜戈

1. 微胡二穿戈（M3:2）　2. 微胡二穿戈（M5:3）　3. 微胡二穿戈（M79:1）　4. 微胡二穿戈（M5:1）

3. 短胡无穿戈 2 件。

器形大小相同。短胡无穿，直援直内，锋呈圭形，援扁薄无脊，内末方齐，阑上下有小齿，援身中部都被人为砸断（现已粘接），刃部锋利，援身表面镀银。

标本 86CYM108:1，通长 20、内长 6.5、援胡通宽 7.5 厘米。重 105 克（图六七，1；图版二一，3）。

标本 86CYM108:2，通长 20、内长 6.5、援胡通宽 7.5 厘米。重 103 克（图六七，2；图七〇，4；图版二一，4）。

4. 短胡一穿戈 2 件。

标本 86CYM112:2，援身中部被人为砸断（现已粘接）。短胡一穿，直援略下弧，短直内，内末不齐，锋尖微残，中脊不明显，内上有纳柲痕迹。通长 21、内长 4.5、援胡通宽 7 厘米。重 244 克（图六七，3；图七〇，5；图版二一，5）。

标本 86CYM115:8，援锋前段与内残缺。短胡一穿，直援，中脊明显，断面呈棱形，刃锋利，下刃有崩碴，露锈处表面呈银色，锈上有席纹印迹。残长 11.7、援胡通宽 7.7 厘米（图六七，4；图版二一，6）。

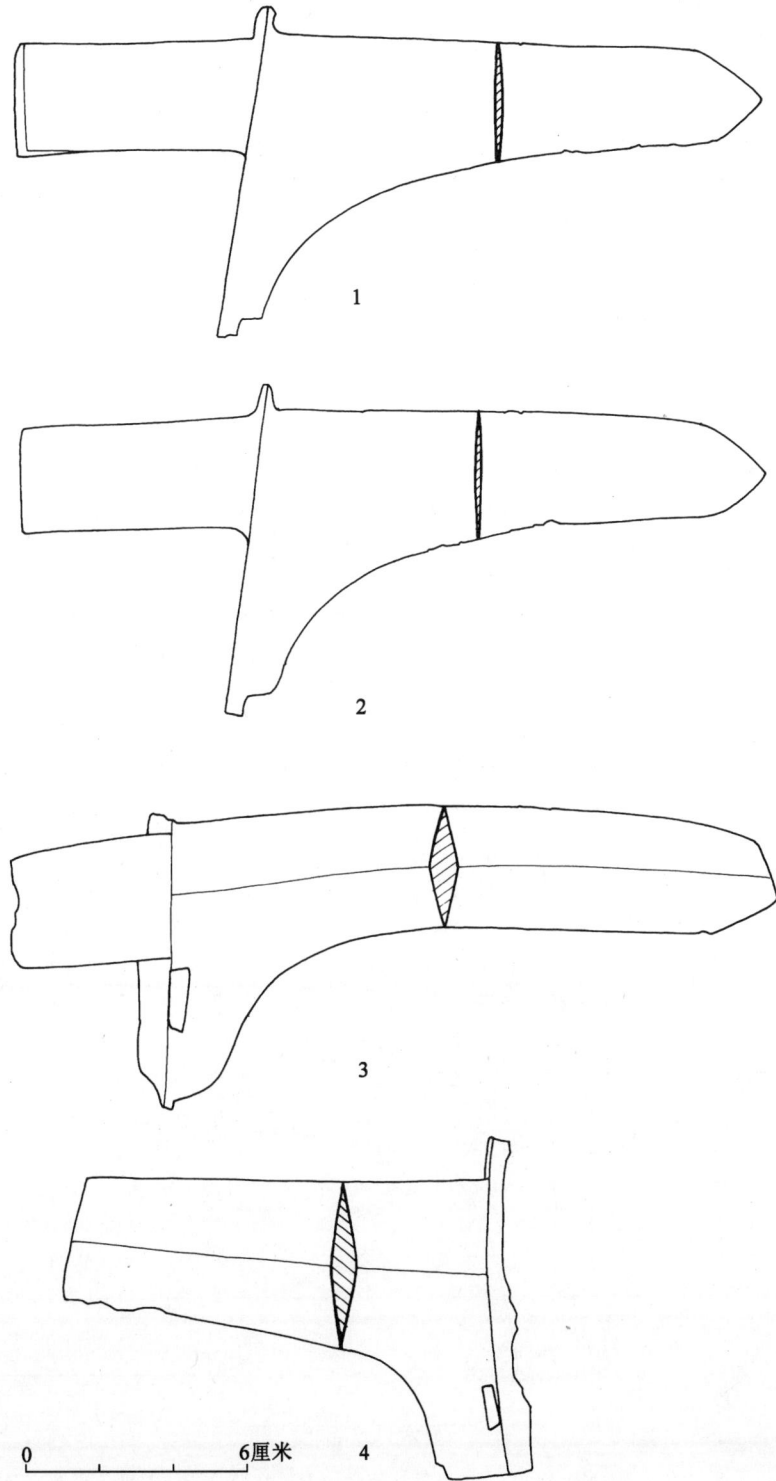

图六七　铜戈

1. 短胡无穿戈（M108:1）　2. 短胡无穿戈（M108:2）
3. 短胡一穿戈（M112:2）　4. 短胡一穿戈（M115:8）

5. 中胡一穿戈 2 件。

标本 86CYM160:14，直援直内，援端下刃形如刻刀，锋尖锐，中脊明显，胡下一穿在阑

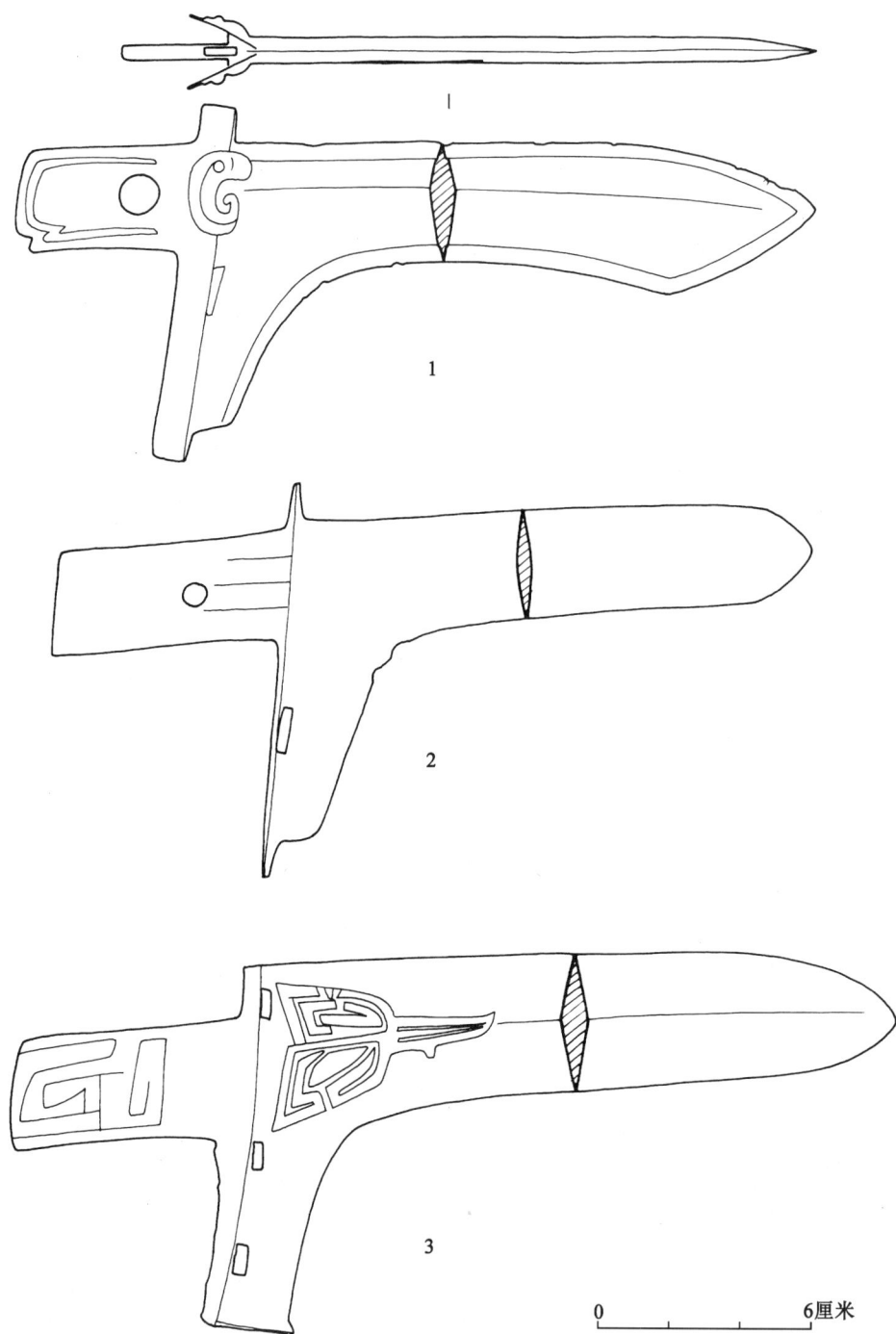

图六八　铜戈

1. 中胡一穿戈（M160:14）　2. 中胡一穿戈（M104:2）　3. 中胡三穿戈（M60:4）

边，内上有一圆孔，内上角钝圆，下角有一小缺口，沿边有凹线纹，阑上下有齿，阑边两侧铸有一对凸出的耳形翼，其上饰夔龙纹。上下刃有使用崩碴，露锈处表面镀金。通长22.5、内长5.5、援胡通宽8厘米。重255克（图六八，1；彩版六，3；图版二二，1）。

标本86CYM104:2，直援直内，援身扁平修长，中脊不明显，胡下一穿靠阑边，上下有小齿，锋呈圭形。内上有一圆孔，靠阑处有平行的三条阳线纹，内末斜齐。上下刃有使用崩碴，露锈处可看出器表镀银。通长 21.6、内长 6.5、援胡通宽 8.8 厘米。重 176 克（图六八，2；图七一，1；图版二二，2）。

6. 中胡三穿戈 2 件。

标本 84CYM60:4，援身中部被有意砸断（现已粘接）。直援直内，援身修长，锋尖如桃，中胡三穿，其中二穿在胡上，另一穿在上阑侧旁。中脊明显，援基两面饰象鼻纹，内末斜齐，两面饰折线纹。通长 25、内长 6.5、援胡通宽 10 厘米。重 302 克（图六八，3；图七一，2；图版二二，3）。

标本 84CYM60:2，援身被有意砸击成弯曲状而翘起。上下刃两面都有铸刃线，胡上有一穿破损，内末不齐。通长 23.4、内长 6.7、援胡通宽 9.5 厘米。重 244 克（图六九，1；图版二二，4）。

7. 长胡二穿戈 2 件。

标本 82CYM5:2，援前端略呈弯曲状，援上有一道裂缝，上阑残缺。直援直内，锋前端似牛舌形，长胡二穿，胡下有齿，援无脊，基部加厚，内末钝圆，下角有缺口，内正面沿边有凹线纹，背面无。通长 23、内长 6.5、援胡通宽 11.5 厘米。重 286 克（图六九，2；图七一，3；图版二二，5）。

标本 84CYM71:8，援身前端残缺。直援直内，援身有中脊，长胡二穿，上下有小齿，内末上角钝圆，下角斜直，内上有纳柲痕迹。残长 14.7、内长 6、援胡通宽 11 厘米（图六九，3；图七一，4；图版二二，6）。

（三）镞

共 3 件，出自 3 座墓。

标本 86CYM128:15，两翼薄刃，圆锥形铤，有中脊，倒刺。通长 4.2 厘米（图版二三，1 左）。

标本 84CYM38:14，个体较大。两翼刃，圆铤残缺，中脊高，倒刺，左翼与右刺略残。残长 4.2 厘米（图版二三，1 右）。

（四）弓形器

1 件。标本 84CYM42:1，器作弓形，弓身内壁凹下，背部拱起，中心处有一圆突，弓身两端伸出弧形曲臂，臂端有镂孔小铃，内含弹丸，摇之有声。整个器身素面无纹。通长 36、背中宽 4 厘米。重 518 克（图七二，1；彩版六，4；图版二三，2）。

（五）削

1 件。标本 86CYM128:14，平背，斜直刃，背部较厚，刃尖残缺并弯曲，柄扁平而中间凹下，末端有圆环，已残缺。残长 11.2、刃中宽 1 厘米（图七二，2；图版二三，3）。

（六）刻刀

1 件。标本 86CYM104:37，长条形，刀锋呈两面斜刃，刀身中间凹下，末端平齐。长 9.3、柄宽 0.8 厘米（图七二，3；图版二三，4）。

（七）剑鞘

1 件。标本 86CYM144:2，残，仅存鞘之下部分，呈三角形状，平面鼓起，上宽下窄，下

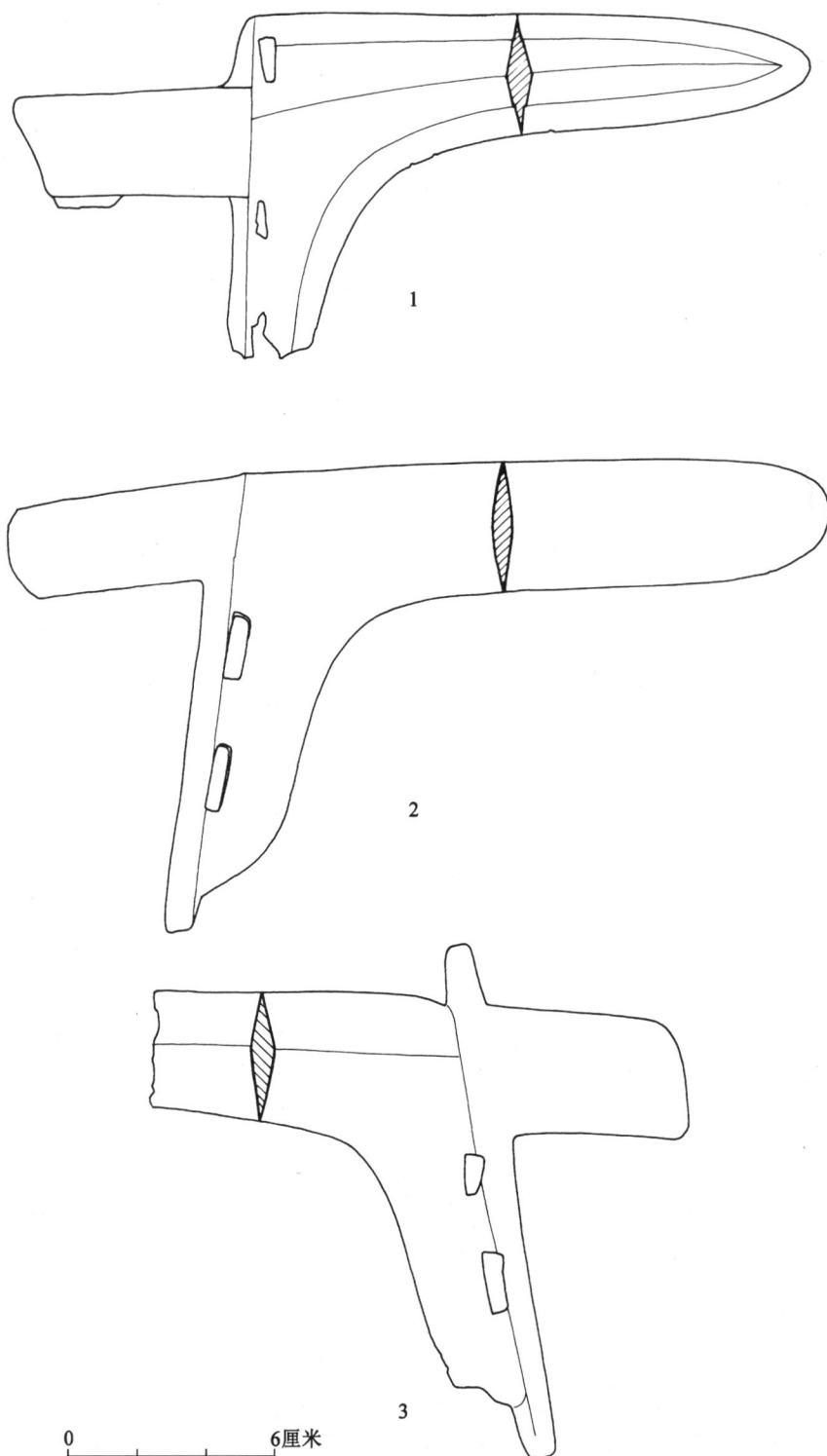

图六九　铜戈

1. 中胡三穿戈（M60:2）　2. 长胡二穿戈（M5:2）　3. 长胡二穿戈（M71:8）

端呈弧形，"8" 字形镂孔，其上阴刻线纹，侧旁各有一组圆形穿孔，每组两孔，可穿缀皮条。残长 8.8 厘米、最大残宽 4.8 厘米（图七二，4；图版二三，5）。

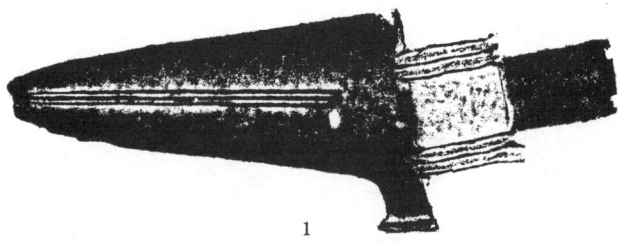

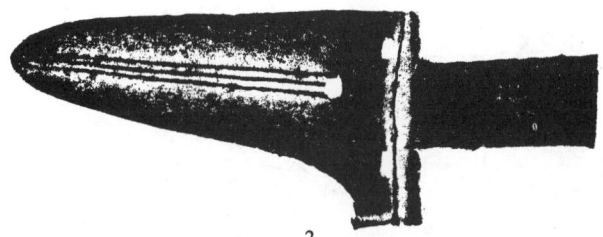

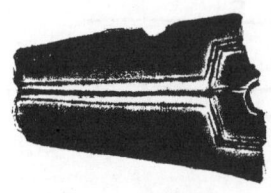

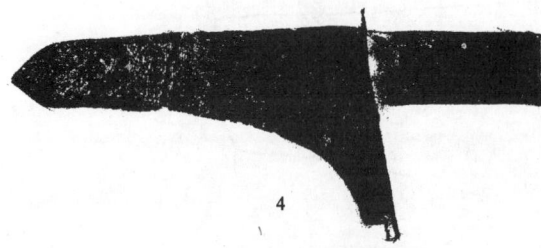

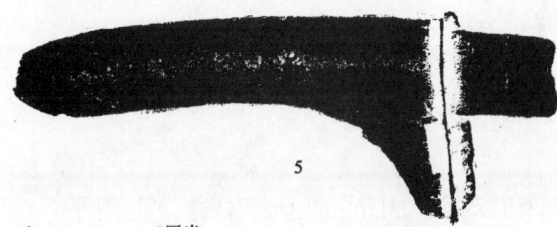

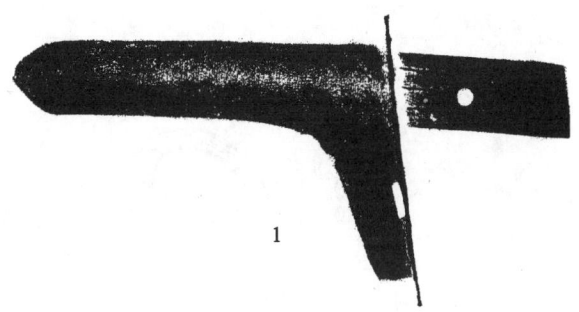

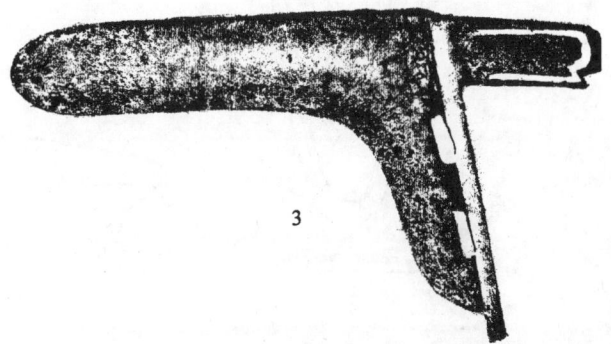

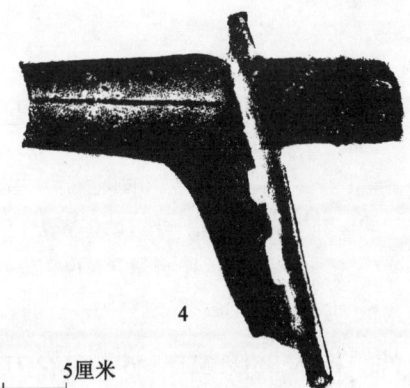

0   5厘米

0   5厘米

图七〇　铜戈拓片

1. 銎内戈（M58:1）　2. 微胡二穿戈（M5:3）

3. 微胡二穿戈（M5:1）　4. 短胡无穿戈（M108:2）

5. 短胡一穿戈（M112:2）

图七一　铜戈拓片

1. 中胡一穿戈（M104:2）　2. 中胡三穿戈（M60:4）

3. 长胡二穿戈（M5:2）　4. 长胡二穿戈（M71:8）

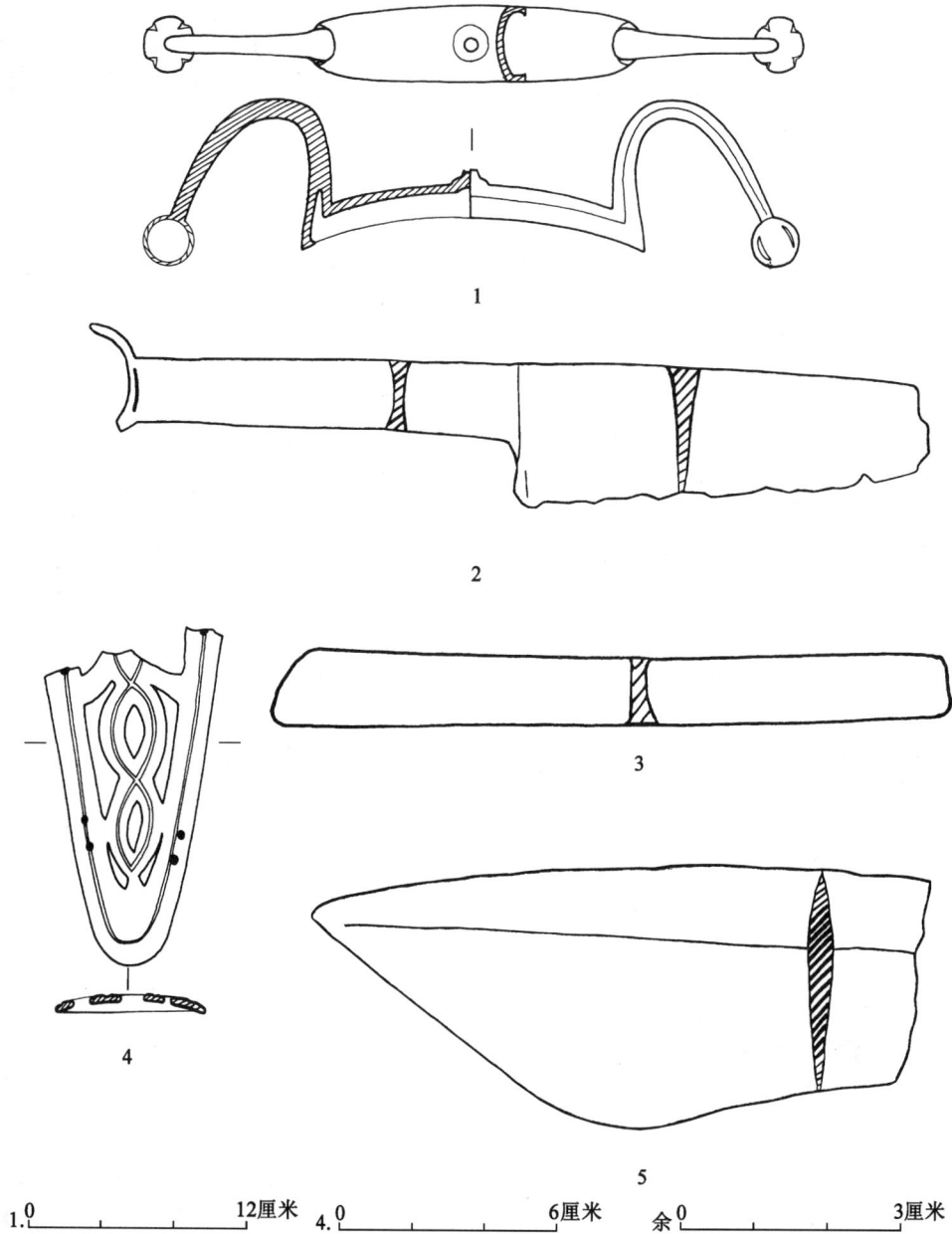

图七二　弓形器、削、刻刀、剑鞘、残刀尖

1. 弓形器（M42:1）　2. 削（M128:14）　3. 刻刀（M104:37）

4. 剑鞘（M144:2）　5. 残刀尖（M158:6）

（八）残刀尖

1件。标本86CYM158:6，仅存刀尖，刀尖锋利，刀锋呈双刃，中间靠上起中脊，上刃平缓，下刃呈鱼肚状。残长8.5、宽3.5厘米（图七二，5）。

三　车马器

（一）軎

共5件，其中1件为残件，出自4座墓。根据軎身及顶端的不同，可分为2式。

Ⅰ式3件。出自同一座墓，形制相同，个体较重。圆筒状，顶端突起，呈同心圆三叠层凸纹，端部边沿略向外扩，长方形辖孔。器身前端饰长四瓣蕉叶纹。

标本86CYM115:5，器身有对称的方形小钉孔，可起固定作用。长19.8、口径5.4、辖孔3.2×1.5厘米。重678克（图七三，1；图版二三，6）。

标本86CYM115:7，长20、口径5.4、辖孔3×1厘米。重634克。需要说明的是，该器物器身残破部分系发掘时人为因素所致（图七三，2；图版二四，1）。

Ⅱ式2件。器身较短，个体较轻，顶端鼓起无叠层，蕉叶纹较短。

标本86CYM128:1，长15.9、口径5.1、辖孔3.5×1.3厘米。重450克（图七三，3；图版二四，2）。

标本86CYM160:4，軎身一蕉叶纹有补铸的痕迹。长14.4、口径5.3、辖孔3×1厘米。重297克（图版二四，3）。

（二）辖

共4件。出自两座墓。可分为2式。

Ⅰ式2件。器形相同，辖首似兽头，兽头上有一圈凸棱，两侧横出方穿，首顶部有光面弧形挡板，首下部呈弧形凹面，与圆形车軎相扣合，整个辖首面看上去显得较宽大。辖键为扁长条形，下端有长方形穿孔。素面无纹饰。

标本86CYM154:4，器身表面有丝织品印痕。通高13.4、键长9.4厘米（图版二四，4）。

标本86CYM154:5，通高13.5、键长9.2厘米（图七三，4）。

Ⅱ式2件。与Ⅰ式基本相同，唯辖首变小，辖键细短，兽头简化，吻部突出且上翘。

标本86CYM156:3，通高11.2、键长7.3厘米（图七三，5；图版二四，5左）。

标本86CYM156:4，通高11.3、键长7.7厘米（图七三，6；图版二四，5右）。

（三）管形衡末饰

1件。标本86CYM147:89，圆管形，平顶，管身上下两侧有相应的两对钉孔，一侧为圆孔，另一侧为长方形孔。管身饰三周箍纹，箍纹两侧各饰一圈小圆珠纹。通长18.5、管径3.2厘米（图七三，7；图版二四，6）。

（四）銮铃

共17件，出自4座墓（M104、M115、M154、M160）。铃球内均有铜丸，摇之叮当作响。依其铃、颈、座三部分的不同可分为A、B两型。

A型 13件。其特征是铃球中心有一圆孔，孔边起缘，铃球正面或两面有7~8个呈辐射状的三角形镂孔（大部分为正面有镂孔，背面封闭），铃周有叶轮，上有5~6个椭圆形孔和2~4个弧叶形孔，铃颈侧视呈2~3台阶梯形，座身呈长方形或长方梯形，座銎口略呈正方形，座面或有穿孔，或有1~3道竖行阳线纹及4个菱形突纹。可分为3式。

Ⅰ式1件。

标本86CYM115:6，器身瘦小轻薄，铃球两面各有8个三角形镂孔，铃球周边叶轮较薄，上有4个椭圆形孔，下有2个弧叶形孔。铃颈较细较长，侧视呈二台状。座呈瘦长方形，中间微束，素面无纹饰，座身四面各有上下两个长方形孔，座底侧面有对称的穿孔，銎口略呈正

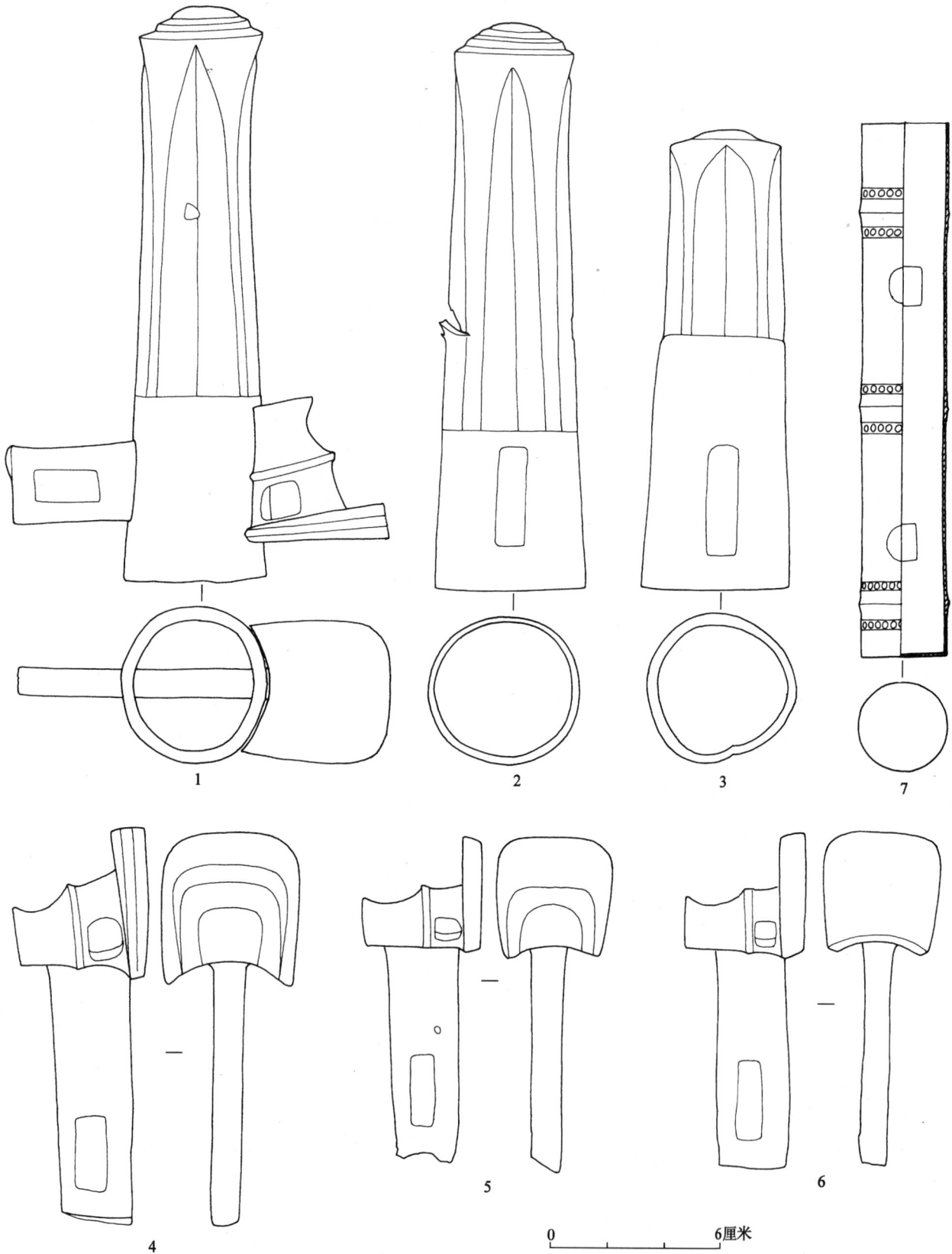

图七三　铜车害、车辖、管形衡末饰

1. Ⅰ式车害(M115:5)　2. Ⅰ式车害(M115:7)　3. Ⅱ式车害(M128:1)　4. Ⅰ式车辖
(M154:5)　5. Ⅱ式车辖(M156:3)　6. Ⅱ式车辖(M156:4)　7. 管形衡末饰(M147:89)

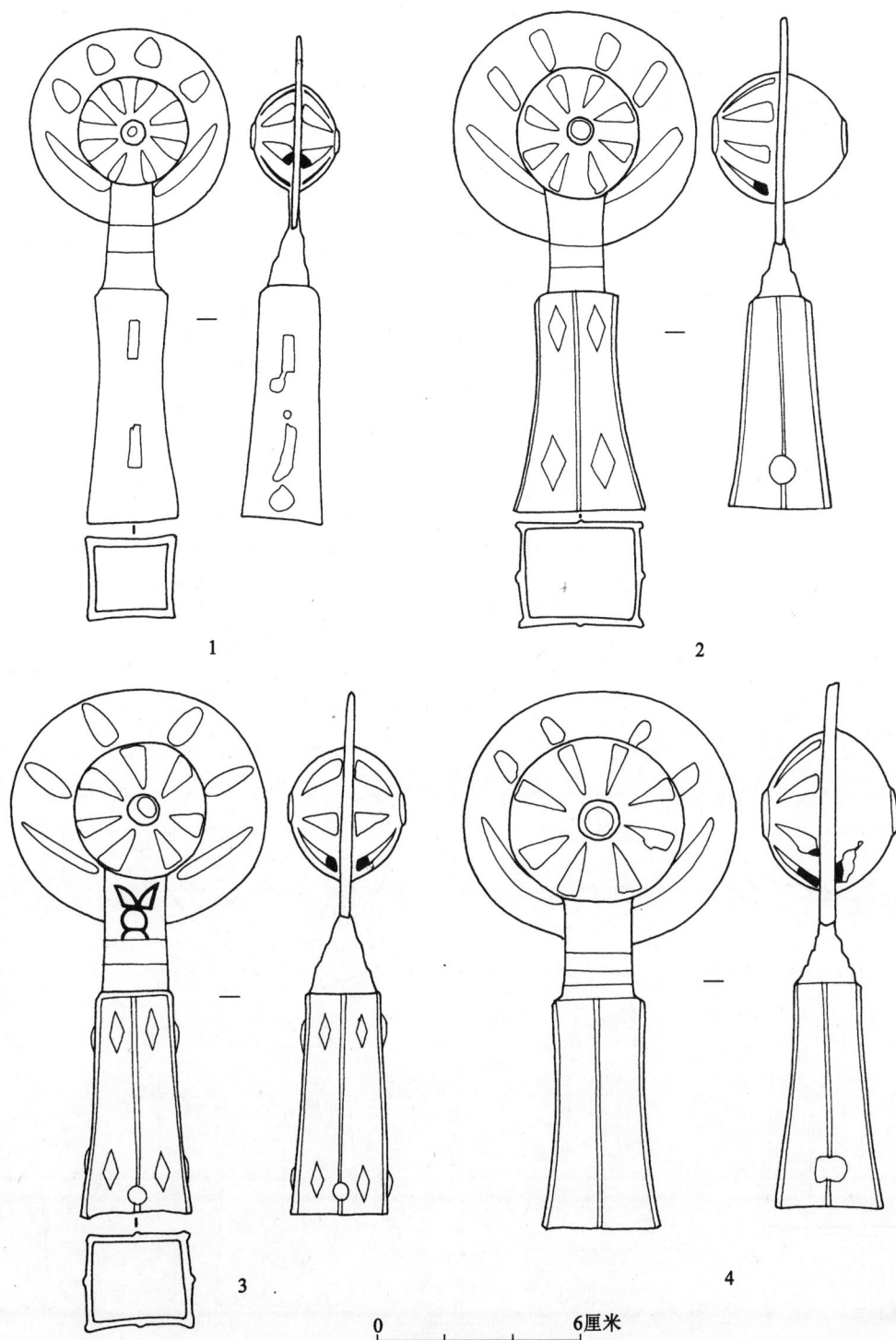

图七四　铜銮铃

1. A 型 I 式 （M115:6）　　2. A 型 II 式 （M160:10）　　3. A 型 II 式 （M160:11）　　4. A 型 II 式 （M160:12）

方形。通高 14、铃高 5.6、座颈高 8.4、銎径 1.9×2.1 厘米（图七四，1；图版二五，1）。

II 式 4 件，出自 1 座墓。不是同模铸造，器形和纹饰略有差异。座呈梯形，中间微束。

标本 86CYM160:10，铃球横鼓，正面有 8 个辐射状三角形镂孔，背面封闭。座身四面各

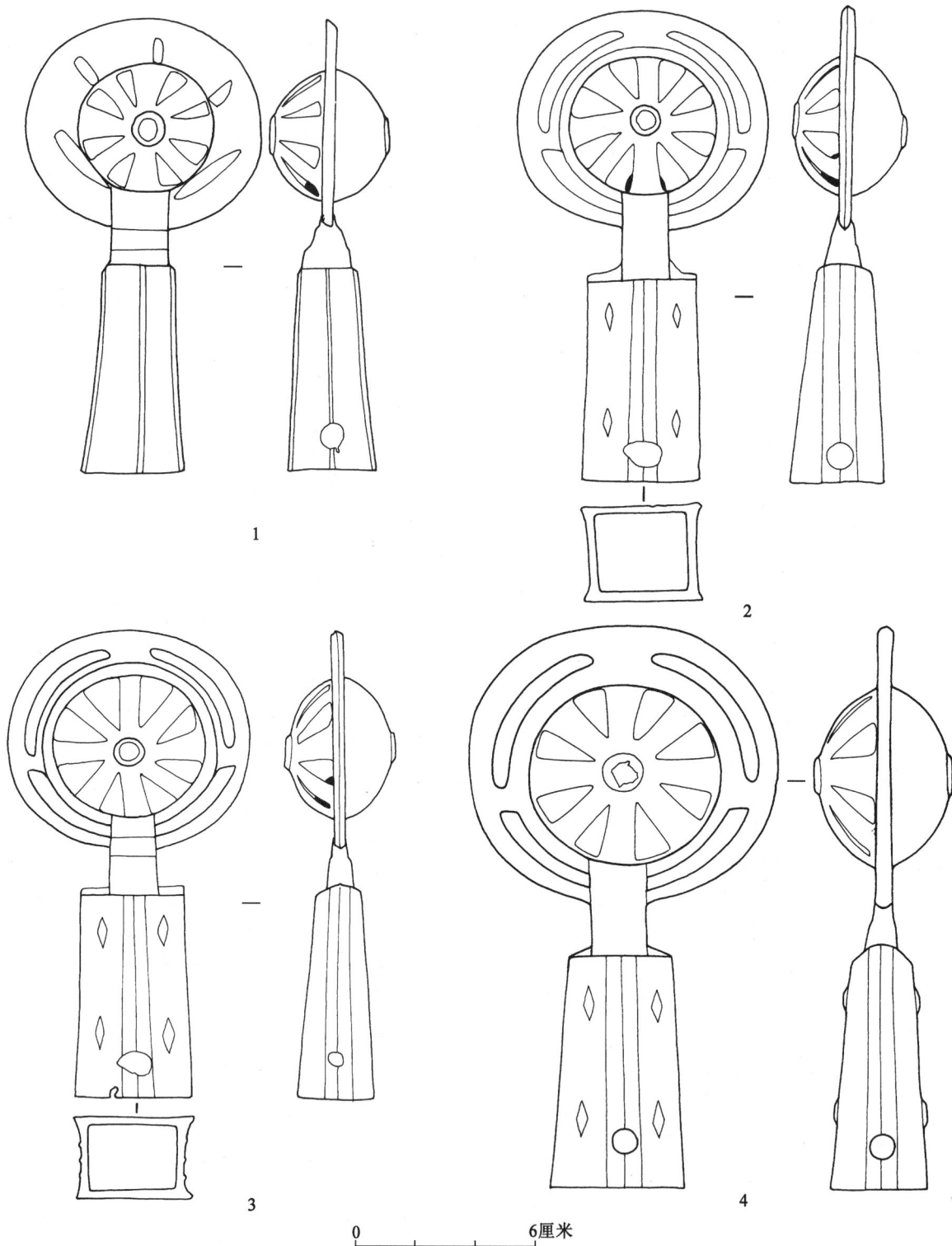

图七五　铜銮铃

1. A 型 Ⅱ 式（M160:13）　　2. A 型 Ⅲ 式（M154:6）　　3. A 型 Ⅲ 式（M154:7）　　4. A 型 Ⅲ 式（M104:31）

有一道竖行阳线纹，正面和背面各有 4 个菱形突纹，侧面近銮处有一对应的圆孔。铃体表面
黏敷白色粗麻织物残迹。通高 14.5、铃高 6.8、座颈高 7.7、銮径 2.7×3.3 厘米（图七四，

2；图版二五，2）。

标本86CYM160:11，铃球略扁，两面各有7个辐射状三角形镂孔，颈部正面有一铭文"✖"字，座身四面各有一道竖行阳线纹饰及4个突出明显的菱形突纹，座身四面近銎处各有一对应的圆孔。通高14.6、铃高6.7、座颈高7.9、銎径2.3×2.8厘米（图七四，3；图版二五，3）。

标本86CYM160:12，铃球背面无辐射状镂孔，但因浇铸厚薄不匀，铃球背面有露铸孔，铃颈较细，侧视呈三台阶梯状，座身四面正中饰一道竖行阳线纹，座身侧面近銎口处有一对应的圆孔。铃体表面黏敷大片白色粗麻织物残迹。通高15.4、铃高7.8、座颈高7.6、銎径2.6×3.1厘米（图七四，4；图版二五，4）。

标本86CYM160:13，铃球背面无镂孔，周边叶轮上有3个椭圆形孔，下有2个弧叶形孔，座身四面各有一道竖行阳线纹，侧面近銎口处有一对应的圆孔。通高15.2、铃高6.8、座颈高8.4、銎径2.7×3厘米（图七五，1；图版二五，5）。

Ⅲ式8件，出自2座墓。座身与Ⅱ式基本相同，唯铃颈较短，铃球较大，较圆，铃球周边叶轮上有4个弧叶形孔。铃球及叶轮几乎占了整个器身通高的一半。

标本86CYM154:6、7，两件形制几乎一样。铃球略扁，正面有8个较为规整的辐射状三角形镂孔，铃球周边叶轮较厚，上有4个弧叶形孔，座身正视呈长方形，侧视呈梯形，四面正中饰三道起棱不明显的竖行阳线纹，近銎口处各有一对应的圆孔，正背两面饰4个菱形突纹。通高15、铃高7、座颈高8、銎径2.5×3厘米（图七五，2、3；图版二五，6；图版二六，1）。

标本86CYM104:31～36，个体较大，铸造厚重规整，铃球呈圆球状，正面8个辐射状三角形镂孔分布均匀，镂孔后的球面呈"米"字形。铃球周边叶轮外缘较宽，断面呈三角形。通高17.5～18.5、铃高8～9.1、座颈高9～9.4、銎径2.5×3.2厘米（图七五，4；图七六；图七七，1；彩版七，1、2；图版二六，2～6；图版二七，1）。

B型　4件，出自1座墓。形制大小相同，其特征是铃球呈中空的圆球状，内有铜丸，球体表面有花瓣状的8个弧叶形镂孔，铃球周边无叶轮，铃球顶端有一圆孔，孔缘高出，并有一段对称的凸棱装饰。铃颈较短，铃座为圆筒状，素面无纹饰，近底处有一对称的小钉孔，出土时铃座銎口内有朽木痕迹。

标本86CYM115:1～4，通高10.4、铃高4、座颈高6.4、銎径2.5厘米（图七七，2～5；图版二七，2～5）。

（五）镳

共4件，出自一座墓。形制相同，左右相对，实为2副。镳身作屈体低首的夔龙，首尾略翘，首下镂孔，背部凹入，有半环形穿一对，穿内残存皮条。正面中心处有一穿，穿边起缘，用以纳衔，穿外有一周圆角方形阴刻线纹。镳首扁圆，尾端斜齐，面上有三道阴刻曲线纹。

标本86CYM104:21，左镳。长11厘米。重68克（图七八，1；彩版九，1左；图版二八，1左）。

标本86CYM104:22，右镳。长11厘米。重72克（图七九，1；彩版九，1右；图版二八，1右）。

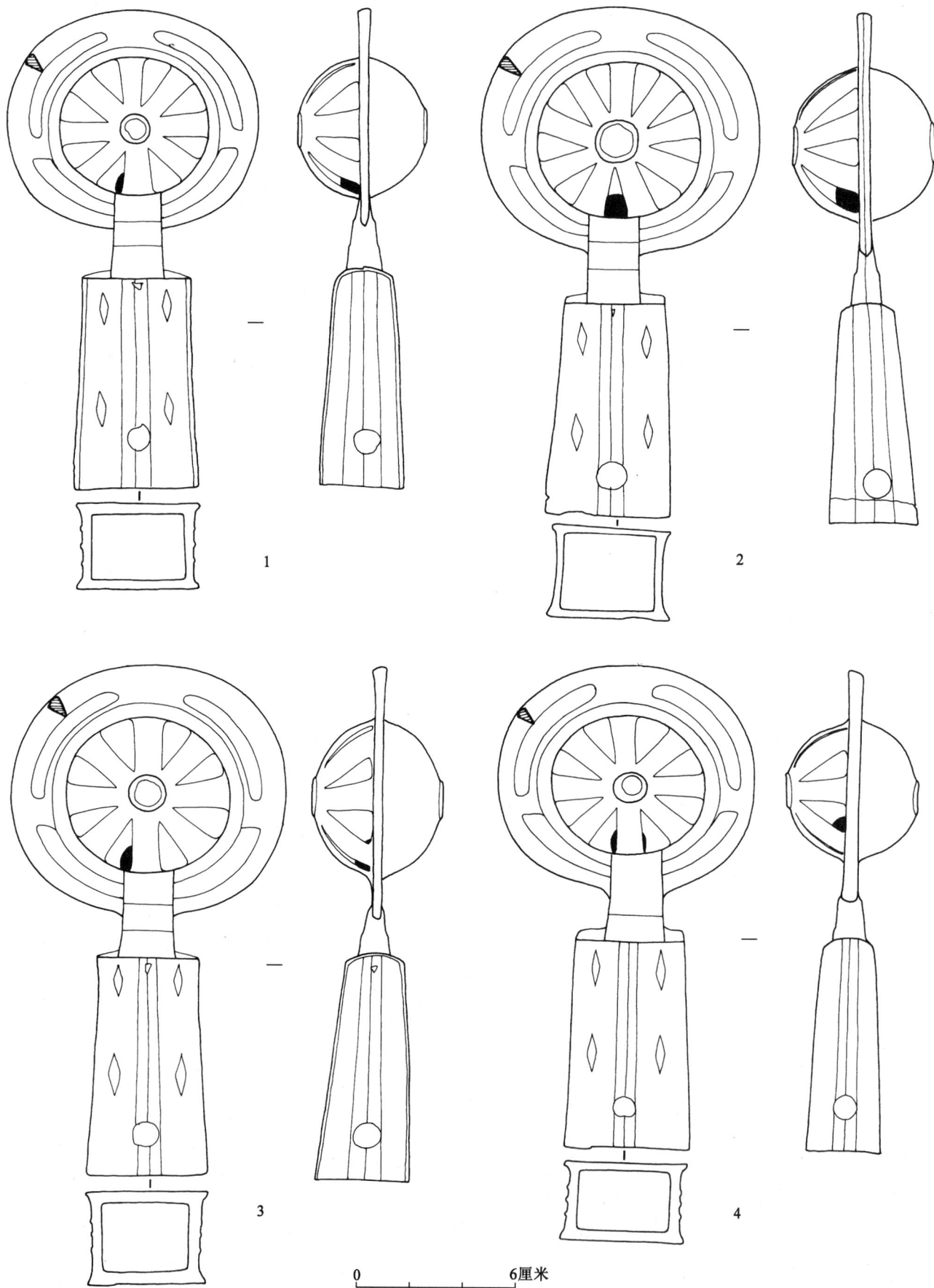

图七六　铜銮铃

1. A 型Ⅲ式(M104:32)　2. A 型Ⅲ式(M104:33)　3. A 型Ⅲ式(M104:34)　4. A 型Ⅲ式(M104:35)

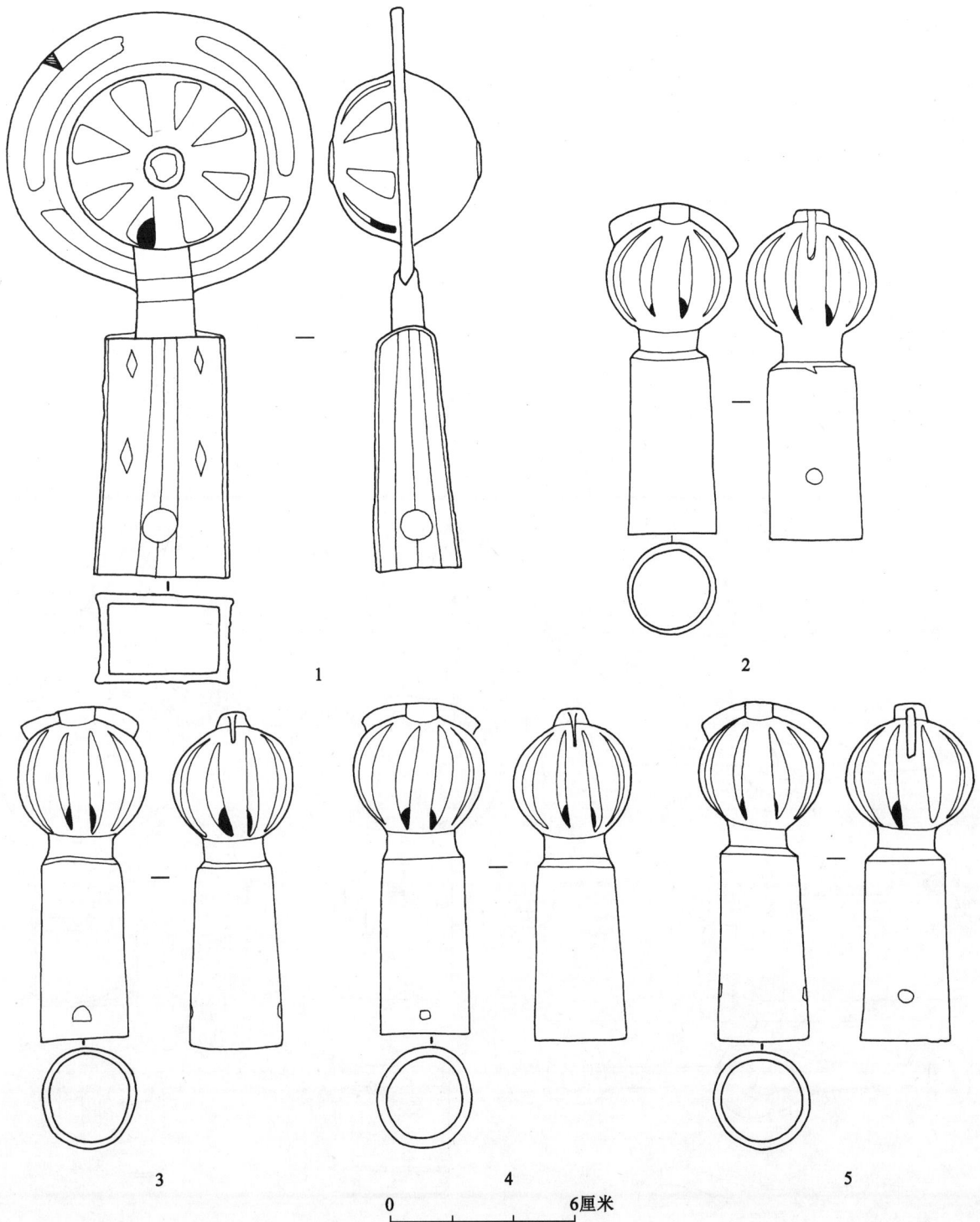

图七七　铜銮铃

1. A 型Ⅲ式（M104:36）　　2. B 型（M115:1）　　3. B 型（M115:2）　　4. B 型（M115:3）　　5. B 型（M115:4）

标本 86CYM104:144，左镳。长 11 厘米。重 74 克（图七八，2；图版二八，2 左）。

标本 86CYM104:145，右镳。长 11 厘米。重 79 克（图七九，2；图版二八，2 右）。

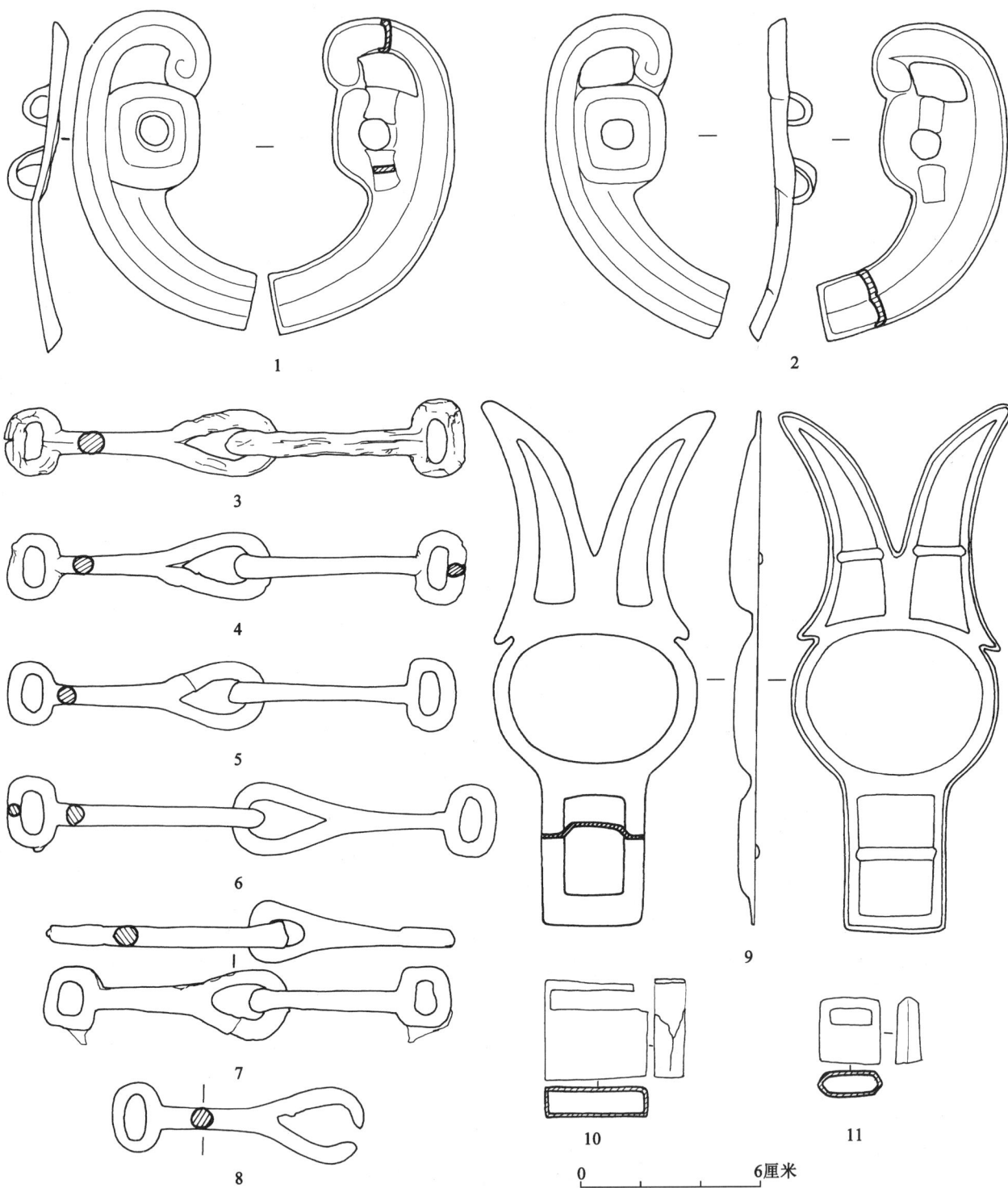

图七八 铜镳、衔、当卢、节约

1. 镳（M104:21） 2. 镳（M104:144） 3. 衔（M156:1） 4. 衔（M156:2）

5. 衔（M156:5） 6. 衔（M158:2） 7. 衔（M158:3） 8. 衔（M104:23）

9. 当卢（M158:8） 10. Ⅰ式节约（M128:16） 11. Ⅱ式节约（M148:3）

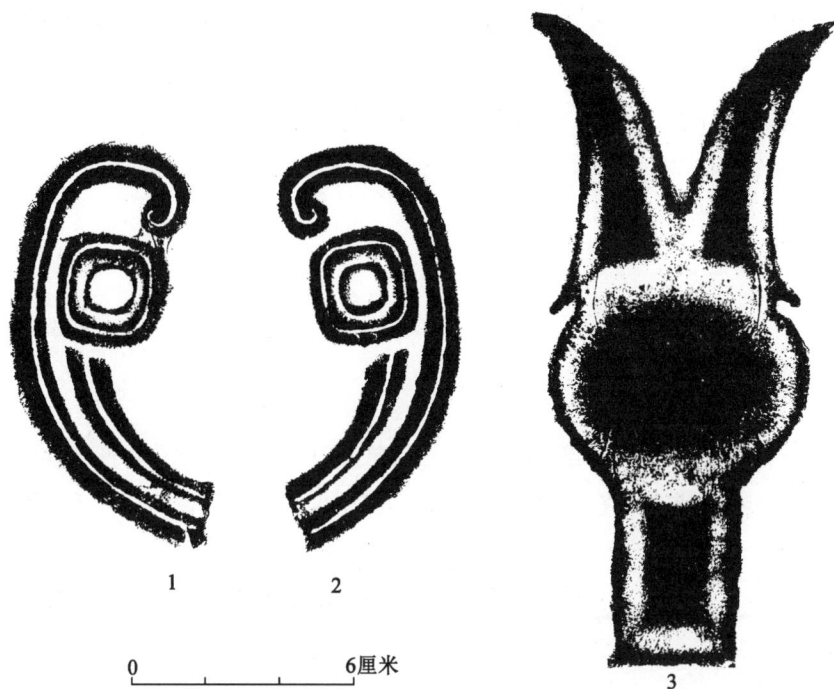

图七九　铜镳、当卢拓片

1. 镳（M104:22）　2. 镳（M104:145）　3. 当卢（M158:8）

（六）镳

共7件，出自3座墓，其中M156出土3件，M104和M158各出土2件。形制基本相同，均为两圆柱环相扣，套环呈桃形，两端环扣呈横长方形穿，与镳相套后连接辔头皮条。

标本86CYM156:1，表面锈蚀严重，有裂缝。长15.3厘米（图七八，3；图版二八，3上）。

标本86CYM156:2，扣环有磨损痕迹。长15.4厘米（图七八，4；图版二八，3下）。

标本86CYM104:146，扣环有磨损痕迹。长16.5厘米（图版二八，4上）。

标本86CYM156:5，扣环有磨损痕迹。长15.2厘米（图七八，5；图版二八，4下）。

标本86CYM158:2，扣环有磨损痕迹。长16.5厘米（图七八，6；图版二八，5上）。

标本86CYM158:3，两端环扣外侧突出一歧角，器身较短。长13.6厘米（图七八，7；图版二八，5下）。

标本86CYM104:23，残半。残长8.4厘米（图七八，8）。

（七）当卢

1件。标本86CYM158:8，中间为圆泡，其上出一对歧角，角尖外撇，圆泡下端连接一长方形泡，泡面鼓起，背面凹进，长方形泡和两个歧角背面都有一个横鼻。通高17.2、最宽7.9厘米（图七八，9；图七九，3；图版二九，1）。

（八）节约

共4件，出自2座墓，器形正面为方形，侧面呈长方扁形，上部有横长方形穿孔，下端为长方形銎。素面无纹饰。可分为2式。

Ⅰ式1件。

标本86CYM128:16，稍残，个体较大，边缘平齐。长3.2、宽3.3、厚1厘米（图七八，10；图版二九，2）。

Ⅱ式3件。大小基本相同，两侧边呈棱角或圆弧形。

标本86CYM148:3，长2.2、宽2、厚0.8厘米（图七八，11）。

四　杂器

（一）镜

共2件，出自1座墓。可分为2式。

Ⅰ式1件。

标本84CYM38:3，圆形，略呈椭圆形，镜面微鼓，镜背中心有橄榄形纽。素面，最大直径8.5厘米、厚0.15厘米。重68克（图八〇，1；彩版八，1；图版三〇，1）。

Ⅱ式1件。

标本84CYM38:4，圆形，镜面微鼓，镜背中心有长方覆斗形纽。素面。镜表面敷着丝织物印迹。直径8、厚0.2厘米。重50克（图八〇，2；彩版八，2；图版三〇，2）。

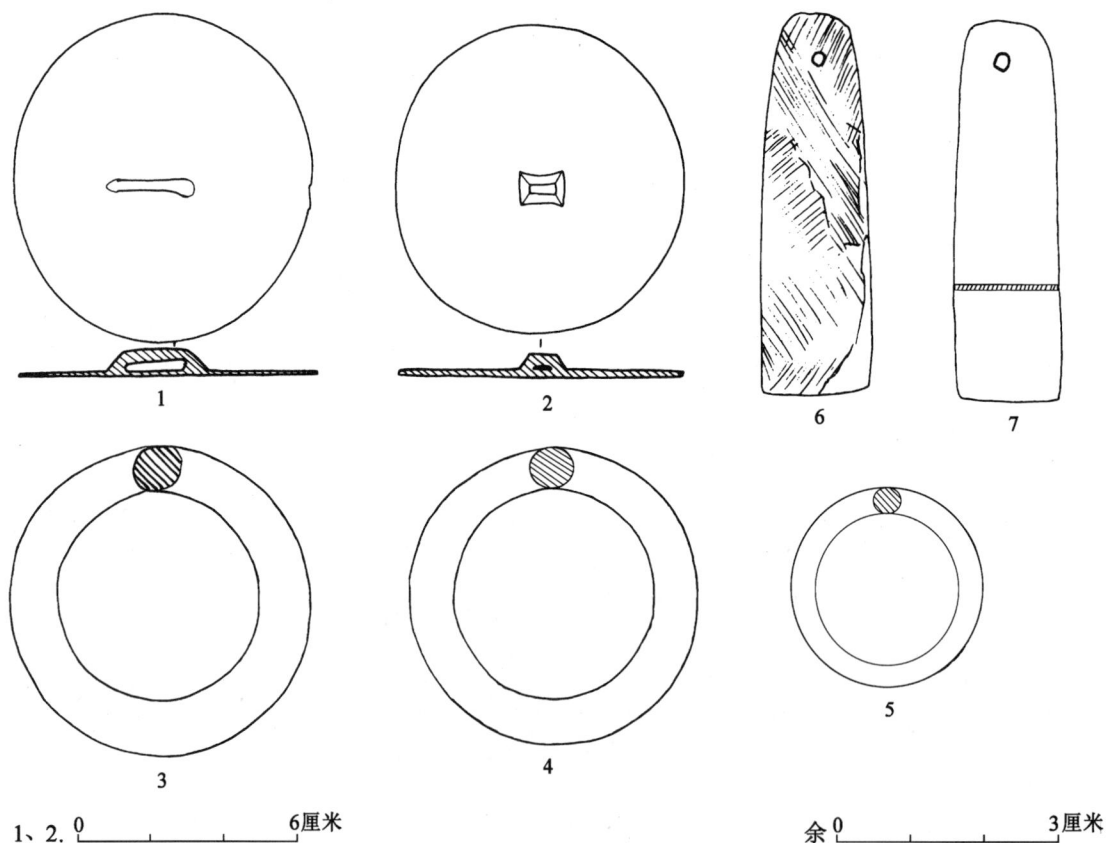

图八〇　铜镜、环、牌饰

1. Ⅰ式镜（M38:3）　2. Ⅱ式镜（M38:4）　3. 环（M154:1）　4. 环（M154:2）
5. 环（M63:6）　6. 牌饰（M130:5）　7. 牌饰（M130:6）

（二）环

共 3 件。出自 2 座墓。

标本 86CYM154:1、2，两件环大小相同，环柱较粗。外直径 4、环柱径 0.6 厘米（图八〇，3、4；图版二九，3）。

标本 84CYM63:6，器形较小，形似指环。外直径 2.5、环柱径 0.2 厘米（图八〇，5）。

（三）牌饰

共 10 件，出自 1 座墓。形制基本一样，都出自墓主人胫骨之间。呈长条形薄片，顶端弧收，有圆形小穿，下端平齐。表面有布纹印迹，有的还锈结在一起，当系佩饰之物。

标本 86CYM130:4~13，长 5、宽 1.5、厚 0.1 厘米（图八〇，6、7；图版二九，4）。

（四）铃

共 13 件。出自 5 座墓。其中有的铃与车马器共出，有的则为墓主人身上的佩饰。根据铃身和铣口的不同，可分为 A、B 两型。

A 型共 11 件。铃身上窄下宽，铣口内凹呈弧形，铃身横截面呈椭圆形。平顶，上有半环纽，纽下有穿孔，可系铃舌，铃舌呈扁平棒槌形。可分 3 式。

Ⅰ式 2 件。器形完整，铃身修长，体较厚重，摇之铃音清脆。铃正背两面饰细阳线勾勒的饕餮兽面纹。

标本 86CYM158:5，通高 8.5、铣径 4×5.6 厘米。重 80 克（图八一，1；图版三一，1）。

标本 86CYM158:11，铃身被压扁。通高 8.5 厘米。重 71 克（图版三一，2）。

Ⅱ式 8 件。器形与Ⅰ式基本相同，唯铣口内弧较深，素面。

标本 86CYM104:1，残破。通高 8、铣径 4×5.5 厘米。重 65 克（图八一，2；图版三一，3）。

标本 86CYM158:10，铸造不精，有露铸孔，锈蚀严重，铃与舌锈结在一起。表面有席纹印迹。通高 5.5、铣径 2.7×4.5 厘米（图八一，3；图版三一，4）

标本 84CYM23:5，通高 4.5、铣径 2.2×3.8 厘米（图版三一，5）

标本 84CYM63:3，通高 4、铣径 2.4×3 厘米（图八一，4；图版三一，6）。

标本 86CYM158:7，环纽残，失铃舌。通高 3.8、铣径 2×3 厘米（图版三二，1）。

标本 86CYM158:9，锈蚀严重，铣残破。通高 4.3、铣径 2×3.8 厘米（图版三二，2）。

Ⅲ式 1 件。器形横矮，甚小，铣口平齐，素面。

标本 86CYM158:3，失舌，锈蚀严重。通高 4.5、铣径 2.2×3.3 厘米（图八一，5；图版三二，3）。

B 型共 2 件，出自 1 座墓。形制相同，大小一样。器形较小，铃体呈圆筒形，平顶，上有半环纽，口缘平齐，顶上无穿，铃身上端两侧有对称的小穿，圆棒形舌。素面无纹饰，两件器表面都有布纹印迹。

标本 86CYM130:14、15，通高 4、口径 2 厘米（图八一，6、7；图版三二，4、5）。

（五）铃舌

1 件。标本 86CYM118:1，失铃。呈扁平棒槌形，顶端有倒三角形穿孔。长 5.3、最宽 1.5 厘米（图八二，1；图版三二，6）。

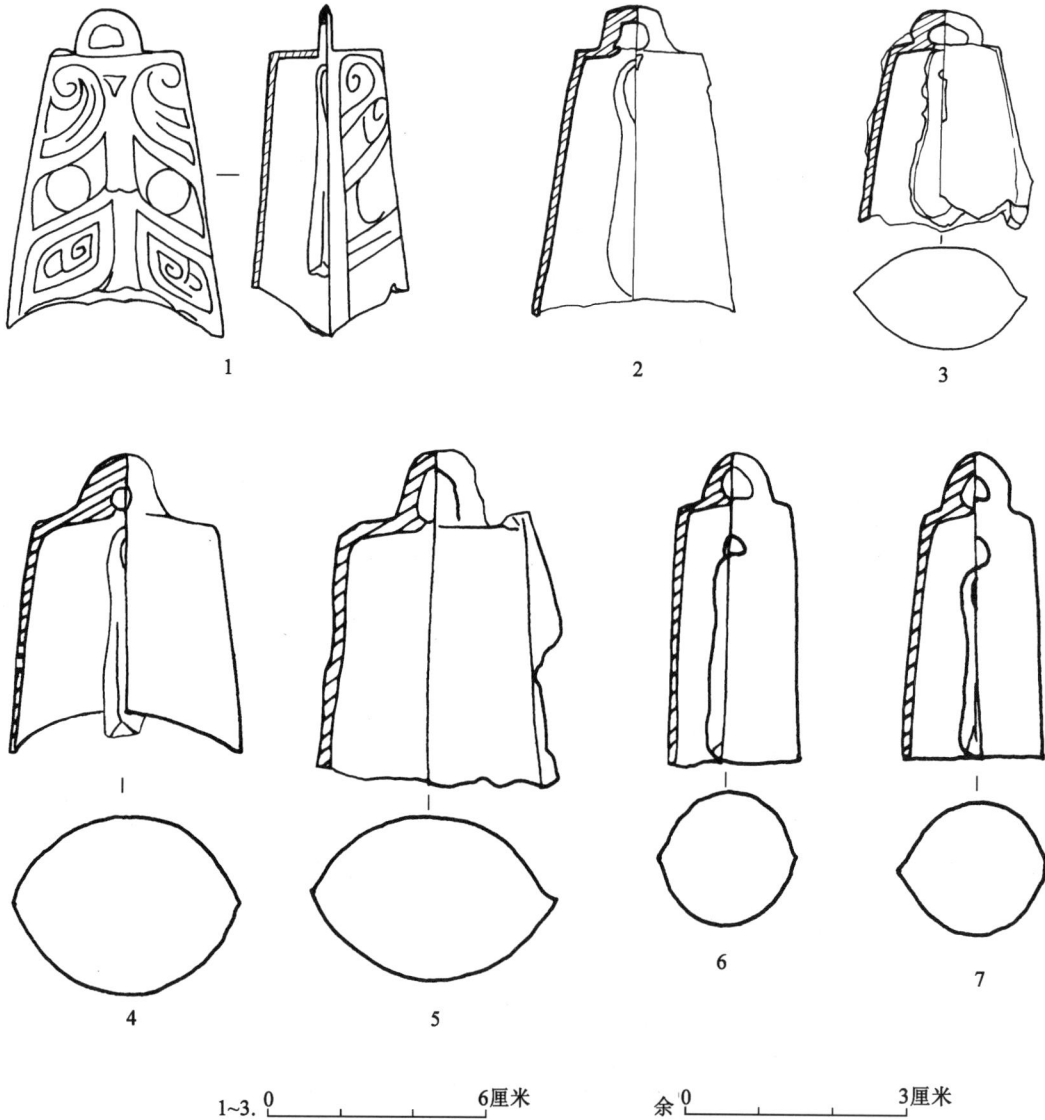

图八一　铜铃

1. A 型 I 式（M158:5）　　2. A 型 II 式（M104:1）　　3. A 型 II 式（M158:10）　　4. A 型 II 式
（M63:3）　　5. A 型 III 式（M158:3）　　6. B 型（M130:14）　　7. B 型（M130:15）

（六）鱼

共 4 件，出自 2 座墓。可分为 2 式。

I 式 1 件。标本 86CYM127:19，体扁平，边缘棱起，吻部较长，背部有一高鳍镂孔，腹下有两小短鳍，尾分叉，头部有一圆形穿孔作鱼眼。长 4.2、宽 1.9 厘米（图八二，2；图版三三，1）。

II 式 3 件，其中 1 件仅残存尾部。体扁平，吻部较短，张嘴，背与腹部各有一小鳍，头部有一圆形穿孔如鱼眼。

标本 86CYM140:7，长 5.5、宽 2.2 厘米（图八二，3；图版三三，2）。

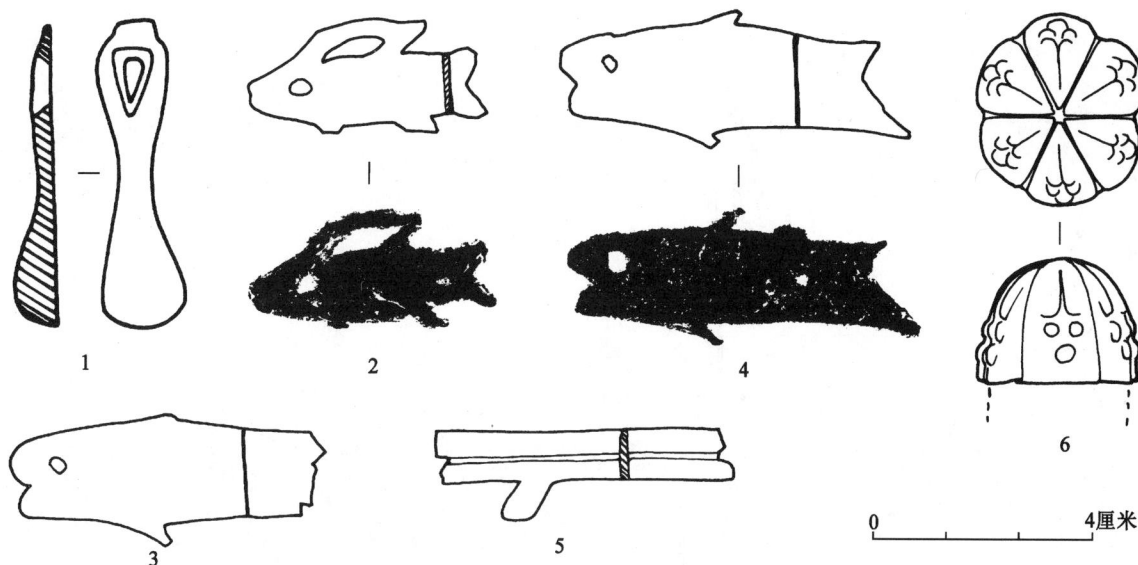

图八二　铜铃舌、鱼、残饰件、帽形器

1. 铃舌（M118:1）　　2. I 式鱼（M127:19）　　3. II 式鱼（M140:7）
4. II 式鱼（M140:8）　　5. 残饰件（M144:6）　　6. 帽形器（M128:17）

标本 86CYM140:8，体形略大，尾分叉较宽。长 6.2、宽 2.3 厘米（图八二，4；图版三三，3）。

（七）残饰片

1 件。标本 86CYM144:6，长薄片状，中间有凹槽，上端一侧出歧角。残长 5.4、宽 1、厚 0.2 厘米（图八二，5）。

（八）帽形器

1 件。标本 86CYM128:17，平面呈圆花朵状，中空，有断痕，似为青铜器盖纽。直径 2.5、高 2.2 厘米（图八二，6；图版三三，4）。

（九）泡

共 195 件。出自 25 座墓。铜泡是于家湾周墓出土最多的青铜器种类，约占青铜器出土总数的 60% 多，而且形式多样，大小不一。铜泡一般出自棺内人骨架周围及棺椁与墓室之间的填土中，用途一般是作为甲胄、马具、以及棺椁罩、服装等的装饰品。根据其形制的不同，可分为圆形有沿泡、圆形无沿泡、长方形双联泡等。现分述如下。

1. 圆形有沿泡

共 34 件。根据形制和大小不同可分为大泡、中泡、小泡、十字梁泡、透顶泡、帽形泡等 6 种。现分述如下。

a. 大泡

共 5 件。宽平折沿，泡面凸起似半球状。根据背部有无横纽可分为 2 式。

I 式　4 件。背部中心均有一横纽。

标本 84CYM60:9，泡顶凸起平缓，背部中心有一横纽，沿面宽窄不甚规整，沿上有露铸孔。直径 9.3、高 1.3 厘米。重 107 克（图八三，1；图版三四，1）。

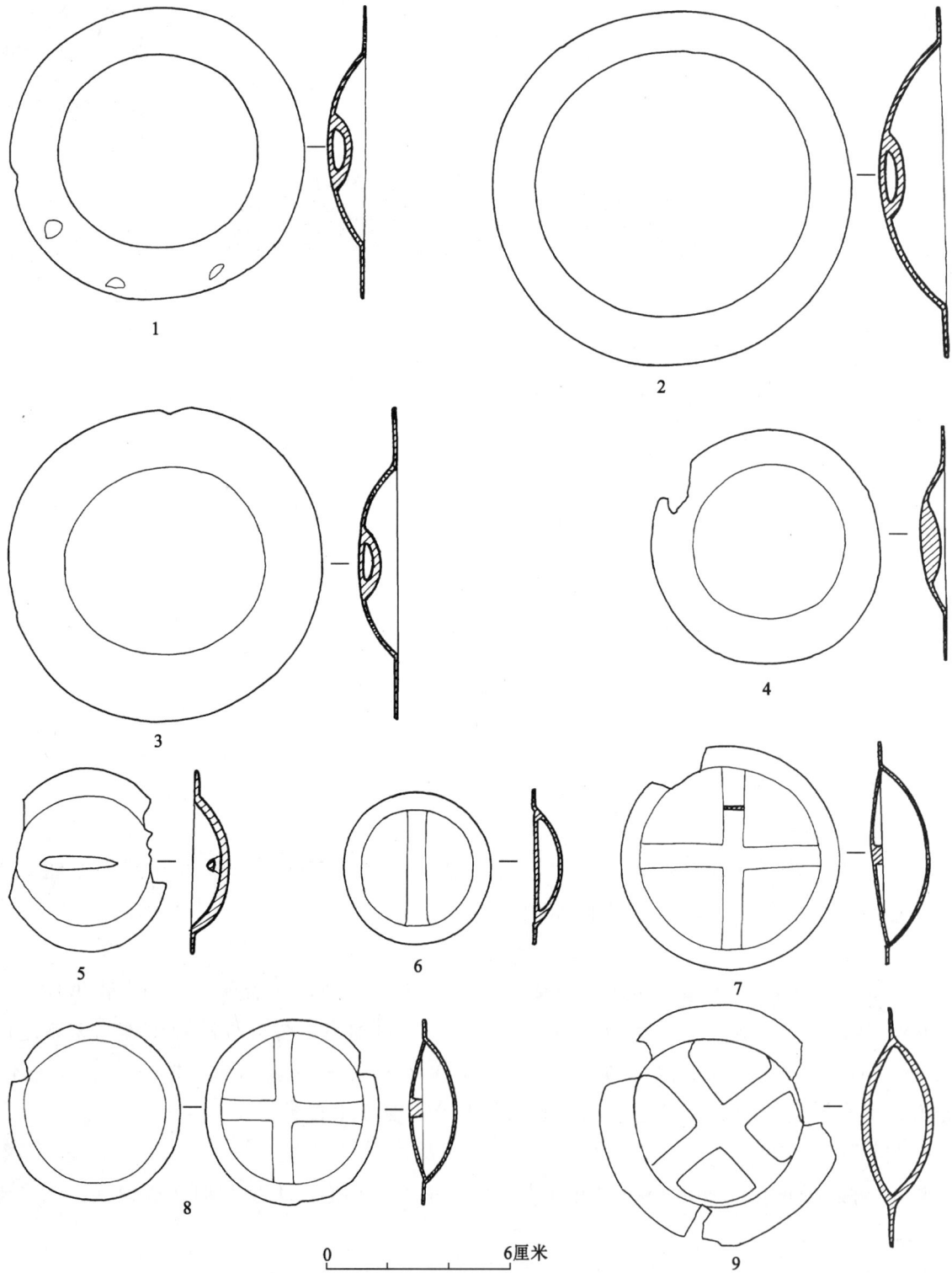

图八三　圆形有沿铜泡

1. Ⅰ式大泡（M60:9）　　2. Ⅰ式大泡（M42:2）　　3. Ⅰ式大泡（M5:5）　　4. Ⅱ式中泡（M5:4）

5. Ⅱ式中泡（M138:6）　　6. 小泡（M147:2）　　7. Ⅰ式十字梁泡（M140:1）　　8. Ⅰ式十字梁泡（M128:2）

9. Ⅱ式十字梁泡（M1:1）

标本84CYM42:2，泡体较大，泡面凸起似半球状，背部中心有一横纽，泡身里外有丝织物印迹。直径11.3、高2厘米。重107克（图八三，2；图版三四，2）。

标本82CYM5:5，泡体轻薄，平折沿较宽，背部中心有一横纽。直径10、高1.2厘米。重55克（图八三，3；图版三四，3）。

Ⅱ式1件。

标本82CYM2:2，器形规整，比较厚重。平折沿，正面中部凸起似半球状，背面凹入，无横纽。沿上有对称钉孔两组，每组2孔。表面有席纹印迹。出自墓主人右胸部，可能为甲胄泡。直径11、高1.8厘米。重173克（图版三四，4）。

b. 中泡

共4件。可分2式。

Ⅰ式1件。

标本84CYM60:7，平折沿，正面中部凸起，背部凹入，背部有两个对称的横纽。锈蚀严重，表面有丝织物印迹。直径8.2、高1.2厘米。重68克（图版三四，5）。

Ⅱ式3件。

标本82CYM5:4，平折沿，沿边略残，泡顶凸起平缓，背部中心有一横鼻。表面有席纹印迹。直径7.3、高0.6厘米（图八三，4；图版三四，6）。

标本84CYM38:5，形制与标本82CYM5:4相同，唯沿上有一铸口小柄。直径7、高1厘米（图版三五，1）。

标本86CYM138:6，平折沿，沿边部分残缺，背部中心有一长条形横纽，纽中心有一穿孔。直径5.8、高1.2厘米（图八三，5）。

c. 小泡

共11件。泡径较小，平折沿较窄，背部齐沿处有一横扣。

标本86CYM147:2～7，大者直径4.7、高0.9、小者直径2.7、高0.7厘米（图八三，6；图版三五，2～7）。

d. 十字梁泡

共3件。平折沿，泡面隆起较甚，背面凹入，背面齐沿处有十字梁扣，略向外拱，泡体横截面略呈椭圆形。根据十字梁扣的不同可分为2式。

Ⅰ式2件。十字梁扣的一道凸起，并且比另一道厚，其截面呈方柱形。

标本86CYM140:1，平折沿残缺一小块。表面有丝织物印迹。直径7.2、高1.8厘米（图八三，7；图版三六，1）。

标本86CYM128:2，平折沿略有残缺。直径5.8、高1.6厘米（图八三，8；图版三六，2）。

Ⅱ式1件。十字梁扣两道厚薄一样。

标本82CYM1:1，折沿残破，锈蚀严重。表面有布纹印迹。直径7.5、高2.4厘米（图八三，9；图版三六，3）。

e. 透顶泡

共4件。平折沿，泡面鼓起，顶部透孔，背部有一横扣。根据泡面的不同，可分为3式。

Ⅰ式1件。泡面鼓起，顶部透孔处起缘。

标本86CYM160:9，直径4.8、高1.2厘米（图八四，1；图版三六，4）。

Ⅱ式1件。泡面平缓鼓起，上面有两周凸弦纹，中间夹一周绳纽纹。

标本84CYM54:3，直径4.1、高0.9厘米（图八四，2；图版三六，5）。

Ⅲ式2件。形制相同，泡面呈双凸形，背部凹进。

标本86CYM148:1、2，直径4.4、高0.9厘米（图八四，3；图版三六，6）。

f. 帽形泡

共7件，出自1座墓。形似尖顶斗笠，宽平折沿，沿上有6个等距离三角形镂孔，泡面中心陡起如帽顶，帽顶有的如馒头状，有的似覆斗状。有的顶部中心有小穿孔，小孔大小不一。

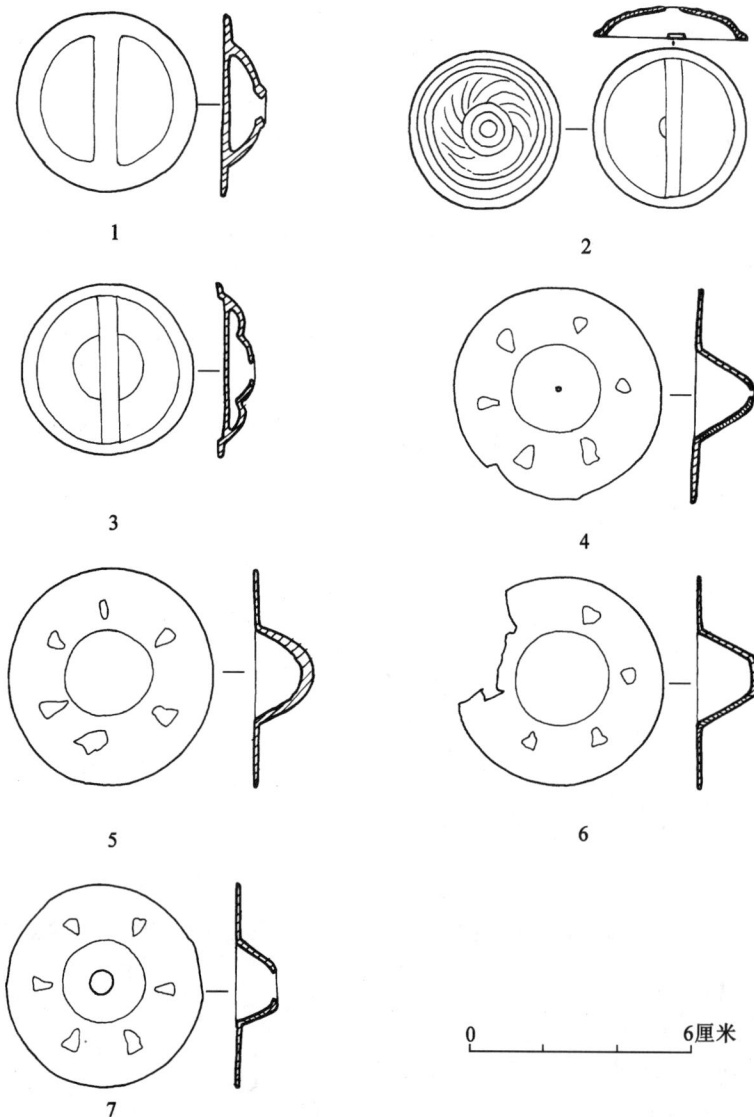

图八四　圆形有沿铜泡

1. Ⅰ式透顶泡（M160:9）　2. Ⅱ式透顶泡（M54:3）　3. Ⅲ式透顶泡（M148:2）　4. 帽形泡（M38:7）　5. 帽形泡（M38:10）　6. 帽形泡（M38:11）　7. 帽形泡（M38:13）

有的表面有布纹印迹。

标本84CYM38:7~13，直径5.5、高1.6厘米（图八四，4~7；图版三七）。

2. 圆形无沿泡

共156件。皆无沿，泡面鼓起，背部凹入，背部边缘处有一横扣。根据泡面的不同可分为3式。

Ⅰ式66件。泡体较大，泡面鼓起平缓，有的泡面有一周阴刻弦纹。

标本84CYM60:5，共24枚均出自墓主人腰及两腿之间，泡面大多留有布纹印迹，当系衣服上的装饰品。直径3.5~4、高0.7~0.9厘米（图八五，1；图版三八）。

标本86CYM105:1、2，直径2.8、高0.7厘米（图八五，2；图版三九，1）。

Ⅱ式37件。泡体形似斗笠，泡顶凸起呈乳头状。

标本86CYM160:6~8，泡面乳头较平，乳头周围有一周阴刻弦纹，形成两叠层。直径2.4~2.6、高0.7~0.9厘米（图八五，3；图版三九，2）。

标本86CYM148:5~31，泡面近边处有一周阴刻弦纹。直径2.0~2.2、高0.7~0.8厘米（图八五，4；图版三九，3）。

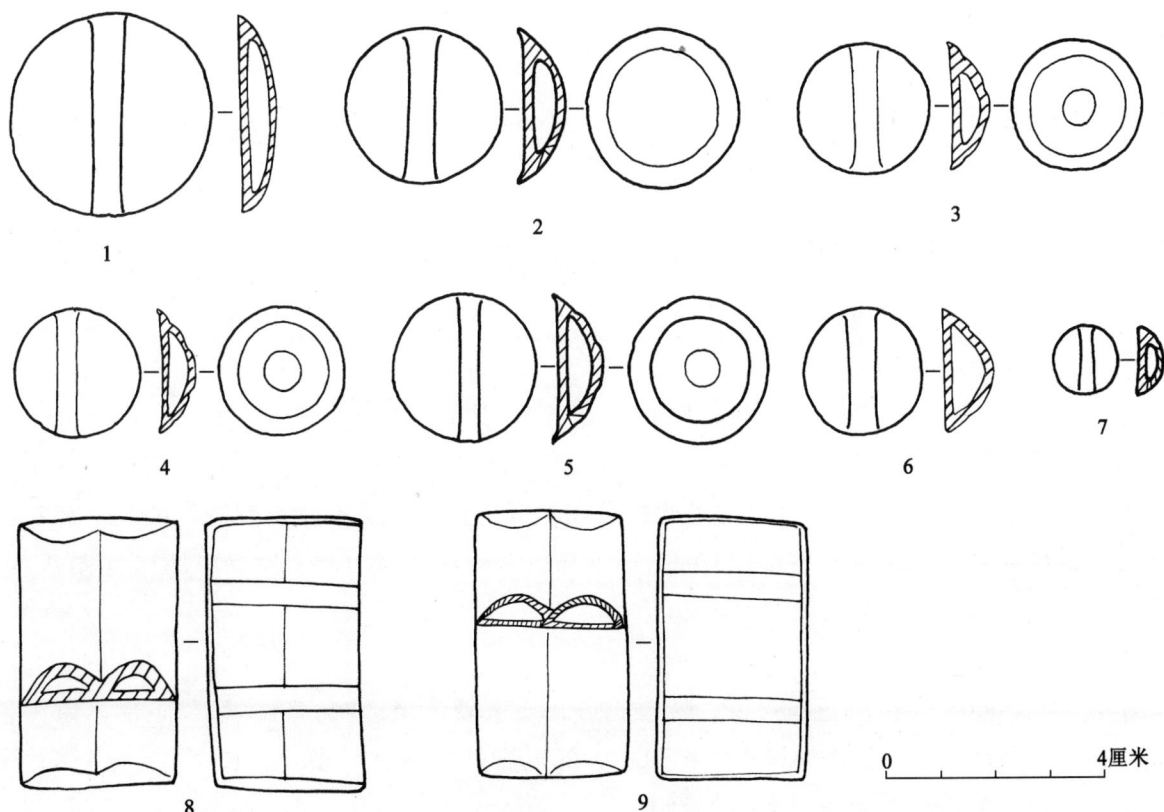

图八五　铜泡

1. Ⅰ式圆形无沿泡（M60:5）　2. Ⅰ式圆形无沿泡（M105:2）　3. Ⅱ式圆形无沿泡（M160:6）　4. Ⅱ式圆形无沿泡（M148:5）　5. Ⅱ式圆形无沿泡（M132:1）　6. Ⅱ式圆形无沿泡（M128:3）　7. Ⅲ式圆形无沿泡（M63:4）　8. 长方形双联泡（M150:2）　9. 长方形双联泡（M128:30）

标本 86CYM132:1、2，泡面乳头较小、较凸。直径 2.6、高 0.8 厘米（图八五，5；图版四〇，1）。

标本 86CYM128:3～6，泡面乳头较凸，泡面无阴刻弦纹。直径 2.4、高 0.9 厘米（图八五，6；图版四〇，2）。

Ⅲ式 53 件。泡体甚小，形似纽扣，泡面鼓起呈半球状。

标本 84CYM63:4（35 件），直径 1.1～1.3、高 0.5～0.7 厘米（图八五，7；图版四〇，3）。

3. 长方形双联泡

共 5 件，出自 2 座墓。均为双半管状，无沿。泡面鼓起似瓦楞状，两端呈斜坡形，背部有两道横扣。

标本 86CYM150:1～4，长 4.8、宽 2.8、高 0.8 厘米（图八五，8；图版四一，1）。

标本 86CYM128:30，长 4.7、宽 2.7、高 0.6 厘米（图八五，9）

第三节　玉、石、骨、牙器

一　玉器

（一）鱼

共 14 件，出自 7 座墓。其中完整者 8 件，另外 6 件均残，有的仅为残鱼尾。鱼体均为扁平状，用阴线刻出眼、鳃、鳍，头部、唇部或鱼肚部位钻有一小穿孔。可分为 6 式。

Ⅰ式 3 件。

玉质呈褐色带雪花点，质坚硬，半透明。鱼体呈长条形，头部斜齐，闭口，尾部肥硕下拖，略分叉，上尾尖细长拖后。两面用阴线刻出眼、鳃，用减地法刻出背部大鳍和腹部两小鳍，头部近鳃处钻一小穿孔。

标本 84CYM66:2，玉质褐色较浅。长 11、宽 1.6、厚 0.3 厘米（图八六，1；彩版九，2；图版四一，2 上）。

标本 84CYM66:3、4，两件大小与玉质斑纹相吻合，当为一块玉片切割制作的。头部穿孔内均留有红色粉末痕迹，应该是人骨上的朱砂所致。长 10.4、宽 1.5、厚 0.3 厘米（图八六，2、3；彩版九，3；图版四一，2 中下）。

Ⅱ式 1 件。

标本 84CYM66:5，玉质呈深褐色，带雪花点，质坚硬，半透明。鱼体呈长条形，鱼头和尾部均斜齐，尾部略分叉。纹饰与Ⅰ式相同。头部近鳃处也钻有一小孔。长 9.7、宽 1.5、厚 0.3 厘米（图八六，4；彩版九，4；图版四一，3）。

Ⅲ式 1 件。

标本 84CYM34:9，白玉，微带绿色云状瑕斑。头平齐，斜尾分叉，尾尖上下撇开。呈浮游状。唇部有一小穿孔。长 7.2、宽 1.5 厘米（图八六，5；彩版九，5；图版四一，4）。

Ⅳ式 2 件。

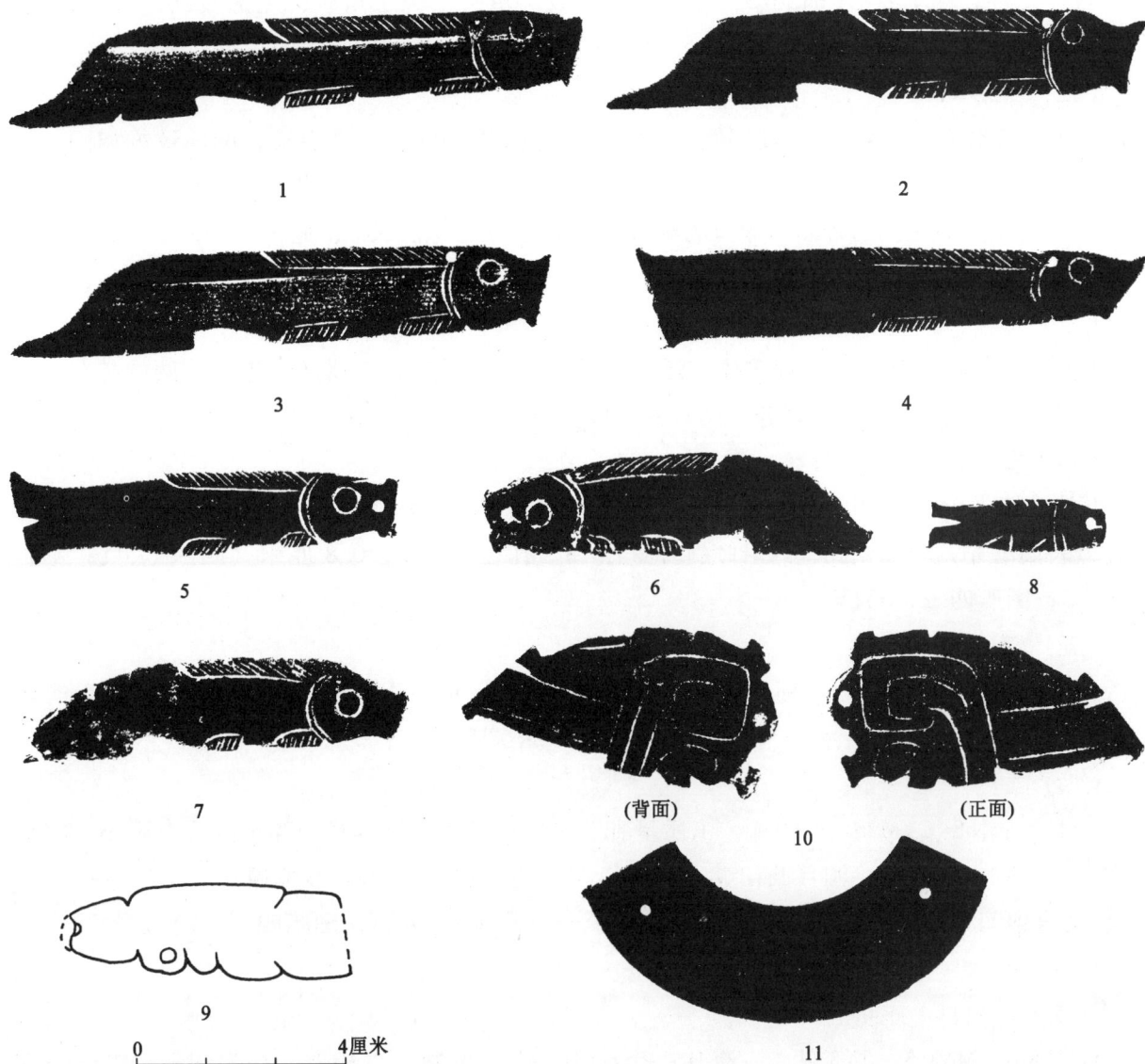

图八六 玉鱼、异形鸟、璜

1. Ⅰ式玉鱼（M66:2）　　2. Ⅰ式玉鱼（M66:3）　　3. Ⅰ式玉鱼（M66:4）　　4. Ⅱ式玉鱼（M66:5）
5. Ⅲ式玉鱼（M34:9）　　6. Ⅳ式玉鱼（M34:3）　　7. Ⅳ式玉鱼（M34:4）　　8. Ⅴ式玉鱼（M135:1）
9. Ⅵ式玉鱼（M156:6）　　10. 异形鸟（M102:4）　　11. 璜（M23:2）

玉质呈乳白色，带绿色瑕斑，表面略有腐蚀。两件形制基本相同，鱼体拱背，尾部下拖略分叉，上尾尖稍拖后，唇部有一小穿孔。鱼体表面有朱砂痕迹。

标本84CYM34:3，长7.5、宽1.7、厚0.4厘米（图八六，6；图版四二，1）。

标本84CYM34:4，尾部略残。长7.2、宽1.7、厚0.4厘米（图八六，7；彩版九，6；图版四二，2）。

Ⅴ式1件。

标本86CYM135:1，绿玉，带斑纹，半透明。体小而薄，圆头闭口，尾分叉，头部有一小穿孔。长3.3、宽1、厚0.2厘米（图八六，8）。

Ⅵ式 2 件。标本 86CYM156:6，白玉，带斑纹。鱼头呈钝三角状，尾部残缺，制作粗糙，鱼肚部位有一穿孔。残长 5.6、宽 1.7、厚 0.4 厘米（图八六，9）。

（二）异形鸟

1 件。标本 86CYM102:4，扁平体，作俯卧状。玉质呈乳白色带绿斑，两面纹饰相同，均用单阴线刻出翅膀，小冠，冠下有小穿，斜尾分叉，略向上翘。器身前半段雕成鸟头鸟身，后半段雕成鱼身鱼尾。这种非鸟非鱼的雕技给人以各种遐想。长 6、宽 3、厚 0.3 厘米（图八六，10；彩版一〇，1；图版四二，3）。

（三）璜

1 件。标本 84CYM23:2，扁平体，弧度为璜的三分之一。白玉带退，透亮，两端各有一穿孔。长 7.6、宽 2.2、厚 0.2 厘米（图八六，11；彩版一〇，2；图版四二，4）。

（四）璧

1 件。标本 84CYM35:2，残缺约四分之一。玉质较粗，呈淡绿夹杂褐色，制作粗糙，厚薄不均，表面磨光，单面钻孔，内沿倾斜。直径 13、孔径 4.7、厚 0.8 厘米（图八七，1；彩版一〇，3；图版四二，5）。

（五）璧心

1 件。标本 84CYM77:1，白玉，玉质较粗，不透明，似石质。边沿倾斜，系制作玉璧时切割留下的废料。直径 4.3、厚 0.7 厘米（图八七，2；图版四二，6）。

（六）蚕

1 件。标本 84CYM23:3，圆雕，玉质呈乳黄带绿色斑纹。蚕身呈长棒形，头大尾小，腹下平齐，身上雕出 5 节状，圆目凸出，大张嘴，下唇有一圆形穿孔，形象逼真，小巧玲珑。长 3.4、蚕身中间宽 0.9、头高 1.1 厘米（图八七，3；彩版一〇，4；图版四三，1）。

（七）蝉

共 5 件。出自 1 座墓。

标本 84CYM63:5，共 5 件，一个比一个稍小一点，形制基本相似。均为圆雕，蝉体呈扁棒形，蝉头齐平，尖尾，头部阴刻一对小圆目，头部横穿与底端竖孔相通。玉质呈半透明状，蝉身有自然形成的绿色条纹。大者长 2.7、宽 1、高 0.6 厘米；小者长 2、宽 1、高 0.7 厘米（图八七，4；彩版一〇，5；图版四三，2）。

（八）长条形器

共 2 件，出自一座墓。

标本 86CYM157:1，白玉，玉质较细腻。正面与侧面抛光，长条形，一端宽一端窄，窄端残缺。残长 10.8、宽 2.3、厚 0.5 厘米（图八七，5；图版四三，3）。

标本 86CYM157:2，器身残断，经修复。绿玉带瑕斑，长条形，一端略宽，首端有杀角，中部侧旁有一穿孔。长 10.3、中宽 2、厚 0.2 厘米（图八七，6；彩版一一，1；图版四三，4）。

（九）刀

1 件。标本 86CYM94:3，墨玉带绿色，半透明。长方形，一端略宽，单面刃。长 7.2、中宽 2.2、厚 0.2 厘米（图八七，7；彩版一一，2；图版四三，5）。

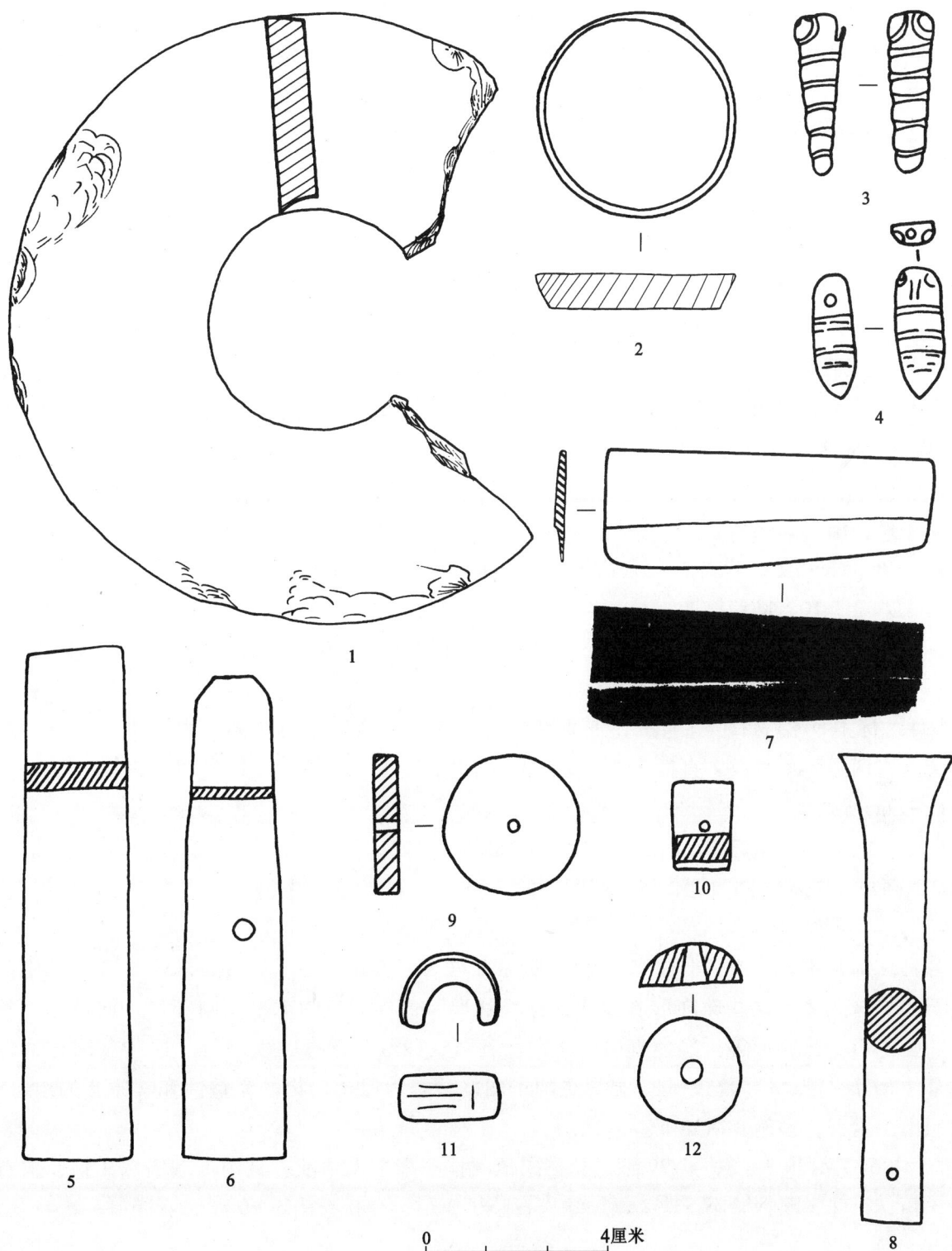

图八七　玉器

1. 璧（M35:2）　2. 璧心（M77:1）　3. 蚕（M23:3）　4. 蝉（M63:5）　5. 长条形器（M157:1）
6. 长条形器（M157:2）　7. 刀（M94:3）　8. 笄（M96:3）　9. 圆形佩饰（M94:8）　10. 方形佩
饰（M96:6）　11. 半环形饰（M23:4）　12. 泡（M97:3）

（一○）残戈尖

1件。标本86CYM102:5，黄玉带褐斑。仅存玉戈锋尖部分，双刃。残长4.2、宽2.5、厚0.4厘米。

（一一）凿

1件。标本86CYM101:2，玉质绿色带瑕。长条形，首端有杀角，下端单刃锋利。长9、宽1.7、厚0.2厘米（彩版一一，3；图版四三，6）。

（一二）笄

1件。标本86CYM96:3，白玉。圆柱形，首端呈钉帽状，器身逐渐变细，下端残缺，腰间有一圆形穿孔，表面抛光。残长10、首径2.4、中径1.2厘米（图八七，8；图版四四，1）。

（一三）圆形佩饰

1件。标本86CYM94:8，黄玉，玉质较软。圆饼形，中穿孔，正面有阴刻云纹。直径2.9、厚0.5厘米（图八七，9；图版四四，2）。

（一四）方形佩饰

共4件，出自2座墓。

标本86CYM96:6，黄玉，玉质坚硬，有光泽。长方形，中穿孔。长1.8、宽1.3、厚0.6厘米（图八七，10；图版四四，3）。

标本86CYM96:7，白玉。正方形，中穿孔。边长1.8、厚0.7厘米（图版四四，4）。

（一五）半环形饰

1件。标本84CYM23:4，青玉，玉质晶莹。半环形，两端缺口平齐，内侧中心各有一小槽，背上有两道阴刻线纹。直径2.2、宽0.9、高1.5厘米（图八七，11；图版四四，5）。

（一六）泡

1件。标本86CYM97:3，白玉，不透明。圆形，平底，泡面鼓起似馒头状，单面钻孔。直径2.2、高0.8厘米（图八七，12；图版四四，6）。

（一七）珠饰

各种珠饰共450多颗，出自11座墓。质地有玛瑙、玉石、绿松石、料珠和蚌珠，其中以绿松石和蚌珠最多。这些珠饰形制多样，有块状形、长棒形、圆珠形、圆环形、三角形、竹节形、坠子形、玉玦形等。颜色有白、乳白、乳黄、殷红、翠绿、墨绿等。这些珠饰往往在一座墓中相互搭配，串缀在一起，显得更加华丽好看。为保持器物的完整性和其原有的组合，现按照出土情况，举例介绍如下。

标本86CYM130:1~3，共79颗，分三串依次挂在墓主人项前。其中玛瑙串珠9颗、玉石管珠3颗、料珠3颗、绿松石玦2颗、绿松石坠子2颗、绿松石串珠60颗（彩版一一，4；图版四五，1）。

标本84CYM19:1，共127颗。其中玛瑙珠19颗、绿松石珠7颗、蚌珠101颗（彩版一一，5；图版四五，2）。

标本86CYM94:9，共43颗。其中玉石管珠2颗、料珠40颗（图版四五，3）。

二　石器

（一）砺石

共5件，出自4座墓。均为黄沙岩。根据形制的不同可分为A、B两型。

A型　2件。宽扁平状，顶部略弧，可分为2式。

Ⅰ式1件。

标本84CYM38∶15，长条形，形似石斧，上窄下宽，首端有一对钻穿孔，下端弧形，无刃，有磨用痕迹。长14.5、下宽6.5、厚1厘米（图八八，1；图版四六，1）。

Ⅱ式1件。

标本82CYM7∶2，长条形，首端略窄，下端平齐，首端有一对钻穿孔。器身两面有磨用留下的凹槽。长4.7、下宽2.4、厚0.7厘米（图八八，2；图版四六，2）。

B型　3件。长条四楞形，顶部平齐。可分为2式。

Ⅰ式2件。

标本84CYM38∶16，长条四楞形，首端略窄，顶端与侧旁穿孔，并相互连通。长10.3、下

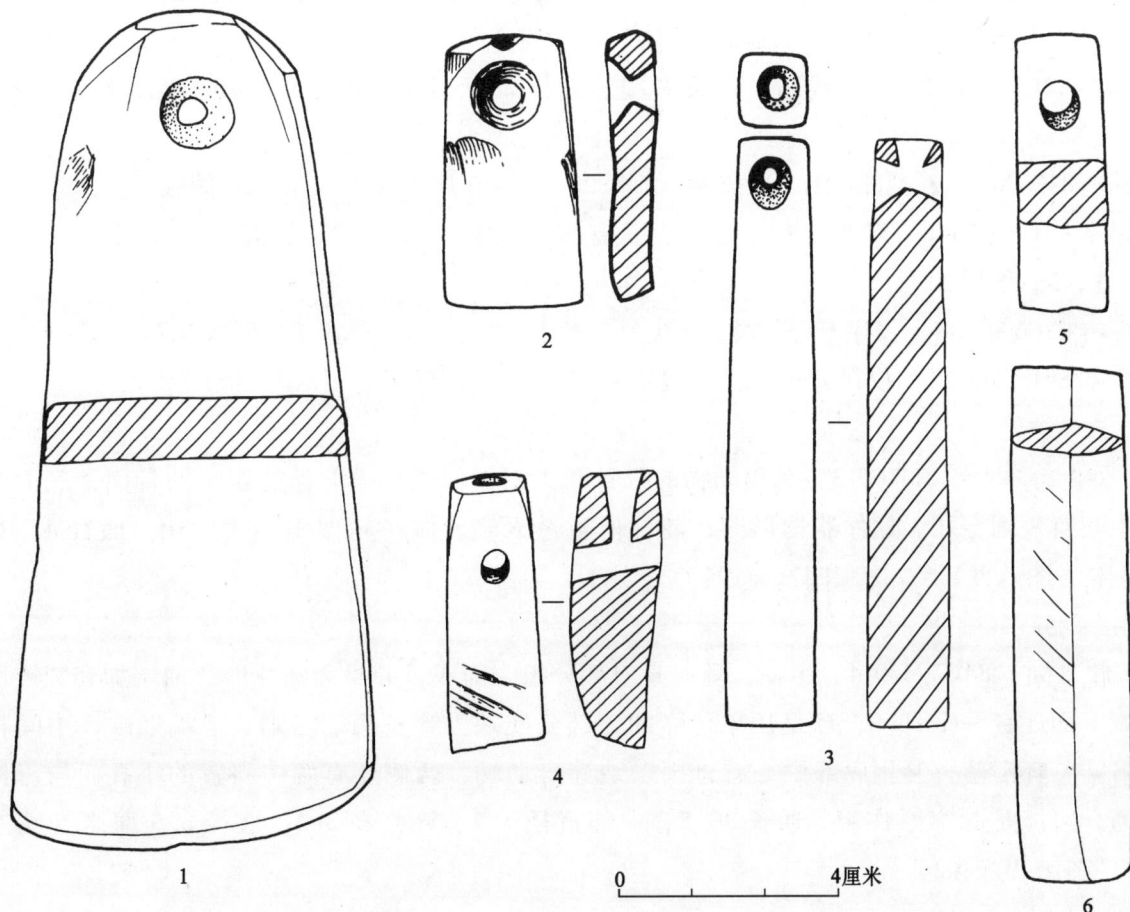

图八八　石器

1. A型Ⅰ式砺石（M38∶15）　2. A型Ⅱ式砺石（M7∶2）　3. B型Ⅰ式砺石（M38∶16）
4. B型Ⅰ式砺石（M3∶5）　5. B型Ⅱ式砺石（M71∶2）　6. 石叶（M96∶4）

宽 1.5×1.4 厘米（图八八，3；图版四六，3）。

标本 82CYM3:5，长条四楞形，器身较短，顶端与侧旁穿孔，并相互连通，器身下端有磨用痕迹。长 4.9、中宽 1.5×1.5 厘米（图八八，4；图版四六，4）。

Ⅱ式 1 件。

标本 84CYM71:2，长条四楞形，首端只有一单面钻孔，下端残。残长 4.9、中宽 1.5×1.2 厘米（图八八，5）。

（二）石叶

1 件。标本 86CYM96:4，青岩。薄长条形，两端平齐，中间起脊。长 9、宽 2、脊厚 0.4 厘米（图八八，6；图版四六，5）。

三 骨、牙器

（一）刀

共 5 件，出自 5 座墓。都是利用牛马的肋骨制作而成，形制呈自然弯曲状。其制作方法是将肋骨前端的背部削去一半，然后磨成单面刃，柄部不修饰，保持原来的骨面，刃部有细密的小锯齿。出土的 5 件骨刀全部残断，其中可修复者 3 件。

标本 82CYM15:3，刃部残断。通长 43.5、刃长 23、刃宽 2.8 厘米（图八九，1；图版四七，1）。

标本 84CYM59:1，柄部残断。通长 44、刃长 26、刃宽 3 厘米（图八九，2；图版四七，2）。

标本 84CYM76:1，刃部残断。器身表面有朱砂痕迹。通长 39、刃长 20、刃宽 2.8 厘米（图八九，3；图版四七，3）。

标本 82CYM16:4，仅存刀刃一段，锋尖呈三角形。残长 23、刃宽 2.3 厘米（图八九，4）。

标本 84CYM55:1，仅存刀刃一段。残长 10、刃宽 2.8 厘米（图八九，5）。

（二）纺轮

1 件。标本 86CYM105:3，利用动物的股骨圆头制作而成，正面保持原来的骨面，底面磨平，中间有一圆穿孔。这件器物形同纺轮，但重量太轻，做纺轮似乎不太适用。底径 4、高 1.5 厘米（图八九，6；图版四八，1）。

（三）笄

1 件。标本 84CYM59:4，由帽、环、身三部分组合而成，笄身为圆柱形，顶端加套圆锥形帽，帽下面还套一个骨环，环是用象牙做的，部分残缺。笄身两端略细，下端残缺，中间稍粗，可防骨环滑落。笄帽底部中心有母榫以纳笄身顶端，两侧还有两个斜置的小孔，与母榫相连通，可能是起穿系作用。通长 30.5、中部直径 1.2、笄帽高 3.2、底径 3.5 厘米（图八九，7；图版四八，2）。

（四）梳

1 件。标本 84CYM59:5，器形略呈长方形，顶端为凤首形，张嘴翘冠，眼睛为一圆形穿孔。梳身正面有五道凸起的横条纹，下端有梳齿 13 根，均已残断，仅留齿根。残长 6.7、宽 3.8、厚 0.6 厘米（图八九，8；图版四八，3）。

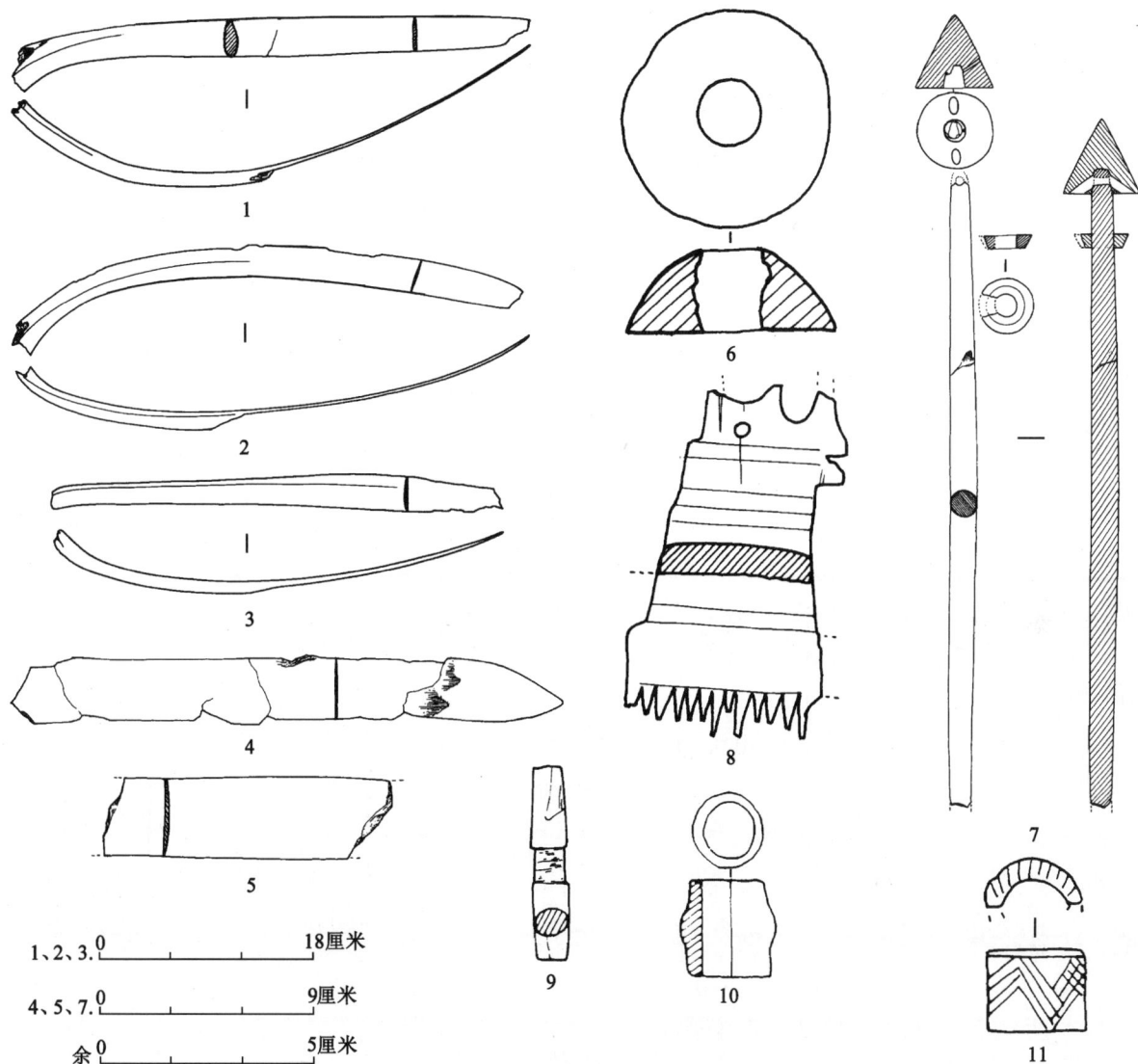

图八九　骨器

1. 刀（M15:3）　2. 刀（M59:1）　3. 刀（M76:1）　4. 刀（M16:4）　5. 刀（M55:1）　6. 纺轮形器（M105:3）
7. 笄（M59:4）　8. 梳（M59:5）　9. 细腰（M128:91）　10. 管（M104:38）　11. 管（M147:87）

（五）细腰

1件。标本86CYM128:91，利用兽骨制成，器身呈圆柱形，两端略细，中部削成细腰。长4、粗0.7厘米（图八九，9；图版四八，4）。

（六）管

共2件，出自2座墓。

标本86CYM104:38，器甚小，呈管状竹节形，中部略鼓起，表面光滑。长1.8、最大直径1.8厘米（图八九，10；图版四八，5）。

标本86CYM147:87，器甚小，残存一半。管状一端边沿有阴刻线纹一周，表面为阴刻折线纹。长1.5、径2厘米（图八九，11）。

（七）骨片

共41件。出自3座墓（M52、M66、M108），其中M66出土38件。从骨片的大小程度来看，似用牛或马的腿骨制成，大部分残破。基本上都呈长方形片状，其长短宽窄略有差别，四边平齐，并经过打磨；正面保持原来的骨面，略呈拱形，比较光滑；背面均经过打磨，略有弧曲，有的背面打磨不光滑，露出骨质的粗糙面。骨片四角与两侧均钻有对称的小孔，孔数4～16不等。

标本86CYM66:11（1～38），该墓出土的38件骨片编为一个号。其中1～8号可以粘接复原，其上均有10个孔，都是四个角各有一对孔，中部两侧各有一个孔；其长9～9.8、宽2.2～3.1、厚0.5～0.7厘米（图九〇，1～3；图版四九）。

标本86CYM108:4、5，其中4号一侧残缺，其四角各有两各小孔，两侧个有四个小孔，共16个小孔。长6.1、宽3、厚0.5厘米。5号亦残缺，其四角各有一孔，两侧各有四个孔，共12个孔。长6.6、宽3、厚0.5厘米（图九〇，4、5；图版五〇，1、2）。

标本84CYM52:1，器形较小，器身两面较为光滑，上下各有两孔。长3.2、宽1.8、厚0.3厘米（图九〇，6）。

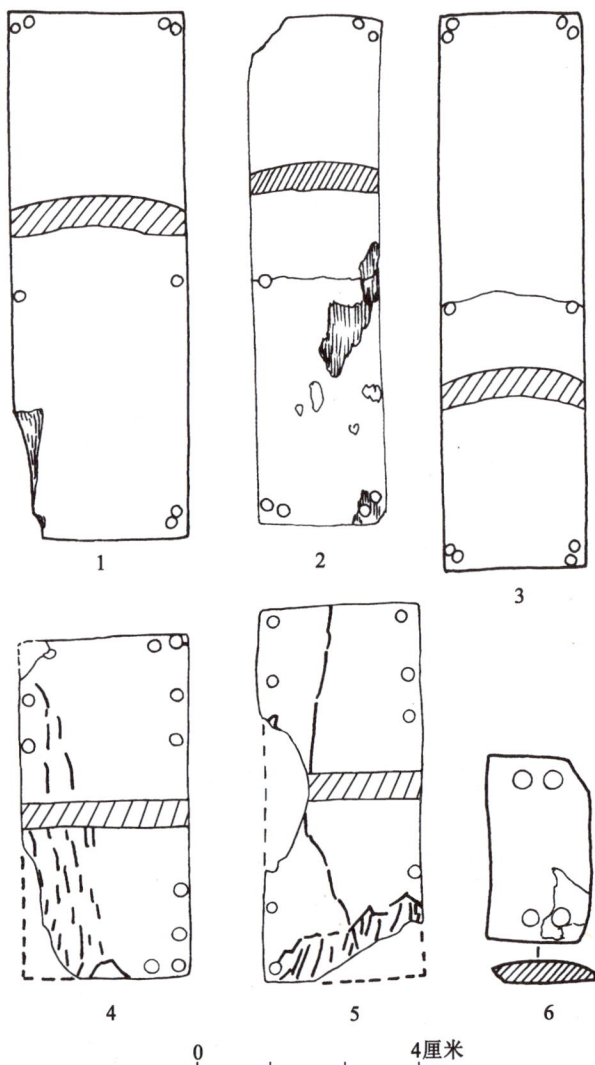

图九〇　骨片

1. M66:11-7　2. M66:11-8　3. M66:11-1
4. M108:4　5. M108:5　6. M52:1

第四节　蚌、海贝、蛤蜊壳、漆器及纺织物

一　蚌器

（一）刀

1件。标本86CYM155:5，利用蚌壳制成，刀体呈月牙形，背部自然鼓起，单面刃，表面有蚌壳的自然纹理。长8、宽2.2厘米（图版五〇，3）。

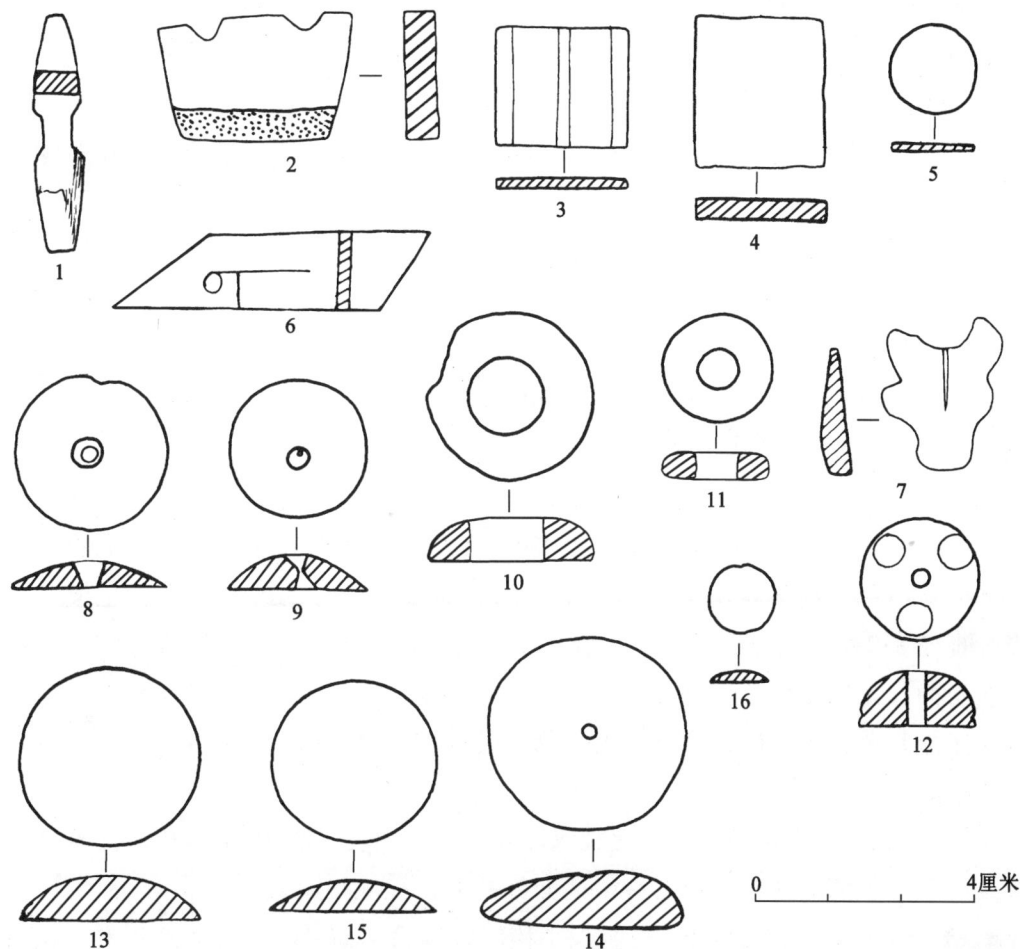

图九一　蚌器

1. 细腰（M128:71）　　2. "山"字形饰（M70:11）　　3. 方形片饰（M70:3）　　4. 方形片饰（M147:86）
5. 圆形片饰（M66:6）　　6. 长方形片饰（M72:2）　　7. 牛首饰（M115:9）　　8. 穿孔蚌泡（M116:5-2）
9. 穿孔蚌泡（M34:4）　　10. 穿孔蚌泡（M128:19）　　11. 穿孔蚌泡（M128:20）　　12. 穿孔蚌泡（M35:3）
13. 无孔蚌泡（M70:9-2）　　14. 无孔蚌泡（M147:9）　　15. 无孔蚌泡（M96:7-4）　　16. 无孔蚌泡（M42:22）

（二）细腰

1件。标本86CYM128:71，器呈枣核状，两端平齐，中间削成细腰。长4.2、粗0.8厘米（图九一，1；图版五〇，4）。

（三）"山"字形饰

共5件，出自2座墓。

标本84CYM70:6、7、11、13，器身扁平，平面呈银锭形，顶部有两个缺口，似"山"字形，下端平齐，有高0.5厘米的腐蚀痕迹，似镶嵌在漆器上作纽而留下的印痕。标本84CYM70:11，高2.1、顶宽3.6、底宽3.3、厚0.6厘米（图九一，2；图版五〇，5~8）。

（四）方形片饰

共6件，出自2座墓。

标本84CYM70:1~3、12、14，器呈方形薄片，正面均有四道阴刻线，背面有黑色粘贴痕迹。标本84CYM70:3，长2.2、宽2.4、厚0.2厘米（图九一，3；图版五一，1~5）。

标本86CYM147:86，正面光滑无纹饰。长2.6、宽2.3、厚0.4厘米（图九一，4）。

（五）圆形片饰

1件。标本84CYM66:6，呈圆薄片形，打磨光滑。直径1.5、厚0.1厘米（图九一，5）。

（六）长方形片饰

1件。标本84CYM72:2，呈长方形薄片，两边斜齐，一边有穿孔，孔边有横竖各一道阴刻线纹。长5.6、宽1.4、厚2厘米（图九一，6）

（七）牛首饰

1件。标本86CYM115:9，牛首扁平，角、耳、嘴磨制简练，面部正中有一道较深的竖行阴刻线。长2.7、宽2、厚0.4厘米（图九一，7；图版五一，6）。

（八）泡

共113件，出自28座墓。都是用蚌壳磨制而成，有的磨制精美光滑，有的磨制简单粗糙，外表大都呈乳白色。泡体均呈圆饼形，平底，正面鼓起，有的鼓起较高，呈馒头状。泡的大小不等，直径1.2~3.6、高0.2~1厘米。除个别外，一般泡面都无纹饰。泡的形制有穿孔泡和无孔泡两种，无论是穿孔还是无孔蚌泡，在泡的边沿和孔沿上都留有赭红色漆痕，有的泡出土时与漆器共存，当是嵌在漆器一类器物上的螺钿装饰。现分述如下。

1. 穿孔泡

共61件。穿孔都在泡顶正中，孔径大小不一，大部分都是单面钻孔，孔眼呈上小下大的喇叭状或上大下小的漏斗状；也有少量两面钻孔的，孔眼呈束腰形。

标本86CYM116:5（1~10），形制大小相同，均为单面钻孔，泡体边沿和孔沿有赭红色圆圈痕迹。底径2.6、高0.5厘米（图九一，8；彩版一二，1；图版五二）。

标本84CYM34:4，双面钻孔，交会处孔眼较小。底径2.5、高0.6厘米（图九一，9）。

标本86CYM128:19，边沿稍残，大穿孔，似环。底径3、孔径1.3、高0.8厘米（图九一，10；图版五三，1）。

标本86CYM128:20，泡体呈圆饼形，大穿孔，似环。外直径2、高0.5厘米（图九一，11）。

标本84CYM35:3，泡体呈馒头状，近边沿处略束，单面钻小穿孔，表面阴刻三个圆圈纹。底径2.1、高1厘米（图九一，12；图版五三，2）。

2. 无孔泡

共52件。泡面均无穿孔，但有的泡面在泡顶正中有一浅浅的小窝，分析这种小窝可能是为镶嵌绿松石一类的珠饰而特意磨制的。

标本84CYM70:9（1~3），形制大小相同，制作精美，边沿有赭红色圆圈痕迹。底径3.2、高0.9厘米（图九一，13；彩版一二，2；图版五三，3）。

标本86CYM147:8~10。泡体较大，泡面中心有小浅窝，内有赭红色痕迹。底径3.6、高1厘米（图九一，14；图版五三，4）。

标本86CYM96:7（1~15），形制大小相同，泡体顶部与边沿均有赭红色痕迹。底径2.7、高0.5厘米（图九一，15；图版五四）。

标本84CYM42:22，泡体极小。底径1.1、厚0.2厘米（图九一，16）。

（九）鱼

共58件，出自8座墓，其中出土最多的一座墓M121出土18件。鱼的形体各有差异，最常见的是用一长条蚌片作成，简单刻出头、尾，有的头部穿孔，形似鱼眼，有的尽管没有鱼眼穿孔，但在鱼头和鱼身交接处刻有一道凹槽，以便于系绳。这种蚌鱼多出自人骨架头侧部位，应该是作为穿缀的装饰品随葬的。

标本86CYM121:2、3、4、6、9、10、14、15、17，最大者长6.8、宽1.4厘米，最小者长4.1、宽1.6厘米，厚一般0.1~0.2厘米（图九二，1~9；图版五五）。

标本86CYM135:2，这种蚌鱼磨制的较为粗糙，但体形较宽，较圆厚，鱼头较小，鱼嘴大张，尾部分叉，背部刻划有鱼鳍。长5、尾宽2.2、厚0.7厘米（图九二，10）。

标本86CYM135:3，做工雕刻技法与标本86CYM135:2相似，尾部分叉较小，鱼头较大较圆，有鱼眼，鱼肚部位刻划出鱼鳞。长4.5、宽1.8、厚0.6厘米（图九二，11）。

（一〇）蚌贝

共29件，出自1座墓。利用蚌壳磨制成海贝形状，面上有竖槽，槽沿两边有锯齿形刻纹，背面磨平，首尾各有一小穿。

标本86CYM147:44-1，长2.3、宽2、厚0.4厘米（图九二，12；图版五六，1）。

标本86CYM147:44-2，长2.5、宽2、厚0.5厘米（图九二，13；见图版五六，1）。

（一一）蚌环片穿饰

出土时有200枚之多，分别出自M9、M38、M44、M55、M77等5座墓。这种蚌质环片极小且薄，直径仅有0.5~0.8，厚仅有0.1厘米，很容易破碎。出土时散见于棺内头部附近及靠近头部的盗洞内，分析当时可能是穿缀在一起作为墓主人的项饰。

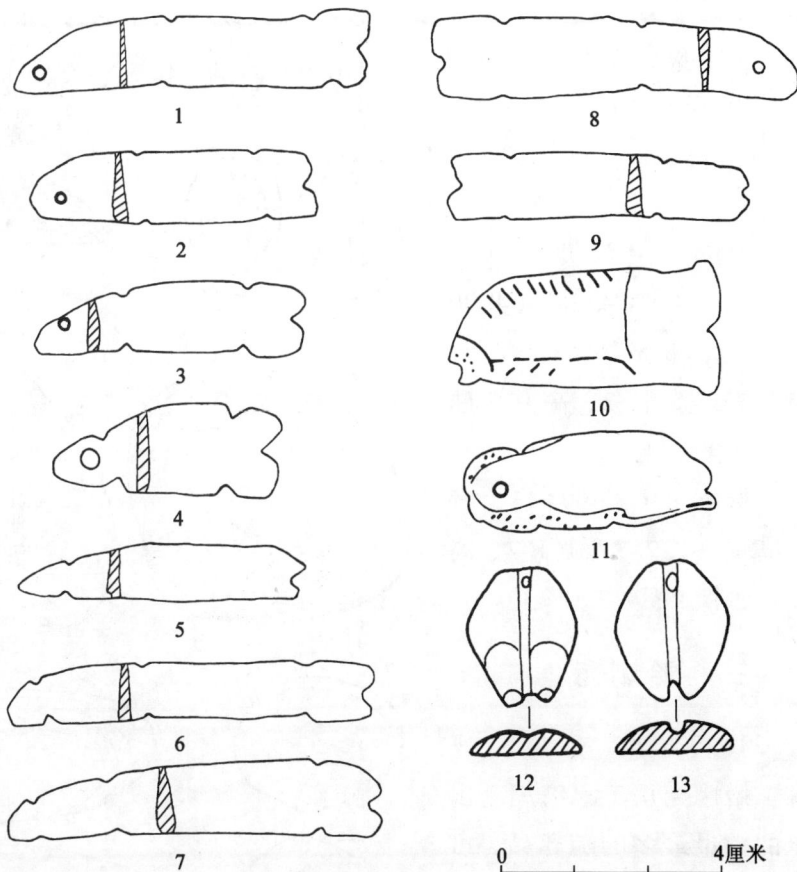

图九二 蚌器

1. 鱼（M121:2）　2. 鱼（M121:3）　3. 鱼（M121:6）
4. 鱼（M121:9）　5. 鱼（M121:10）　6. 鱼（M121:14）
7. 鱼（M121:15）　8. 鱼（M121:4）　9. 鱼（M121:17）
10. 鱼（M135:2）　11. 鱼（M135:3）　12. 贝（M147:44-1）
13. 贝（M147:44-2）

二　海贝

共 1125 枚，出自 73 座墓。海贝是于家湾周墓中最为常见的随葬品，近 70% 的墓都随葬有海贝，少者随葬 1 枚，多者随葬 246 枚（如 M130）。海贝的大小有差别，颜色呈白色或乳黄色。可分为穿孔海贝和磨平海贝两种，其中穿孔海贝 711 枚，磨平海贝 414 枚。穿孔海贝是将贝的首端削孔或打孔，削孔海贝的孔沿呈斜面，打孔海贝的孔沿多不规整。磨平海贝则是将贝的背部磨平，个别也有用刀削平的。从出土位置来看，有出自墓主人口中作为口含的，有出自墓主人颈部作为项饰的，还有出自墓主人腿部或脚部，当是死者衣袍下摆串缀的装饰品，而更多的则散见于棺椁内和棺椁之间的填土中，以作为财富的象征。比较特殊的是 M104 的穿孔海贝盛放在铜盆中，可能与祭祀有关。

（一）穿孔海贝

标本 86CYM140:9（共 7 枚），首端削成马蹄形孔，个体较大，呈乳黄色。长 2.9、高 1.3 厘米（图版五六，2）。

标本 86CYM125:5，首端打一个小孔，个体较小，呈白色。长 1.9、宽 1.5、高 0.9 厘米（图九三，1）。

（二）磨平海贝

标本 84CYM57:2（共 30 枚），背部磨平，体较薄，呈乳黄色。长 2、高 0.5 厘米（图版五七）。

标本 84CYM60:11，背部磨平。长 2.5、宽 1.7、高 0.7 厘米（图九三，2）。

三　蛤蜊壳

共 1332 枚，出自 56 座墓。蛤蜊壳是于家湾周墓出土的数量最多的随葬品，可分为蚝蛤蜊、文蛤蜊和河蚌三种，其中蚝蛤蜊 1037 枚、文蛤蜊 247 枚、河蚌 48 枚。三种蛤蜊壳，首端均有穿孔。其制孔的方法是，绝大多数是磨制，孔沿留有磨

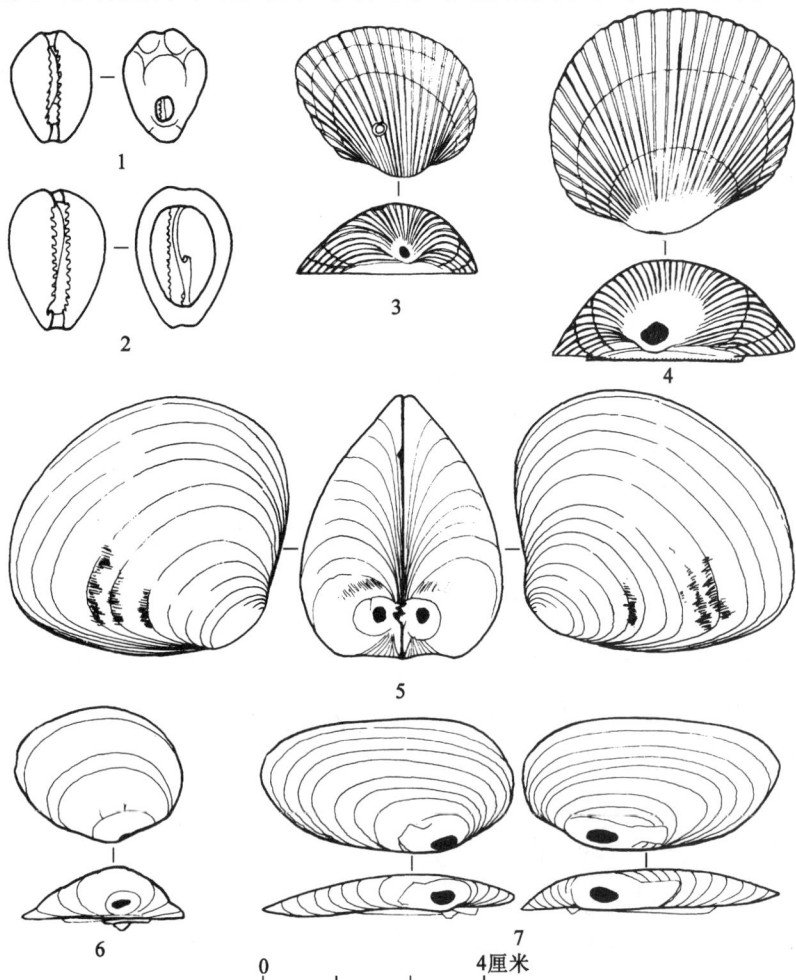

图九三　海贝、蛤蜊壳、河蚌

1. 穿孔海贝（M125:5）　2. 磨平海贝（M60:11）　3. 蚝蛤蜊（M102:5）　4. 蚝蛤蜊（M96:10）　5. 文蛤蜊（M18:1）　6. 文蛤蜊（M157:4）　7. 河蚌（M104:56）

痕；少数为打孔，孔沿不规整；个别也有钻孔者。蚶蛤蜊和文蛤蜊，其自然形态是贝壳呈扇面形，背部鼓起，壳质坚硬。蚶蛤蜊表面有辐射状线纹，横列生长节痕，大者扇面宽4.2、高1.5、长5.0厘米，中者扇面宽3.5、高0.8、长3.0厘米，小者扇面宽2.0、高0.5、长1.8厘米。文蛤蜊表面光滑，有横列褐色自然纹理，大者扇面宽6.0、高1.6、长5.0厘米，中者扇面宽4.0、高0.8、长3.0厘米，小者扇面宽2.0、高0.5、长2.0厘米，出土的文蛤蜊大部分都可以两两相合。河蚌自然形态呈横扇形，两肩相合形似茧状，壳体较薄，表面有似水波纹理，呈黄色，其扇面最大者宽4.2、高0.5、长2.0厘米。这些蛤蜊壳的随葬用途，从出土的位置推断，出自墓主人两手腕处的当系腕饰，一般文蛤蜊多作为腕饰；出自墓主人腿部或足部并与海贝伴出的当系墓主人衣袍上的镶边装饰，也有作为墓主人项饰，或与海贝共出，其随葬性质和用途与海贝基本相同。还有不少蛤蜊壳被撒放在墓室底部、棺椁底部以及墓室与棺椁之间、棺与椁之间的填土之中（一般以蚶蛤蜊为多），这可能和当时流行的葬俗有关。

（一）蚶蛤蜊

标本86CYM102:5，表面有辐射状棱形花纹。长3.3、宽2.2、高1.2厘米（图九三，3；图版五八）。

标本84CYM34:15，器形较小，长2～2.5、宽1.5～2、高0.8～1厘米（图版五九，1）。

标本86CYM96:10，长4.4、宽4、高1.8厘米（图九三，4）。

（二）文蛤蜊

标本84CYM18:1～4，表面光滑，有自然形成的数圈锯齿纹花纹。长5.6、宽4.6、高1.8厘米（图九三，5；图版五九，2）。

标本86CYM112:3、4，两两相合，为一个蛤蜊个体（图版五九，3）。

标本86CYM157:4，器形较小，表面有数圈环状纹饰。长3、宽2.5、高0.9厘米（图九三，6）。

（三）河蚌

标本86CYM104:56，可两两相合，为一个河蚌个体。体细长，表面光滑，有数圈环状纹花纹。长4.7、宽2.3、高0.7厘米（图九三，7；图版六〇，1）。

四　漆器

于家湾周墓葬中除发现有漆木棺椁的痕迹外，在部分墓葬中还发现有镶嵌蚌泡的漆器或漆皮痕迹。其中M59、M96、M149三座墓葬的漆器基本可辨器形或纹饰，有盆、杯、钵形器等。这些漆器均为木胎，胎较薄，均已腐朽，从腐朽的木胎灰痕看，其厚度大约在0.3～0.5厘米左右。由于墓葬大多被盗，漆器木胎已朽成灰，漆皮又非常薄，再加上我们当时发掘技术水平不高，致使没有一件能完整地保存下来。现将这三座墓葬的漆器出土情况简述如下。

M149随葬的是一件圆形漆盘（标本86CYM149:1），漆盘较大，平放置于墓室西北角的二层台上，因自然挤压及墓土塌陷的缘故，漆盘略呈椭圆形，并已断裂成两半。胎已朽成灰，和周围的墓土几乎没有多大的区别，但仔细辨认仍可看出胎灰土约有0.3～0.5厘米厚，其中

图九四　漆盘（M149：1）

口沿部分较薄，底部较厚。漆皮薄如纸，和胎灰土粘贴在一起，在发掘过程中大部分起翘剥落。形制为敞口，宽平沿，浅腹，平底。漆盘表面髹红地黑彩，红地上布满针尖大小的灰褐色小点，黑彩图案是以一个代表太阳的大圆点绘在盘内中心，周围环列 4 个云头纹；再外有两周环形纹，间两周月牙形的 4 个连续弧线几何纹，在弧线几何纹中间再填以折线云纹、山字形纹、回形纹、三角几何纹等。整个图案华丽大方，线条流畅，几何感非常强。直径 45、沿宽 2.5、高 5.5 厘米（图九四；见彩版一，3）。

M59 随葬的是一件杯形器和两件钵形器，都放置在墓室东北部的二层台上。3 件漆器漆胎均已朽成灰，残留漆皮颜色呈棕红色。杯形器为直筒形，平底，口沿外侈，口沿直径约 12 厘米；两件钵形器均为圜底状，口径约 15 厘米左右，3 件漆器的周围都有一圈蚌泡，其中筒形器周围有 7 枚无孔蚌泡，两件钵形器周围各有 8 枚穿孔蚌泡，蚌泡平面都紧贴漆器外表，蚌泡穿孔内或外缘边上还残留有棕红色漆痕，估计蚌泡可能是镶嵌在漆器上，起装饰作用。由于该墓被盗，在盗洞内也发现有漆皮痕迹及有漆色痕迹的蚌泡，故分析该墓随葬的漆器不止 3 件。

M96 随葬的两件漆器也是钵形器，漆胎已朽成灰，漆皮也朽成碎片，漆色呈红色，漆器口沿下方都有一圈无孔蚌泡，蚌泡表面均朝上，分析当时是紧贴漆器表面的。其中较完整的一件上有 8 枚，另一件漆器被盗墓者挖残一半，上面仅存 4 枚蚌泡，估计完整的话，也应该是 8 枚。从灰土痕迹及残存漆皮看，两件钵形器的直径约 15 厘米左右，高不详。

除此之外，在于家湾周墓发现的蚌泡边缘和孔缘处大部分都有红色、棕色或褐色痕迹，还有一些碎小的蚌片上也有漆色痕迹，可能也是镶嵌在漆器上的装饰品，故分析当时随葬的漆器是较多的。

五 纺织物

发现的纺织物均非实物，而是粘贴在某些器物或棺椁内淤土以及人骨上的痕迹或印迹，其质地和经纬仍清晰可辨。如 M160 出土的銮铃表面黏附的麻织物，呈白色，经纬较粗；M66 棺内淤土上的丝绢印迹，呈红色，组织为平纹，经纬较细，密度为 30/24 厘米（见彩版一，2）。

第五章 马 坑

第一节 概 述

于家湾墓地共发掘马坑 6 座，其中，1982 年发掘 2 座，编号为 82CYMK1、82CYMK2；1984 年发掘 1 座，编号为 84CYMK3；1986 年发掘 3 座，编号为 86CYMK4、86CYMK5、86CYMK6。这 6 座马坑中，MK3 位于第一区，MK2 位于第二区，MK1、MK6 位于第三区，MK5 位于第四区，MK4 位于第六区。

马坑的形制有方形竖坑和长方形竖坑两种，方向在 325°～360°之间。坑口一般都开在原生黄土层上，坑口大小是根据埋葬马匹的数量多少而决定的。除 MK5 以外，其他马坑都比较浅。一般坑口略大于坑底，四角略弧，四壁较直，坑底平整，坑内五花土未经夯打。马坑内葬马数量少者 2 匹，多者 10 匹，马坑底部和马身上大都铺垫或铺盖苇席，有的多达好几层。从马骨摆放位置及显示出来的姿态看，马都是被杀死后再埋葬的。马骨都保存较好，从牙口观察，被杀死的马既有 2～3 岁的小马和 8～10 岁的壮马，也有 14 岁的老马，个别马坑的马身首异处，或不见马腿、马蹄，显然是为墓主殉葬所致。

马坑中只埋葬马，未见埋车，除 MK1 的填土中发现有骨质箸形器和牙质牌饰外，其余马坑均无随葬品。

6 座马坑除 MK3、MK5 东壁南端被西晋十六国墓葬打破并挖残部分马腿骨外，其余未见被盗扰迹象。

第二节 马 坑 形 制

根据马坑的大小规模和坑内葬马的数量，可将 6 座马坑分为大、中、小三种类型。现分述如下。

一 大型马坑

（一）MK2

马坑形制为正方形竖坑，坑口开在耕土层以下 0.3 米处，坑口略大于坑底，坑壁垂直，微向内倾，坑底平整。坑口边长 3.3、坑底边长 3.1、坑口至底 1.2 米。方向 330°（图九五）。

坑中埋马 10 匹，编号为 1～10。坑底和马身上都铺有苇席，从清理出来的马骨姿态看，

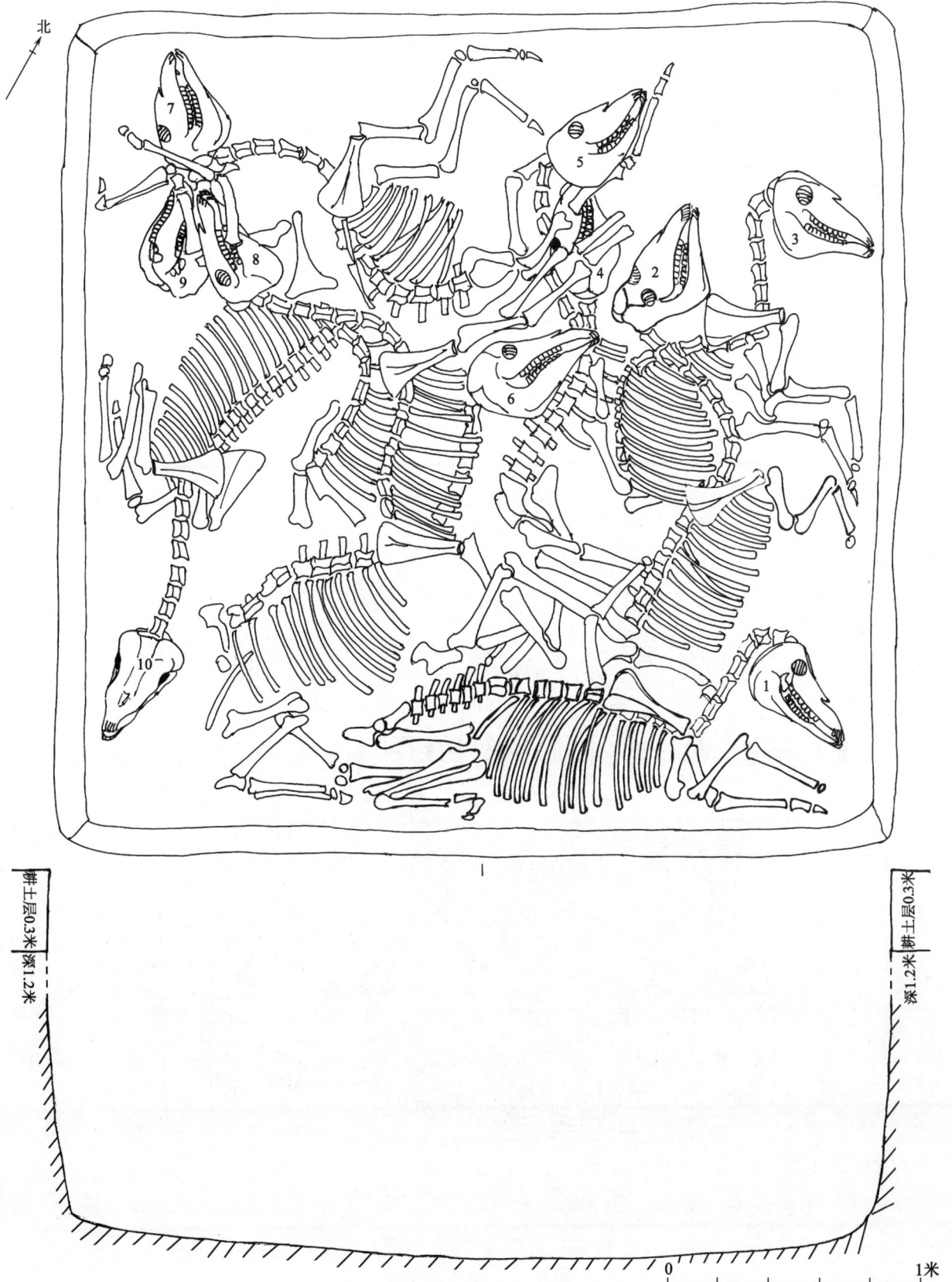

图九五 MK2 平面图、北壁剖面图

1~10. 马骨架

马的排放位置无序，头向不一，纵横交错，互相叠压，有的呈趴卧状，多数为侧卧状，其中8、9号马身首异处，这些现象表明马是被杀死后埋入的，可能还举行过杀殉仪式。

二　中型马坑

（一）MK1

马坑形制为近似长方形竖坑，坑口开在耕土层以下0.9米处，坑口明显大于坑底，坑口边沿不规整，坑口南北长2.9、东西宽2.3、坑底南北长2.4、东西宽1.9、坑口至底0.8米。方向345°。

坑中埋马5匹，编号为1~5。马骨保存完整，其中2号马压在3号马头之上。坑底和马身上都铺有苇席，马坑填土内随葬骨质觿形器1件、牙质牌饰3件（图九六）。

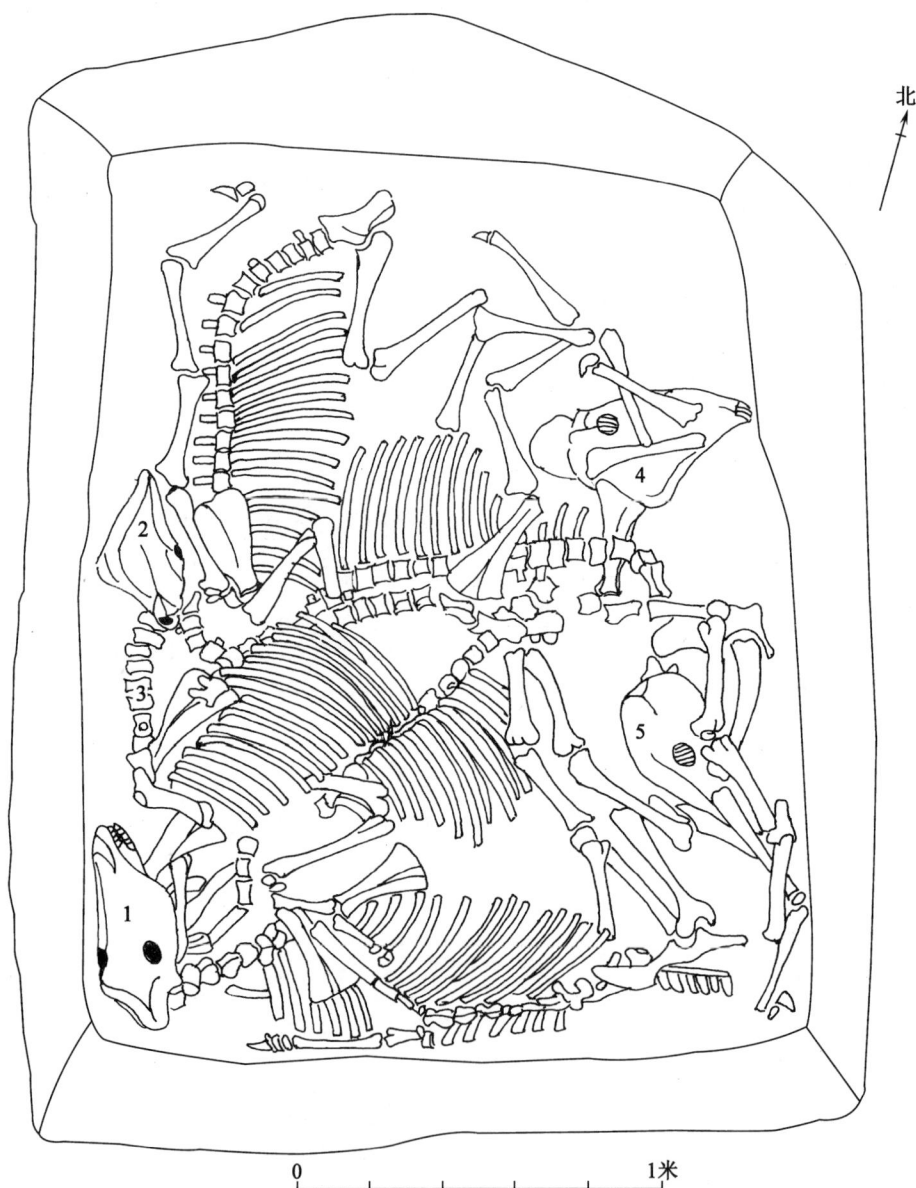

图九六　MK1平面图

1~5. 马骨架

（二）MK3

马坑形制近似正方形竖坑，坑口在耕土层以下 0.3 米处，马坑四角齐整，四壁垂直，南北长 2.5、东西宽 2.2、坑口至底深 0.6 米。方向 325°。该马坑打破 M83，其本身又被编号 84CYM43 的西晋十六国墓葬打破。

坑中埋马 4 匹，编号 1~4 号，马头均朝西，马是两两相背，两两叠压埋葬的，其中 1 号马和 4 号马两两相背在下层，2 号马和 3 号马两两相背压在 1 号马和 4 号马之上。坑底和马身上都铺有苇席。其中 4 号马的一条腿骨不见，3 号马的腿骨和脚骨被西晋十六国墓葬挖残（图九七）。

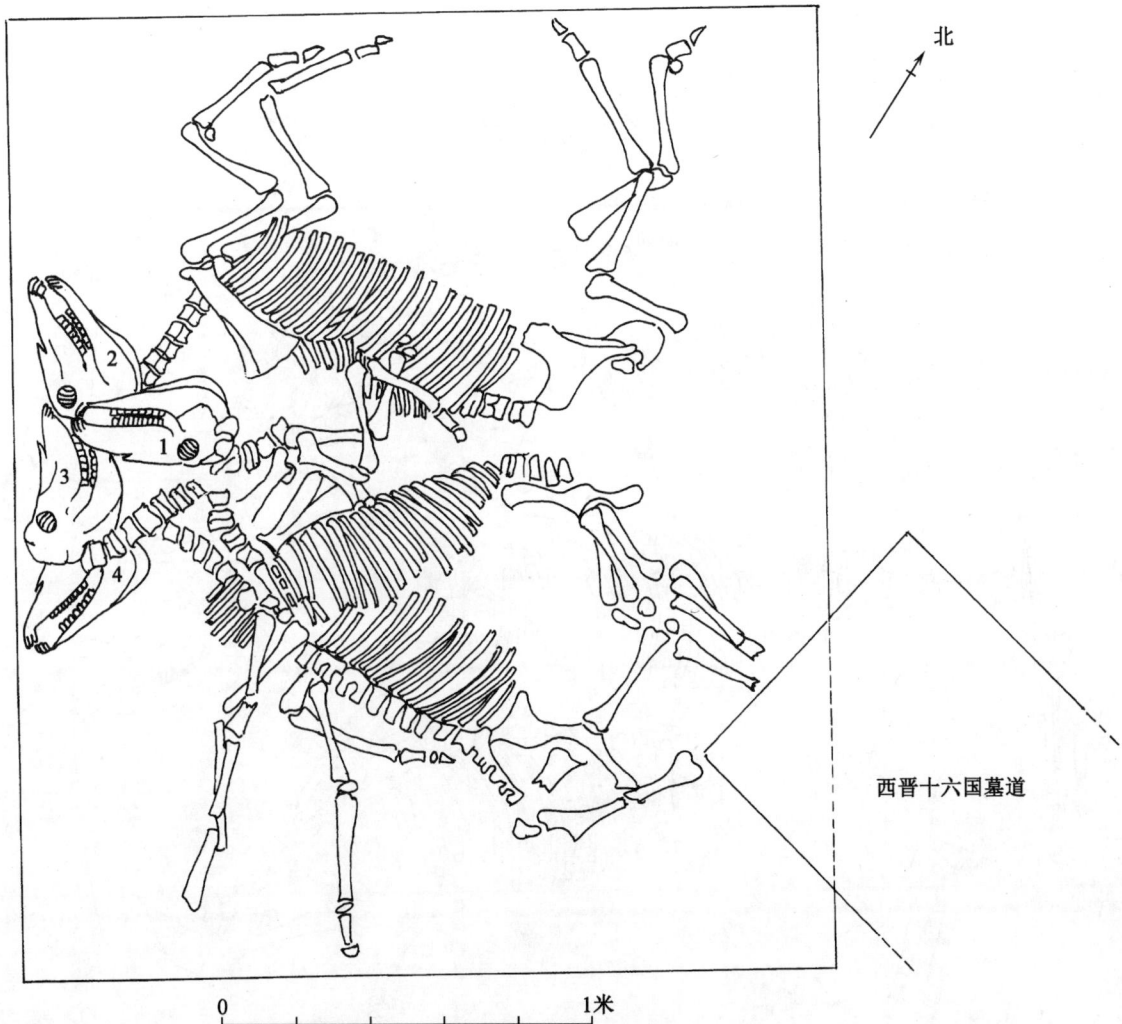

图九七　MK3 平面图

1~4. 马骨架

（三）MK5

马坑形制近似正方形竖坑，坑口在耕土层以下 1.5 米处，马坑四壁垂直，坑口边沿略弧，南北长 3、东西宽 2.9、坑口至底深 0.85 米。方向 360°。该马坑西南角被编号 86CYM133 的西晋十六国墓葬打破。

坑中埋马 4 匹，编号 1～4 号，马骨排列有序，马头均朝西，马面均向北，其放置顺序是由北至南依次放置 1～4 号马。马身上和坑底都铺有苇席，马坑底部的东北角和西北角各放置砾石一块，可能是用来压铺在坑底的席子的。其中 1 号马的两条后大腿骨被西晋十六国墓葬挖残（图九八）。

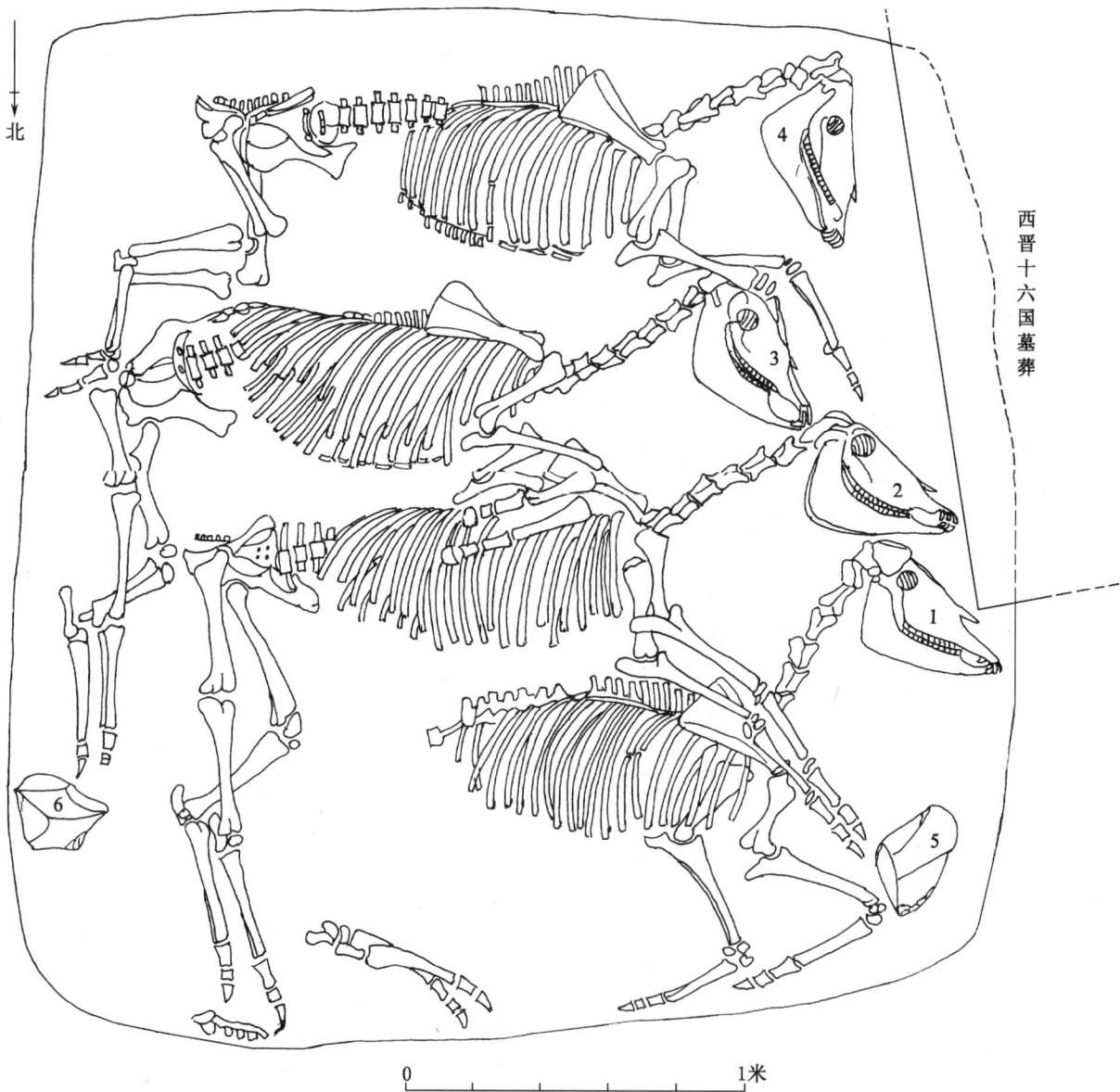

图九八　MK5 平面图

1～4. 马骨架　5～6. 石块

（四）MK4

马坑形制近似方形竖坑，坑口在耕土层以下 0.9 米处，坑口略大于坑底，坑口南北长 3、东西以南部最宽为 3.1、坑底南北长 2.85、东西宽 2.9、坑口至底深 1.3 米。方向 335°。

坑中埋马 4 匹，编号为 1～4 号。4 匹马排列整齐有序，均是两两相背侧卧，头均朝东，其中 1、2 号马面朝南，3、4 号马面朝北，其埋葬顺序是先放置中间的 2、3 号马，再放置两边的 1、4 号马，1、4 号马分别压住了 2、3 号马的部分后肢。坑底和马身上都铺有苇席（图九九）。

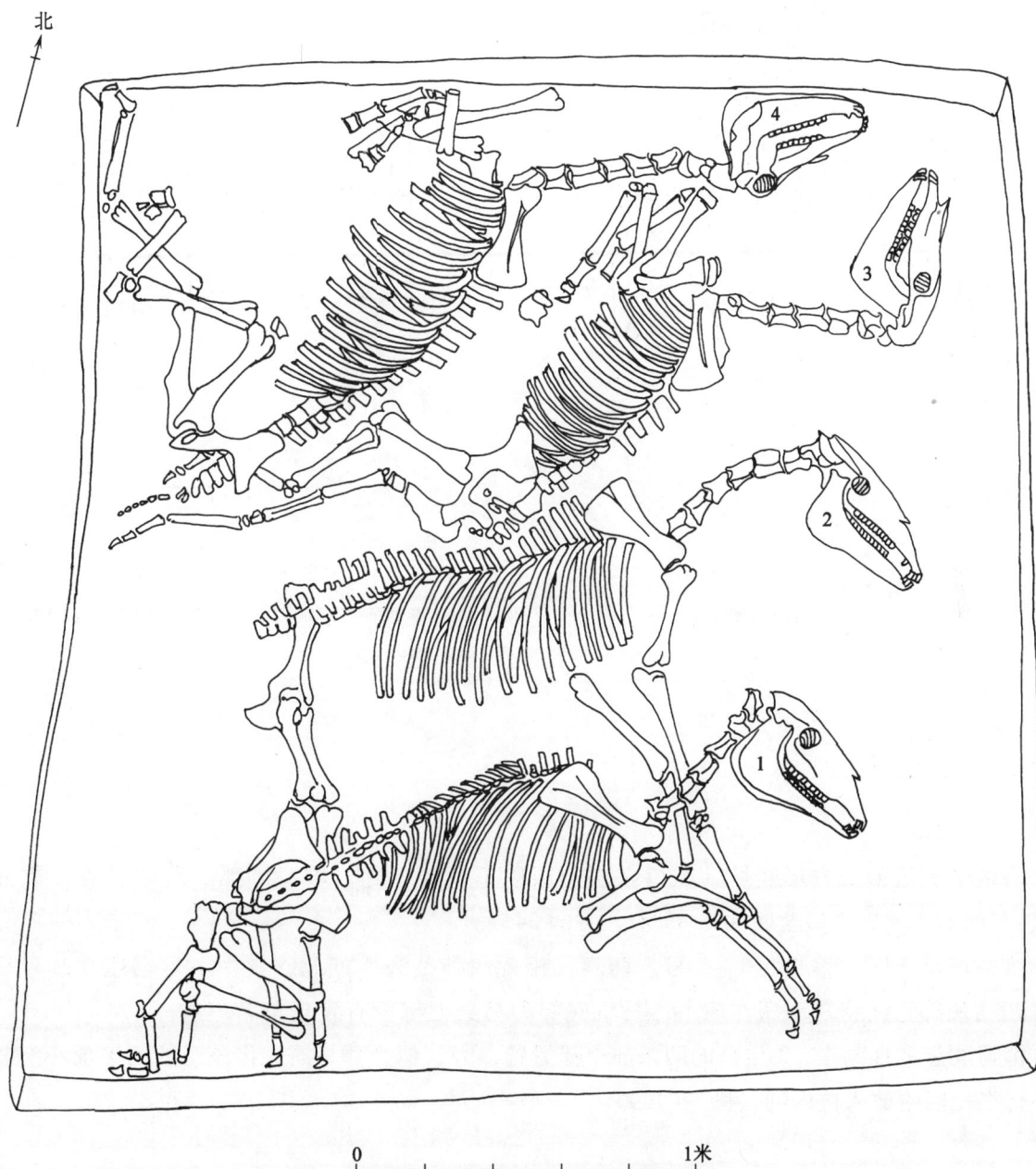

图九九　MK4 平面图

1～4. 马骨架

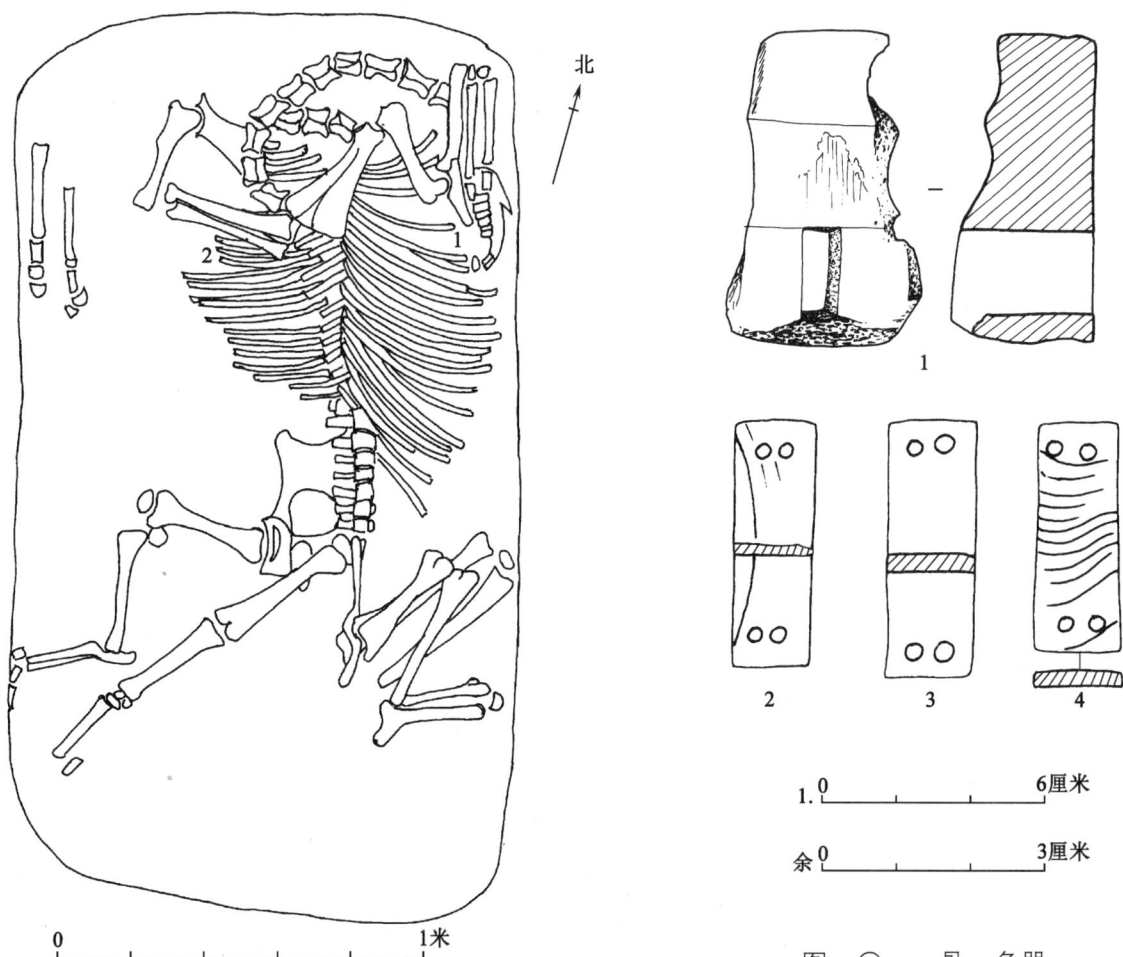

图一〇〇　MK6 平面图

1、2. 马骨架

图一〇一　骨、角器

1. 骨喜形器（MK1:1）　　2、3、4. 角牌饰（MK1:2～4）

三　小型马坑

（一）MK6

马坑形制近似长方形竖坑，坑口在耕土层以下 0.8 米处，坑口圆弧，坑壁较直，南北长 2.4、东西宽 1.4、坑口至底深 0.85 米。方向 345°。

坑中埋马 2 匹，编号为 1～2 号。两匹马相背侧卧，头均朝北，其中 1 号马压在 2 号马之上，两马颈部弯曲将马头压在肩下。马坑底部和马身上都没有发现苇席痕迹。

值得注意的现象是，2 号马的两条前小腿另置一旁，似为葬马前先将该马的两条前小腿割下来举行祭祀后再放入坑内的（图一〇〇）。

第三节　出土遗物

6 座马坑中，仅在 MK1 的填土中发现 4 件骨、角器。

（一）骨害形器 1 件

标本 82CYMK1:1，用动物的骨关节制成，形状像半个车害，一端粗，一端细，粗端有长方形辖孔，中部和细端有原来骨面形成的两道细腰。这种骨质害形器可能起象征随葬车的意思。长 8.6、宽 5、高 3.8 厘米（图一〇一，1；图版六〇，2）。

（二）角牌饰 3 件。

标本 82CYMK1:2～4，长方形片，面微鼓，光滑，似珐琅质，背面较粗糙，系动物的犄角磨制而成。两端各有两个单面钻孔，可连缀。大者长 3.3、宽 1.2、厚 0.2 厘米；小者长 3.1、宽 1.2、厚 0.2 厘米（图一〇一，2～4；图版六〇，3）。

第四节　马坑的从属关系及时代

由于于家湾沟东区周墓分布十分密集，故仅从分布位置上是难以准确断定马坑与墓葬的从属关系的。但可以肯定的是，这些马坑是该墓地周墓葬的殉葬马坑。其中，MK3 的 4 号马一条腿骨不见，而紧靠该马坑东南 1.5 米处的 M42 的填土中就发现一条马腿骨，需要指出的是，在 MK3 的周围，除了被该马坑打破的 M83 以外，西周墓葬仅有 M42 一座，故我们推断MK3 可能是 M42 的殉葬马坑。由于 M42 出土有西周初年的弓形器，所以，MK3 的年代应为西周初年。另外，出土了骨害形器和角牌饰的 MK1，其骨害形器与《沣西发掘报告》中张家坡西周早期居址 H149:4～56 骨害形器无论大小和形制都非常相似[1]；角牌饰与于家湾 M66、M108 和 M52 出土的骨甲片基本相似，而这几座墓的随葬器物也都具有西周早期的特征，故MK1 的时代也应当属西周早期。其他 4 座马坑的时代，应当和其周边共存的周墓一样，大致先周至西周中期。

---

① 参见中国科学院考古研究所编著：《沣西发掘报告》，文物出版社，1962 年。

第六章 墓葬的年代推定与分期

由于于家湾周墓被盗严重，极大地破坏了墓葬本身资料的完整性，这给我们的墓葬断代与分期研究造成了很大的困难。但是，要全面地、科学地揭示这一周文化墓地所反映的基本内涵与信息并有利于他人研究的话，对这批墓葬进行合理的年代推定及分期是十分必要的。因此，我们将依据于家湾周墓的发掘情况及其出土器物等资料，通过对出土器物特征的比较、墓葬打破关系的分析等考古学方法，对能够基本确定年代的墓葬进行推定与分期。

第一节 根据出土器物对墓葬年代进行推定

于家湾 138 座周墓中，有 27 座墓葬无任何随葬品。在有随葬品的 111 座墓葬中，有 50 座随葬器物的时代特征不明显，无法直接对比及断代，因此，根据出土器物可供断代的墓葬只有 61 座（M1、M2、M3、M5、M6、M7、M9、M10、M12、M13、M15、M16、M20、M23、M31、M33、M34、M35、M38、M42、M44、M46、M50、M51、M53、M54、M55、M58、M59、M60、M61、M63、M65、M66、M71、M72、M73、M76、M78、M79、M94、M96、M104、M108、M110、M112、M114、M115、M116、M117、M122、M128、M130、M140、M144、M147、M149、M154、M156、M158、M160）。需要说明的是，我们在根据出土器物进行断代时，除了利用陶器、青铜礼器等这些断代明显的器物外，对一些时代特征明显的青铜兵器、车马器、玉石骨杂器等小件器物也尽量利用进行断代。另外，我们对共出的器物仍然分别予以对比、分析、断代，这样既可保持对比器物的序列完整性，也有利于同出器物之间的互相验证，以期使墓葬的断代更加准确、可靠。

一 根据陶器对墓葬年代进行推定

于家湾周墓出土的可复原的陶器共 47 件，其中鬲、罐、尊、壶 42 件，纺轮 5 件。由于 5 件纺轮中有 2 件与陶鬲或陶罐共出（M31、M61），只有 3 件（M13、M24、M29）是单独出土，考虑到纺轮的时代特征不是很明显，故我们在根据陶器对墓葬年代进行推定时暂不以陶纺轮为依据。

42 件鬲、罐、尊、壶分别出自 34 座墓葬。下面，我们依次对这 42 件陶器进行分析对比，并做出年代推断。

（一）鬲

于家湾周墓共出土了 29 件可复原的陶鬲，如前所述，我们根据其裆部、足部以及领部的不同特征，将这些鬲分成平裆鬲、分裆鬲、联裆鬲、瘪裆鬲等 4 种形制，再通过对器物本身发展演变趋势的分析，以及其他出土器物的辅证、墓葬打破关系的证明等综合因素的考虑，在此基础上再予以分型分式（图一〇二）。

于家湾平裆鬲仅 1 件。这件鬲的特征是平裆、柱足、鼎形，同类型的标本在陕甘地区周墓或同时期的文化遗址和墓葬中还比较少见。从其烧制火候较低，胎质较粗糙、酥脆以及器身绳纹抹平等特征来看，这件鬲更多地具有寺洼文化的风格，应该是周文化与寺洼文化结合的产物。由于该鬲器形较为独特，无法横向与同类形的器物比较，只能根据于家湾陶鬲的演变规律来综合分析。鉴于于家湾陶鬲总的发展演变规律是由瘦长向横矮发展，故我们认为这件平裆鬲的时代不应该晚于西周早期，大概定为先周晚期比较合适。当然，我们期望随着今后资料的充实，来进一步验证或修正这个判断。

于家湾周墓的分裆鬲（即高领乳状袋足鬲）共 4 件，我们根据有耳和无耳将其分为了 A、B 两型。其中 B 型 I 式、B 型 II 式陶鬲在甘肃平凉庙庄①、崇信赤城香山寺②、陕西宝鸡斗鸡台③、纸坊头④、林家村⑤、旭光村⑥、凤翔西村⑦、武功郑家坡⑧、扶风北吕⑨、壹家堡⑩、岐山贺家村⑪、长安客省庄、沣毛⑫、张家坡⑬等地都有发现，这种形制的陶鬲具有典型的先周文化特征，年代应在商代晚期⑭。

B 型 III 式鬲的特征是短斜领，袋足斜直下垂，分裆趋于不明显。不过，其总的特征还是与先周时期的高领乳状袋足很近似，应该是高领乳状袋足鬲在先周晚期或西周早期的形式。1972 年在甘肃泾川蒜李坪曾出土过一件与 B 型 III 式鬲极为相似的青铜鬲，这件青铜鬲从纹饰和形制上看都具有先周晚期或西周早期的风格⑮；另外，陕西长安张家坡 M35 出土的 B 型 I 式鬲（M35:3）⑯ 也与于家湾 B 型 III 式分裆鬲非常相似，该墓共出有西周早期特点的陶簋，故于家湾 B 型 III 式分裆鬲的年代当在西周早期偏早阶段。

A 型分裆鬲的特征是单耳，高直领，方唇，唇外粘贴泥条一周压平，其上饰锥刺纹。三

① 平凉地区博物馆张映文等编：《平凉文物》。
② 甘肃省文物考古研究所、崇信县博物馆：《崇信赤城香山寺发现先周墓葬》，见本书附录六。
③ 苏秉琦：《斗鸡台沟东区墓葬》，1948 年北平版；又《斗鸡台沟东区墓葬图说》，1954 年中国科学院出版。
④ 宝鸡市考古队：《宝鸡市纸坊头遗址试掘简报》，《文物》1989 年 5 期。
⑤ 宝鸡县博物馆阎宏斌：《宝鸡林家村出土西周青铜器和陶器》，《文物》1988 年 6 期。
⑥ 王桂枝：《宝鸡下马营旭光西周墓清理简报》，《文博》1985 年 2 期。
⑦ 雍城考古队韩伟等：《凤翔南指挥西村周墓的发掘》，《考古与文物》1982 年 4 期。
⑧ 宝鸡市考古工作队：《陕西武功郑家坡先周遗址发掘简报》，《文物》1984 年 7 期。
⑨ 扶风县博物馆：《扶风北吕周人墓地发掘简报》，《文物》1984 年 7 期。
⑩ 北京大学考古系：《陕西扶风县壹家堡遗址发掘简报》，《考古》1993 年 1 期。
⑪ 陕西省博物馆、陕西省文物管理委员会：《陕西岐山贺家村西周墓葬》，《考古》1976 年 1 期。陕西省考古研究所徐锡台：《岐山贺家村周墓发掘简报》，《考古与文物》1980 年 1 期。
⑫ 中国社会科学院考古研究所丰镐发掘队：《长安沣西早周墓葬发掘记略》，《考古》1984 年 9 期。
⑬ 中国社会科学院考古研究所沣西发掘队：《1967 年长安张家坡西周墓葬的发掘》，《考古学报》1980 年 4 期。
⑭ 邹衡：《论先周文化》，载《夏商周考古学论文集》，文物出版社，1980 年。
⑮ 泾川县文化馆刘玉林：《甘肃泾川发现早周铜鬲》，《文物》1977 年 9 期。
⑯ 中国社会科学院考古研究所：《张家坡西周墓地》，中国大百科全书出版社，1999 年。

袋足修长并向外略撇，颈部和裆间饰附加堆纹。需要强调的时，于家湾周墓出土的陶鬲，带耳的仅此 1 件。这件单耳分裆袋足鬲形制比较特别，同形制的陶鬲在陕甘地区周墓或同时期的文化遗址和墓葬中较少见。不过，其唇外黏贴泥条一周压平，其上饰锥刺纹，三袋足修长并向外略撇，颈部和裆间饰附加堆纹的特征还是和陕西长武碾子坡①先周遗址和墓葬出土的陶鬲相似，加上墓葬形制、埋葬习俗等综合因素，两者应属同一文化谱系。碾子坡先周文化遗存的年代，胡谦盈先生将其定为早、晚两个时期，并认为早期遗存的年代略早于古公亶父时期，晚期遗存的年代约在周人迁岐之前或略晚。于家湾 A 型分裆鬲的形制和特征更多的和碾子坡晚期遗存的陶鬲相近，故 A 型鬲的年代约在周人迁岐前后的先周时期。

于家湾联裆鬲数量较多，约占陶鬲总数的 55% 以上。我们共分 7 式。Ⅰ式鬲的特征是平沿、长束颈、锥形足，整个器形显得瘦长挺拔且规整。同样形制的鬲有陕西宝鸡斗鸡台 E6:50016、N1:50200②、岐山贺家村的Ⅴ式和Ⅵ式鬲③、扶风北吕的 A 型Ⅰ式鬲（M12:1）④ 等，其中斗鸡台 E6:50016、N1:50200 鬲，苏秉琦先生将其划分为瓦鬲墓中一期，认为它晚于瓦鬲墓初期（苏先生将瓦鬲墓初期定为先周时期）。邹衡先生根据更多的发掘材料对斗鸡台瓦鬲墓重新进行了分期分组，将其划分先周时期，绝对年代大概在商代晚期⑤，我们赞同邹衡先生这个观点。扶风北吕出土的 A 型Ⅰ式鬲（M12:1），原报告将其定为第一期，年代约在先周王季前后⑥，岐山贺家村的Ⅴ式、Ⅵ式鬲，原报告将其定为第一期，年代为先周晚期⑦。由此对比分析，于家湾Ⅰ式联裆鬲的年代当在商代晚期。

于家湾Ⅱ式、Ⅲ式、Ⅳ式、Ⅴ式联裆鬲都是陕、甘地区周初或西周早期遗址或墓葬常见的陶鬲形制，如Ⅱ式联裆鬲与《1997 年沣西发掘报告》中的 Aa 型Ⅰ式鬲（H18:49）非常相似⑧，Ⅲ式、Ⅳ式、Ⅴ式联裆鬲与《沣西发掘报告》中的Ⅳ式鬲⑨、《1997 年沣西发掘报告》中的 Aa 型Ⅰ式、Ab 型Ⅰ式鬲⑩、《张家坡西周墓地》中的 A 型Ⅳa 式鬲⑪都很相近，综合来看，我们将Ⅱ式、Ⅲ式、Ⅳ式、Ⅴ式联裆鬲的年代定在周初或西周早期，其中Ⅱ式和Ⅲ式联裆鬲的年代应该在周初或西周早期偏早阶段。

Ⅵ式联裆鬲的特征是斜平沿，腹部较高并略鼓，足体瘦并斜内收，在三足裆部之肩上，或附加圆形小泥饼，或在腹部附加扉棱以作装饰，这种形制的鬲是西周中期常见的器物，也有人将其称为"仿铜鬲"，故于家湾的Ⅵ式联裆鬲年代应在西周中期。

---

① 中国社会科学院考古研究所泾渭工作队：《陕西长武碾子坡先周文化遗址发掘记略》，《考古学集刊》第 6 集，中国社会科学出版社，1989 年。
② 苏秉琦：《斗鸡台沟东区墓葬》，1948 年北平版；又《斗鸡台沟东区墓葬图说》，1954 年中国科学院出版。
③ 陕西省考古研究所徐锡台：《岐山贺家村周墓发掘简报》，《考古与文物》1980 年 1 期。
④ 扶风县博物馆：《扶风北吕周人墓地发掘简报》，《文物》1984 年 7 期。
⑤ 参见邹衡著：《夏商周考古学论文集》的《论先周文化》之《瓦鬲墓分期图表》，文物出版社，1980 年。
⑥ 扶风县博物馆：《扶风北吕周人墓地发掘简报》，《文物》1984 年 7 期。
⑦ 陕西省考古研究所徐锡台：《岐山贺家村周墓发掘简报》，《考古与文物》1980 年 1 期。
⑧ 中国社会科学院考古研究所丰镐工作队：《1997 年沣西发掘报告》，《考古学报》2000 年 2 期。
⑨ 参见中国科学院考古研究所编著：《沣西发掘报告》，文物出版社，1962 年。
⑩ 中国社会科学院考古研究所丰镐工作队：《1997 年沣西发掘报告》，《考古学报》2000 年 2 期。
⑪ 中国社会科学院考古研究所：《张家坡西周墓地》，中国大百科全书出版社，1999 年。

Ⅶ式联裆鬲的特征是器形横矮，裆部较低，三足间距较宽。此式鬲与《张家坡西周墓地》中的 A 型Ⅳc 式、A 型Ⅳd 式鬲比较相似，年代也应在西周中期①。

于家湾瘪裆鬲共分 3 式，其中 Ⅰ式鬲器身较高，器形挺拔规整，与灵台姚家河 Ⅰ式鬲②、岐山贺家村Ⅵ鬲③、武功黄家河 A 型 Ⅰ式鬲④以及《沣西发掘报告》中的 Ⅲ式鬲⑤等都极为相似，都是周初或西周早期偏早阶段流行的风格。Ⅱ式、Ⅲ式鬲与 1967 年长安张家坡Ⅳ式鬲⑥、1983～1986 年长安张家坡西周墓葬中的 A 型Ⅲb、A 型Ⅲc 式鬲⑦都非常相似，也都是周初或西周早期流行的形式。由于于家湾Ⅱ式鬲 M5 共出有微胡二穿戈，M15 共出有Ⅱ式折肩罐、骨刀等，M20 共出有 A 型圆肩罐、乳丁纹铜簋等，都是周初或西周早期偏早阶段的流行器物，故于家湾Ⅱ式瘪裆鬲的年代应该较Ⅲ式鬲的年代稍早一点。

（二）罐

于家湾出土罐、鬲组合的墓有 6 座（M9、M15、M20、M46、M61、M94），这 6 座墓的鬲如前所述，我们已经进行了分析比对，并做出了年代推断，按理说，与鬲共出的罐也在此年代范围内。但是，我们在对罐进行比对时，仍将与鬲共出的罐也包括进去，这样一来保留了罐的序列完整性，二来也可通过对罐的分析比对，反过来检验鬲的分析比对是否正确（图一〇三）。

与鬲相比，于家湾的罐出土较少，可复原的罐共出土 9 件（除了与鬲共出的 6 件以外，单独出的只有 3 件）。根据这 9 件罐的肩部变化，我们将其分为圆肩罐和折肩罐。

圆肩罐分 A 型和 B 型两种。A 型圆肩罐的特征是小口、束颈、圆肩，罐体表面通体磨光呈黑色，这种灰褐胎磨光黑皮陶罐在宝鸡斗鸡台（如斗 15∶50137、FK12∶2、FC178∶6）、长安张家坡（如 M89∶1、M54∶6）、扶风北吕（如 M6∶1）、岐山贺家村（如 M32∶2）等地都有发现，被认为是周初或西周早期偏早阶段的器物⑧。鉴于与 A 型圆肩罐同一墓共出的Ⅱ式瘪裆鬲是周初或西周早期偏早阶段的形式，故我们将 A 型圆肩罐的年代定为周初或西周早期偏早阶段。

B 型圆肩罐的特征是小口，束颈，圆肩略鼓，肩部或腹下部绳纹被抹去。B 型 Ⅰ式罐与《沣西发掘报告》中的Ⅲ式罐以及 1967 年长安张家坡Ⅲ式罐都非常相似⑨，前者将其Ⅲ式罐定为第一期即西周初年，后者将其Ⅲ式罐定为第二期也是西周初年，由此来看，我们将于家湾 B

① 中国社会科学院考古研究所：《张家坡西周墓地》，中国大百科全书出版社，1999 年。

② 甘肃省博物馆文物队、灵台县文化馆：《甘肃灵台县两周墓葬》，《考古》1976 年 1 期。

③ 陕西省考古研究所徐锡台：《岐山贺家村周墓发掘简报》，《考古与文物》1980 年 1 期。

④ 中国社会科学院考古研究所武功发掘队：《1982～1983 年陕西武功黄家河遗址发掘简报》，《考古》1988 年 7 期。

⑤ 中国社会科学院考古研究所：《沣西发掘报告》，文物出版社，1962 年。

⑥ 中国社会科学院考古研究所沣西发掘队：《1967 年长安张家坡西周墓葬的发掘》，《考古学报》1980 年 4 期。

⑦ 中国社会科学院考古研究所：《张家坡西周墓地》，中国大百科全书出版社，1999 年。

⑧ 参见邹衡著：《夏商周考古学论文集》的《论先周文化》之《瓦鬲墓分期图表》，文物出版社，1980 年。中国社会科学院考古研究所沣西发掘队：《1967 年长安张家坡西周墓葬的发掘》，《考古学报》1980 年 4 期。扶风县博物馆：《扶风北吕周人墓地发掘简报》，《文物》1984 年 7 期；陕西省考古研究所徐锡台：《岐山贺家村周墓发掘简报》，《考古与文物》1980 年 1 期。

⑨ 参见中国社会科学院考古研究所：《沣西发掘报告》，文物出版社，1962 年。中国社会科学院考古研究所沣西发掘队：《1967 年长安张家坡西周墓葬的发掘》，《考古学报》1980 年 4 期。

器名	罐		尊	壶
期别	圆肩罐	折肩罐		
先周晚期		 A 型(M61:2) 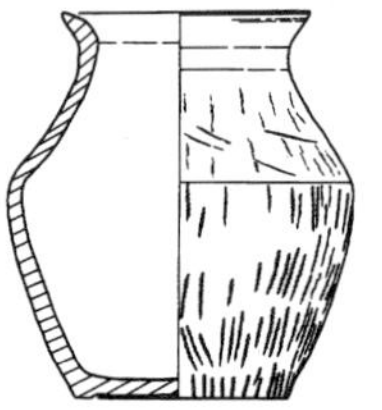 B 型 I 式(M110:1)		
西周早期	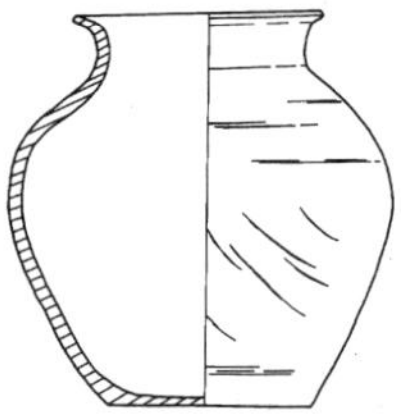 A 型(M20:3) 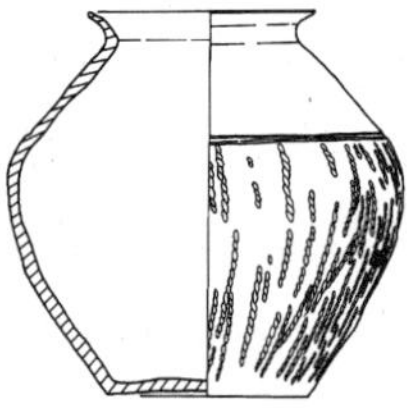 B 型 I 式(M12:1)	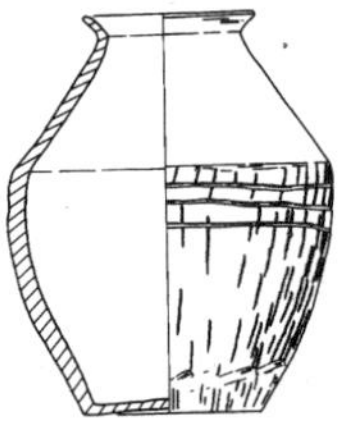 B 型 II 式(M9:6) 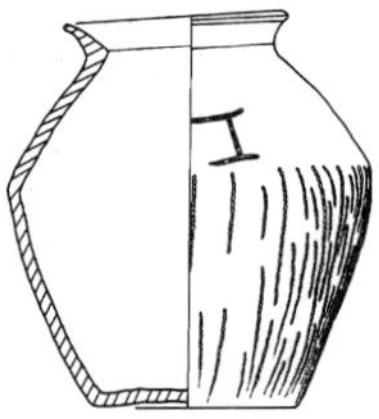 B 型 II 式(M31:1)  B 型 III 式(M78:1)	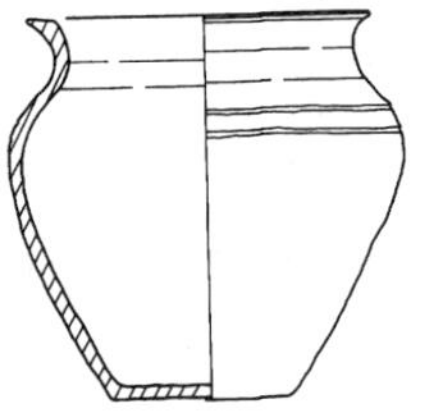 M50:2	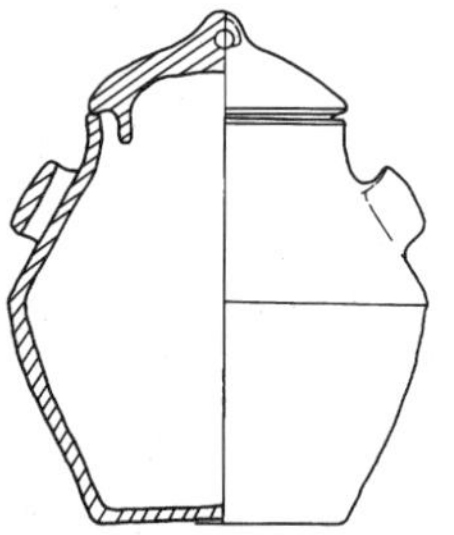 M54:1
西周中期	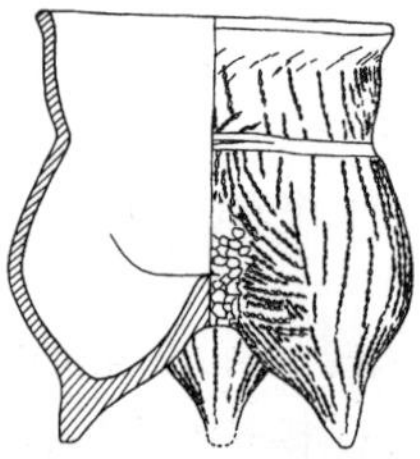 B 型 II 式(M94:1)	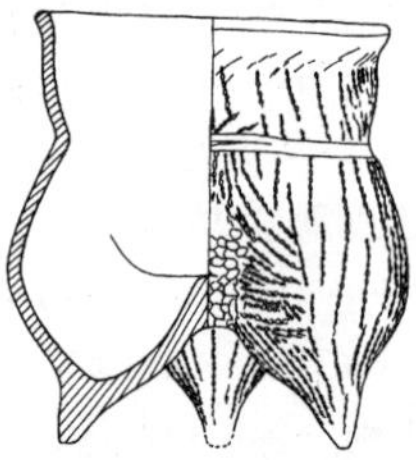 B 型 IV 式(M46:1)		

图一〇三　于家湾周墓陶罐、尊、壶分期图

型Ⅰ式罐的年代定为西周早期是不会有大的出入的。B 型Ⅱ式罐与扶风云塘西周墓的Ⅲ式罐①、扶风案板遗址西周墓葬 M1 的小口直颈罐②，无论是形制还是大小都非常相似，这种罐的特点是直口、重唇、短颈，圆鼓肩，云塘Ⅲ式罐原报告将其定为西周早期偏晚，认为其下限不会晚于穆王时期；案板遗址的 26 座西周墓的年代，原报告没有细分，只是笼统的将其定为西周中晚期，但其 M1 与罐共出有鬲，而鬲的特征是西周中期常见的形制，考虑到于家湾 B 型Ⅱ式罐也同出有俗称"仿铜鬲的"Ⅵ联裆鬲，这种鬲是西周中期常见的器形，故我们认为，将 B 型Ⅱ式罐的年代定为西周中期是比较合适的。

折肩罐也分 A 型和 B 型两种。A 型折肩罐为泥质灰陶，其特征是敞口，束短颈，折肩不明显，肩部斜缓收，器表通体磨光呈灰褐色。同样形制的罐在陕西泾阳高家堡早周墓葬中也有发现③，原报告认为该罐年代为周初，邹衡先生在其《论先周文化》的《瓦鬲墓分期图表》中将这件罐划为第二期，即商代末期④，故于家湾 A 型折肩罐的年代也应在商代晚期，这从与 A 型罐同出的Ⅰ式联裆鬲为商代晚期这一点上也可以得到印证。

B 型折肩罐数量较其他形制的罐为多。这种罐的特征是折肩明显，在肩腹交接处有一道明显的折痕印，肩以上绳纹被抹去。其形式的变化是器形由瘦长变横矮，肩部由窄折肩变为广折肩。Ⅰ式、Ⅱ式折肩罐体瘦长，肩部狭窄，与甘肃灵台姚家河西周早期墓Ⅰ式罐⑤、1967 年长安张家坡Ⅴ式罐⑥、陕西耀县丁家沟墓的折肩罐⑦、宝鸡斗鸡台瓦鬲墓 N5:50208 窄折肩罐⑧、1997 年沣西发掘报告中的Ⅰ式小口折肩罐⑨等都比较相似，其中姚家河Ⅰ式罐年代定为西周早期康王时期，张家坡Ⅴ式罐年代定为第二期即西周初年至成康时期，沣西Ⅰ式小口罐年代定为第一期即文王迁丰至武王伐纣之间的先周文化晚期阶段，斗鸡台 N5:50208 窄折肩罐和丁家沟折肩罐的年代，邹衡先生在其《论先周文化》的《瓦鬲墓分期图表》中将其划为第一期，即商代晚期廪辛至乙辛时代⑩，可以看出，这种体态瘦长的窄折肩罐的流行时代大概在商代晚期至西周早期。考虑到与于家湾Ⅱ式折肩罐（标本 82CYM9:6）同出的Ⅰ式瘪裆鬲为西周早期常见的形制这一因素，我们认为将Ⅱ式折肩罐的年代定为西周早期偏早阶段，而将Ⅰ式折肩罐的年代定为灭殷以前的先周时期。

Ⅲ式折肩罐与Ⅱ式折肩罐比较近似，只是Ⅲ式罐的肩更广，罐的最大径在肩部。与Ⅲ式折肩罐相似的有 1967 年长安张家坡西周墓葬中的Ⅳ式罐、1984～1985 年沣西发掘报告中的Ⅰ式罐，前者将其Ⅳ式罐的年代定为第二至第三期，即西周初年至穆王前后⑪，后者将其Ⅰ式罐

① 陕西周原考古队：《扶风云塘西周墓》，《文物》1980 年 4 期。

② 西北大学文博学院考古专业：《扶风案板遗址发掘报告》，科学出版社，2000 年。

③ 葛今：《泾阳高家堡早周墓葬发掘记》，《文物》1972 年 7 期。

④ 邹衡：《夏商周考古学论文集》的《论先周文化》之《瓦鬲墓分期图表》，文物出版社，1980 年。

⑤ 甘肃省博物馆文物队、灵台县文化馆：《甘肃灵台县两周墓葬》，《考古》1976 年 1 期。

⑥ 中国社会科学院考古研究所沣西发掘队：《1967 年长安张家坡西周墓葬的发掘》，《考古学报》1980 年 4 期。

⑦ 贺梓城：《耀县发现一批周代铜器》，《文物参考资料》1956 年 11 期。

⑧ 苏秉琦：《斗鸡台沟东区墓葬》，1948 年北平版；又《斗鸡台沟东区墓葬图说》，1954 年中国科学院出版。

⑨ 中国社会科学院考古研究所丰镐工作队：《1997 年沣西发掘报告》，《考古学报》2000 年 2 期。

⑩ 邹衡：《夏商周考古学论文集》的《论先周文化》之《瓦鬲墓分期图表》，文物出版社，1980 年。

⑪ 中国社会科学院考古研究所沣西发掘队：《1967 年长安张家坡西周墓葬的发掘》，《考古学报》1980 年 4 期。

的年代定为第二期即西周中期穆、共之际①，与此比较，我们将Ⅲ式折肩罐的年代定为西周早期偏晚阶段比较合适。

Ⅳ式折肩罐的特征是大敞口，短颈，腹部近直，器形横矮，宽大于高，制作粗糙，器形不正。与其极为相似的有1997年沣西发掘报告中的C型罐（大口折肩罐），其年代原报告定为第三期即成王后期至康、昭王时期②，鉴于与于家湾Ⅳ式罐同出的Ⅶ式联裆鬲（标本84CYM46:2）为西周中期所常见，故我们将Ⅳ式折肩罐的年代定为西周中期。

（三）尊

于家湾出土的尊只有1件。其特征是大敞口，卷平沿，短颈，圆肩，腹斜收，平底，似大口罐，器身表面通体磨光，肩部阴刻弦纹二周。同类型的尊似少见，但其器身表面黑、光、亮的特征应是先周晚期或西周早期的产品，与其同出的Ⅴ式联裆鬲（标本84CYM50:1）也是西周早期常见的形式，故我们将这件尊的年代定为西周早期。

（四）壶

壶共出了2件，其中1件残。完整的1件似罐，特征是直口，平唇，带盖，子母扣，盖顶鼓起，桥形纽。短颈，折肩，深腹，平底，肩部有对称的两个贯耳。器表通体磨光发亮，呈砖青色。这种形制的壶在甘肃、陕西地区所获标本较少，较为近似的有1967年张家坡M130:2壶③、1983~1986年张家坡Ⅰ式壶④、1955~1957年沣西M159:50壶⑤、1984~1985年沣西M37:3壶⑥、凤翔南指挥西村80M103:4壶⑦等，这些壶的共同特征是直口，肩部都有一对贯耳，基本上都是素面或表面磨光，年代都在西周初期。鉴于此，我们将于家湾贯耳壶的年代定为西周早期偏早阶段。

二 根据青铜器对墓葬年代进行推定

（一）青铜容器

完整的青铜容器只有鼎、簋、觯等7件，另外还有锻制的铜盆5件。就目前的资料来看，锻制铜盆仅见于于家湾周墓，无法横向比较，故我们在对青铜容器进行年代推定时，暂不以锻制铜盆为依据。现将鼎、簋、觯的年代分析推断如下（图一〇四）。

鼎共2件，均为圆鼎。Ⅰ式鼎（标本82CYM9:1）的特征为柱足，深腹略垂，圜底。口沿下饰两两相对的夔纹一周，腹饰云雷纹填地的斜方格乳丁纹。这种形制和纹饰的青铜鼎是周初和西周早期流行的风格，如陕西陇县北坡村周墓出土的乳丁纹鼎⑧、凤翔新庄河西周遗址出

① 中国社会科学院考古研究所丰镐工作队：《1984~1985年沣西西周遗址、墓葬发掘报告》，《考古》1987年1期。
② 中国社会科学院考古研究所丰镐工作队：《1997年沣西发掘报告》，《考古学报》2000年2期。
③ 参见中国社会科学院考古研究所沣西发掘队：《1967年长安张家坡西周墓葬的发掘》，《考古学报》1980年4期。
④ 中国社会科学院考古研究所：《张家坡西周墓地》，中国大百科全书出版社，1999年。
⑤ 中国社会科学院考古研究所：《沣西发掘报告》，文物出版社，1962年。
⑥ 中国社会科学院考古研究所丰镐工作队：《1984~1985年沣西西周遗址、墓葬发掘报告》，《考古》1987年1期。
⑦ 雍城考古队韩伟等：《凤翔南指挥西村周墓的发掘》，《考古与文物》1982年4期。
⑧ 参见陕西省考古研究所等：《陕西出土商周青铜器》（一），文物出版社，1979年。

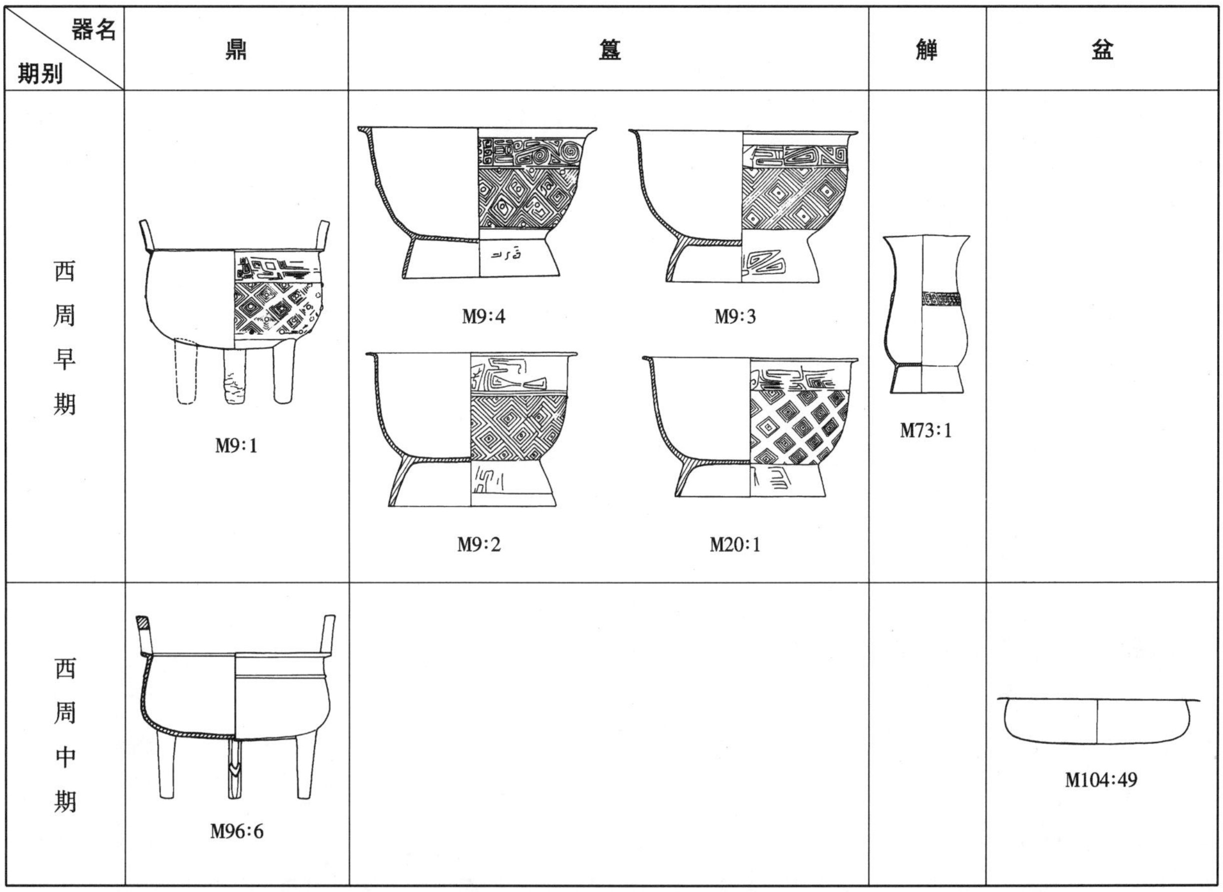

器名 期别	鼎	簋		觯	盆
西周早期	M9:1	M9:4 M9:2	M9:3 M20:1	M73:1	
西周中期	M96:6				M104:49

图一〇四　于家湾周墓青铜容器分期图

土的乳丁纹鼎[①]、宝鸡竹园沟 M20:2 乳丁纹鼎[②]、宝鸡石桥出土的乳丁纹鼎[③]、岐山贺家村 M1:4 乳丁纹鼎[④]扶风红卫村 06FSM1:5 乳丁纹鼎[⑤]等都是这一时期的典型作品。

Ⅱ式鼎（标本 86CYM96:6）的特征是瓦楞足，腹下垂，腹底近平，通体简素，颈下饰凸弦纹一周。此鼎与 1983～1986 年张家坡西周墓葬出土的 A 型Ⅱ式鼎（如 M106:1、M203:7 等）酷似[⑥]，是西周中期共王时期流行的式样。

于家湾的青铜簋分别出自 2 座墓，其中 M9 出 3 件，M20 出 1 件，均为乳丁纹簋。据目前已发表的资料，这种簋在甘肃其他地方较为少见，不过，在关中地区却多有发现，一般被认

①　曹明檀等：《陕西凤翔出土的西周青铜器》，《考古与文物》1984 年 1 期。

②　卢连成等：《宝鸡弓鱼国墓地》，文物出版社，1988 年。

③　王桂枝等：《宝鸡地区发现几批商周青铜器》，《考古与文物》1981 年 1 期。

④　陕西省博物馆、陕西省文物管理委员会：《陕西岐山贺家村西周墓葬》，《考古》1976 年 1 期。

⑤　扶风县博物馆：《陕西扶风县新发现一批商周青铜器》，《考古与文物》2007 年 3 期。

⑥　中国社会科学院考古研究所：《张家坡西周墓地》，中国大百科全书出版社，1999 年。

为是殷末周初或西周早期的器物①。与于家湾乳丁纹簋相似的同类器物有 1963 年沣西马王村西周墓出土的乳丁纹簋②、1967 年张家坡 M54:1 乳丁纹簋③、宝鸡石桥、旭光村出土的乳丁纹簋④、凤翔南指挥西村 79M42:3、4 乳丁纹簋⑤、83 沣毛 M1:2 乳丁纹簋⑥、1984～1985 年沣西 M15:2 乳丁纹簋⑦、绥德墕头村窖藏出土的乳丁纹簋⑧等，这些乳丁纹簋的年代，原报告都定为商末周初或西周早期。另外，凤翔县文化馆在 20 世纪 70 年代征集的几件乳丁纹簋也与于家湾乳丁纹簋颇为相似，时代也被定为周初或更早一些⑨。由于于家湾 M9 还同出有Ⅰ式鼎、Ⅰ式瘪裆鬲和Ⅱ式折肩罐，M20 也同出有Ⅱ式瘪裆鬲和 A 型圆肩罐等，这些器物都具有周初或西周早期的特点，故我们将于家湾乳丁纹簋的年代定为西周偏早阶段。

觯仅出土 1 件，其特征是颈微束，腹下垂，高圈足，截面为扁圆形，器身修长，颈下饰雷纹一周。其形制和灵台白草坡出土的 2 件觯⑩以及宝鸡竹园沟 7 号墓出土的觯（BZM7:333）⑪、97 沣西 M4 出土的觯⑫都十分相似，应该是西周早期的器物。

（二）青铜兵器

五孔銎内钺是于家湾出土青铜器中较为罕见的 1 件兵器，此钺造型独特，器形较大，当属实用兵器。据目前已知的材料，类似的铜钺 1959 年在青海都兰县诺木洪搭里他里哈遗址发现 1 件⑬，1982 年在青海湟中县下西河卡约文化墓葬中出土 1 件⑭，另外，北京曾拣选 1 件三孔有銎钺，传其出自陕北榆林，李学勤先生考证其年代为商代⑮，还有上海博物馆馆藏 1 件二孔有銎钺⑯，朱凤瀚先生认为，这种钺身扁窄，上有起缘圆孔，两刃角外卷，以管状銎受秘的钺时代多属商代⑰。与于家湾五孔钺同出的还有微胡二穿戈、中胡三穿戈等，这种形制的铜戈流行于商末至西周早期，因此，我们将五孔銎内钺的年代估定为商末可能比较可信的。

① 参见张长寿、梁星彭：《关中先周青铜文化的类型与周文化的渊源》，《考古学报》1989 年 1 期。李峰：《先周文化的内涵及其渊源探讨》，《考古学报》1991 年 3 期。梁星彭：《岐周、丰镐周文化遗迹、墓葬分期研究》，《考古学报》2002 年 4 期。彭裕商：《西周铜簋年代研究》，《考古学报》2001 年 1 期。

② 梁星彭等：《陕西长安、扶风出土西周铜器》，《考古》1963 年 8 期。

③ 中国社会科学院考古研究所沣西发掘队：《1967 年长安张家坡西周墓葬的发掘》，《考古学报》1980 年 4 期。

④ 参见王桂枝等：《宝鸡地区发现几批商周青铜器》，《考古与文物》1981 年 1 期。王桂枝：《宝鸡下马营旭光西周墓清理简报》，《文博》1985 年 2 期。

⑤ 雍城考古队韩伟等：《凤翔南指挥西村周墓的发掘》，《考古与文物》，1982 年 4 期。

⑥ 中国社会科学院考古研究所丰镐发掘队：《长安沣西早周墓葬发掘记略》，《考古》1984 年 9 期。

⑦ 中国社会科学院考古研究所丰镐工作队：《1984～1985 年沣西西周遗址、墓葬发掘报告》，《考古》1987 年 1 期。

⑧ 陕西省博物馆黑光等：《陕西绥德墕头村发现一批窖藏商代铜器》，《文物》1975 年 2 期。

⑨ 曹明檀等：《陕西凤翔出土的西周青铜器》，《考古与文物》1984 年 1 期。

⑩ 甘肃省博物馆文物队：《甘肃灵台白草坡西周墓》，《考古学报》1977 年 2 期。

⑪ 卢连成、胡智生：《宝鸡𢎘国墓地》，文物出版社，1988 年。

⑫ 中国社会科学院考古研究所丰镐工作队：《1997 年沣西发掘报告》，《考古学报》2000 年 2 期。

⑬ 青海省文物管理委员会、中国科学院考古研究所青海队：《青海都兰县诺木洪搭里他里哈遗址调查与试掘》，《考古学报》1963 年 1 期。

⑭ 青海省文物考古研究所：《青海湟中下西河潘家梁卡约文化墓地》，《考古学集刊》第 8 集，科学出版社，1994 年。

⑮ 李学勤：《北京拣选青铜器的几件珍品》，《文物》1982 年 9 期。

⑯ 马承源主编：《中国青铜器》（修订本），上海古籍出版社，2003 年，47 页图 9。

⑰ 朱凤瀚：《古代中国青铜器》，南开大学出版社，1995 年。

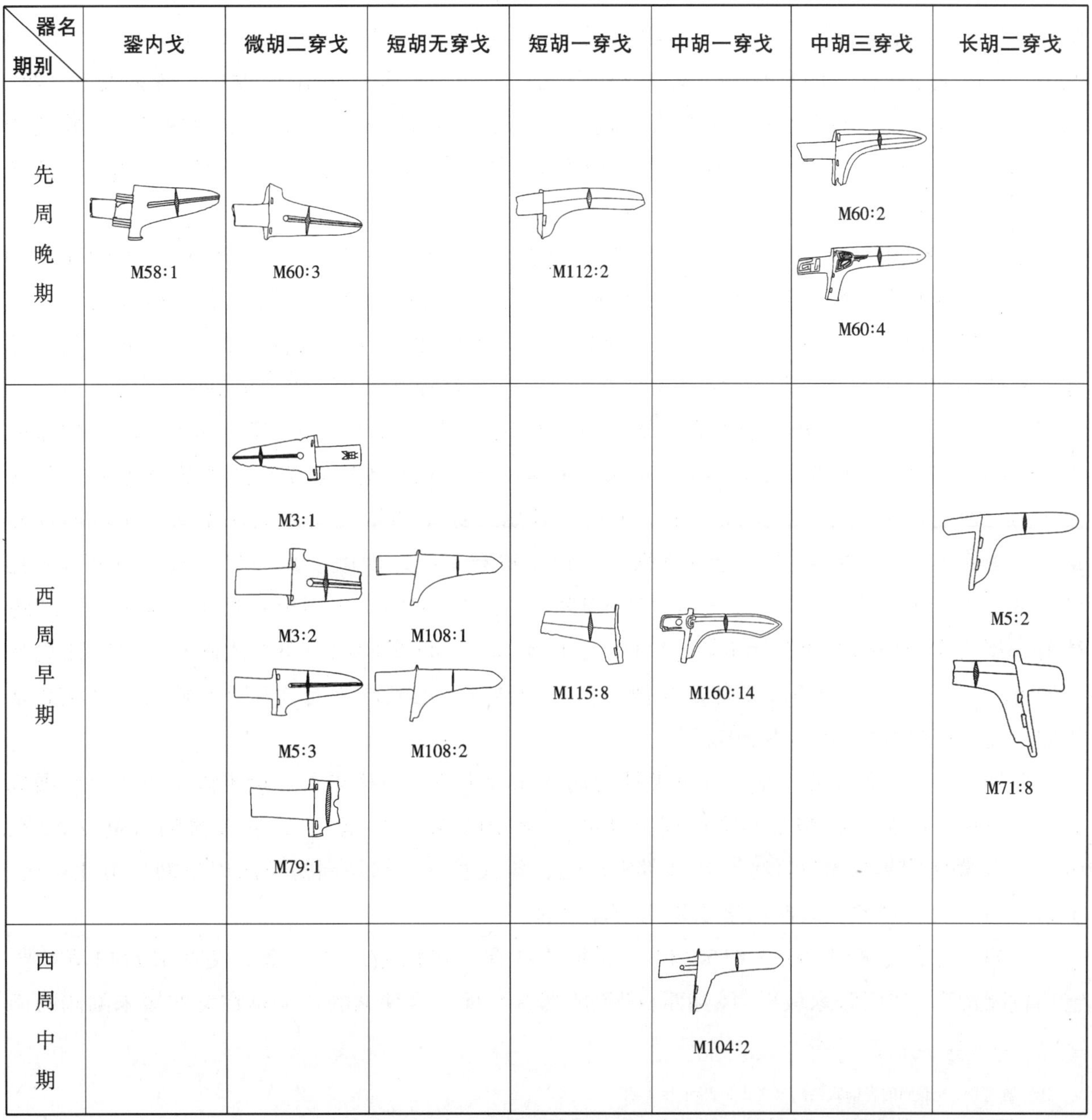

器名 期别	銎内戈	微胡二穿戈	短胡无穿戈	短胡一穿戈	中胡一穿戈	中胡三穿戈	长胡二穿戈
先周晚期	M58:1	M60:3		M112:2		M60:2 M60:4	
西周早期		M3:1 M3:2 M5:3 M79:1	M108:1 M108:2	M115:8	M160:14		M5:2 M71:8
西周中期					M104:2		

图一〇五　于家湾周墓青铜戈分期图

　　戈在于家湾出土数量较多，各式戈除个别外，基本上都有其明显的时代特征（图一〇五）。如銎内戈（M58:1），此戈非常特别，即在内的靠阑处上下另铸有椭圆形銎，以供纳柲，这种戈结合了直内固柲和銎内纳柲的各自优点。郭宝钧先生在《殷周的青铜武器》一文中认为，商周时期的铜戈有两种装柲法："一种是以铜戈头夹入木柲的劈开缝中，再缠固木柲顶端，或纳入柲的凿开孔中，再缠绳索，用以固柲；另一种是以戈的铜銎包围在木柲的外面，用以固柲。戈是战斗时击杀的兵器，铜戈头和木柲必须牢固地结合。用第一种木柲夹铜法，当戈头下击时，戈头易生冲力后陷之弊；若缚绳不牢，拔时又易有戈头脱掉之弊；勾杀之时，吃力点集中在下齿，下齿稍松，又易有戈援外斜之弊，这样都可能影响战斗。用第二种铜銎装柲法，则后陷、外斜二弊可除，而容易发生脱头的弊病（因那时候的铜銎、上下径等粗，还不知道用上径粗，下径微细的办法），所以銎内式戈以后就不再多铸。小屯出土35戈中，銎内戈只5柄。武官村出14戈中，銎内戈只2柄。四盘磨出6戈中，銎内戈只1柄。大司空村出39戈中，銎内戈只7柄。到周时銎内戈更少，几全绝迹，当是由实践中取得的经验教训。"①于家湾的銎内戈，是将直内夹入木柲劈开缝中后再纳入銎内使其更加牢固的一种新的纳柲方法，但仍然是下径微粗，应该是銎内戈的早期作品，所以，将此戈定为商代晚期比较合适。

　　微胡二穿戈也别具特色，很有时代特征，而且数量相对较多，约占可辨认形制的铜戈的三分之一。这种戈的特征是援身呈长三角形，直内，援基中心都有一圆孔，三棱突脊，微胡起缘，并形成勾状，在援末有上下对称的二穿。此类戈也有称三角援戈的②，多见于关中地区，如岐山贺家村M28:2Ⅱ式戈、M30:2Ⅳ式戈③、王家嘴97M19:001、97189:3戈④、凤翔西村79M62:4AⅠ式戈、80M10:1AⅢ式戈⑤、武功黄家河M10:1Ⅰ式戈⑥等，其中，岐山贺家村M28、M30、王家嘴M19、凤翔西村79M62、80M10年代均为先周晚期，武功黄家河M10年代被认为在西周初年也可早到先周末年。于家湾微胡二穿戈的年代大致也在先周末年至西周初年，其中标本84CYM60:3与其余5件微胡二穿戈略有不同，即微胡无勾状，该墓同出有五孔銎内钺，年代可定为先周末年；标本82CYM5:1、标本82CYM5:3同出有长胡二穿戈和Ⅱ式瘪裆鬲，年代应为西周初年；标本82CYM3:1、标本82CYM3:2同出有BⅠ式砺石，具有西周初年的特征；标本84CYM79:1未伴出其他可参考的器物，但其形制与M3所出微胡二穿戈非常相似，故也可将其定为西周初年。

　　短胡无穿戈2件出自1墓，这种戈援的前锋比较尖锐，俗称圭首，援末处下刃下垂延展成胡，内较长。此类戈在洛阳北窑西周早期墓⑦、岐山贺家村小墓⑧、武功黄家河（M23:5）⑨、1967年长安张家坡（M111:2）⑩等地都有出土，年代基本上都是周初至西周早期。由此对比，于家湾的短胡无穿戈定为西周早期是比较合适的。

　　中胡一穿戈（标本86CYM160:14）也非常具有时代特色，同类型的戈在灵台白草坡⑪、宝鸡竹园沟⑫、沣西张家坡⑬、凤翔西村⑭等地都有发现。这种戈的特征是在戈的援末阑侧两面

①　郭宝钧：《殷周的青铜武器》，《考古》1961年2期。

②　高西省：《论渭河流域的三角援戈》，《考古与文物》（增刊），2002年。

③　陕西省考古研究所徐锡台：《岐山贺家村周墓发掘简报》，《考古与文物》1980年1期。

④　杨军昌等：《陕西岐山王家嘴先周墓M19出土铜器的实验研究》，《考古与文物》2003年5期。

⑤　雍城考古队韩伟等：《凤翔南指挥西村周墓的发掘》，《考古与文物》1982年4期。

⑥　中国社会科学院考古研究所武功发掘队：《1982～1983年陕西武功黄家河遗址发掘简报》，《考古》1988年7期。

⑦　洛阳市文物工作队：《洛阳北窑西周墓》，文物出版社，1999年。

⑧　陕西省博物馆、陕西省文物管理委员会：《陕西岐山贺家村西周墓葬》，《考古》1976年1期。

⑨　中国社会科学院考古研究所武功发掘队：《1982～1983年陕西武功黄家河遗址发掘简报》，《考古》1988年7期。

⑩　中国社会科学院考古研究所沣西发掘队：《1967年长安张家坡西周墓葬的发掘》，《考古学报》1980年4期。

⑪　甘肃省博物馆文物队：《甘肃灵台白草坡西周墓》，《考古学报》1977年2期。

⑫　卢连成、胡智生：《宝鸡强国墓地》，文物出版社，1988年。

⑬　参见中国科学院考古研究所：《沣西发掘报告》，文物出版社，1962年。

⑭　雍城考古队韩伟等：《凤翔南指挥西村周墓的发掘》，《考古与文物》1982年4期。

铸出一对翼状的耳形，耳形上多铸有纹饰，这是西周早期流行的一种富有特色的设计，既能有效的固柲，又能起到装饰美观的作用。

于家湾出土的弓形器内臂略向内倾，与弓背连接处的夹角略小于90°，外臂略向外斜伸，臂端铃首于弓腹两底端几乎在同一水平线上。这一特征与灵台白草坡①、岐山贺家村②、宝鸡竹园沟③、泾阳高家堡④等地出土的弓形器非常相似，应为西周早期偏早阶段之物。

于家湾 M144 出土的残剑鞘也颇具时代特征，这种上宽下窄，平面呈倒三角或倒梯形的透雕夔龙纹（或蛇纹）剑鞘仅在灵台白草坡⑤、宝鸡竹园沟⑥、北京琉璃河⑦等地西周墓葬中有发现，且均为西周早期之物。

（三）车马器

于家湾出土的车马器有軎、辖、銮铃、镳、衔、当卢、节约、管形衡末饰等，其时代特征比较明显，绝大多数都可进行断代（图一〇六）。

Ⅰ式 軎个体较重，器身细长，顶端突起，呈同心圆三叠层凸纹，器身前端饰长四瓣蕉叶纹；Ⅱ式軎器身较短，顶端鼓起无叠层。这两种形制的车軎同灵台白草坡出土的车軎（G1:1）⑧、1967 年长安张家坡 35 号车马坑出土的车軎（35:16）⑨、1983～1986 年长安张家坡Ⅰ式车軎⑩、宝鸡竹园沟Ⅰ式车軎⑪、洛阳北窑西周早期墓葬Ⅰ式、Ⅱ式车軎⑫等基本相同，都是西周早期流行的式样。

Ⅰ式、Ⅱ式车辖辖首均为简化兽头（似猪头），吻部突出并上翘，其中Ⅰ式辖首兽面较Ⅱ式辖首兽面略宽大，辖键也稍长。这两种形制的车辖与宝鸡茹家庄一号墓出土的Ⅰ式车辖⑬、1983～1986 年长安张家坡 M183 出土的Ⅲ式车辖⑭、洛阳北窑西周中期墓出土的素面兽头形车辖⑮都极为相似，时代为西周中期。

管形衡末饰仅出土 1 件，其形制、大小与洛阳北窑西周早期墓 M451:15 管形衡末饰几乎同出一模，唯于家湾管形衡末饰管身三周箍纹两侧各饰一圈小圆珠纹，而洛阳北窑则没有⑯。

于家湾銮铃出土较多，有 A、B 两型。A 型Ⅰ式、Ⅱ式銮铃体瘦长，铃球较小，铃球周边

① 甘肃省博物馆文物队：《甘肃灵台白草坡西周墓》，《考古学报》1977 年 2 期。

② 陕西省博物馆、陕西省文物管理委员会：《陕西岐山贺家村西周墓葬》，《考古》1976 年 1 期。

③ 卢连成、胡智生：《宝鸡𢎀国墓地》，文物出版社，1988 年。

④ 陕西省考古研究所编著：《高家堡戈国墓》，三秦出版社，1995 年。

⑤ 甘肃省博物馆文物队：《甘肃灵台白草坡西周墓》，《考古学报》1977 年 2 期。

⑥ 卢连成、胡智生：《宝鸡𢎀国墓地》，文物出版社，1988 年。

⑦ 北京市文物研究所：《琉璃河西周燕国墓地（1973～1977）》，文物出版社，1995 年。

⑧ 甘肃省博物馆文物队：《甘肃灵台白草坡西周墓》，《考古学报》1977 年 2 期。

⑨ 中国社会科学院考古研究所沣西发掘队：《1967 年长安张家坡西周墓葬的发掘》，《考古学报》1980 年 4 期。

⑩ 中国社会科学院考古研究所：《张家坡西周墓地》，中国大百科全书出版社，1999 年。

⑪ 卢连成、胡智生：《宝鸡𢎀国墓地》，文物出版社，1988 年。

⑫ 洛阳市文物工作队：《洛阳北窑西周墓》，文物出版社，1999 年。

⑬ 卢连成、胡智生：《宝鸡𢎀国墓地》，文物出版社，1988 年。

⑭ 中国社会科学院考古研究所：《张家坡西周墓地》，中国大百科全书出版社，1999 年。

⑮ 洛阳市文物工作队：《洛阳北窑西周墓》，文物出版社，1999 年。

⑯ 洛阳市文物工作队：《洛阳北窑西周墓》，文物出版社，1999 年。

叶轮上为 3~4 个椭圆形或桃形孔，下为 2 个弧叶形孔，整个镂空形似火焰状。铃座正视呈长方形或梯形，中间微束。这种形制的銮铃在陇东和关中以及中原地区西周早期墓葬中多有发现，是西周早期流行的式样。

A 型 Ⅲ 式銮铃铃球较大，铃球周边叶轮上有 4 个弧叶形孔，铃球及叶轮几乎占了整个器身通高的一半，整个器形显得厚重规整。这种特征的銮铃在上述地区西周中期墓葬中多有发现，应该是西周中期流行的形制。

B 型銮铃在西周墓葬中较为少见，但该型銮铃与 A 型 Ⅰ 式銮铃同出一墓，故应为西周早期的器物。

于家湾的屈身低首夔龙形镳与宝鸡茹家庄一号墓 Ⅰ 式镳①无论从形制还是大小都极为相似，年代为西周中期。

于家湾出土的当卢中间为圆泡，其上出一对歧角，角尖外撇，圆泡下端连接一长方形泡，泡面鼓起，背面凹进，长方形泡和两个歧角背面都有一个横鼻。同样形制的有甘肃灵台白草坡 Ⅰ 式当卢②、宝鸡竹园沟 Ⅲ 式当卢③、1983~1986 年长安张家坡 Ⅰ 式当卢④以及陇县南坡 M2 出土的 3 件当卢⑤、宁夏固原孙家庄西周早期墓出土的 8 件当卢⑥等，时代基本上都是西周早期，于家湾当卢与 Ⅴ 式联裆鬲同出，为西周早期无疑。

（四）杂器

于家湾青铜器中的杂器品种较多，且多为小件，总体上看时代特征不是太明显，但其中铜镜、铜铃及个别类型的铜泡等，还是具有一定的时代特征，可以进行断代。

铜镜与宝鸡市郊区和凤翔新庄河西周早期墓葬和遗址发现的铜镜⑦以及凤翔西村 79M36:2 铜镜⑧、长安张家坡 M178:5 铜镜（原报告称为"铜器盖"）⑨、武功黄家河 M23:2 铜镜⑩、北京昌平白浮村 M3:30 铜镜（原报告称为"镜形饰"）⑪ 等都非常相似，这些铜镜的年代，基本上都是先周晚期至西周早期，于家湾的 2 件铜镜与 Ⅰ 式瘪裆鬲、Ⅱ 式联裆鬲等共出，应为西周初年之物。

于家湾 B 型铜铃铃身呈圆筒形，口缘平齐，这种铜铃与宝鸡竹园沟 Ⅱ 式小铜铃⑫形制一样。值得注意的是，宝鸡竹园沟已发掘的 22 座墓葬中，有一半以上都出土了这种形制的小铜铃，出土时的位置多在棺内墓主人头部和脚部，铃身上面多沾有丝织痕迹，并且多与小铜佩

① 卢连成、胡智生：《宝鸡強国墓地》，文物出版社，1988 年。

② 甘肃省博物馆文物队·《甘肃灵台白草坡西周墓》，《考古学报》1977 年 2 期

③ 卢连成、胡智生：《宝鸡強国墓地》，文物出版社，1988 年。

④ 中国社会科学院考古研究所：《张家坡西周墓地》，中国大百科全书出版社，1999 年。

⑤ 卢连成等：《古矢国遗址、墓地调查记》，《文物》1982 年 2 期。

⑥ 固原县文物工作站：《宁夏固原县西周墓清理简报》，《考古》1983 年 11 期。

⑦ 宝鸡市博物馆王光永、凤翔县文化馆曹明檀：《宝鸡市郊区和凤翔发现西周早期铜镜等文物》，《文物》1979 年 12 期。

⑧ 雍城考古队韩伟等：《凤翔南指挥西村周墓的发掘》，《考古与文物》1982 年 4 期。

⑨ 参见中国社会科学院考古研究所：《沣西发掘报告》，文物出版社，1962 年。

⑩ 中国社会科学院考古研究所武功发掘队：《1982~1983 年陕西武功黄家河遗址发掘简报》，《考古》1988 年 7 期。

⑪ 北京市文物管理处：《北京地区的又一重要考古收获——昌平白浮西周木椁墓的新启示》，《考古》1976 年 4 期。

⑫ 卢连成、胡智生：《宝鸡強国墓地》，文物出版社，1988 年。

饰共出，这种情况和于家湾 B 型铜铃与铜牌饰穿缀在一起共出于墓主人膝盖部位的情况是非常相似的，这可能是当时流行的一种悬挂在服饰上的佩饰。宝鸡竹园沟出 II 式小铜铃的墓葬，除 M12 约在西周早期偏晚或西周中期偏早阶段外（原报告认为该墓稍早于穆王之时的 M9、M5），其余均为西周早期，故我们将于家湾 B 型铜铃的时代估定为西周早期。

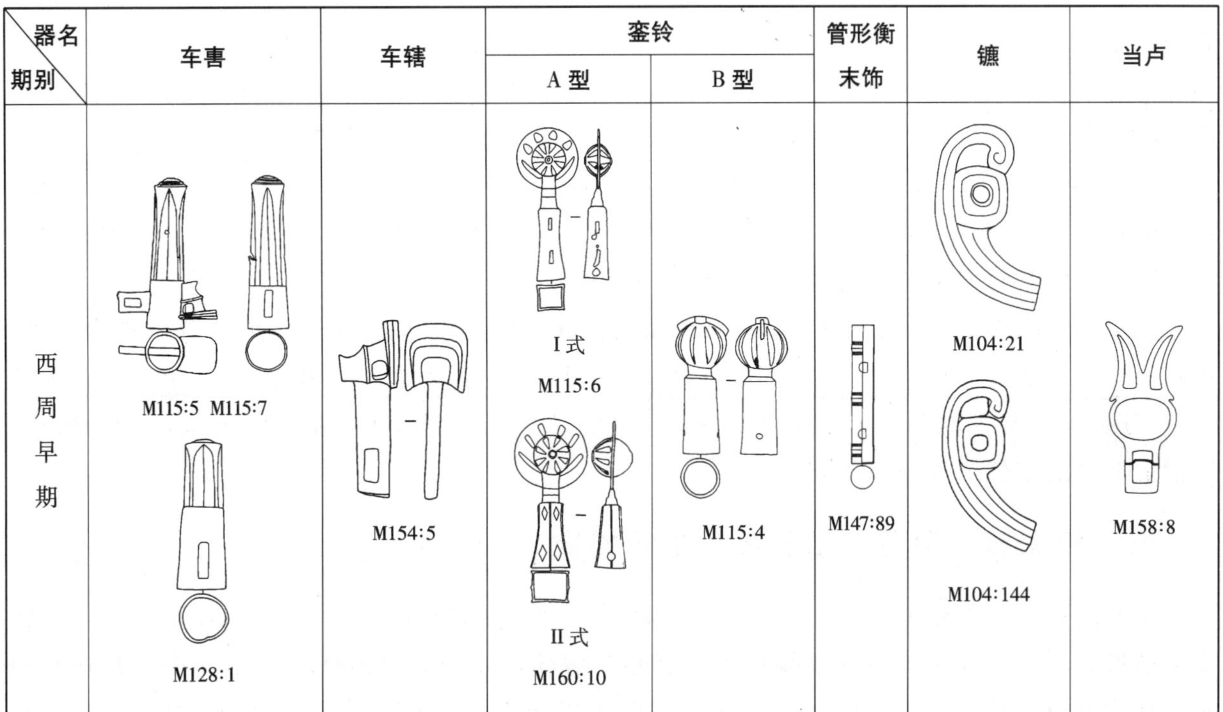

器名 期别	车害	车辖	銮铃		管形衡 末饰	镳	当卢
			A 型	B 型			
西周早期	M115:5　M115:7 M128:1	M154:5	I 式 M115:6 II 式 M160:10	M115:4	M147:89	M104:21 M104:144	M158:8
西周中期		M156:3	III 式 M154:6 III 式 M104:35				

图一〇六　于家湾周墓铜车马器分期图

铜泡是西周墓葬或车马坑中常见的随葬器物。于家湾的铜泡种类较多，其中圆形有沿 I 式、II 式大铜泡宽平折沿，正面中部凸起似半球状，背部中心多有一横纽，有的平沿上有对称的钉孔，这种直径在 10 厘米左右的大铜泡也有称甲泡或胄泡的，在甘肃灵台白草坡①、庆阳韩家滩庙嘴②、陕西岐山贺家村③、凤翔西村④、长安张家坡⑤、武功黄家河⑥、宝鸡竹园沟⑦、扶风飞凤山⑧、河南洛阳北窑⑨、北京琉璃河⑩等西周早期墓葬中多有发现，是商末周初和西周早期流行的用于甲胄、车舆、马饰等上面的兵器类物件。与于家湾 I 式、II 式大铜泡共出的有五孔銎内钺、弓形器、IV 式联裆鬲、II 式瘪裆鬲等，都是商末周初或西周早期之物，这反过来也印证了这种大铜泡的流行年代是商末周初和西周早期是可信的。

十字梁铜泡与圆形有沿大泡、中泡、小泡的泡面形制相似，唯泡体背面齐沿处有十字梁扣，梁扣略向外拱。这种形制的铜泡在灵台白草坡⑪、宝鸡竹园沟⑫、峪泉村⑬、扶风红卫村⑭等西周墓葬中都有发现，时代也应该是周初或西周早期。

于家湾的帽形铜泡形似斗笠，这种形制的铜泡在其他地方周文化遗址或墓葬中较为少见。陕西淳化黑豆嘴 M1 曾出土过 3 件形制类似铜泡（原报告称之为尖顶铜泡），其年代为商末周初⑮。于家湾帽形铜泡同出有 I 式瘪裆鬲和 II 式联裆鬲以及铜镜等，都具有西周早期的风格，故帽形铜泡的年代应为西周早期。

三　根据石、骨器对墓葬年代进行推定

于家湾有 4 座墓葬出土有砺石（也有称磨石），砺石均为黄沙岩，形状为扁平长条形和四楞长条形，首端有穿孔，砺石身部有磨用痕迹，估计是墓主人身前随身携带，用来磨砺利刃或尖状武器或工具的。于家湾 A 型砺石与 1983～1986 年长安张家坡 I 式砺石⑯以及灵台白草

① 甘肃省博物馆文物队：《甘肃灵台白草坡西周墓》，《考古学报》1977 年 2 期。
② 庆阳地区博物馆：《甘肃庆阳韩家滩庙嘴发现一座西周墓》，《考古》1985 年 9 期。
③ 参见陕西省考古研究所徐锡台：《岐山贺家村周墓发掘简报》，《考古与文物》1980 年 1 期。陕西省博物馆、陕西省文物管理委员会：《陕西岐山贺家村西周墓葬》，《考古》1976 年 1 期。
④ 雍城考古队韩伟等：《凤翔南指挥西村周墓的发掘》，《考古与文物》1982 年 4 期。
⑤ 中国社会科学院考古研究所沣西发掘队：《1967 年长安张家坡西周墓葬的发掘》，《考古学报》1980 年 4 期。
⑥ 中国社会科学院考古研究所武功发掘队：《1982～1983 年陕西武功黄家河遗址发掘简报》，《考古》1988 年 7 期。
⑦ 卢连成、胡智生：《宝鸡弶国墓地》，文物出版社，1988 年。
⑧ 宝鸡市考古队、扶风县博物馆：《扶风飞凤山西周墓发掘简报》，《考古与文物》1996 年 3 期。
⑨ 洛阳市文物工作队：《洛阳北窑西周墓》，文物出版社，1999 年。
⑩ 北京市文物研究所：《琉璃河西周燕国墓地（1973～1977）》，文物出版社，1995 年。
⑪ 甘肃省博物馆文物队：《甘肃灵台白草坡西周墓》，《考古学报》1977 年 2 期。
⑫ 卢连成、胡智生：《宝鸡弶国墓地》，文物出版社，1988 年。
⑬ 陕西省考古研究所、宝鸡市考古队：《陕西省宝鸡市峪泉周墓》，《考古与文物》2000 年 5 期。
⑭ 扶风县博物馆：《陕西扶风县新发现一批商周青铜器》，《考古与文物》2007 年 3 期。
⑮ 姚生民：《陕西淳化县出土的商周青铜器》，《考古与文物》1986 年 5 期。
⑯ 中国社会科学院考古研究所：《张家坡西周墓地》，中国大百科全书出版社，1999 年。

坡 M3[①]、宝鸡竹园沟 M11[②]、北京琉璃河Ⅱ M254[③] 出土的砺石都颇为相似，年代都是西周早期；B 型砺石与沣西张家坡西周早期墓第 178 号出土的长条四楞形磨石无论形状大小，还是顶部钻孔、两边连通的特征都完全一样[④]。于家湾 4 座出土砺石的墓葬，同出有Ⅰ式瘪裆鬲、Ⅱ式联裆鬲、微胡二穿戈、长胡二穿戈、铜镜等，年代为西周初年无疑。

骨刀是于家湾较有时代特征的随葬品，有 5 座墓（M15、M16、M55、M59、M76）出土了这种用牛马的肋骨稍微加工而制成的骨刀。这种骨刀在殷墟苗圃北地殷代晚期墓葬[⑤]、宝鸡斗鸡台瓦鬲墓先周墓葬[⑥]中都有发现。就目前的考古资料来看，这种形制的骨刀应该是殷代晚期开始流行的一种随葬品，邹衡先生在《论先周文化》一文中将其列为先周文化晚期墓葬中常见的与商代的骨匕形制稍异的一种生产工具[⑦]。于家湾 5 座随葬骨刀的墓葬，M15 共出有Ⅱ式瘪裆鬲，M55 共出有Ⅰ式铜车軎，M59 共出有乳丁纹簋口沿残片以及漆盘等，都是周初及西周早期风格的器物，故我们将出土骨刀的墓葬估定为西周早期偏早阶段。

于家湾出土的骨片时代特征也很明显。这种用牛或马骨磨制而成的骨片（也有称甲片、长方形骨饰等）在宝鸡竹园沟 M13[⑧]、扶风杨家堡 M4[⑨]、洛阳北窑 M174[⑩] 等西周墓葬中曾有发现，时代均为西周早期。由此分析，这种骨片可能是西周早期流行的一种随葬品。需要指出的是，宝鸡竹园沟的骨片随葬于棺盖脚端，似穿缀在织物上，这种现象和于家湾 M66 的骨片出土情况有相似之处，可能都是穿缀在帷幔上，覆盖在棺顶之上的一种随葬习俗。

四　根据漆器对墓葬年代进行推定

M149 出土的漆盘器形较大，盘内底红地黑彩，图案是以太阳为中心的几何形团云纹。这种几何形团云纹或团龙纹是殷末周初常见的一种花纹，如殷墟妇好墓铜盘内底所饰团龙纹[⑪]、西周初年铜器康公盂外底所饰团龙纹[⑫]、泾阳高家堡戈国墓 M4 铜盘圈足内底所饰团龙纹[⑬]等都具有同样的风格。另外，宝鸡下马营旭光村西周墓也曾报道出土过 2 件直径约 40 厘米的漆盘（已朽），其大小（约 40 厘米）和于家湾 M149 的漆盘差不多，旭光村西周墓年代为周初，因此，我们将 M149 出土的这件漆盘定为西周初年。

---

① 甘肃省博物馆文物队：《甘肃灵台白草坡西周墓》，《考古学报》1977 年 2 期。
② 卢连成、胡智生：《宝鸡𢐗国墓地》，文物出版社，1988 年。
③ 北京市文物研究所：《琉璃河西周燕国墓地（1973～1977）》，文物出版社，1995 年。
④ 参见中国社会科学院考古研究所：《沣西发掘报告》，文物出版社，1962 年
⑤ 中国社会科学院考古研究所：《殷墟发掘报告（1958～1961）》，文物出版社，1987 年。
⑥ 苏秉琦：《斗鸡台沟东区墓葬》，1948 年北平版。又《斗鸡台沟东区墓葬图说》，1954 年中国科学院出版。
⑦ 邹衡：《夏商周考古学论文集》之《论先周文化》，文物出版社，1980 年。
⑧ 卢连成、胡智生：《宝鸡𢐗国墓地》，文物出版社，1988 年。
⑨ 扶风县图博馆罗西章：《陕西扶风杨家堡西周墓清理简报》，《考古与文物》1980 年 2 期。
⑩ 洛阳市文物工作队：《洛阳北窑西周墓》，文物出版社，1999 年。
⑪ 中国社会科学院考古研究所：《殷墟妇好墓》，文物出版社，1980 年。
⑫ 陈梦家：《西周铜器断代》（二），《考古学报》1955 年 10 册。
⑬ 陕西省考古研究所：《高家堡戈国墓》，三秦出版社，1995 年。

第二节　根据打破关系对墓葬进行断代

于家湾周墓共有 4 组打破关系：

1. M35 打破 M39。M35 为中型墓葬，随葬品有陶鬲、玉璧、蚌泡、海贝等；被打破的 M39 为小型墓葬，无随葬品。

2. M63 打破 M61 和 M64。M63 为大型墓葬，随葬品有陶鬲、残铜戈、铜环、铜铃、铜泡、玉蝉、蚌泡、海贝、蛤蜊壳等；被打破的 M61 为中型墓葬，随葬品有陶鬲、罐、纺轮等；M64 为小型墓葬，无随葬品。

3. M65 打破 M80。M65 为小型墓葬，随葬品为 1 件陶鬲；被打破的 M80 亦为小型墓葬，随葬品仅为 1 枚海贝。

4. MK3 打破 M83。MK3 为一中型马坑，内埋 4 匹马，无随葬品；被打破的 M83 为小型墓葬，无随葬品。

上述 4 组有打破关系的墓葬中，第 4 组打破马坑和被打破墓葬均无随葬品，无法直接进行对比；第 1 组和第 3 组只有打破墓葬有可供断代的陶器和铜器，而被打破墓葬要么无随葬品，要么随葬品时代特征不明显，也无法进行对比分析；只有第 2 组打破墓和被打破墓之一的 M61 都出有可供断代的陶器，这就为我们对比分析提供了直接的依据。现将第 2 组对比分析如下。

M63 所出陶器为Ⅲ式瘪裆鬲，M61 所出陶器为Ⅰ式联裆鬲和 A 型折肩罐。M63 所出Ⅲ式瘪裆鬲其形制如前所述与 1983～1986 年长安张家坡西周墓葬中的 A 型Ⅲ b 式鬲非常相近，年代约为西周早期；而 M61 所出Ⅰ式联裆鬲和 A 型折肩罐如前所述，都是典型的具有先周文化特征的器物，故这组打破关系墓葬无论从墓葬打破和出土器物对比来看都是符合实际情况的，即西周早期的墓葬打破了商代晚期的先周墓葬。

通过对第 2 组打破关系墓葬的对比分析，我们知道了这一组打破关系墓葬是西周早期的墓葬打破了先周时期的墓葬，这同时引起了我们对其他 3 组打破关系墓葬的关注，即其他 3 组打破关系的墓葬尽管因被打破墓葬无可供断代的随葬品而无法直接进行对比，但我们发现：

第 1 组打破墓葬 M35 出土有 B 型Ⅲ式分裆鬲，其年代为西周初年；

第 3 组打破墓葬 M65 出土有 B 型Ⅱ式分裆鬲，其年代为先周晚期；

第 4 组打破马坑是 M42 的随葬马坑，其年代为西周初年。

从中可以看出，于家湾周墓仅有的 4 组打破关系墓葬中，打破墓葬或马坑都是西周初年或先周晚期的，而被打破墓葬 M39、M61、M64、M80、M83 从于家湾墓地的墓葬分布情况以及墓葬形制、葬式、葬俗等综合因素分析就很可能或者只能是先周时期的墓葬了。这说明，于家湾周墓地没有西周时期的墓葬互相打破的现象，同时也说明，于家湾周墓地自西周开始是有专人管理的，或者当时地面上应有所标志，不然的话，在一个小小的台地上西周墓葬分布如此密集，而相互之间又不打破就难以解释了。

第三节 墓葬的分期

通过本章第一节对出土器物的年代估定以及第二节墓葬打破关系的分析，我们认为，于家湾周墓大致可分为三期。

第一期，即先周时期。属于此期的墓葬有 M6、M10、M39、M53、M58、M60、M61、M64、M65、M80、M83、M110、M112 等，共 13 座。这 13 座先周墓葬有两种情况，一种是我们通过出土器物的分析对比估断出的绝对年代，约相当于商代晚期廪辛至乙辛时期，属于这一种情况的墓葬为 M6、M10、M53、M58、M60、M61、M65、M110、M112，共 9 座；另一种是我们通过地层打破关系分析推断出的相对年代，属于这一种情况的墓葬为 M39、M64、M80、M83，共 4 座。

第二期，即西周早期。属于此期的墓葬有 M1、M2、M3、M5、M7、M9、M12、M15、M16、M20、M23、M31、M33、M34、M35、M38、M42、M44、M50、M51、M54、M55、M59、M63、M66、M71、M72、M73、M76、M79、M108、M114、M115、M116、M117、M128、M130、M140、M144、M147、M149、M158、M160 等，共 43 座。

第三期，即西周中期。属于此期的墓葬有 M46、M78、M94、M96、M104、M122、M154、M156 等，共 8 座。

其余 M4、M8、M11、M13、M14、M17、M18、M19、M21、M22、M24、M25、M26、M27、M28、M29、M30、M32、M40、M41、M45、M47、M48、M49、M52、M56、M57、M62、M68、M69、M70、M74、M75、M77、M81、M95、M97、M98、M99、M101、M102、M105、M106、M111、M113、M118、M119、M120、M121、M123、M124、M125、M126、M127、M129、M131、M132、M134、M135、M136、M137、M138、M139、M142、M146、M148、M150、M151、M152、M153、M155、M157、M159、M161 等共 74 座墓葬由于既没有打破关系，又没有随葬器物或随葬器物的时代特征不明显而无法进行分期。

第七章　结　语

第一节　墓主人身份

墓室规模的大小，随葬器物的多少是墓主人生前身份和地位的真实反映，于家湾周墓大、中、小三种类型基本上能够说明这一点。

我们先从中型墓开始分析。于家湾周墓葬 M9、M20 是两座未被盗掘的中型墓葬，年代均为西周初年。两座墓都是一棺无椁，M9 随葬陶鬲 1 件、陶罐 1 件、铜鼎 1 件、铜簋 3 件（3 件铜簋形制、纹饰基本相同）；M20 随葬陶鬲、陶罐、铜簋各 1 件。这两座墓葬都是陶鬲、罐组合和青铜礼器鼎、簋组合。随葬青铜鼎、簋是关中和陇东地区先周和西周早期周人墓葬最为常见的一种基本组合形式，随葬的鼎、簋数量的多少，表明墓主人身份等级的不同。据《仪礼·士冠礼》、《士昏礼》、《士丧礼》、《士虞礼》和《特牲》记载，一鼎是"士"一级使用的，士以下的庶人是没有资格使用鼎的。簋的数目往往是与鼎相配的，如西周青铜器函皇父盘铭文"自豕鼎降十有一、簋八"[1]。于家湾 M9 随葬一鼎三簋，墓主人应该是"士"一级的贵族身份。M20 未见铜鼎，只有铜簋 1 件，表明墓主人身份是还未达到"士"一级的贵族，《礼记·曲礼》："无田禄者不设祭器"，M20 墓主人能够使用当时和鼎搭配的青铜礼器铜簋，至少说明该墓主人是有田禄者或有一定身份的贵族。值得注意的是，从已发掘的先周晚期或西周早期墓葬材料来看，流行于当时的鼎簋组合一般是 1 鼎 1 簋，或者是鼎多簋少，如 2 鼎 1 簋、3 鼎 2 簋、5 鼎 3 簋等，但于家湾 M9 是 1 鼎 3 簋，M20 无鼎，只有 1 簋。出现这种情况，可能是西周初年（M9、M20 的绝对年代应该在武成之时）鼎簋组合的形式还不是太严格，或者说对用鼎的要求比较严格，而对与鼎搭配的簋的要求则相对宽松一点。可以想象，M9 墓主人是"士"一级的贵族，只能用 1 鼎，但其家境殷富，所以配有 3 簋；M20 墓主人身份尚未达到"士"一级，不能用鼎，但其也是有一定身份的贵族或有田禄者，故只用 1 簋。

由于于家湾 138 座周墓葬中，中型墓葬占了将近 70%，其墓主人身份应该比较复杂，除了像 M9 为"士"一级的贵族外，还应该有像 M20 墓主人一样身份较低的贵族或较富裕的自由民以及掌握一定兵权的军事首领或士兵等。如 M104，墓内一棺一椁，该墓被盗掘，但幸存的 5 件锻制铜盆有 2 件装满了象征财富的海贝，表明墓主人生前的富有。再如 M60，为先周晚期墓葬，该墓一棺一椁，墓葬尽管被盗掘，但从出土数量较多的铜泡、铜戈以及象征权力的

---

① 陈梦家：《西周铜器断代》（三），《考古学报》1956 年 1 期。

青铜五孔銎内钺来看，墓主人生前应该是一位掌握一定兵权的军事首领。还有 M42、M108 等，墓内随葬有弓形器、铜戈、大铜泡等兵器类物件，表明墓主人生前可能是兵士。值得注意的是，于家湾 M3 出土的一件微胡二穿戈内上有一铭文"戈"字（标本 82CYM3∶1），同样这个字的铭文在宝鸡竹园沟 M1 的一件大铜泡（BZM1∶115）内壁上也铭有一"戈"字[1]。于家湾 M3 年代为西周初年武成之时，竹园沟 M1 年代为成康之际，时代均为西周早期，这之间有什么联系，值得注意。

再来分析大型墓。于家湾大型墓葬共 13 座，约占整个墓葬总数的近 10%。大型墓都有棺有椁，墓室面积 10 平方米左右（最大的 M144 超过 12 平方米）。如上所述，随葬 1 鼎 3 簋的 M9 和 1 簋的 M20，在于家湾只是属于中型墓葬，墓室面积仅三四平方米，其规模远逊于 10 平方米左右的大型墓葬。尽管于家湾大型墓葬因盗掘严重而未出土完整的青铜礼器，但其墓室规模至少说明这些大型墓葬的墓主人身份要高于"士"一级，应该是有较高地位的大夫一级的奴隶主贵族。与于家湾墓地相距不远的灵台白草坡西周墓 M1、M2 墓主人分别是一邦之长的潶伯和㷲伯，其墓室面积也不过七八平方米[2]，因此，于家湾大型墓墓主人身份是有较高地位的奴隶主贵族是可信的。这一点，我们还可以从于家湾大型墓葬 M115 随葬的铜车马器看出来。M115 墓室面积近 12 平方米，墓内一棺一椁。该墓被盗严重，但墓室填土中殉葬一匹小马，并出土了 2 件车軎、5 件銮铃、1 件铜戈。铜车軎是车辆的主要构件，随葬的多少象征着车辆的数量。M115 出土 2 件车軎，至少代表埋车一辆。灵台白草坡西周墓 M2 㷲伯墓陪葬四马一车，与 M115 埋车数量相当。另外，于家湾大型墓中的 M149 墓室面积约 10 平方米，墓内一棺一椁，墓葬尽管被盗，但仍出土了直径达 45 厘米的漆盘，这件漆盘图案富丽华贵，是目前所知西周早期最大的漆盘，可以想象，能够使用这样豪华的漆盘，墓主人生前的地位是较高的。由此来看，于家湾大型墓葬的墓主人为大夫一级或为一邦之长的伯爵身份是极有可能的。

还需要说明的是，于家湾有 8 座墓出土了锻造铜盆，这 8 座墓均为大、中型墓葬，如 13 座大型墓葬中有 4 座出土铜盆，其中 M114、M128 还出土有铜鼎残片，可见这种锻造铜盆在当时应该是作为特殊的礼器来享用的。从保存较完整的 M104 的 5 件铜盆有大有小来看，铜盆与鼎等礼器应该是按一定的组合数量相配的，从出土时盆内盛有海贝、蛤蜊壳等分析，其作用可能与鼎盛肉食、簋盛黍稷一样，表示财富的多少。由于铜盆盆沿上均有等距离的三组穿孔，每组两孔，应该是用来系绳的，加之这种锻制铜盆体较薄较轻，故我们分析这种铜盆在当时可能是用来称量海贝等用于交换的媒介物的量器。

最后来分析小型墓。小型墓共 28 座，约占墓葬总数的 20%。与大、中型墓相比，小型墓大多未被盗掘，这就为我们分析墓主人身份提供了真实的依据。小型墓都没有椁，只有一棺，更小一点的墓甚至连棺也没有，墓主人直接葬于墓底，而且也很少有苇席等其他葬具，其随葬品也相对较少。从墓室面积来看，小型墓墓室面积最大的为 2.61 平方米，最小的仅 1.15 平方米。28 座小型墓中，墓室面积超过 2 平方米的有 11 座，2 平方米以下的有 17 座。从随葬器物来看，15 座未被盗掘的墓葬中，有 4 座无任何随葬品，11 座有随葬品，但随葬品都非常简

① 卢连成、胡智生：《宝鸡弨国墓地》，文物出版社，1988 年。
② 甘肃省博物馆文物队：《甘肃灵台白草坡西周墓》，《考古学报》1977 年 2 期。

单，大多是 1 鬲、1 罐或 1 壶以及 1、2 件纺轮、骨刀、海贝、蛤蜊壳等。随葬青铜器的墓葬仅有 3 座，其中 M3 随葬铜戈 2 件、砺石 1 件、蛤蜊 2 枚；M54 随葬陶壶 1 件、透顶铜泡 1 件、海贝 2 枚；M58 随葬铜戈 1 件、海贝 3 枚。由此分析，小型墓墓中，有随葬品者，表明其生前掌握有一定的财富，其身份应该是平民或兵士；而那些既无随葬品，墓室又小，又无葬具的墓主人，就可能是平民中的最贫穷者，有些可能已接近奴隶阶层。

第二节　于家湾周墓的探讨

如前所述，于家湾沟东区是一块内涵比较单一的墓地，除了有零星的史前遗物及部分西晋十六国时期的墓葬外，其余全是周墓葬。从墓葬分期可知，周墓葬的时代是从先周至西周中期，换言之，将于家湾沟东区作为墓地使用的最早主人应该是先周墓葬的主人们。如果我们将于家湾沟东区已确定的 13 座先周墓葬单独标示出来的话，就会发现这些先周墓葬基本上是以家族形式聚葬在一起的，墓葬与墓葬之间相距都很近，其排列方式基本上是由北向南斜错排列。其中：

第一区有 2 组：1 组有 M53、M58、M60、M61、M64、M83；2 组有 M65、M80。

第二区有 1 组：M6、M10、M39。

第四区有 1 组：M110、M112。

以上这 4 个组除了第一区 2 组的 2 座墓因为有打破关系可能不是家族墓葬外，其余 3 个组应该分别代表了 3 个家族。我们再分别来看一下这几组墓葬的随葬器物。

第一区 1 组 6 座墓葬中有随葬器物的有 4 座，即 M53、M58、M60、M61，其中 M53 随葬平裆鬲等，M58 随葬銎内戈等，M60 随葬五孔銎内钺、微胡二穿戈、中胡三穿戈、Ⅰ式大铜泡等，M61 随葬Ⅰ式联裆鬲、A 型折肩罐等。

第一区 2 组 2 座墓葬中，M65 随葬有 B 型Ⅱ式分裆鬲，M80 仅随葬海贝 1 枚。

第二区 3 座墓葬中有随葬器物的 2 座，即 M6、M10，其中 M6 随葬有 B 型Ⅰ式分裆鬲，M10 随葬有Ⅰ式联裆鬲。

第四区 2 座墓都有随葬器物，其中 M110 随葬有Ⅰ式折肩罐等，M112 随葬有 A 型分裆鬲、短胡一穿戈等。

从上面几组的随葬器物可以看出这样几个信息：首先，于家湾先周墓葬的随葬器物，从总体上看基本上都属于先周晚期，也就是说，于家湾墓地的使用大概是从先周晚期开始的。其次，于家湾先周墓葬所显现出的文化内涵仍然是以周文化为主的文化内涵，如长方形联裆鬲、高领分裆袋足鬲、通体磨光褐陶罐、绳纹折肩罐、微胡二穿戈、中胡三穿戈以及大铜泡等，都是先周文化习见的器物。但是，也同时显现出了一些有别于周文化的因素，如平裆鼎形鬲、单耳分裆袋足鬲、五孔銎内钺、銎内戈等。商末周初，于家湾地处共、阮、密等方国之间，周边有"戎狄"、"羌戎"等部族，还有殷商文化的影响等，吸收一些外来文化的因素是很自然的。最后，于家湾先周墓葬中，即使一个家族的墓葬，也是既有高领分裆袋足鬲，又有联裆鬲，还有平裆鬲。就先周文化而言，一般认为以瘦长挺拔为特征的联裆鬲和瘪裆鬲是"姬周"文化的特点，而高领乳状袋足鬲则是"姜戎"文化的特点。于家湾先周墓葬所获得的资料显示，这个墓地至少在先周晚期这两种"文化"是共存的，而且是一个家族的。这充分说明在先周晚期，这两种"文化"在于家湾已经融合在了一起。不过，周初以后，这个墓地所显示的就完全是以姬周文化为主体的内涵了。

我们认为，于家湾周墓地反映出来的这些信息与当时的历史背景是相符的。据《诗·大雅·皇矣》记载，周文王时，因"密人不恭，敢拒大邦，侵阮徂共"，故"王斯赫怒，爰整其旅，以按徂旅，以笃于周祜，以封于天下"。按密、阮、共，殷商时皆为方国，其中密最强。密即密须，为姞姓之国，故址在今甘肃灵台县西五十里的百里镇①；阮在泾川，共在泾川北。三国之中，唯阮为周之属国，所以，密人侵阮，作为"大邦"的周当然不能袖手旁观、坐视不管了。从地理位置看，于家湾地处密、阮、共三国之间，从地形看，于家湾在川道，与泾川沿汭河相连，而密在塬上，与于家湾隔南塬和黑河以及达溪河，所以，于家湾在殷商时很有可能是阮的属地，周文王灭密以后，泾河上游一带尽归周有。于家湾墓地先周和西周早期的考古资料所反映出的信息正好和这一段历史是相符合的。

另外，如前所述，于家湾周墓葬可分为先周时期、西周早期、西周中期，其中先周时期墓葬和西周早期墓葬衔接非常紧密。从出土器物的特征可以看出，属于先周时期的器物以先周晚期为多，而西周早期的器物则以西周初年为多，有些甚至很难绝对的分清先周晚期和周初的差异，这说明于家湾墓地的人们从先周到西周是一脉相承的，是没有中断的，从族群和文化来说，应该是同一个族群、同一种文化的延承。

于家湾墓地还有一个值得注意的现象是，在可以分期的64座墓葬中，先周墓葬占20%，西周早期墓葬占68%，西周中期墓葬仅占12%，而西周晚期墓葬未见一座。尽管于家湾还有74座无法分期的墓葬，但至少可分期的墓葬反映了这样一个事实：即于家湾墓地周墓葬出土的器物群中没有见到典型的西周晚期的器物！这也就是说，于家湾周墓地自先周时期开始使用，历经西周早期、中期，至西周晚期时便不再使用了。一般来说，于家湾墓地没有发现西周晚期墓葬应该有两种情况，第一种情况是墓地已满，无法再使用，需另选墓地；第二种情况是因某种原因举族迁往他处，墓地被废弃。从于家湾墓地的钻探和发掘情况来看，该墓地第一、第二、第三梯田台地墓葬分布较为密集，第四梯田台地以上墓葬分布较为稀疏，西晋十六国墓葬大部分都埋葬于此，也就是说，在西周晚期的时候，于家湾墓地第四梯田台地以上尚有很多空地可以用来埋葬，显然第一种情况不能成立。那么，就只能是第二种情况了，那就是使用于家湾墓地的族人因某种原因举族迁往他处。那么，又是什么原因让于家湾的族人在西周中期以后放弃这个使用了多年而且还可以继续使用的墓地，远离他们的祖先迁往他处呢？我们不妨来看一下当时的历史背景。据《后汉书·西羌传》载："至穆王时，戎狄不贡，王乃西征犬戎，获其五王，又得四白鹿，四白狼，王遂迁戎于太原。夷王衰弱，荒服不朝，虢公率六师伐太原之戎，至于俞泉，获马千匹。厉王无道，戎狄寇掠，乃入犬丘，杀秦仲之族，王命伐戎，不克。及宣王立，……后二十七年，王遣兵伐太原戎，不克"；《诗经·

---

① 见《汉书·地理志》安定郡阴密县条；《读史方舆纪要》卷五十八："灵台县……阴密城，县西五十里，志云古密国也"。

小雅·六月》云："狁匪茹，整居焦穫，侵镐及方，至于泾阳"；《诗经·小雅·采薇》亦云："靡室靡家，狁之故。不遑启居，狁之故"。按《后汉书·西羌传》和《诗经》中多次提到的自西周中期以后频繁侵扰西周王畿的"犬戎"，即"严允"、"狁"、"猃狁"，是当时活动于宗周西北地区的一支戎狄族。由此可见，自西周中期以后，周王朝国运日衰，西北戎狄部族不断侵扰西周王畿，边陲尽陷于荒乱，到西周晚期时，地处泾河上游的平凉、庆阳一带已尽归犬戎所有，《后汉书·西羌传》形容道：当时"自陇山以东，及乎伊、洛，往往有戎"。据此，我们分析于家湾周墓地没有西周晚期墓葬的原因，很有可能是由于于家湾周墓地的族人当时不堪犬戎等异族的侵扰，被迫迁往他乡。

第三节　于家湾周墓青铜锻造工艺水平

于家湾周墓地尽管被盗严重，但发现的青铜器仍有不少，算上 1982 年出土的觚、爵，在这个墓地出土的青铜器有鼎、簋、盆、觯、觚、爵、钺、戈、镞、剑鞘饰、弓形器、削、刻刀、軎、辖、衡、镳、衔、銮铃、当卢、节约、镜、环、牌、铃、鱼、泡及各种青铜饰件等近 30 个品种。我们将其中部分青铜器样品送中国文化遗产研究院张治国、马清林先生做金相与成分分析，分析结果显示，于家湾青铜冶炼技术、铸造技术、锻造技术以及工艺技术等都达到了相当高的水平。如在冶炼技术方面，除了有锡青铜、铅青铜、铅锡青铜外，还有 CuSnPbAs 四元合金和 CuSnPbFs 四元合金，其中有的样品平均含铁量较高，专家认为，古代青铜制品中铁含量的变化可以作为冶铜技术改变和冶炼水平提高的证据之一。含铁量较高样品的墓葬分别为 M60、M66、M140，其中 M60 为先周晚期，M66、M140 为西周早期，这一发现为研究商周时期青铜制品含铁成分与冶炼技术关系提供了重要的实物资料。

特别值得一提的是于家湾的锻造技术。于家湾西周墓葬中，有 8 座随葬有锻制青铜盆，总数达十几件个体。这种铜盆盆壁极薄，厚度仅有 0.51 ~ 1.65 毫米，极易破碎，保存完整的仅有 5 件。金相与成分分析结果显示：5 件铜盆中有 4 件为热锻加工制成，其中 2 件有较多和大量滑移带存在，说明样品在热锻后又经冷加工。另外 1 件铜盆显示 α 固溶体等轴晶组织，表明铸造成形后又经过加热和轻微冷加工。分析认为，到目前为止，已做过金相分析的秦汉以前锻造铜器大多为小件饰品、工具或兵器，几乎没有容器。于家湾锻造铜盆的发现，说明早在西周早期人们已经利用锻打技术，制作青铜容器。因此，可以认为此次分析的 4 件铜盆是中国目前发现最早的锻打成形青铜容器[1]。

第四节　于家湾周墓发掘的重要意义

于家湾周墓葬的发掘，是迄今为止甘肃省在商周考古方面规模最大的一次考古发掘，发掘所获得的考古资料为我国商周考古及西北地区青铜文化的研究提供了重要的依据。众所周

---

[1]　张治国、马清林：《崇信于家湾周墓出土青铜器分析研究》，见本书附录二。

知，先周文化的研究一直是国内外考古界的一个重要课题，多年来，陕、甘两省文物考古工作者在关中和陇东地区曾做了大量的调查和发掘工作，并取得了重要的收获。但是，在先周文化的渊源探索方面至今还存在着一定的分歧。不过，认识上的分歧并没有影响这样一个事实，即先周文化的渊源应在泾河上游探寻。事实上，甘肃文物工作者多年来在陇东地区的考古调查与发掘很多就是围绕着这一课题开展的。

据史书记载，地处泾河上游的平凉、庆阳一带是周文化的发源地，《史记·周本纪》载，周先祖不窋曾奔居于"戎狄之间"。不窋所居"戎狄之间"的地望，《史记·周本纪》正义引《括地志》云："不窋故城在庆州弘化县南三里，即其所居之城"。弘化即今甘肃省庆阳县。又《史记·秦本纪》正义引《括地志》云："宁、原、庆三州，秦北地郡，战国及春秋时为义渠戎国之地，周先公刘、不窋居之，古西戎也"。宁、原、庆三州，即今庆阳地区。周先族在平凉地区迁徙、居住、活动的历史，成书于西周时期的《诗·大雅·公刘》曾有详细记载。诗云，公刘迁豳过程中，曾"逝彼百泉，瞻彼溥原"，"止旅乃密，芮鞫之即"。百泉，即今泾川百泉，汉为朝那县，属安定郡[①]；溥原，即今灵台梁原[②]；密，即古密地，在今灵台县，《汉书·地理志》安定郡阴密县："诗密人国"，《读史方舆纪要》卷五十八："灵台县……阴密城，县西五十里，志云古密国也"；芮，即汭河，发源于华亭县，由西向东横贯崇信县而汇入泾河。《汉书·地理志》载："芮水出西北，东入泾。"这些较为可信的历史文献资料说明，周先祖在迁豳前确实在泾河上游的陇东一带居住、活动，这里应该是先周文化的发祥地。崇信县九功于家湾、赤城香山寺先周墓葬的清理发掘，无疑为历史文献资料的真实性增添了新的内容和依据。我们认为，以平凉市庙庄、大陈，泾川县盖郭、蒜李坪，崇信县九功、赤城，灵台县乔村、惠家洼等周文化遗址为中心，在这一区域内继续开展以探寻先周文化为课题的专项考古调查和发掘，相信是可以取得更多成果的。

① 〔清〕张廷福：《泾州志·地舆》上卷，甘肃文化出版社，2007 年。
② 〔清〕黄居中修、杨淳纂：《重修灵台县志·古迹条》，铅印本影印本，成文出版社（台北），1936 年。

附表一

崇信于家湾周墓墓葬登记表

（单位：米）

墓号	分期	方向	墓室（附壁龛与腰坑）		葬具痕迹（附二层台）		葬式	性别与年龄	盗扰情况	随葬器物			备注
			形制	长×宽−深	形制	长×宽+高				陶器	青铜器	其他	
M1	西早	330°	不详		不详	有棺木痕迹	不详	不详	破坏		Ⅱ式十字梁泡1	穿孔海贝4 蚝蛤蜊1	村民挖房基破坏
M2	西早	335°	长竖井	2.50×1.18 −2.40	Ⅱ	2.20×0.73 +0.50	仰直	成年男性	未扰	Ⅳ式联档鬲1	Ⅱ式大泡1	穿孔海贝8	
M3	西早	350°	长竖井	2.12×0.80 −2.00	Ⅱ	2.00×0.60 +0.30	仰直	成年男性	未扰		微胡二穿戈2	B型Ⅰ式砺石1 文蛤蜊2	
M4		352°	长正斗	口：2.60×1.40−5.30 底：2.25×1.15	Ⅱ	2.10×0.80 +0.40	不详	成年女性	盗扰			蚝蛤蜊37	填土中殉埋马头及肢骨
M5	西早	360°	长竖井	2.65×1.15 −1.60	Ⅱ	2.20×0.83 +0.50 熟土二层台：宽0.20~0.30 高0.50	仰直	成年男性	未扰	Ⅱ式瘪档鬲1	微胡二穿戈2 长胡二穿戈1 Ⅰ式大泡1 Ⅱ式中泡1	穿孔海贝4	
M6	先周	330°	长竖井	口：2.30×0.90 底：2.15×0.80−0.46	无葬具		仰直	成年男性	未扰	B型Ⅰ式分档鬲1			墓主人脑后放置小石块一个
M7	西早	325°	长竖井	2.05×0.70 −0.60	无葬具		仰直	少年	未扰	Ⅰ式瘪档鬲1		A型Ⅱ式砺石1	
M8		8°	长正斗	口：2.30×1.10−1.45 底：2.00×0.65	无葬具		仰直	骨架粉化，性别不详	未扰			绿松石坠2 蚌质串珠59 穿孔海贝2	
M9	西早	346°	长正斗	口：2.85×1.45−0.80 底：2.43×1.30	Ⅱ	1.95×0.77 +0.45 熟土二层台：宽0.30 高0.45	仰直	成年男性	未扰	Ⅰ式瘪档鬲1 B型Ⅱ式折肩罐1	Ⅰ式鼎1 簋3	穿孔蚌泡1 蚌环片穿饰50 穿孔海贝1	

（续表）

墓号	分期	方向	墓室（附壁龛与腰坑）形制	墓室（附壁龛与腰坑）长×宽−深	葬具痕迹（附二层台）形制	葬具痕迹（附二层台）长×宽+高	葬式	性别与年龄	盗扰情况	随葬器物 陶器	随葬器物 青铜器	随葬器物 其他	备注
M10	先周	335°	长正斗	口：2.40×1.04−0.98 底：2.15×0.85	𝌆	1.90×0.65+0.35 熟土二层台：北宽0.15 南宽0.07 东宽0.15 西宽0.10 高0.35	仰直	成年女性	未扰	Ⅰ式联裆鬲1			
M11		360°	长正斗	口：2.20×0.80−1.10 底：1.90×0.60	不详	有棺木痕迹 高0.30	仰直	成年男性	未扰				
M12	西早	360°	长竖井	2.15×1.10−0.85	𝌆	1.95×0.60+0.35 熟土二层台：北宽0.15 南宽0.05 东宽0.25 西宽0.23 高0.35	仰直	成年男性	未扰	B型Ⅰ式圆肩罐1		穿孔海贝1	
M13		325°	长正斗	口：2.50×0.85−1.20 底：2.10×0.78	𝌆	尺寸不详	仰直	成年女性	未扰	Ⅲ式纺轮1			
M14		338°	长正斗	口：2.15×0.90−0.55 底：1.90×0.80	无葬具		仰直	骨架粉化，性别年龄不详	未扰				
M15	西早	328°	长竖井	2.10×0.90−1.05	𝌆	1.75×0.65+0.35 熟土二层台：北宽0.25 东西南宽0.10 高0.35	仰直	少年	未扰	Ⅱ式瘪裆鬲1 B型Ⅱ式折肩罐1（残）		骨刀1	
M16	西早	333°	长正斗	口：2.50×1.30−1.35 底：2.25×1.05	𝌆	2.00×0.60+0.35	仰直	成年男性	盗扰			骨刀1 穿孔海贝1 蚝蛤蜊2	
M17		352°	长竖井	2.55×1.15−2.45	Ⅱ	2.25×0.70+0.40	仰直	成年男性	未扰				棺外左上角有一石块
M18		352°	长竖井	2.20×1.05−1.80	Ⅱ	1.80×0.60+0.28	不详	不详（仅存两条腿骨）	盗扰		Ⅰ式无沿泡2	文蛤蜊4	
M19		348°	长竖井	3.50×1.70−4.80	Ⅱ	2.25×1.10+0.50 熟土二层台：北宽0.35 南宽0.50 东西宽0.30 高0.45	不详	不详（仅存两条腿骨）	盗扰			玛瑙串珠19 料珠7 蚌质串珠101 穿孔海贝19	

（续表）

墓号	分期	方向	墓室（附壁龛与腰坑）		葬具痕迹（附二层台）		葬式	性别与年龄	盗扰情况	随葬器物			备注
			形制	长×宽-深	形制	长×宽+高				陶器	青铜器	其他	
M20	西早	340°	长覆斗	口：2.70×1.20-1.80 底：2.95×1.55 壁龛：进深0.40 宽1.30 高1.20	Ⅱ	2.15×0.85+0.60 生土二层台：南北宽0.40 东宽0.20 西宽0.15 高0.60	仰身屈肢	成年男性	未扰	Ⅱ式瘪裆鬲1 A型圆肩罐1	篮1		
M21		333°	长竖井	2.80×1.50-4.40	Ⅱ	2.20×1.05+0.70 熟土二层台：北宽0.40 南宽0.20 西宽0.15 高0.70	仰直	不详（仅存盆骨以下）	盗扰			穿孔海贝1 蚬蛤蜊2 文蛤蜊2	
M22		325°	长竖井	3.60×1.70-2.60	Ⅱ	2.60×0.90+? 生土二层台：北宽0.45 南宽0.55 东西宽0.30	不详	不详（仅存两条腿骨）	盗扰			无孔蚌泡2 蚬蛤蜊270	
M23	西早	345°	长竖井	3.20×1.90-4.60	Ⅰ	2.10×0.85+0.55 熟土二层台：北宽0.25 南宽0.35 东西宽0.30 高0.75	仰直	不详（仅存盆骨以下肢骨）	盗扰	Ⅳ式联裆鬲1	Ⅱ式铃2	玉璜1 玉蚕1 半环形玉饰1 蚬蛤蜊53	填土中殉埋马、牛肢骨
M24		335°	长竖井	2.75×1.25-2.00	Ⅰ	1.90×0.70+0.40 生土二层台：北宽0.45 南宽0.35 东宽0.30 西宽0.25 高0.45	仰直	成年女性	盗扰	Ⅱ式纺轮1		穿孔海贝7 磨平海贝4	
M25		350°	长竖井	2.25×1.50-3.70	Ⅱ	?×0.60+0.40 生土二层台：南北宽0.10 东西宽0.35	不详	不详（仅存两条小腿骨）	盗扰			穿孔海贝1	
M26		335°	长竖井	2.15×1.20-1.05	Ⅱ	1.90×0.60+?	仰直	成年女性（头骨不见）	盗扰			穿孔蚌泡2	
M27		320°	长竖井	2.40×1.15-1.15	Ⅰ	?×0.55+0.25	不详	不详（仅存零星肢骨）	盗扰				

（续表）

墓号	分期	方向	墓室（附壁龛与腰坑）		葬具痕迹（附二层台）		葬式	性别与年龄	盗扰情况	随葬器物			备注
			形制	长×宽－深	形制	长×宽＋高				陶器	青铜器	其他	
M28		305°	长竖井	2.55×1.20－2.30	□	1.85×0.70＋0.40 生土二层台：北宽0.25 南宽0.45 东宽0.20 西宽0.30	不详	不详（仅存两条小腿骨）	盗扰		残戈内1		
M29		320°	长竖井	2.60×1.30－1.45	□	1.90×0.60＋0.20 生土二层台：北宽0.40 东西南宽0.30	不详	不详（仅在盗洞内发现零星骨头）	盗扰	Ⅱ式纺轮1			
M30		330°	长竖井	1.90×1.05－1.85	□	1.60×0.75＋0.20	不详	骨架腐朽成粉末（似为一少年）	未扰				
M31	西早	340°	长竖井	2.15×1.10－1.30	□	1.70×0.50＋0.30 生土二层台：北宽0.15 南宽0.30 东宽0.25 西宽0.30	仰直	少年	未扰	B型Ⅱ式折肩罐1 Ⅱ式纺轮1			
M32		340°	长竖井	2.35×1.10－1.55	□	1.90×0.60＋0.20	不详	不详（仅存两条小腿骨）	盗扰				
M33	西早	340°	长竖井	2.50×1.15－1.65	□	1.95×0.70＋0.25 生土二层台：北宽0.40 南宽0.10 东西宽0.20	仰直	不详（仅存盆骨以下肢骨）	盗扰	Ⅱ式瘪裆鬲1			
M34	西早	340°	长竖井	3.80×2.60－6.30 腰坑：0.60×0.57－0.35	□ Ⅱ	棺：2.10×0.85＋0.85 椁：2.80×1.80＋1.10 熟土二层台：南北宽0.40～0.65 东西宽0.30～0.55 高1.10	不详	不详（仅存两条小腿骨）	盗扰	Ⅲ式联裆鬲1		Ⅲ式玉鱼1 Ⅳ式玉鱼2 穿孔蚌泡6 蚝蛤蜊153	墓室南北盗洞内各有一块石头；腰坑内殉狗1只
M35	西早	5°	长竖井	3.05×1.15－2.70	Ⅱ	2.30×0.85＋0.50 熟土二层台：南北宽0.20 东西宽0.10 高0.50	仰直	不详（骨架零乱）	盗扰	B型Ⅲ式分裆鬲1		玉璧1 穿孔蚌泡1 穿孔海贝6	该墓打破M39

（续表）

墓号	分期	方向	墓室（附壁龛与腰坑）		葬具痕迹（附二层台）		葬式	性别与年龄	盗扰情况	随葬器物			备注
			形制	长×宽－深	形制	长×宽＋高				陶器	青铜器	其他	
M38	西早	20°	长竖井 壁龛：进深0.45 宽1.60 高1.30	2.55×1.80－2.15	棺	2.25×1.00＋0.20 生土二层台：北宽0.25 南宽0.10 东西宽0.40	仰直	不详（骨架腐朽粉化）	盗扰	Ⅰ式瘪裆鬲1 Ⅱ式联裆鬲1	镞1 Ⅰ式铜镜1 Ⅱ式铜镜1 Ⅱ式中泡1 帽形泡7	A型Ⅰ式砺石1 B型Ⅰ式砺石1 无孔蚌泡4 蚌环片穿饰（已粉碎，无法计数）穿孔海贝50	该墓被西晋十六国墓葬打破
M39	先周	330°	长竖井	1.95×0.80－0.35	无葬具		仰直	不详	未扰				该墓被M35打破
M40		348°	长竖井	2.18×1.20－2.35	Ⅱ	1.95×0.60＋0.30 生土二层台：南宽0.15 东西宽0.20	仰直	不详（头骨不见）	盗扰				
M41		334°	长竖井	3.10×1.80－3.90	棺	?×0.70＋0.55 生土二层台：北宽0.40 南宽0.15 东宽0.40 西宽0.35	不详	不详（仅存两条腿骨）	盗扰				
M42	西早	340°	长竖井	2.40×1.25－1.47	棺	2.05×0.70＋0.55 生土二层台：北宽0.20 南宽0.15 东西宽0.25 高0.20	仰直	不详（骨架粉化，头骨不见）	盗扰		弓形器1 Ⅰ式大泡1 Ⅰ式无沿泡14	无孔蚌泡3 穿孔海贝6	填土中殉埋马腿骨1条；该墓北部墓口被西晋十六国墓葬打破
M44	西早	350°	长竖井 壁龛：进深0.50 宽1.85 高1.80	3.70×2.33－5.20	棺椁Ⅱ	棺：1.95×0.65＋? 椁：2.40×1.20＋0.70 熟土二层台：北宽0.60 南宽0.70 东宽0.50 西宽0.70 高0.70	不详	不详（仅存零星肢骨）	盗扰	Ⅱ式联裆鬲1		蚌环片穿饰61 穿孔海贝23 磨平海贝2 蚝蛤蜊1	
M45		335°	长竖井	2.45×1.30－2.85	Ⅱ	2.00×0.70＋0.35 生土二层台：北宽0.25 南宽0.20 东宽0.20 西宽0.35	不详	不详（仅存零星肢骨）	盗扰				

（续表）

墓号	分期	方向	墓室（附壁龛与腰坑）		葬具痕迹（附二层台）		葬式	性别与年龄	盗扰情况	随葬器物			备注
			形制	长×宽−深	形制	长×宽+高				陶器	青铜器	其他	
M46	西中	355°	长竖井	2.30×1.35−2.20 壁龛：进深0.15 宽0.70 高0.40	口	2.00×0.65+0.50	仰直	不详（仅存两条腿骨）	盗扰	Ⅶ式联裆鬲1 B型Ⅳ式折肩罐1		穿孔海贝1 蚶蛤蜊2	
M47		345°	长竖井	2.50×1.40−1.70	口	2.05×0.80+0.40 熟土二层台：北宽0.25 南宽0.15 东西宽0.25	不详	不详（仅存零星肢骨）	盗扰				
M48		310°	长竖井	2.00×0.90−1.10	Ⅱ	1.90×0.60+0.25	仰直	不详（头骨不见，骨架粉化）	盗扰			蚶蛤蜊3 文蛤蜊3	
M49		355°	长竖井	2.80×1.40−3.10	Ⅱ	?×0.70+0.50 生土二层台：北宽0.30 南宽0.35 东宽0.40 西宽0.30	不详	不详（仅存零星肢骨）	盗扰				棺内殉狗一只
M50	西早	323°	长竖井	2.40×1.20−1.05	Ⅱ	2.00×0.70+0.40 生土二层台：北宽0.10 南宽0.35 东西宽0.25 高0.20	仰直	不详（骨架腐朽粉化）	未扰	Ⅴ式联裆鬲1 尊1		穿孔海贝4	
M51	西早	334°	长竖井	2.53×1.00−0.80	Ⅱ	1.95×0.60+0.50 生土二层台：北宽0.30 南宽0.25 东西宽0.15~0.25 高0.53	仰直	成年女性	盗扰	Ⅳ式联裆鬲1		穿孔海贝3	
M52		320°	长竖井	2.50×1.60−2.90	不详	有棺木痕迹	不详	不详（仅存零星肢骨）	盗扰			骨片1 穿孔海贝1 磨平海贝1 蚶蛤蜊1	因雨塌陷
M53	先周	358°	长竖井	2.38×1.10−1.75	Ⅱ	2.10×0.80+0.45 熟土二层台：北宽0.20 南宽0.10 东西宽0.10~0.20 高0.45	仰直	不详	盗扰	平裆鬲1		穿孔海贝2 磨平海贝4	

（续表）

墓号	分期	方向	墓室（附壁龛与腰坑）		葬具痕迹（附二层台）		葬式	性别与年龄	盗扰情况	随葬器物			备注
			形制	长×宽-深	形制	长×宽+高				陶器	青铜器	其他	
M54	西早	345°	长竖井	2.20×1.05-1.40	Ⅱ	2.00×0.60+0.45 熟土二层台：东宽0.30 西宽0.15 高0.45	仰直	成年女性	未扰	壶1	Ⅱ式透顶泡1	穿孔海贝2	
M55	西早	330°	长竖井	3.35×1.70-4.50	□Ⅱ	棺：1.90×0.70+? 椁：2.60×?+? 熟土二层台：北宽0.30 南宽0.35 东宽0.30 西宽0.20 高1.00	仰直	不详（头骨不见，骨架腐朽粉化）	盗扰	鬲口沿残片2	Ⅰ式残车軎1	骨刀1 蚌环片穿饰2 穿孔海贝2 磨平海贝2 蚝蛤蜊3	墓东南角盗洞内发现盗墓者骨架一具
M56		345°	长竖井	2.50×1.35-3.80	不详	有棺木痕迹	不详	不详（仅存零星肢骨）	盗扰				因雨塌陷
M57		338°	长竖井	2.40×1.30-1.50	□	2.10×0.75+0.40	仰直	成年女性	盗扰	罐底部残片1		穿孔海贝3 磨平海贝32	
M58	先周	343°	长竖井	1.85×1.05-0.95	无葬具		仰直	少年（骨架粉化）	未扰	銎内戈1		穿孔海贝3	
M59	西早	320°	长竖井	2.80×1.40-1.40	□	2.28×0.95+0.50 生土二层台：北宽0.30 南宽0.20 东宽0.25 西宽0.15 高0.55	仰直	成年女性	盗扰	乳丁纹簋口沿残片1		骨刀1 骨笄1 骨梳1 穿孔蚌泡16 无孔蚌泡11 穿孔海贝25 漆器3	
M60	先周	355°	长竖井	2.55×1.20-1.40	Ⅱ□	棺：1.90×0.65+0.50 椁：2.40×1.10+0.55	仰直	成年男性（头骨不见）	盗扰		钺1 微胡二穿戈1 中胡三穿戈2 残戈尖2 Ⅰ式大泡2 Ⅰ式中泡1 Ⅰ式无沿泡30	穿孔海贝3 磨平海贝49	
M61	先周	340°	长竖井	2.45×1.10-1.05	Ⅱ	2.08×?+0.35 生土二层台：北宽0.25 南宽0.10 东宽0.25 西宽不详	不详	不详（仅存零星肢骨）	盗扰	Ⅰ式联裆鬲1 A型折肩罐1 Ⅰ式纺轮1			该墓被M63打破

（续表）

墓号	分期	方向	墓室（附壁龛与腰坑）		葬具痕迹（附二层台）		葬式	性别与年龄	盗扰情况	随葬器物			备注
			形制	长×宽-深	形制	长×宽+高				陶器	青铜器	其他	
M62		340°	长竖井	2.70×1.50-2.00	凵	?×0.65+?	不详	不详（两条小腿骨）	盗扰			穿孔海贝3	
M63	西早	332°	长竖井	3.80×2.50-5.80	凵Ⅱ	棺：2.20×0.90+0.80 椁：2.70×1.50+1.30 熟土二层台：北宽0.65 南宽0.40 东西宽0.45 高1.25	不详	少年（仅存零星肢骨）	盗扰	Ⅲ式瘪裆鬲1	残戈尖1 A型Ⅱ式铃1 环1 Ⅲ式无沿泡35	玉蝉5 穿孔蚌泡2 无孔蚌泡4 穿孔海贝10 磨平海贝5 蚝蛤蜊31	该墓打破M61和M64
M64	先周	332°	长竖井	1.90×1.00-1.10	无葬具		不详	不详（仅存零星肢骨）	盗扰				该墓被M63打破
M65	先周	335°	长竖井	2.20×0.80-1.25	无葬具	生土二层台：北宽0.25 南空 西宽0.15 高0.30	不详	不详（仅存破碎头骨及零星肢骨）	盗扰	B型Ⅱ式分档鬲1			该墓打破M80
M66	西早	325°	长正斗	口：3.95×2.95-7.60 底：3.75×2.75 腰坑：0.65×0.45-0.25	凵Ⅱ	棺：2.20×0.70+? 椁：2.95×1.65+1.00 熟土二层台：东西南北宽0.40~0.65 高1.00	不详	不详（仅存零星肢骨）	盗扰	残鼎碎片 Ⅲ式无沿泡1		Ⅰ式玉鱼3 Ⅲ式玉鱼1 残玉鱼1 骨片38 圆形蚌片饰1 穿孔海贝7 磨平海贝5 蚝蛤蜊67 文蛤蜊3	腰坑内殉狗1只，填土中殉埋有零散的羊骨
M68		330°	长竖井	2.80×1.40-2.20	Ⅱ	2.15×0.70+0.45 生土二层台：北宽0.40 南宽0.15 东西宽0.30	不详	不详（仅存零星肢骨）	盗扰				
M69		345°	长竖井	2.70×1.30-1.15	无葬具	生土二层台：北宽0.40 南宽0.20 东宽0.45 西宽0.25	不详	不详（仅存残破头骨及零星肢骨）	盗扰				该墓被西晋十六国墓葬打破
M70		330°	长竖井	3.35×1.80-2.95	凵	2.20×1.15+0.70 熟土二层台：北宽0.70 南宽0.45 东宽0.30 西宽0.35 高0.70	仰直	不详（骨架胸部以上被盗）	盗扰			无孔蚌泡5 "山"字形蚌饰4 蚌方形片饰5 穿孔海贝56 磨平海贝20	填土中殉埋马头骨1个、鸡骨架1只

（续表）

墓号	分期	方向	墓室（附壁龛与腰坑）形制	长×宽-深	葬具痕迹（附二层台）形制	长×宽+高	葬式	性别与年龄	盗扰情况	陶器	青铜器	其他	备注
M71	西早	335°	长竖井	3.05×1.80-4.05 壁龛：进深0.28 宽1.50 高1.00	不详	有棺椁痕迹，尺寸不详 熟土二层台：北宽0.20 南宽0.35 东宽0.20 西宽0.50	不详	不详（仅存零星肢骨）	盗扰		长胡二穿戈1	B型Ⅱ式砺石1 玛瑙珠饰1 穿孔蚌泡1 穿孔海贝1 蚝蛤蜊3	壁龛内随葬羊下颌骨及肢骨
M72	西早	355°	长竖井	2.80×1.30-3.10	棺	2.20×0.75+0.40 熟土二层台：北宽0.20 南宽0.35 东西宽0.25	不详	不详（仅存零星肢骨）	盗扰	Ⅲ式联裆鬲1		"山"字形蚌饰1 长方形蚌片饰1	东南角盗洞内有狗头骨1个
M73	西早	335°	长覆斗	口：3.00×1.60-6.60 底：3.30×1.98	Ⅱ	棺：形制及尺寸不详 椁：2.50×1.25+1.00 熟土二层台：北宽0.45 南宽0.15 东西0.20	不详	不详（仅存零星肢骨）	盗扰		觯1	穿孔海贝1 蚝蛤蜊3	北部盗洞内发现有羊骨架。
M74		352°	长正斗	口：2.60×1.35-2.05 底：2.85×1.60	不详	有苇席痕迹	不详	不详（仅存零星肢骨）	盗扰				填土内殉埋鸡骨架1只
M75		345°	长竖井	2.50×1.75-3.45 壁龛：进深0.30 宽0.90 高0.70	Ⅱ	2.15×0.95+0.75 生土二层台：北宽0.25 南宽0.10 东宽0.40 西宽0.30	不详	不详（仅存零星肢骨）	盗扰				该墓北部盗洞内发现有零星猪骨
M76	西早	335°	长竖井	2.90×1.80-3.55 壁龛：进深0.50 宽1.80 高0.90	棺	棺形制及尺寸不详 椁：2.30×1.20+0.75 熟土二层台：南北宽0.30 东宽0.25 西宽0.35	不详	不详（仅存零星肢骨）	盗扰	罐残片1		骨刀1	椁内殉埋狗骨1只
M77		335°	长覆斗	口：2.35×1.15-3.90 底：2.80×1.60	棺椁	棺：2.05×0.55+0.45 椁：2.35×0.90+0.50 熟土二层台：北南宽0.30 东西宽0.25	仰直	不详（骨架盆骨以上不见）	盗扰			玉璧心1 玛瑙珠1 穿孔蚌泡2 无孔蚌泡1 蚌环片穿饰16 穿孔海贝19 蚝蛤蜊17	

（续表）

墓号	分期	方向	墓室（附壁龛与腰坑）形制	长×宽－深	葬具痕迹（附二层台）形制	长×宽+高	葬式	性别与年龄	盗扰情况	随葬器物 陶器	青铜器	其他	备注
M78	西早	354°	长竖井	2.40×1.15－1.45	Ⅱ	2.00×0.55+0.35 熟土二层台：南北宽0.15 东西宽0.25 高0.35	仰直	成年男生	盗扰	B型Ⅲ式折肩罐1			
M79	西早	330°	长竖井	2.30×0.95－0.75	无葬具	生土二层台：北宽0.30 南宽0.10 东西宽0.15 高0.30	仰直	不详（盆骨以上不见）	盗扰		微胡二穿戈1		
M80	先周	335°	长竖井	1.65×0.70－1.60	无葬具		仰直	少年	未扰			穿孔海贝1	该墓被M65被打破
M81		340°	长竖井	2.20×0.90－0.75	无葬具		仰直	不详	未扰				
M83	先周	325°	长竖井	2.05×0.80－0.60	无葬具		不详	不详（仅存零星肢骨）	盗扰				该墓被MK3打破，后因暴雨而坍塌
M94	西中	355°	长覆斗	口：2.50×1.20－2.20 底：2.65×1.40	匚	2.05×0.85+0.40 熟土二层台：北宽0.35 南东西宽0.25 高0.60	仰直	成年女性	未扰	Ⅵ式联裆鬲1 B型Ⅱ式圆肩罐1		玉刀1 圆形玉佩饰1 方形玉佩饰2 玉管珠2 料珠40 穿孔海贝3 文蛤蜊2 河蚌8	
M95		315°	长竖井	不详	不详	有棺有椁	不详	不详（仅存零星肢骨）	盗扰			蚌鱼1、穿孔海贝1、蚝蛤蜊2	该墓因暴雨而坍塌
M96	西中	345°	长覆斗	口：3.50×1.40－3.60 底：3.55×1.95	匚Ⅱ	棺：尺寸不详 椁：2.75×1.30+0.75 熟土二层台：北宽0.25 南宽0.40 东宽0.40 西宽0.40 高0.75	不详	不详（仅存零星肢骨）	盗扰	Ⅵ式联裆鬲1 罐残片2	鼎1	玉笄1 方形玉佩饰2 料珠2 石叶1 无孔蚌泡15 穿孔海贝9 蚝蛤蜊7 漆器2	
M97		340°	长竖井	3.80×2.40－4.50	匚Ⅱ	棺：尺寸不详 椁：2.70×1.25+1.35	不详	不详（仅存股骨）	盗扰			玉泡1 穿孔蚌泡1 蚌鱼3 穿孔海贝8 蚝蛤蜊7	

（续表）

墓号	分期	方向	墓室（附壁龛与腰坑）		葬具痕迹（附二层台）		葬式	性别与年龄	盗扰情况	随葬器物			备注
			形制	长×宽-深	形制	长×宽+高				陶器	青铜器	其他	
M98		338°	长竖井	3.10×1.75-5.80	? Ⅱ	棺：形制及尺寸不详 椁：2.05×1.00+1.00	不详	不详（仅存脚趾骨）	盗扰			穿孔海贝2	
M99		350°	长覆斗	口：2.85×1.25-3.30 底：3.05×1.55	□ Ⅱ	棺：?×0.60+0.50 椁：2.30×0.95+?	不详	不详（仅存两条小腿骨）	盗扰				
M101		348°	长覆斗	口：2.70×1.25-3.90 底：2.85×1.55	□	棺：尺寸不详	不详	成年女性	盗扰			玉凿1 文蛤蜊1	盗洞底部及墓室内有被火焚烧的痕迹
M102		350°	长覆斗	口：3.50×2.20-6.00 底：3.80×2.65	□ Ⅱ	棺：尺寸不详 椁：2.70×1.30+0.46	不详	不详（仅存零星肢骨）	盗扰	鬲口沿残片2	残戈尖2 Ⅲ式无沿泡2	残玉戈尖1 玉异形鸟1 穿孔海贝15 蚝蛤蜊15	
M104	西中	353°	长覆斗	口：3.20×1.55-3.50 底：3.40×1.85	□ Ⅱ	棺：2.15×0.70+? 椁：2.80×1.30+0.70 熟土二层台：北宽0.35 南宽0.20 东宽0.25 西宽0.35 高0.70	仰直	成年男性	盗扰		盆5 中胡一穿戈1 刻刀1 A型Ⅲ式銮铃6 镳4 衔2 A型Ⅱ式铃1	骨管1 穿孔蚌泡1 穿孔海贝86 蚝蛤蜊14 河蚌40	
M105		315°	长竖井	3.35×1.80-3.00	不详	有棺椁痕迹，尺寸不详	不详	不详（仅存零星肢骨）	盗扰		Ⅰ式无沿泡2	骨纺轮形器1	
M106		330°	长竖井	2.20×1.00-1.70	不详	有棺木痕迹	不详	不详（仅存零星肢骨）	盗扰		节约1		
M108	西早	355°	长覆斗	口：2.45×1.25-2.30 底：2.75×1.45	Ⅱ	2.10×0.80+0.50 生土二层台：北宽0.30 南宽0.40 东宽0.30 西宽0.35 高0.50	仰直	成年男性	盗扰		短胡无穿戈2	骨片2 穿孔海贝11	
M110	先周	342°	长覆斗	口：2.35×1.00-1.35 底：2.55×1.05	□	2.10×0.55+0.35 熟土二层台：北宽0.20 南宽0.15 东宽0.35 西宽0.20 高0.35	仰直	不详（盆骨以上被盗扰）	盗扰	B型Ⅰ式折肩罐1		蚝蛤蜊8	

（续表）

墓号	分期	方向	墓室（附壁龛与腰坑）		葬具痕迹（附二层台）		葬式	性别与年龄	盗扰情况	随葬器物			备注
			形制	长×宽-深	形制	长×宽+高				陶器	青铜器	其他	
M111		355°	长竖井	2.50×1.20 -2.55	不详	有棺木痕迹	不详	不详（骨架被盗一空）	盗扰				
M112	先周	335°	长竖井	2.55×1.40 -1.15	II	2.00×0.60 +0.40 生土二层台：南北宽0.25 东西宽0.40 高0.55	仰直	成年男性	盗扰	A型分裆鬲1	短胡一穿戈1	穿孔海贝2 文蛤蜊2	该墓被西晋十六国墓葬叠压
M113		345°	长覆斗	口：2.70×1.50-2.00 底：2.90×1.65	II	2.60×1.00 +0.45	仰直	不详（股骨以上被盗不见）	盗扰			穿孔海贝2 蚝蛤蜊2	
M114	西早	337°	长竖井	2.40×1.30 -2.45	II	1.85×0.70 +0.35	仰直	不详（盆骨以上被盗扰）	盗扰	鬲残片1	乳丁纹鼎残片1 盆残片8 有沿小泡1	穿孔海贝2 蚝蛤蜊1	
M115	西早	335°	长覆斗	口：3.75×2.65-6.05 底：4.05×2.90	? 口	棺：形制和尺寸不详 椁：2.53×1.35+0.95 熟土二层台：北宽0.75 南宽0.70 东西宽0.75	不详	不详（人骨被盗不见）	盗扰		短胡一穿戈1 I式车軎2A型I式銮铃1 B型銮铃4 I式无沿泡2	蚌牛首饰1 穿孔海贝1 蚝蛤蜊1	墓室填土中殉埋小马1匹、山羊1只
M116	西早	355°	长覆斗	口：3.15×2.10-4.00 底：3.55×2.85	? II	棺：形制和尺寸不详 椁：2.35×1.30+0.75 熟土二层台：北宽0.65 南宽0.50 东西宽0.70 高0.75	不详	不详（仅存零星肢骨）	盗扰	IV式联裆鬲1		穿孔蚌泡12 蚌鱼2 穿孔海贝6 蚝蛤蜊41 文蛤蜊13	
M117	西早	330°	长竖井	3.00×1.60 -2.50	? 口	棺：形制和尺寸不详 椁：2.06×0.90+?	不详	不详（仅存零星肢骨）	盗扰	壶1（口沿残片）			
M118		330°	长竖井	2.38×1.10 -1.50	II	2.20×0.85 +0.25	不详	不详（仅存零星肢骨）	盗扰		铃舌1	磨平海贝6	
M119		325°	长竖井	2.60×1.60 -2.40	II	2.45×1.14 +0.20	仰直	不详（盆骨以上被盗不见）	盗扰				
M120		325°	长竖井	3.00×1.40 -1.50	口	2.10×0.95 +0.50	仰直	不详（仅存双腿）	盗扰	残鬲足1		蚝蛤蜊10 文蛤蜊3	

（续表）

墓号	分期	方向	墓室（附壁龛与腰坑）		葬具痕迹（附二层台）		葬式	性别与年龄	盗扰情况	随葬器物			备注
			形制	长×宽-深	形制	长×宽+高				陶器	青铜器	其他	
M121		330°	长竖井	2.70×1.35-4.60	II	2.45×1.18+0.75	不详	不详（仅存左胫骨）	盗扰			玛瑙珠1 蚌鱼18 蚝蛤蜊26	
M122	西中	355°	长竖井	2.15×1.00-0.90	II	1.78×0.60+0.30　熟土二层台：北宽0.15 南宽0.25 东宽0.18 西宽0.23 高0.30	仰直	少年	未扰	VII式联裆鬲1		穿孔海贝1	
M123		330°	长竖井	2.60×1.00-2.60	II	2.00×0.86+0.20	不详	不详（仅存残骨1块）	盗扰			蚝蛤蜊9 文蛤蜊7	
M124		340°	长竖井	2.60×1.30-1.30	□	2.15×0.70+0.40	仰直	不详（仅存双腿）	盗扰				
M125		335°	长竖井	2.43×1.15-1.07	II	1.95×0.63+0.15	仰直	成年女性	盗扰	鬲口沿残片1		穿孔海贝9	
M126		340°	长竖井	2.50×1.13-3.00	□	2.05×1.00+0.67	仰直	不详（盆骨以上被盗）	盗扰			蚝蛤蜊2	
M127		351°	长竖井	3.50×2.20-5.35	□ II	棺：尺寸不详　椁：2.40×1.20+0.85 熟土二层台：南北宽0.55 东西宽0.40	不详	不详（仅存零星肢骨）	盗扰	残鬲足1	盆残片I式鱼1 I式无沿泡7	穿孔蚌泡6 穿孔海贝4	
M128	西早	340°	长竖井	3.73×2.70-5.00	□ II	棺：尺寸不详　椁：3.05×1.93+1.10 熟土二层台：北宽0.40 南宽0.25 东西宽0.35	不详	不详（仅存零星肢骨，东南角盗洞内有两个人头骨）	盗扰		鼎残片 盆残片 镞1 削1 II式车軎1 I式节约1 帽形器1 I式十字梁泡1 I式无沿泡2 II式无沿泡4 III式无沿泡3 长方形双联泡1	残玉鱼1 骨细腰1 蚌细腰1 穿孔蚌泡2 蚌鱼8 穿孔海贝4 磨平海贝24 蚝蛤蜊36 文蛤蜊1	
M129		360°	长竖井	2.80×1.25-4.10	II	2.10×0.70+0.70 熟土二层台：北宽0.45 南宽0.25 东西宽0.30	不详	不详（仅存零星肢骨）	盗扰			穿孔海贝10 磨平海贝3 蚝蛤蜊1 文蛤蜊2	北部二层台上随葬马腿骨1只

（续表）

墓号	分期	方向	墓室（附壁龛与腰坑）		葬具痕迹（附二层台）		葬式	性别与年龄	盗扰情况	随葬器物			备注
			形制	长×宽－深	形制	长×宽＋高				陶器	青铜器	其他	
M130	西早	345°	长覆斗	口：3.20×2.10-4.20 底：3.70×2.55	棺椁	棺：2.00×0.88+0.52 椁：2.42×1.28+0.70 熟土二层台：南北宽0.65 东宽0.50 西宽0.70 高0.70	仰直	成年女性	盗扰		牌饰10 B型铃2	项饰串3（包括管形玉珠3 玛瑙珠9 料珠3 绿松石珠2 坠2 珠60）穿孔蚌泡1 穿孔海贝150 磨平海贝96 蚝蛤蜊6 文蛤蜊14	
M131		340°	长竖井	2.40×1.10-2.00	□	尺寸不详	不详	不详（仅存零星肢骨）	盗扰				
M132		360°	长竖井	2.85×1.82-3.40	？Ⅱ	棺：形制和尺寸不详 椁：2.60×1.15+0.74	不详	不详（仅存零星肢骨）	盗扰	鬲口沿残片1	Ⅱ式无沿泡2		
M134		360°	长竖井	2.47×1.40-2.10	□	2.05×0.97+0.30 生土二层台：南北宽0.20 东西宽0.20	不详	不详（仅存零星肢骨）	盗扰				
M135		347°	长竖井	3.35×1.85-4.85	□ Ⅱ	棺：尺寸不详 椁：2.40×1.30+0.70 熟土二层台：北宽0.40 南宽0.55 东西宽0.20 高0.68	仰直	不详（仅存盆骨及两根胫骨）	盗扰			Ⅴ式玉鱼1 蚌鱼7 无孔蚌泡1 穿孔海贝22 蚝蛤蜊18	
M136		350°	长竖井	3.10×2.20-4.80	Ⅱ	2.10×1.10+0.64	不详	不详（人骨被盗不见）	盗扰		觯残片6	穿孔蚌泡1 穿孔海贝3	
M137		330°	长竖井	2.90×1.72-2.80	□	2.33×1.15+0.30 生土二层台：北宽0.25 南宽0.30 东宽0.40 西宽0.35	仰直	不详（仅存两条腿骨）	盗扰		铜器残片3	穿孔海贝7 文蛤蜊2	
M138		350°	长竖井	2.54×1.15-1.06	Ⅱ	2.00×0.72+0.42	不详	不详（人骨被盗不见）	盗扰		Ⅱ式中泡1	残玉鱼1 穿孔蚌泡1	该墓墓口之上的扰土层中有一宋、元时期的瓮棺葬

（续表）

墓号	分期	方向	墓室（附壁龛与腰坑） 形制	长×宽-深	葬具痕迹（附二层台） 形制	长×宽+高	葬式	性别与年龄	盗扰情况	随葬器物 陶器	青铜器	其他	备注
M139		351°	长覆斗	口：2.65×1.20-4.40 底：2.90×1.50	凵	棺：2.20×0.75+0.38 椁：2.50×1.15+0.47	仰直	不详（仅存两条腿骨）	盗扰	鬲足1 鬲口沿残片3		穿孔海贝9 蚶蛤蜊54 文蛤蜊69	
M140	西早	330°	长竖井	3.00×1.40-4.20	不详	有棺木痕迹	不详	不详（仅存零星肢骨）	盗扰		乳丁纹簋残片1 Ⅱ式鱼3 Ⅰ式十字梁泡1 Ⅱ式无沿泡1 Ⅲ式无沿泡6	无孔蚌泡2 穿孔海贝7 蚶蛤蜊30 文蛤蜊25	
M142		343°	长竖井	2.78×1.38-2.80	凵	2.07×1.16+0.67 熟土二层台：南北宽0.35 东西宽0.10 高0.67	不详	不详（仅存零星肢骨）	盗扰	残鬲足2（分别为两个鬲的足）		穿孔海贝14 磨平海贝10 蚶蛤蜊31 文蛤蜊59	棺内殉狗1只
M144	西早	344°	长竖井	4.18×2.95-5.20	？凵	棺：形制和尺寸不详 椁：2.60×1.27+1.22 熟土二层台：南北宽0.75 东西宽0.80	不详	不详（仅存零星肢骨）	盗扰	鬲口沿残片1	盆残片 残戈内1 残戈尖2 残剑鞘1 残饰片1 有沿小泡1 Ⅰ式无沿泡7	穿孔海贝15 磨平海贝138 蚶蛤蜊3 文蛤蜊21	该墓被西晋十六国墓葬打破
M146		350°	长竖井	2.80×1.35-2.48	凵	2.10×0.95+0.48	不详	不详（人骨被盗不见）	盗扰				
M147	西早	347°	长竖井	4.00×2.70-3.00	？凵	棺：形制和尺寸不详 椁：2.45×1.55+0.95 熟土二层台：北宽0.80 南宽0.70 东宽0.60 西宽0.50	不详	不详（人骨被盗不见）	盗扰		盆残片 管形衡末饰1 有沿小泡9	残骨管1 蚌方形片饰1 蚌鱼14 蚌贝29 穿孔蚌泡1 无孔蚌泡3 穿孔海贝1 磨平海贝6 蚶蛤蜊26	
M148		328°	长竖井	2.90×1.55-4.20	Ⅱ	棺：尺寸不详 椁：2.38×1.10+0.90 熟土二层台：北宽0.23 南宽0.28 东西宽0.20	不详	不详（仅存头骨及零星肢骨）	盗扰		Ⅱ式节约3 Ⅲ式透顶泡2 Ⅱ式无沿泡27	无孔蚌泡1 穿孔海贝2 蚶蛤蜊2	

（续表）

墓号	分期	方向	墓室（附壁龛与腰坑）		葬具痕迹（附二层台）		葬式	性别与年龄	盗扰情况	随葬器物			备注
			形制	长×宽-深	形制	长×宽+高				陶器	青铜器	其他	
M149	西早	330°	长正斗	口：3.85×2.95-4.75 底：3.65×2.65	？Ⅱ	棺：形制和尺寸不详 椁：2.70×1.20+1.10 熟土二层台：北宽0.15 南宽0.75 东宽0.50 西宽0.70 高1.10	不详	不详（肢骨零乱）	盗扰	残镞1		彩绘漆盘1 蚌鱼5 蚝蛤蜊18	
M150		352°	长覆斗	口：2.90×1.55-4.90 底：3.40×2.10	？口	棺：形制和尺寸不详 椁：2.30×1.05+0.56 熟土二层台：南北宽0.45 东西宽0.50	不详	不详（人骨被盗不见）	盗扰		残戈尖1 长方形双联泡4		
M151		337°	长竖井	2.18×0.95-1.05	无葬具	生土二层台：南北宽0.30 东西宽0.15	仰直	成年女性	盗扰			穿孔海贝3	
M152		360°	长竖井	2.70×1.35-1.95	口	1.97×0.76+0.44 熟土二层台：北宽0.45 南宽0.20 东西宽0.30 高0.45	仰直	不详（骨架胸部以上被盗）	盗扰			穿孔海贝3 磨平海贝1	
M153		356°	长竖井	2.85×1.35-2.67	口	1.94×0.76+0.37 熟土二层台：南北宽0.45 东西宽0.23 高0.40	不详	不详（仅存两条腿骨）	盗扰			蚝蛤蜊2	
M154	西中	340°	长竖井	3.05×1.65-0.95	Ⅱ	2.30×0.95+0.45 熟土二层台：北宽0.30 南宽0.45 东宽0.25 西宽0.45 高0.45	不详	不详（仅存零星肢骨）	盗扰	鬲口沿残片1	盆残片Ⅰ式车辖2 A型Ⅲ式銮铃2 环2 Ⅲ式无沿泡6	穿孔海贝2 蚝蛤蜊1 文蛤蜊1	
M155		350°	长竖井	2.90×1.20-1.40	口	2.20×0.94+0.42	不详	不详（仅存1根股骨）	盗扰	残高足3		蚌刀1 穿孔蚌泡1 穿孔海贝6 蚝蛤蜊3	

（续表）

墓号	分期	方向	墓室（附壁龛与腰坑）		葬具痕迹（附二层台）		葬式	性别与年龄	盗扰情况	随葬器物			备注
			形制	长×宽-深	形制	长×宽+高				陶器	青铜器	其他	
M156	西中	337°	长竖井	2.68×1.25-1.95	🔲	2.14×1.04+0.48 熟土二层台：北宽0.30 南宽0.20 东西宽0.10 高0.35	不详	不详（仅存零星肢骨）	盗扰		Ⅱ式车辖2 衔3	Ⅵ式玉鱼2 穿孔海贝1 文蛤蜊5	
M157		340°	长竖井	3.07×1.79-1.74	Ⅱ	2.20×0.72+0.54	仰直	不详（盆骨以上被盗）	盗扰			长条形玉器2 穿孔海贝3 文蛤蜊5	
M158	西早	343°	长竖井	2.75×1.20-2.40	🔲	2.40×0.80+0.45 熟土二层台：北宽0.18 南宽0.10 东宽0.28 西宽0.15 高0.45	不详	不详（人骨被盗不见）	盗扰	Ⅴ式联裆鬲1	残戈尖1 衔2 当卢1 A型Ⅰ式铃2 A型Ⅱ式铃4A型Ⅲ式铃1	穿孔海贝1 文蛤蜊1	
M159		348°	长竖井	2.16×1.05-1.32	🔲	1.90×0.58+0.12	仰直	不详（头骨被盗不见）	盗扰			长方形玉珠1 蚝蛤蜊8	
M160	西早	360°	长竖井	3.10×1.90-5.32	？🔲	棺：形制和尺寸不详 椁：2.45×1.04+0.42 熟土二层台：北宽0.30 南宽0.35 东宽0.45 西宽0.40	不详	不详（仅存零星肢骨）	盗扰	盆残片	中胡一穿戈1 Ⅱ式车軎1 A型Ⅱ式銮铃4 Ⅰ式透顶泡1 Ⅱ式无沿泡3	穿孔蚌泡2 穿孔海贝3 磨平海贝4 蚝蛤蜊4	
M161		358°	长竖井	2.50×1.40-2.93	🔲	2.10×1.10+0.53 生土二层台：南北宽0.15 东西宽0.15	不详	不详（仅存零星肢骨）	盗扰			穿孔海贝2 磨平海贝2	

附表二

崇信于家湾周墓马坑登记表

（单位：米）

马坑编号	方向	马坑形制		葬马匹数	盗扰情况	随葬器物	备注
		形制	长×宽-深				
82CYMK1	345°	长方竖坑	口：2.90×2.30-0.80 底：2.40×1.90	5	未扰	骨彗形器1 牙牌饰3	
82CYMK2	330°	正方竖坑	3.30×3.30-1.20	10	未扰		
84CYMK3	325°	正方竖坑	2.50×2.20-0.60	4	打破		该马坑打破 M83；其本身又被西晋十六国墓葬打破。
86CYMK4	335°	正方竖坑	口：3.00×3.10-1.30 底：2.85×2.90	4	未扰		
86CYMK5	360°	正方竖坑	3.00×2.90-0.85	4	未扰	坑底有人为放置的压席砾石2块	该马坑被西晋十六国墓葬打破。
86CYMK6	345°	长方竖坑	2.40×1.40-0.85	2	未扰		

附表三

崇信于家湾周墓出土铜泡登记表

（单位：件）

墓号	圆形有沿泡						圆形无沿泡	长方形双联泡	备注
	大泡	中泡	小泡	十字梁泡	透顶泡	帽形泡			
M1				Ⅱ1					
M2	Ⅱ1								
M5	Ⅰ1	Ⅱ1							
M18							Ⅰ2		
M38		Ⅱ1				7			
M42	Ⅰ1						Ⅰ14		
M54					Ⅱ1				
M60	Ⅰ2	Ⅰ1					Ⅰ30		
M63							Ⅲ35		
M66							Ⅲ1		
M102							Ⅲ2		
M105							Ⅰ2		
M114			1						
M115							Ⅰ2		
M127							Ⅰ7		
M128			Ⅰ1				Ⅰ2 Ⅱ4 Ⅲ3	1	
M132							Ⅱ2		
M138		Ⅱ1							
M140				Ⅰ1			Ⅱ1 Ⅲ6		
M144			1				Ⅰ7		
M147			9						
M148						Ⅲ2	Ⅱ27		
M150								4	
M154							Ⅲ6		
M160					Ⅰ1		Ⅱ3		
总计	5	4	11	3	4	7	156	5	195

附表四

崇信于家湾周墓出土青铜戈登记表

（单位：件）

墓号	銎内戈	微胡二穿戈	短胡无穿戈	短胡一穿戈	中胡一穿戈	中胡三穿戈	长胡二穿戈	残戈尖（内）	备注
M3		2							
M5		2					1		
M28								1	
M58	1								
M60		1				2		2	
M63								1	
M71							1		
M79		1							
M102								2	
M104					1				
M108		2							
M112				1					
M115				1					
M144								3	
M150								1	
M158								1	
M160				1					
总计	1	6	2	2	2	2	2	11	28

附录一

崇信于家湾出土西周中期费昂斯珠研究

张治国　马清林

（中国文化遗产研究院）

一　引　言

于家湾墓地位于甘肃崇信县城东北 3.5 千米，地处汭河北岸，是甘肃省迄今发现时代最早、墓葬最多的周文化墓群。考古工作者先后于 1982、1984、1986 年 3 次对于家湾先周至西周墓葬进行了发掘，出土大量青铜器、陶器、玉饰及料珠等[①②]。本次分析的费昂斯珠属西周中期样品，对其进行科学分析，有助于了解中国古代玻璃技术的早期发展状况。

在真正的玻璃出现之前，东西方都生产玻璃态材料包裹石英砂的制品 – 含少量玻璃相的石英烧结体，国外称费昂斯（faience），国内称之为"釉沙"，中国考古界常称其为料珠[③]。费昂斯中的石英沙含量通常在 90％ 以上[④]。费昂斯是最古老的器物和物件之一，美索不达米亚和埃及地区从 4000B.C.，印度从 3000B.C. 开始生产费昂斯制品，比玻璃的制作早一千多年，有些地区费昂斯的生产一直延续到 14 世纪。

费昂斯是一种外观和原料都与玻璃相似的物质，由于玻璃化程度较低，严格来说不是真正意义上的玻璃。费昂斯虽然有许多不同类型，但其主体材料为石英沙。一般是在磨细的石英沙中掺入少量的碱水，塑成一定形状后，加热到 900℃ 左右而成。费昂斯表层的石英沙熔融形成薄而光亮的釉，内部石英颗粒在碱和高温作用下部分熔融黏结在一起，大部分石英颗粒没有完全熔融，仍然保持结晶状态[⑤]。中国古代碱主要来源于洗涤的草木灰（K_2CO_3，熔点 891℃）或硝石（KNO_3，熔点 330℃），而西亚和埃及早期古玻璃和费昂斯常用天然泡碱（Na_2CO_3，熔点 850℃）。一般而言，中国古代费昂斯通常是高钾低钠，西亚和埃及费昂斯则是高钠低钾。

① 陶荣：《追本溯源话崇信》，《平凉日报》2005 年 7 月 5 日。

② 甘肃省文物工作队：《甘肃崇信于家湾周墓发掘简报》，《考古与文物》1986 年 1 期，1～7 页。

③ 干福熹：《关于中国古玻璃研究的几点看法》，《硅酸盐学报》2004 年 2 期，182～188 页。

④ 王世雄：《宝鸡扶风出土的西周玻璃的鉴定与研究》，见干福熹主编：《中国古代玻璃研究——1984 年北京国际玻璃讨论会论文集》，中国建筑工业出版社，1988 年，131～137 页。

⑤ 安家瑶：《我国古代玻璃研究中的几个问题》，见中国硅酸盐学会编：《中国古陶瓷论文集》，文物出版社，1982 年，94～101 页。

中国目前发现的费昂斯制品（料器）多出自陕西、甘肃、河南和山西等地，时代多为西周初年至春秋中晚期。如陕西省扶风县北吕村3座西周前期墓出土料珠11颗、管15件，均为浅蓝色或浅绿色；陕西宝鸡茹家庄强国墓地出土西周中期偏早的圆柱形料管84件、菱形料管43件、长形料管3件和粉化残缺的灰绿色料珠3排①；陕西省扶风县云塘西周晚期5号平民墓中出土料珠33颗、料管19件，均为浅蓝色或浅绿色；陕西韩城梁带村两周遗址出土料珠3900余颗。甘肃省除了崇信于家湾西周早中期墓外，礼县大堡子山春秋时期墓地和张家川战国时期墓地也发现有大量料珠。河南洛阳庞家沟五座西周早、中期墓葬中出土白色穿孔料珠2颗②。河南三门峡上村岭虢国墓地（西周晚期至东周初期）出土串饰中发现菱形料珠7颗、管形料珠2颗③。山西天马－曲村遗址北赵晋侯墓地出土料珠、管149件④。山东曲阜鲁国故城47号西周晚期墓出土有夹杂于红玛瑙串饰中的浅蓝色料珠3颗；北京琉璃河西周墓地M2出土的串饰，由各色料珠与玛瑙珠、小陶管、圆蚌片、穿孔贝壳等组成⑤。新疆和田地区于田县流水青铜时代墓地（^{14}C测年距今约2950年）出土大量作为串饰的料珠，一座墓中常见数十枚，最多可至数百枚。陕西、河南等地出土的料器制品大都与玉石质地的同类器物一起出土，可能是玉石器的代用品⑥。

二　分析仪器和条件

（一）扫描电子显微镜和X射线能谱分析仪（SEM-EDX）

Hitachi S-3600N 扫描电子显微镜，分析电压20KV；美国EDAX公司Genesis 2000XMS型X射线能谱仪。

（二）X射线衍射仪（XRD）

Rigaku D/max 2200型X射线衍射仪，工作管压和管流分别为40KV和40mA，Cu靶。发散狭缝、防散射狭缝和接收狭缝分别为1°、1°和0.15毫米。

（三）激光拉曼光谱仪（Raman）

Renishaw 1000型拉曼光谱仪，配备Leica DMLM显微镜，选用激发波长为633纳米的激光器。

三　结果与讨论

由于原料选取、制作工艺、保存环境和出土后保存状况等差异，即使同一墓葬出土的费昂斯制品，其个体颜色和内部结构也可能不同。为使研究具有代表性，选取3枚费昂斯珠残片进行分析，其分别呈浅绿色或浅白色（附图一），编号为GCYF-1、GCYF-2和GCYF-3。

---

① 卢连成、胡智生：《宝鸡强国墓地》，文物出版社，1988年。

② 洛阳市博物馆：《洛阳庞家沟5座西周墓的清理》，1972年10期，20～28页。

③ 杨伯达：《西周玻璃的初步研究》，《故宫博物院院刊》1980年2期，14～24页。

④ 《天马—曲村遗址北赵晋侯墓地第五次发掘》，《文物》1995年7期，4～39页。

⑤ 北京市文物研究所等：《1995年琉璃河遗址墓葬区发掘简报》，《文物》1972年6期，16～27页。

⑥ 干福熹等：《中国古代玻璃技术的发展》，《上海科学技术出版社》，2005年，80页。

（一）费昂斯珠的显微结构

将 3 件费昂斯珠残片分别包埋、打磨、抛光后，在三维视频显微镜和扫描电子显微镜下观察截面。

费昂斯珠 GCYF-1：珠外表呈蓝色或浅蓝色，保存状况良好，表面风化不明显，釉层厚薄不均，内层呈乳白色，穿孔内有黏土（附图二）。经测量，其外径约为 4.91 毫米，内径约为 3.80 毫米。由其截面 SEM 照片（附图三）可以看出：外表层为石英沙和助熔剂、着色剂作用后熔融形成的玻璃相，还有部分熔融的石英沙；外表层与内层、内层与穿孔内黏土层的界线比较明显；外表层比内层的玻璃态程度高、玻璃相较多，与石英沙之间结合紧密；内层中玻璃相少，石英沙之间空隙较多。

费昂斯珠 GCYF-2：珠外表呈乳白色，表面轻微风化，穿孔中没有填充黏土，内外层表面均有釉层。由其截面 SEM 照片（附图四）可以看出内层几乎没有隙间玻璃相，外表层和内表层间有明显但较宽的分界面，珠体石英沙颗粒大小比较均匀，外表面层和穿孔层比内层致密。

费昂斯珠 GCYF-3：珠外表呈蓝色或浅蓝色，表面风化比较明显，釉层厚薄较为均匀，内层呈乳白色，穿孔中填充了黏土。由其截面 SEM 照片（附图五）可以看出：外表层有少量玻璃相，不及 GCYF-1 的玻璃态程度高，外表层与内层间有明显且较窄的分界面；内层存在隙间玻璃相，石英沙间结合很松散。

附图一　于家湾 M94 墓出土费昂斯珠串饰

附图二　费昂斯珠断面照片，标尺黑色段为 1 厘米

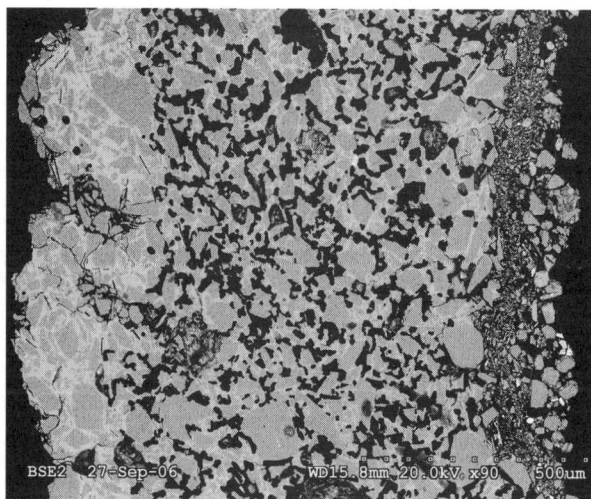

附图三　费昂斯珠 GCYF-1 横切面显微照片

（从左至右，外表层、内层和穿孔层）

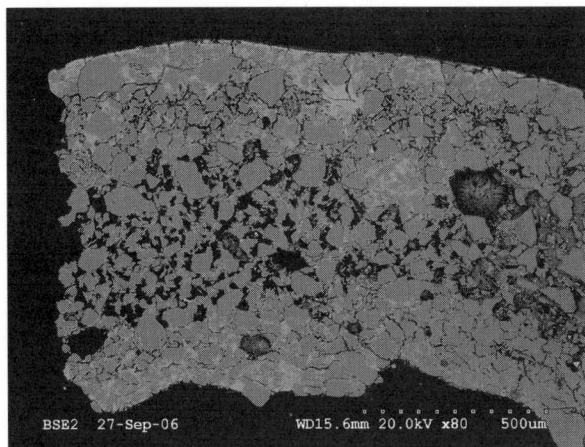

附图四　费昂斯珠 GCYF-2 横切面显微照片
（从上至下，外表层、内层和穿孔层）

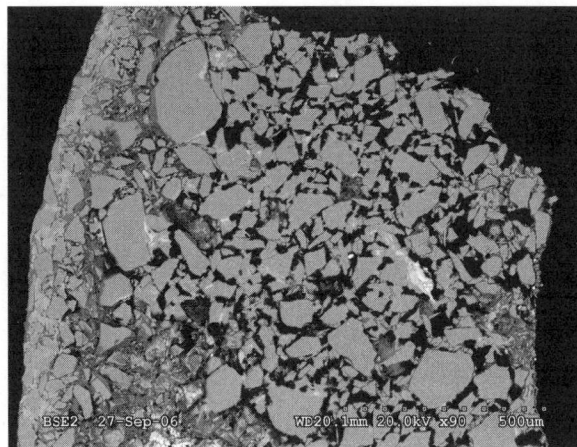

附图五　费昂斯珠 GCYF-3 横切面显微照片
（从左至右，外表层、内层和穿孔层）

（二）费昂斯珠的玻璃化程度检验

为检验费昂斯珠的玻璃化程度，将费昂斯珠 GCYF-3 剥落的少量粉末研磨后做粉晶 XRD 分析。谱峰为典型的石英尖锐峰，几乎没有弥散峰存在，表明该费昂斯珠中的主体物相为石英沙，不存在明显的玻璃相物质（附图六；附表一）。

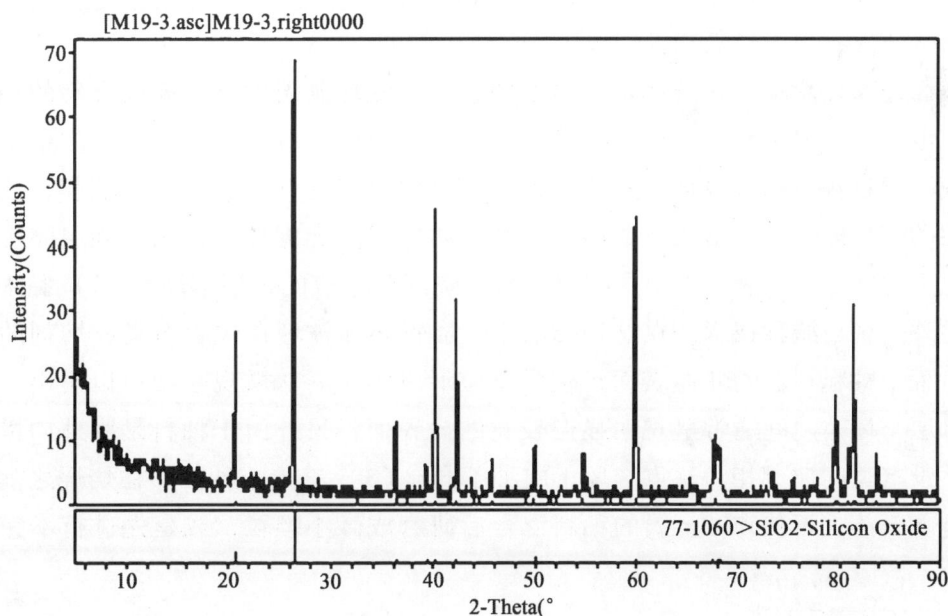

附图六　费昂斯珠 GCYF-3 的 X 射线衍射图

（三） 费昂斯珠的制作工艺

费昂斯通常是将石英或石英沙研磨成粉末，掺和少量的石灰水和碱水，调湿后模塑成坯并干燥，或将各种碱、含铜着色剂与石英粉混合湿润后调成糊状釉料施釉，然后烧制。

釉料的原料按化学性质主要分成三类，分别为碱性、酸性和中性原料。碱性原料有氧化钠（Na_2O）、氧化钾（K_2O）、氧化铅（PbO）、氧化钙（CaO）和氧化锌（ZnO）等，主要功能是促熔釉料中的分子，降低釉料的熔点，也称为熔剂或助熔剂；酸性原料主要来源于石英粉或石英沙的二氧化硅（SiO_2），主要功能是构成釉的基本骨架；中性原料主要来源于黏土中的三氧化二铝（Al_2O_3），主要作用是增强釉料黏稠度，防止釉料下流，阻碍结晶的形成，增强釉与坯的密度，赋予玻璃质的光亮表面等。釉中碱性、中性、酸性原料比例决定了熔融温度的高低。

费昂斯的施釉技术主要通常有三种，分别为风干施釉、黏附施釉和直接施釉[1][2][3]。（1）风干施釉。风干施釉是一种自施釉技术，在该方法中，釉料以可溶盐形式与磨碎的石英和坯体中的碱金属混合制成器物坯体。随着坯体中水分蒸发，由于虹吸和毛细作用，坯体内部的可溶盐向表面迁移并聚集。在随后烧制过程中，在较低烧制温度下，表层聚集的釉料不再向坯体内部扩散，而是烧结形成釉层。从微观断面可以看出，风干施釉费昂斯的釉层与坯体之间通常呈现明显且较窄的分界面；另外，内部坯体中也广泛分布有隙间玻璃相，这是由没有迁移到表层的部分碱金属盐熔融形成的，它对坯体也有一定的加固作用。釉层厚度与风干速度有关，风干速度越快，表面聚集层越厚，从而烧制后形成的釉层越厚。（2）黏附施釉。黏附施釉是另外一种自施釉技术。在这种方法中，器物坯体被埋在包含石英和熔剂的釉料粉末中，烧制过程中釉料在器物坯体表面经化学反应形成釉层。从微观断面可以看出，黏附施釉费昂斯的釉层与坯体之间通常呈现明显但较宽的分界面，另外由于釉料是由外向里扩散，坯体内部几乎没有隙间玻璃相，这点与风干施釉不同。（3）直接施釉。即在焙烧之前，在烧制之前，将包含石英、石灰和碱金属的釉料混合后研磨成微小颗粒，或是先进行不完全烧结再

附表一 费昂斯珠 GCYF-3 的 X 射线衍射数据

GCYF-3		SiO_2 77 – 1060	
dA°	I/I_0	dA°	I/I_0
4.30	40	4.26	17
3.37	100	3.34	100
2.48	18	2.46	9
2.30	6	2.28	10
2.24	72	2.24	4
2.14	49	2.13	8
1.82	13	1.82	20
1.68	10	1.67	7
1.55	72	1.54	17
1.38	15	1.38	15
1.20	25	1.20	7
1.18	47	1.18	6
1.15	10	1.15	4

---

[1] Tite, M. S. , I. C. Freestone, and M. Bimson Faience, *An investigation of the methods of production*, Archaeometry, 1983（25）; 17 –27.

[2] Vandiver, P. B. 1982. *Technological changes in Egyptian faience. In Archaeological ceramics*, ed. J. S. Olin and A. D. Franklin. Washington, D. C. , Smithsonian Institution Press, 167 –79.

[3] Tite, M. S. , *Pottery production, distribution and consumption—the contribution of the physical sciences*, Journal. of Archaeological Method and Theory, 1999（6）, 181 –233.

研磨成微小颗粒，然后与水混合成浆状，直接施用在石英坯体上。在施釉过程中，器物坯体可能是浸在釉料浆液之中成釉，也可能是将釉料浆液倾注到器物坯体上。此外，也可用刷子将釉料浆液涂刷到坯体上，此种工艺中，为避免釉料熔融成液态，烧制温度通常较低。直接施釉费昂斯的微观断面中釉层和坯体之间没有明显分界面，另外，由于坯体几乎没有隙间玻璃相，坯体本身比较松软。

　　从 3 件费昂斯珠样品的截面扫描电镜微观形貌图可以看出（见附图三～五），费昂斯珠 GCYF-1 和 GCYF-3 内层存在较多隙间玻璃相，釉层和坯体间有明显且较窄的分界面，制作工艺属风干施釉。由于该器物的穿孔中在烧制之前填充了黏土，釉料只向外表层进行单向扩散，故只在外表面形成釉层。费昂斯珠 GCYF-2 内层几乎没有隙间玻璃相，釉层和坯体间有明显但较宽的分界面，制作工艺属黏附施釉。由于该器物烧制之前在穿孔中没有填充黏土，在内外层表面均形成釉层。

（四）　费昂斯珠的成分分析

　　利用 SEM-EDX 对 3 件费昂斯珠样品截面表层和内层进行对比分析（附图七～一二；附表二）。可以看出：（1）费昂斯珠着色元素为铜，且外表层比内层玻璃化程度高，铜元素含量也高。（2）样品 GCYF-1 和 GCYF-3 从外至内依次由表面釉层、内层和穿孔黏土层三部分组成，样品 GCYF-2 比较均匀单一。（3）所用助熔剂主要为 Na_2O 和 K_2O。（4）费昂斯珠 GCYF-1 表现出明显的高钠低钾特征。GCYF-2 和 GCYF-3 由于风化，Na 和 K 含量都很低，此特征不明显。

附图七　费昂斯珠 GCYF-1 表层与内层交界处的 SEM 背散射电子像（上为表层，下为内层）

附图八　费昂斯珠 GCYF-1 内层与穿孔黏土交界处的 SEM 背散射电子像（上为内层，下为穿孔黏土层）

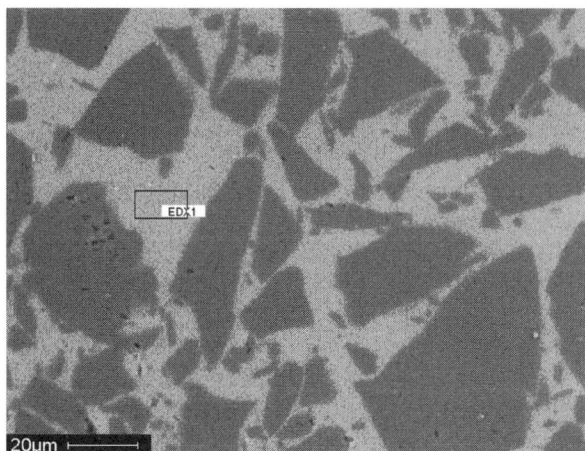

附图九　费昂斯珠 GCYF-1 表层局部 SEM 背散
　　　　射电子像，灰白色处为玻璃相，黑色
　　　　颗粒为石英

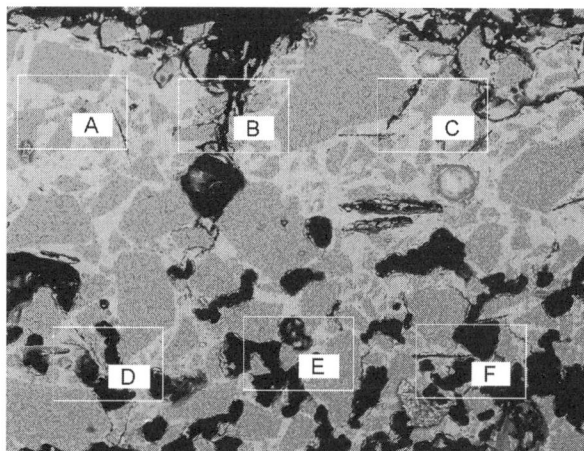

附图一〇　费昂斯珠 GCYF-1 截面的 SEM 背散
　　　　　射电子像（X250）（上为表层，下
　　　　　为内层）

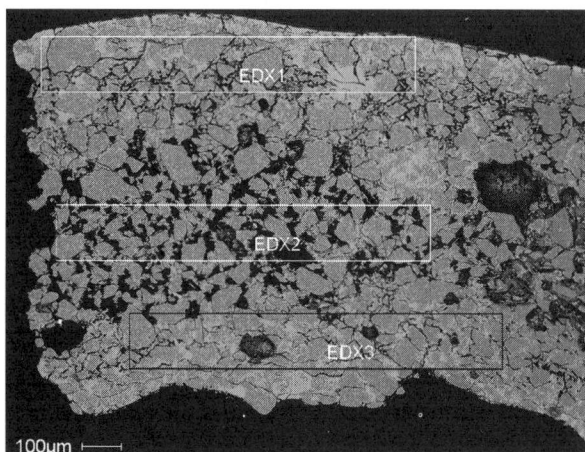

附图一一　费昂斯珠 GCYF-2 截面 SEM 背散射
　　　　　电子像（上为外表层，中为内层，
　　　　　下为内表层）

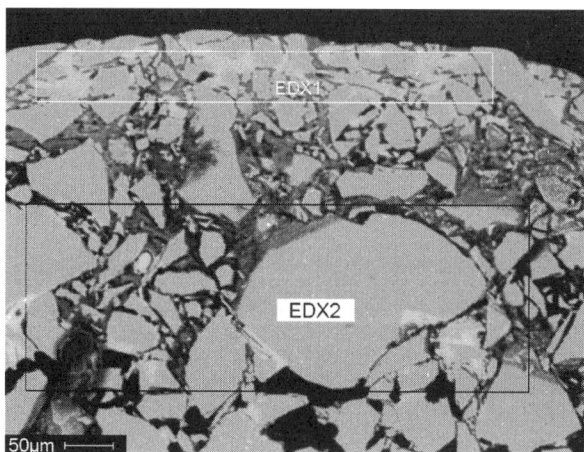

附图一二　费昂斯珠 GCYF-3 截面 SEM 背散射
　　　　　电子像（上为表层，下为内层）

　　在费昂斯珠的制作过程中，在釉料中添加适量研磨好的含铜化合物作为着色剂并配合不
同烧制方法，可产生变化多端的呈色效果。若这些含铜化合物中含锡，通常表明铜来自于锡
青铜；若不含锡，表明铜来自于已腐蚀铜金属或氧化铜、孔雀石、蓝铜矿等含铜矿物。此次
分析的 3 件费昂斯珠均不含锡，说明着色剂铜主要来自于后者。

附表二 费昂斯珠横切面的 SEM-EDX 分析结果

No.	Na	Mg	Al	Si	P	S	Cl	K	Ca	Fe	Cu
9-1	14.2	1.1	4.2	64.2	—	—	1.1	4.3	0.6	3.6	6.7
10-A	7.6	0.9	2.6	79.4	—	0.3	0.7	2.3	0.4	1.8	3.9
10-B	7.6	1.0	2.5	77.0	—	0.7	0.9	2.4	0.7	2.2	5.0
10-C	6.9	0.7	2.4	78.7	—	0.3	0.8	2.6	0.9	2.3	4.5
10-D	4.8	1.0	3.3	83.2	—	0.4	0.7	2.2	0.3	1.5	2.6
10-E	2.6	1.1	1.6	87.5	—	0.4	0.7	1.2	0.7	1.8	2.4
10-F	4.4	1.2	3.8	82.6	—	0.6	0.7	2.0	0.7	1.7	2.3
11-1	0.2	—	1.2	92.8	—	—	0.9	0.2	0.6	1.2	3.0
11-2	0.4	—	1.8	93.0	—	—	0.6	0.4	0.5	1.9	1.4
11-3	0.2	—	2.0	92.5	—	—	0.6	0.2	0.6	1.2	2.7
12-1	0.5	0.6	1.8	91.4	0.4	0.4	0.6	0.3	1.2	—	2.9
12-2	0.4	0.5	2.0	93.2	0.2	0.5	0.3	1.0	0.7	—	1.2

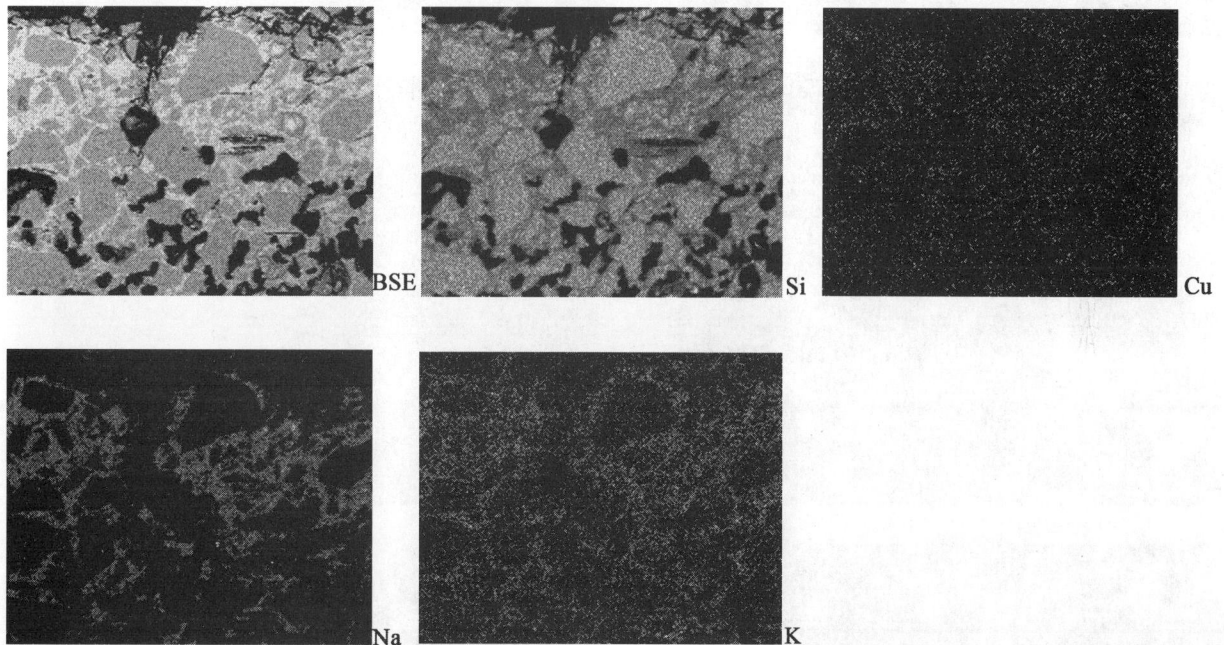

附图一三 费昂斯珠 GCYF-1 的元素面分布扫描图

（五）费昂斯珠的主要元素面分布扫描

从费昂斯珠 GCYF-1 中硅、铜、钠、钾等主要元素分布（附图一三）可以看出：（1）钠、钾、铜三元素在费昂斯珠表层和内层玻璃相中含量不同，其中钠含量最高，铜次之，钾含量最低。（2）钠、钾、铜三元素在玻璃相中分布比较均匀，在表层玻璃相中含量比内层高，因此颜色较内层深。

（六）费昂斯珠的微量元素分析

在对费昂斯珠样品显微观察与成分分析同时，利用 SEM-EDX 在较高放大倍数下对样品 GCYF-1 和 GCYF-2 进行了微区成分分析。根据微区成分元素原子数之间的比例，推断样品中夹杂的微量化合物（附图一四；附表三）。

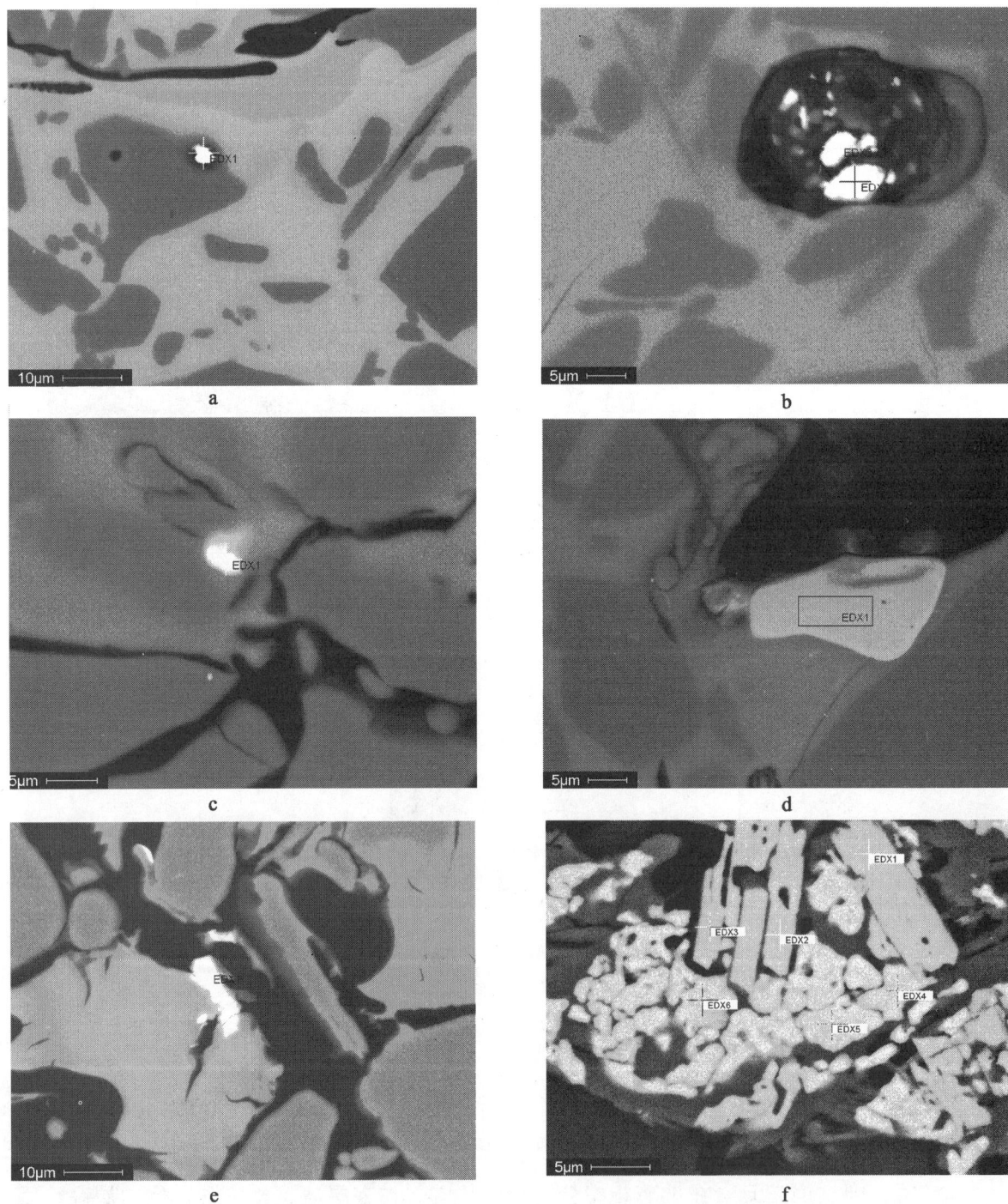

附图一四　费昂斯珠 GCYF-1 截面的扫描电镜背散射电子像

附表三 费昂斯珠 GCYF-1 的 SEM-EDX 分析结果

No.	Na	Mg	Al	Si	P	S	K	Ca	Fe	Cu	Ba	Pt	Ti	Pb	可能物相
14a-1	8.4	1.4	2.4	40.8	1.2	11.4	0.9	1.2	1.1	1.6	29.7	—	—	—	$BaSO_4$
14b-1	1.2	—	0.7	1.2	—	21.0	—	0.1	—	—	75.8	—	—	—	$BaSO_4$
14b-2	1.0	—	1.4	7.0	—	20.1	—	0.8	—	—	69.8	—	—	—	$BaSO_4$
14c-1	—	—	—	21.5	—	—	—	—	—	—	—	78.5	—	—	Pt
14d-1	—	—	—	—	—	—	—	—	—	—	—	—	100	—	TiO_2
14e-1	—	1.4	1.8	4.8	13.4	—	—	19.8	2.7	2.1	—	—	0.5	53.6	Pb、$Ca_3(PO_4)_2$
14f-1	—	—	0.9	1.0	—	—	—	—	98.1	—	—	—	—	—	Fe_2O_3
14f-2	—	—	1.0	2.0	—	—	—	—	97.0	—	—	—	—	—	Fe_2O_3
14f-3	—	—	1.3	3.0	—	—	—	—	95.7	—	—	—	—	—	Fe_2O_3
14f-4	—	—	2.1	2.2	—	—	—	—	70.1	25.6	—	—	—	—	Fe_2O_3、CuO
14f-5	—	—	2.6	1.0	—	—	—	—	68.4	28.1	—	—	—	—	Fe_2O_3、CuO
14f-6	—	—	0.5	3.9	—	—	—	—	69.0	26.6	—	—	—	—	Fe_2O_3、CuO

研究发现，费昂斯珠 GCYF-1 样品釉层中有几处可能存在重晶石 BaSO4 和铅（附图一四 a、一四 b、一四 e）。根据相关研究[①]，Ba、Cu 和 Si 是形成中国紫（汉紫，$BaCuSi_2O_6$）和中国蓝（汉蓝，$BaCuSi_4O_{10}$）的基本元素[②]。近年来作者在对甘肃礼县大堡子山出土春秋早期费昂斯珠研究中，利用 SEM－EDX 在样品局部发现了微量 Ba 和 Pb 元素，利用微区激光拉曼也检测到了中国紫，这是目前在考古样品上检测到的最早的中国紫[③]。该研究表明，虽然费昂斯珠样品中的 Ba 含量很低，但只要局部 BaO、CuO 和 SiO_2 含量符合形成中国紫或中国蓝的理论分子比例，就有可能形成中国紫或中国蓝。

样品 GCYF-1 釉层中同时存在 Ba 元素和 Pb 元素，从原材料上显示出中国古代铅钡玻璃的萌芽，预示着中国紫或中国蓝人工合成的可能。费昂斯珠样品 GCYF-1 中 Ba 元素可能来自重晶石 $BaSO_4$，与瑞士苏黎世大学 Heinz Berke 教授的研究发现一致[④]。

此外，在样品 GCYF-1 中检测到了 Pt、Ti、Ca、P、Fe 等元素，根据原子个数比推断可能分别为 Pt、TiO_2、$Ca_3(PO_4)_2$ 和 Fe_2O_3。附图一四 a 显示费昂斯珠局部密集分布的可能为 Fe_2O_3 和 CuO 晶体，经激光拉曼光谱分析确认，铁的确以 Fe_2O_3 形式存在（附图一五）。

① Heinz Berke. *Chemistry in Ancient Times*, *The Development of Blue and Purple Pigments*, Angew. Chem. Int. Ed. 2002 (41), 2483 ~ 2483.

② Elisabeth West FitzHugh and Lynda A. Zycherman. *A purple barium copper silicate pigment from early China*, *Studies in Conservation*, 1992 (37), 145 - 154.

③ Qinglin Ma, Armin Portmann Ferdinand, R. W. P. Wild and Heinz Berke, *Raman and SEM Studies of Man - Made Barium Copper Silicate Pigments in Ancient Chinese Artifacts*, *Studies in Conservation*, 2006 (1), 1 - 19.

④ Qinglin Ma, Armin Portmann Ferdinand, R. W. P. Wild and Heinz Berke, *Raman and SEM Studies of Man - Made Barium Copper Silicate Pigments in Ancient Chinese Artifacts*, *Studies in Conservation*, 2006 (1), 1 ~ 19.

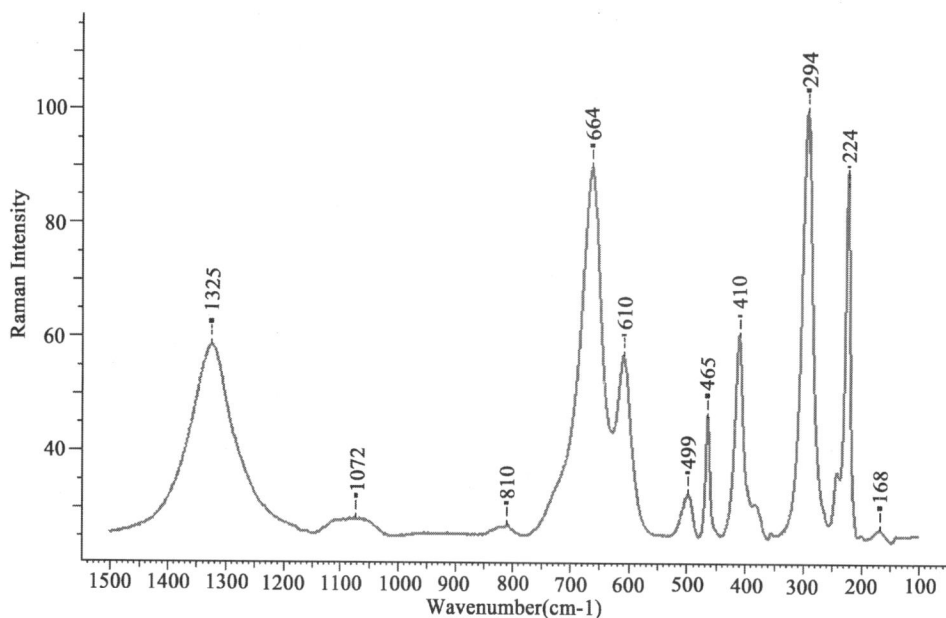

附图一五　费昂斯珠 GCYF-1 中集中分布的 Fe_2O_3

在费昂斯珠样品 GCYF-2 的微区分析中，没有发现 Ba 和 Pb 等元素存在（附图一六；附表四）。与样品 GCYF-1 相似，发现了 Pt、TiO_2、$Ca_3（PO_4）_2$ 和 Fe_2O_3，以及铜的含氯物相，根据原子数比例推断可能为绿铜矿或副绿铜矿（$CuCl_2 \cdot 3CuO \cdot 3H_2O$），考虑到附表二中各样品普遍含有一定含量的 Cl，可以认为，铜着色剂可能大量使用了绿铜矿或副绿铜矿。

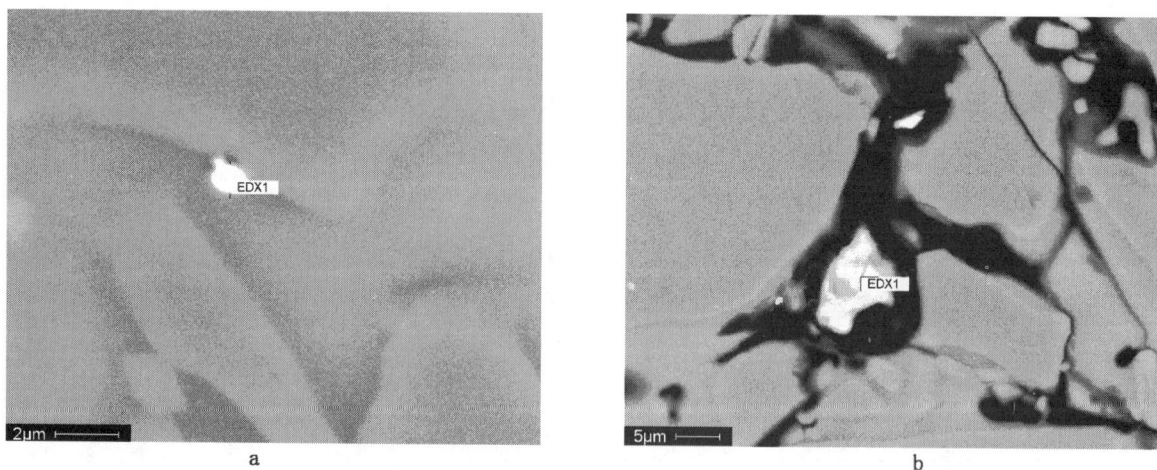

附图一六　费昂斯珠 GCYF-2 截面的扫描电镜背散射电子像

附表四　费昂斯珠 GCYF-2 的 SEM – EDX 分析结果

序号	Al	Si	Cl	Ca	Fe	Cu	可能物相
16a	1.5	51.2	10.6	—	—	36.7	铜的含氯物相
16b	21.1	36.1	—	27.2	15.6	—	氧化铁，钙长石

四　结　论

经过对甘肃崇信于家湾出土西周中期 3 件费昂斯珠样品的分析，获得了许多重要的科学信息：（1）三件费昂斯珠的制作工艺不同，两件为风干施釉，一件为黏附施釉。当穿孔中填充黏土时，只在费昂斯外表面形成釉层；当穿孔中不填充黏土时，可在费昂斯内外表面形成釉层。（2）一件费昂斯珠表现出明显的高钠低钾特征，这与西亚和埃及费昂斯的特征相似，与传统认识上的中国费昂斯高钾低钠的特征相反，表明该地区费昂斯珠的生产可能在一定程度上受到西亚和埃及的影响。（3）在一件费昂斯珠样品中同时发现钡和铅元素，从原材料上显示出中国古代铅钡玻璃的萌芽，预示着中国紫或中国蓝人工合成的可能。

（甘肃省文物考古研究所杨惠福所长、魏怀珩研究员和深圳博物馆张珑副研究员等提供了研究样品和相关考古资料，工作中受到中国文化遗产研究院同事的帮助，在此一并表示感谢）

附录二

崇信于家湾周墓出土青铜器分析研究

张治国　　马清林

（中国文化遗产研究院）

一　引　言

泾河流域是先周文化的发祥地之一。先周文化（或早周文化）是指周武王灭殷以前的周文化遗存。目前已知年代最早的先周遗存有陕西长武县碾子坡遗址、武功县郑家坡遗址、岸底遗址、扶风县北吕周人墓地，甘肃崇信县于家湾周人墓地、香山寺墓地和九功塬子遗址等。其中于家湾墓地是甘肃省发现时代最早、墓葬最多的周文化墓群（附图一）。

甘肃省崇信县于家湾在县城东北 3.5 千米，地处汭河北岸。1982 年、1984 年、1986 年，考古工作者先后 3 次对此处先周至西周墓进行了发掘，共清理墓葬 138 座、马坑 6 座。最大的墓葬有 12 平方米，小的不足 2 平方米，墓葬形制为长方形竖穴土坑墓，墓底周围有生土和熟土二层台，有的还有腰坑和殉葬兽骨的情况。该墓地出土铜器有鼎、簋、瓿、盆、爵、觯、钺、戈、弓形器、刀、削、镞、泡、铃等，陶器有鬲、罐、尊、壶、纺轮以及大量的玉饰、蚌饰和海贝等①。这批墓葬延续时间较长，时代为先周至西周中期②。于家湾周墓是甘肃境内继灵台白草坡西周早期墓葬后的又一重要考古发现，为探索先周时代以至西周初年周人的活动地域和陇东地区先周文化的发展历史提供了重要资料③。

此次分析检测的青铜器样品共 16 件，包括 5 件容器、4 件礼器、2 件兵器、4 件车马器和 1 件铜饰（附图二），在时间序列上归属于先周至西周中期。

本工作利用光学金相显微镜、扫描电子显微镜和能谱仪（SEM-EDS）分析这批青铜器的残片样品，以期获得青铜器金相组织、合金成分和制作工艺等信息，为甘肃陇东地区先周至西周时期青铜文化研究提供科学素材。

---

① 陶荣：《追本溯源话崇信》，《平凉日报》，2005 年 7 月 5 日。

② 甘肃省文物工作队：《甘肃崇信于家湾周墓发掘简报》，《考古与文物》1986 年 1 期，1~7 页。

③ 甘肃省博物馆文物队：《甘肃灵台白草坡西周墓》，《考古学报》1977 年 2 期，99~130 页。

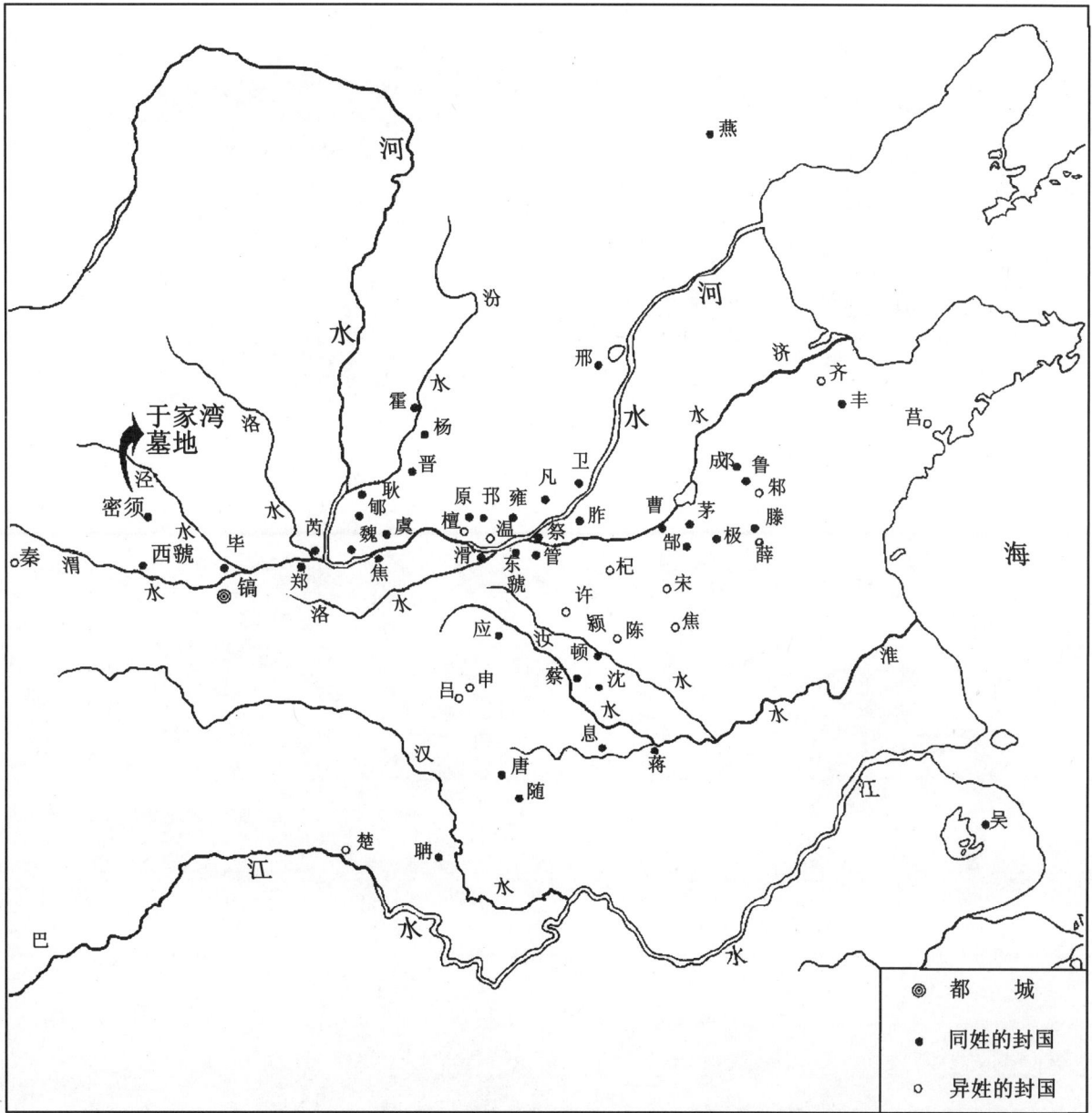

附图一 崇信于家湾周墓位置示意图

铜盆

铜簋

铜鼎

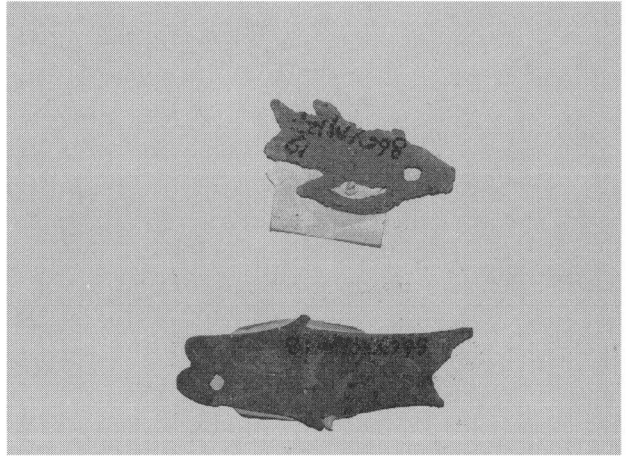

铜鱼

铜泡

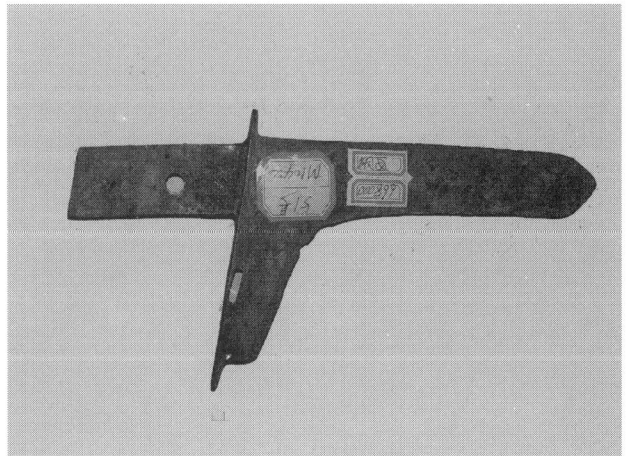

铜戈

附图二　于家湾周墓出土部分青铜器

二　样　品　描　述

本工作分析检测青铜器残片 16 件，详见附表一。样品厚度数据系由扫描电镜测得。

附表一　崇信于家湾周墓出土青铜器样品列表

样品编号	出土编号	地点	器物	年代	取样部位	样品厚度/毫米
GCY-01	M144:1	86CYM144	铜盆	西周早期	残片	0.75
GCY-02	M128:1	86CYM128	铜盆	西周早期	残片	1.65
GCY-03	M140:1	86CYM140	铜盆	不祥	残片	0.51
GCY-04	M154:18	86CYM154	铜盆	西周早期	残片	0.67
GCY-05	M136:⑤	86CYM136	铜盆	不祥	残片	1.26
GCY-06	M144:2	86CYM144	铜鼎	西周早期	残片	1.76
GCY-07	M66:1	84CYM66:1	铜鼎	西周早期	残片	2.37
GCY-08	M128:2	86CYM128	铜鼎	西周早期	残片	1.64
GCY-09	M140:2	86CYM140	铜簋	不祥	残片	2.62
GCY-10	M149:5	86CYM149	铜箭镞	西周中期	脊部、刃部	—
GCY-11	M55:2	84CYM55	铜车軎	不祥	軎上	2.15
GCY-12	M140:32	86CYM140	铜鱼	不祥	尾部	0.97
GCY-14	M38:11	84CYM38	铜泡	西周早期	沿部	1.16
GCY-15	M114:26	86CYM114	铜泡	西周早期	沿部	0.94
GCY-16	M60:10	84CYM60	铜泡	先周	沿部	1.82
GCY-19	M38:14	84CYM38	铜箭镞	西周早期	端部	1.31

样品经环氧树脂包埋、磨抛后，分别在 Nikon 光学金相显微镜下观察未经浸蚀和经 3% 氯化铁盐酸乙醇溶液侵蚀后的样品。

对未经侵蚀金相样品真空喷炭镀膜，然后利用 Hitachi S-3600N 型扫描电子显微镜和 EDAX Genesis 2000XMS 型能谱分析仪对样品进行微观组织观察以及成分和夹杂物分析。

三　样　品　分　析

（一）金相分析

利用金相显微镜对青铜样品组织、均匀度、铅分布以及夹杂物形貌、特征、分布等进行观察与研究，研究青铜器制作工艺。金相照片见附图一～一六，金相分析结果见附表二。

附表二　崇信于家湾周墓出土青铜器样品的金相分析结果

样品编号	出土编号	器物名称	金相组织	制作工艺	图注
GCY-01	M144:1	铜盆	α 固溶体等轴晶及孪晶，晶粒较大，晶内存在少量滑移带；铅呈团块状分布于晶界；含部分含氯物相锈蚀的纯铜晶粒。	热锻	附图三
GCY-02	M128:1	铜盆	α 固溶体等轴晶，晶粒粗大，晶内存在滑移带，晶界锈蚀严重，存在铸造孔洞和少量纯铜晶粒；偶见浅灰色 Cu_2S 夹杂。	铸后经过加热和轻微冷加工	附图四
GCY-03	M140:1	铜盆	α 固溶体等轴晶和孪晶；细小铅颗粒弥散分布于晶界；偶见浅灰色 Cu_2S 夹杂。	热锻	附图五
GCY-04	M154:18	铜盆	α 固溶体等轴晶和孪晶，晶粒较大，晶内有较多滑移带；存在浅灰色 Cu_2S 夹杂和少量纯铜晶粒。	热锻、冷加工	附图六
GCY-05	M136:⑤	铜盆	α 固溶体等轴晶和孪晶，晶粒较大，晶内有大量滑移带；黑色细小铅颗粒弥散分布于晶内和晶界；较多浅灰色 Cu_2S 夹杂分布于晶界；有较多黑色铸造孔洞。	热锻、冷加工	附图七
GCY-06	M144:2	铜鼎	α 固溶体树枝晶，样品锈蚀较为严重。	铸造	附图八
GCY-07	M66:1	铜鼎	存在 α 固溶体偏析，有（α＋δ）共析体析出，组织细小；铅分布存在偏析，样品表面铅颗粒多，中心部位少；存在少量纯铜晶粒；存在含 Cu－As－Fe 元素的第二相小颗粒。	铸造	附图九
GCY-08	M128:2	铜鼎	α 固溶体等轴晶，晶界锈蚀严重，有少量纯铜晶粒。	铸造，经过加热	附图一〇
GCY-09	M140:2	铜簋	铅青铜铸造组织，α 固溶体；晶内存在以 Fe 为主含有少量铜的第二相小颗粒；大量的铅较均匀地填充于 α 晶界；较多浅灰色 Cu_2S 夹杂分布于晶界。	铸造	附图一一
GCY-10	M149:5	铜箭镞	α 固溶体树枝晶偏析明显，（α＋δ）共析体部分锈蚀。较多纯铜晶粒。极少量铅分布于（α＋δ）析出相中。	铸造	附图一二
GCY-11	M55:2	铜车軎	α 固溶体，（α＋δ）相量较多，呈网状分布；较多浅灰色 Cu2S 夹杂；少量纯铜晶粒。	铸造，经过加热	附图一三
GCY-12	M140:32	铜鱼	α 固溶体偏析明显，（α＋δ）相量较多；存在大量纯铜晶粒；较大团块状铅颗粒不均匀地分布于基体中。	铸造	附图一四
GCY-14	M38:11	铜泡	α 固溶体，存在（α＋δ）共析体；较多灰色 Cu_2S 夹杂；少量纯铜晶粒；铅呈颗粒状弥散分布。	铸造	附图一五
GCY-15	M114:26	铜泡	α 固溶体树枝晶偏析明显，较多（α＋δ）共析体存在，部分锈蚀；较多纯铜晶粒；铅呈颗粒状弥散分布。	铸造	附图一六
GCY-16	M60:10	铜泡	α 固溶体，少量（α＋δ）共析体析出；较多铁分布于 α 晶内；大量铅呈团块状分布于基体。	铸造	附图一七
GCY-19	M38:14	铜箭镞	α 固溶体，少量含铁的硫化物夹杂与 Pb 伴生；较多纯铜晶粒；铅大小不一呈团块状分布。	铸造	附图一八

附图三　铜盆 GCY-01 金相组织，x200。α 固溶体等轴晶及孪晶组织，经锻打成形

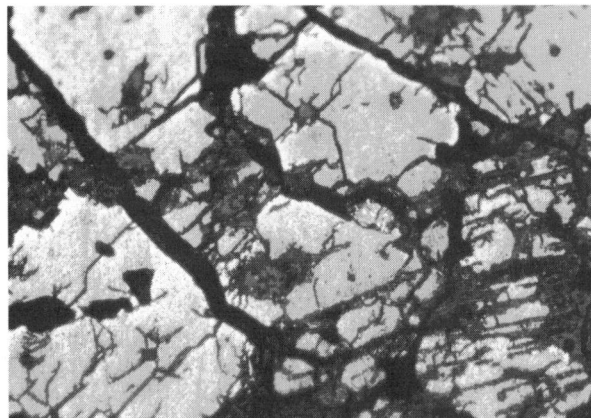

附图四　铜盆 GCY-02 金相组织，x200。α 固熔体等轴晶，铸造成形后经过加热和轻微冷加工

附图五　铜盆 GCY-03 金相组织，x400。α 固溶体等轴晶及孪晶组织，经锻打成形

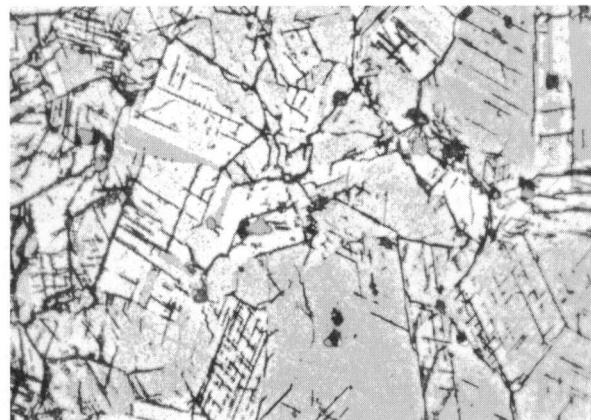

附图六　铜盆 GCY-04 金相组织，x400。α 固溶体等轴晶及孪晶组织，经锻打成形

附图七　铜盆 GCY-05 金相组织，x200。α 固溶体等轴晶及孪晶组织，经锻打成形

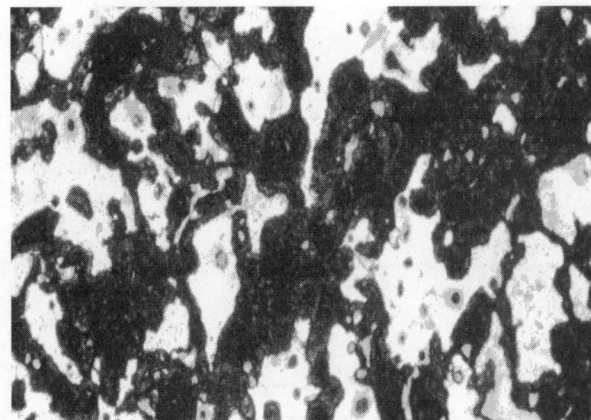

附图八　铜鼎 GCY-06 金相组织，x200。α 固溶体组织，经铸造成形

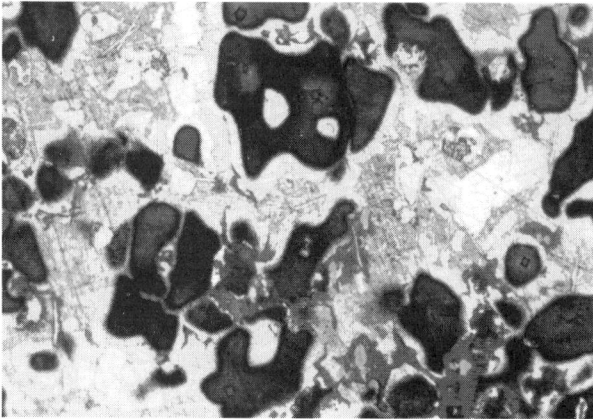

附图九　铜鼎GCY-07金相组织，x200。存在α固溶体偏析，有（α+δ）共析体析出。铸造成形

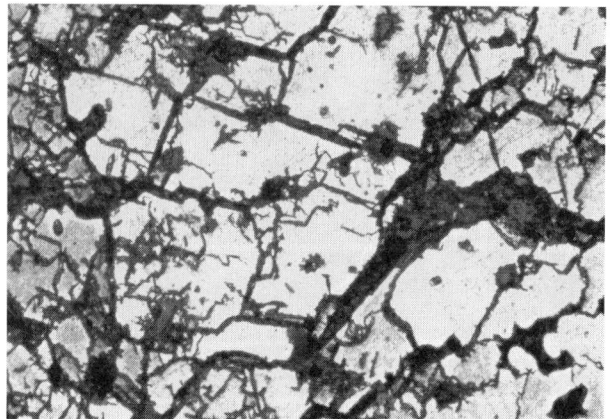

附图一〇　铜鼎GCY-08金相组织，x200。α固溶体组织。铸造成形

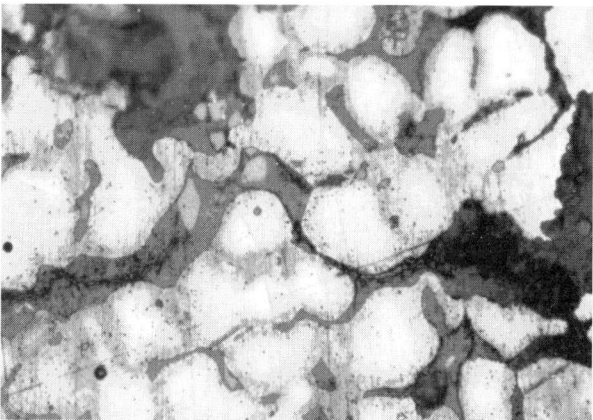

附图一一　铜簋GCY-09金相组织，x400。α固溶体组织。铸造成形

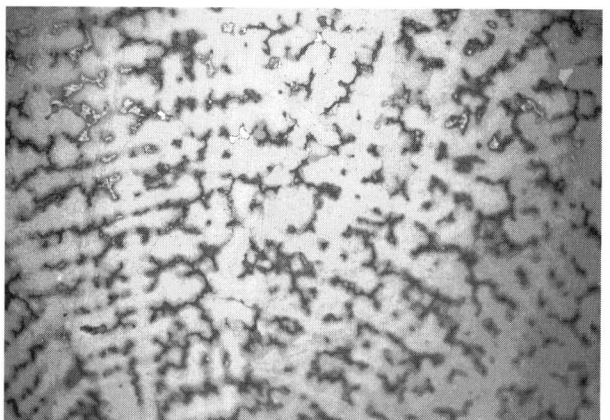

附图一二　铜箭镞GCY-10金相组织，x500。α固溶体树枝晶偏析明显，（α+δ）共析体部分锈蚀。铸造成形

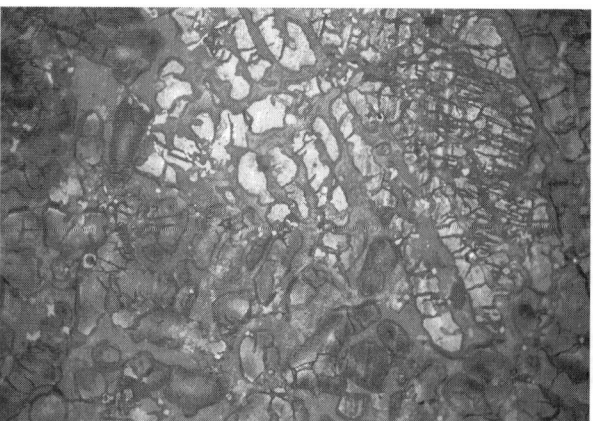

附图一三　铜车轴GCY-11金相组织，x500。α固溶体，（α+δ）相量较多，呈网状分布。铸造成形后经过加热

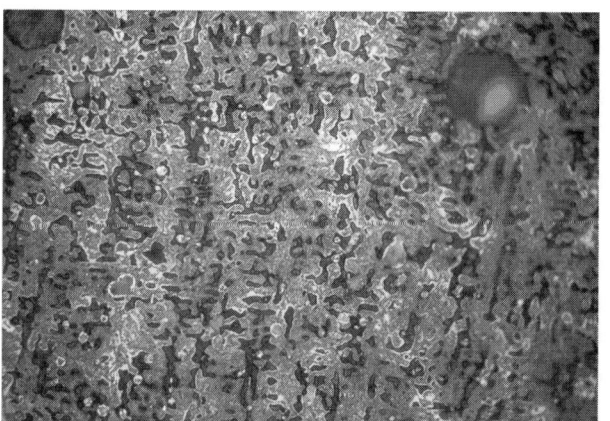

附图一四　铜鱼GCY-12金相组织，x500。α固溶体偏析明显，（α+δ）相量较多。经铸造成形

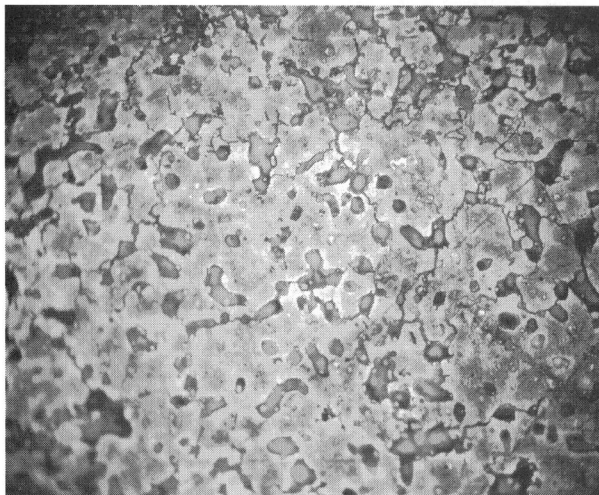

附图一五　铜泡 GCY-14 金相组织，x500。α 固
溶体，存在（α + δ）共析体。铸造
成形

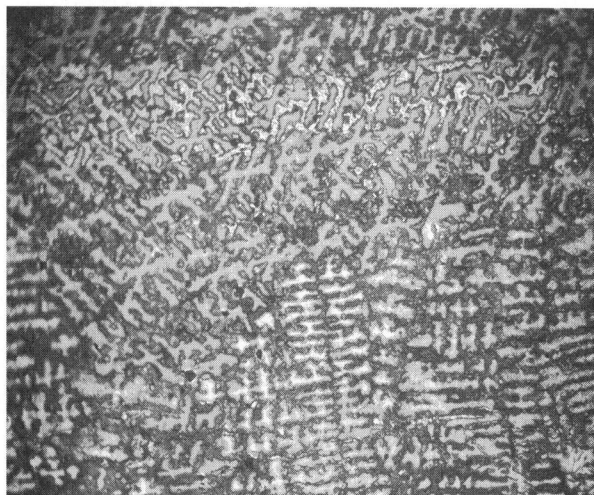

附图一六　铜泡 GCY-15 金相组织，x500。α 固
溶体树枝晶偏析明显，较多（α +
δ）共析体存在。铸造成形

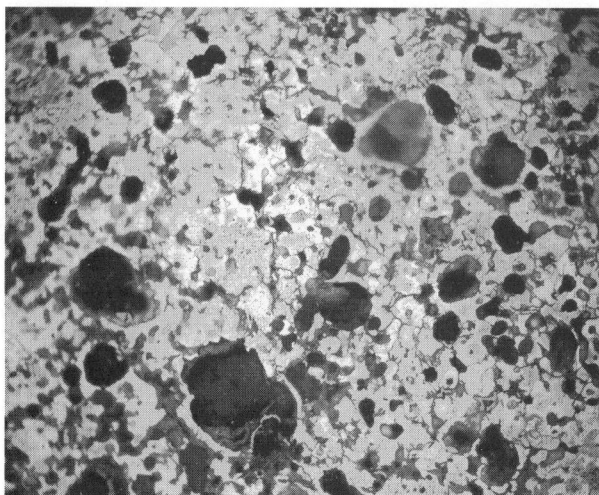

附图一七　铜泡 GCY-16 金相组织，x500。α 固
溶体，少量（α + δ）共析体析出。
铸造成形

附图一八　铜箭镞 GCY-19 金相组织，x500。α
固溶体。铸造成形

　　16 件青铜器中的 5 件铜容器均为铜盆，其中 4 件器壁较薄，为 0.51 ~ 1.26 毫米，厚度均
匀。其金相组织显示等轴晶和孪晶组织，为热锻加工制成；另外 1 件铜盆器壁较厚，为 1.65
毫米，金相组织显示 α 固溶体等轴晶组织，表明铸造成形后又经过加热和轻微冷加工。器物
相同而厚度和金相组织都不同，说明器物厚度跟制作工艺存在一定的关系。对该地出土铜盆
数量进行统计发现，该地至少出土 10 件铜盆，这些西周早中期铜盆大多经锻打成形，是我国
早期锻打成形青铜容器的重要实物。

（二）扫描电镜下铸造组织与锻造组织的观察与分析

为了确认金相显微镜对铸造组织和锻造组织的识别与分析，分别以呈铸造组织的铜鼎 GCY-07 和呈锻造组织的铜盆 GCY-05 为例，用能谱仪对扫描电镜背散射电子像下观察到的不同组织进行区域成分分析。如附图一九所示，由于对比度不同，铜鼎 GCY-07 在扫描电镜背散射电子像下明显可见 α 和 δ 两相组织，其成分也存在明显的区别（附表三）；对于铜盆 GCY-

附表三　铜鼎 GCY-7 铸造组织中 α 相和 δ 相的成分分析（质量分数 Wt%）

元素　序号	Cu	Sn
EDX1（α 相）	89.47	10.53
EDX2（δ 相）	71.90	28.10

05 而言，扫描电镜下显示的组织均一，无明显 δ 相（附图二○）。由此可见，对于铜盆之类器壁较薄的青铜器，锻造加工后的组织较为均匀，没有 δ 相。扫描电镜分析进一步验证了光学金相显微镜对于组织的判别和分析。

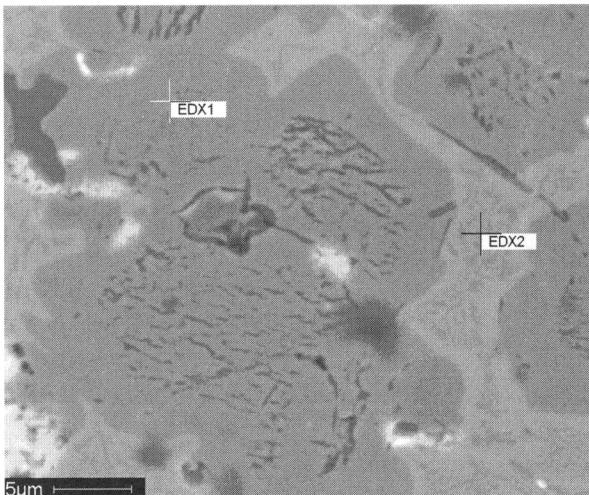

附图一九　铜鼎 GCY-07 的 BSE 电子像。铸造组织。图中 EDX1 为 α 相，EDX2 为 δ 相

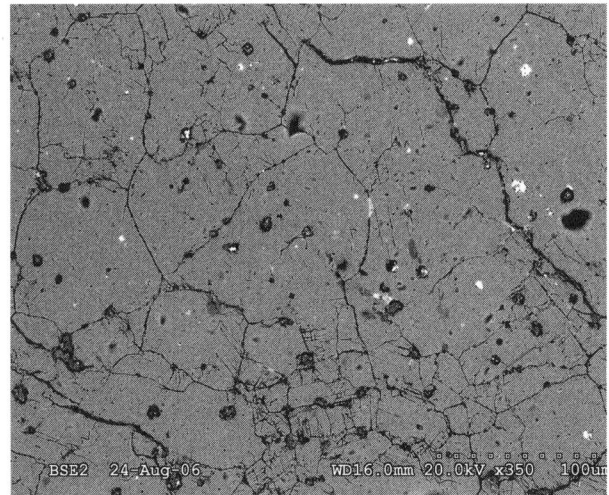

附图二○　铜盆 GCY-05 的 BSE 电子像。锻造组织

（三）合金成分分析

利用扫描电子显微镜（SEM）和能谱仪（EDS），采用无标样定量分析法，对原子序数高于硼的元素进行测定，并对氧进行半定量分析。在能谱曲线上，将某元素的特征峰面积与显示的所有元素特征峰面积总和之比归一化处理后，定为该元素的质量分数。由于样品成分偏析和组织结构不同可能会引起成分的波动，因而在样品不同部位分别进行三次面扫，取平均值为最后结果（附表四）。

附表四　崇信于家湾周墓出土青铜器样品的合金成分分析结果（质量分数%）

样品编号	出土编号	器物	Cu	Sn	Pb	Cl	Fe	As	合金
GCY-01	M144:1	铜盆	81.6	12.2	5.8	0.5	—	—	铅锡青铜
GCY-02	M128:1	铜盆	83.8	16.2	—	—	—	—	锡青铜
GCY-03	M140:1	铜盆	80.4	14.5	5.0	—	—	—	铅锡青铜
GCY-04	M154:18	铜盆	84.4	15.6	—	—	—	—	锡青铜
GCY-05	M136:⑤	铜盆	81.2	16.4	2.4	—	—	—	铅锡青铜
GCY-06	M144:2	铜鼎	88.2	5.4	6.4	—	—	—	铅锡青铜
GCY-07	M66:1	铜鼎	65.5	15.4	14.5	—	1.1	3.5	CuSnPbAs 合金
GCY-08	M128:2	铜鼎	85.0	15.0	—	—	—	—	锡青铜
GCY-09	M140:2	铜簋	61.2	—	37.4	—	1.4		铅青铜
GCY-10	M149:5	铜箭镞	87.1	12.9	—	—	—	—	锡青铜
GCY-11	M55:2	铜车軎	65.5	34.5	—	—	—	—	锡青铜
GCY-12	M140:32	铜鱼	65.0	21.4	13.6	—	—	—	铅锡青铜
GCY-14	M38:11	铜泡	77.1	9.1	13.8	—	—	—	铅锡青铜
GCY-15	M114:26	铜泡	66.7	22.9	10.4	—	—	—	铅锡青铜
GCY-16	M60:10	铜泡	56.6	7.2	30.0	—	6.2	—	CuSnPbFe 合金
GCY-19	M38:14	铜箭镞	75.0	8.0	17.0	—	—	—	铅锡青铜

（四）显微组织中第二相及夹杂物观察分析

1. Cu_2S 和 Ag 夹杂

在分析的 16 件铜器中，有 9 件铜器样品中存在硫化物夹杂，分别为 GCY-02，GCY-03，GCY-04，GCY-05，GCY-07、GCY-09、GCY-11、GCY-14 和 GCY-19。在这些样品中，Cu_2S 夹杂有多种存在方式，大多数情况下主要分布于裂缝锈蚀中，有时会与 Pb、Fe、Ag、Se 等元素或化合物聚积在一起（附图二一）。

在样品 GCY-02 中发现 8 处以上含少量 Ag_2O 锈蚀的 Ag 颗粒（附图二二），这些银颗粒均存在于晶界锈蚀中，直径为 $0.2\mu m - 15\mu m$ 不等。微量元素 Ag 的存在可能与古代青铜器矿料来源有关。

2. 铁和砷夹杂

样品 GCY-07 中存在 3 处含 Cu、Fe、As 颗粒夹杂物（附图二三）。值得注意的是，经能谱元素分析，这三处颗粒夹杂中 Cu、Fe、As 三元素原子个数比近乎一致，且元素分析结果不含氧，预示着三元素形成的颗粒夹杂是一种或几种化合物，可能含 Cu_3As 相和 $FeAs_2$ 相。其元素成分分析结果列于附表五。

样品 GCY-09 和 GCY-16 铜晶粒内存在单质 Fe 的独立相（附图二四、二五）。GCY-09 的成分分析结果列于附表六。

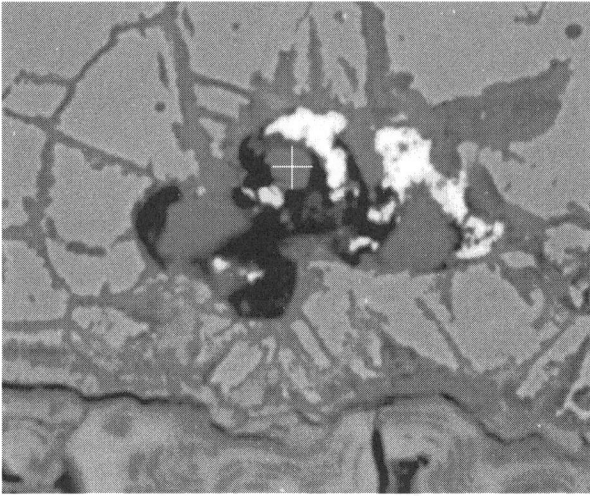

附图二一 铜盆 GCY-03 的 BSE 电子像，2500x，铅聚积在 Cu_2S 周围

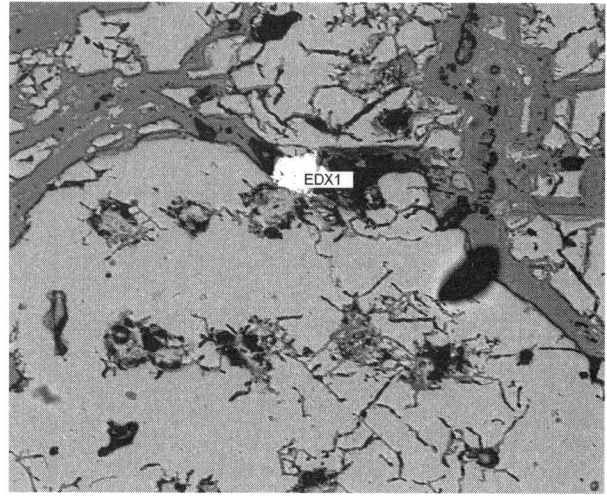

附图二二 铜盆 GCY-02 的 BSE 电子像，600x。含少量 Ag_2O 锈蚀的 Ag 颗粒

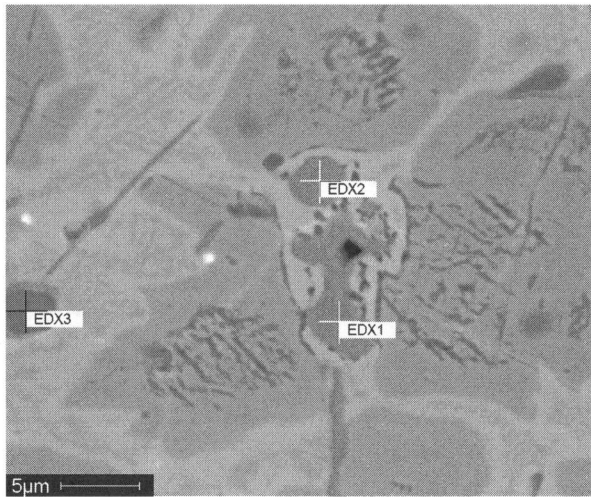

Element	Wt%	At%
CuK	43.58	49.35
FeK	20.03	19.93
AsK	36.39	30.72

附图二三 铜鼎 GCY-07 的 BSE 电子像，其中 EDX1 和 EDX2 为 Cu、Fe、As 颗粒夹杂物，EDX3 为含少量 Fe 的硫化物夹杂。右图为 EDX1 的能谱图

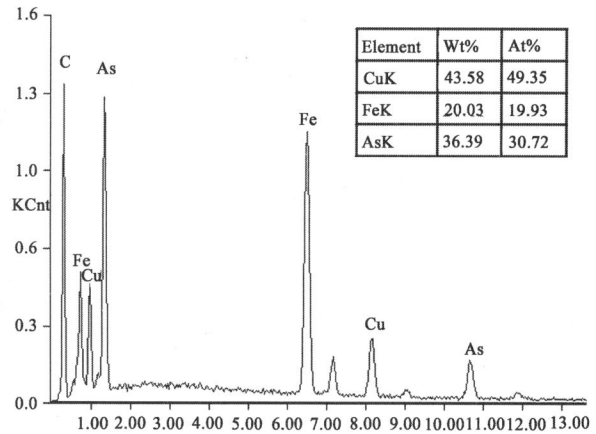

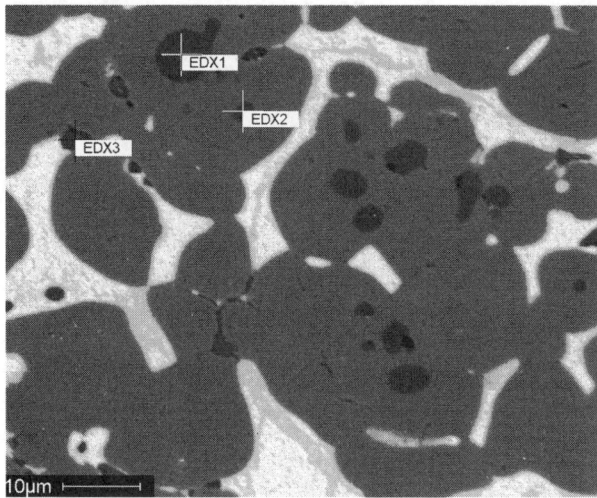

附图二四　铜簋 GCY-09 的 BSE 电子像。EDX1 和 EDX2 为位于 α 晶内的 Fe 夹杂；EDX3 为 Cu₂S

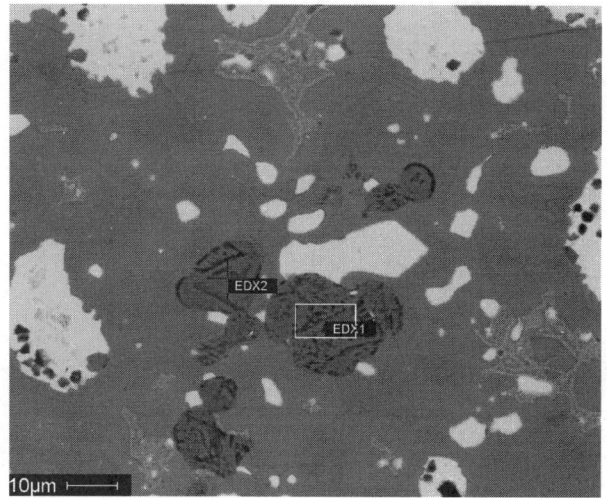

附图二五　铜簋 GCY-16 的 BSE 电子像。EDX1 和 EDX2 为位于 α 晶内的 Fe 夹杂

附表五　铜鼎 GCY-7 中三处含 Cu、Fe、As 的颗粒夹杂物的成分（Wt%/At%）

元素 夹杂物序号	Cu	Fe	As
1	18.4/18.3	44.2/50.1	37.5/31.6
2	20.0/19.9	43.6/49.4	36.4/30.7
3	19.8/19.8	42.8/48.6	37.3/31.6
平均值	19.4/19.3	43.5/49.4	37.1/31.3

附表六　铜簋 GCY-9 中夹杂物的成分（Wt%/At%）

元素 序号	Cu	Fe	S
EDX1	9.2/8.2	90.8/91.8	—
EDX2	23.4/21.1	76.6/78.9	—
EDX3	78.4/64.6	—	21.6/35.4

3. 纯铜晶粒

样品 GCY-01、GCY-07、GCY-10、GCY-11、GCY-12、GCY-15 和 GCY-19 共 7 个样品中存在纯铜晶粒。以样品 GCY-01 和 GCY-07 为例，经能谱分析，在样品 GCY-01 的三处纯铜颗粒中发现少量铜的氯化物和氧化物锈蚀（附图二六），样品 GCY-07 的纯铜晶粒中含少量 Cu₂O 锈蚀（附图二七）。

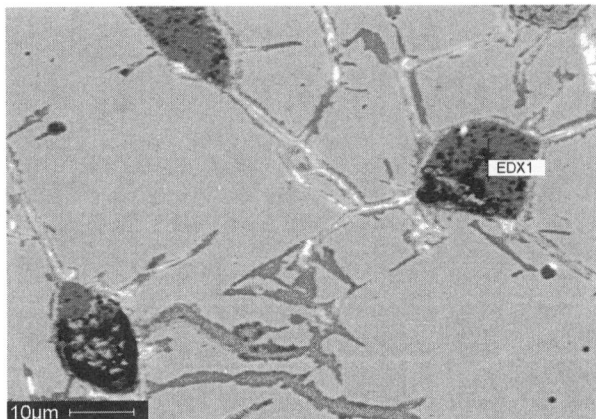

附图二六　铜盆 GCY-01 的 BSE 电子像。含少量铜的氯化物和氧化物锈蚀的纯铜晶粒

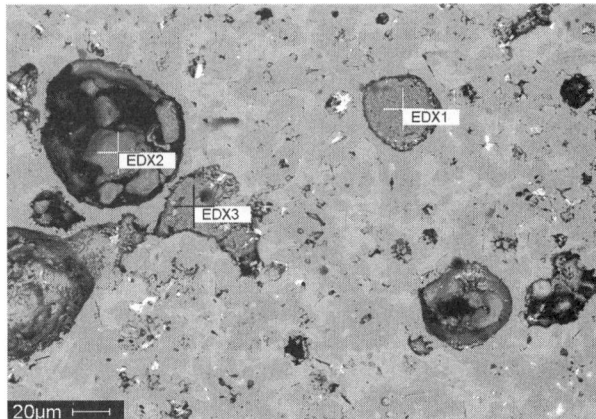

附图二七　铜鼎 GCY-07 的 BSE 电子像。EDX1-3 均为含少量 Cu_2O 锈蚀的纯铜颗粒

4. 高铋相

在样品 GCY-02 的 α 晶内发现 1 处以铋为主且含 Cu、Sn、Fe 的高铋相，局部铋含量高达 54.97%。铋属于铜的有害杂质元素，当铋总含量大于 0.025% 时，可引起铜的热脆性，当大于 0.05% 时，可引起冷脆性，铜的机械性能受到较大影响[1]。此件青铜器局部有高铋相存在于 α 晶内。

5. 富 Sn 的铜锡合金颗粒夹杂

在样品 GCY-03 的晶界锈蚀中发现 1 处富 Sn 的铜锡合金颗粒夹杂（附图二八）。经能谱分析其不含氧，为铜锡合金颗粒。其中 Sn 含量为 37.69%，Cu 含量为 62.31%，合金成分恰与 ε 相（Cu_3Sn，理论值含 Sn 量 38.2%）的成分接近。

四　讨　论

本次分析的 16 件青铜器中，分别有 5 件铜盆、3 件铜鼎、1 件铜簋、2 件兵器、4 件车马器和 1 件铜饰。从制作工艺来看，5 件铜盆中 1 件铜盆为铸后经过加热和轻微冷加工，4 件为热锻制成，其中 2 件锻后又经冷加工处理；其余 11 件青铜器均为铸造加工制成，其中 1 件铜鼎（GCY-08）和 1 件铜车軎（GCY-11）在铸造后经过加热。从合金成分来看，锡青铜 5 件，铅锡青铜 8 件，铅青铜、CuSnPbAs 四元合金和 CuSnPbFe 四元合金各 1 件。David A. Scott 将古代锡青铜器分为高锡、低锡两类，含锡小于 17% 为低锡青铜[2]，此次分析的 16 件青铜器中，13 件铜器锡含量低于 17%，为低锡青铜；3 件铜器锡含量高于 17%，为高锡青铜。

---

[1]　В. И. СМИРНОВ 著，胡为柏等译：《铜镍冶金学》上册，高等教育出版社，1955 年，318 页。

[2]　David A. Scott. *Metallography and Microstructure of Ancient and Historic Metals*. The Getty Conservation Institute, 1991.

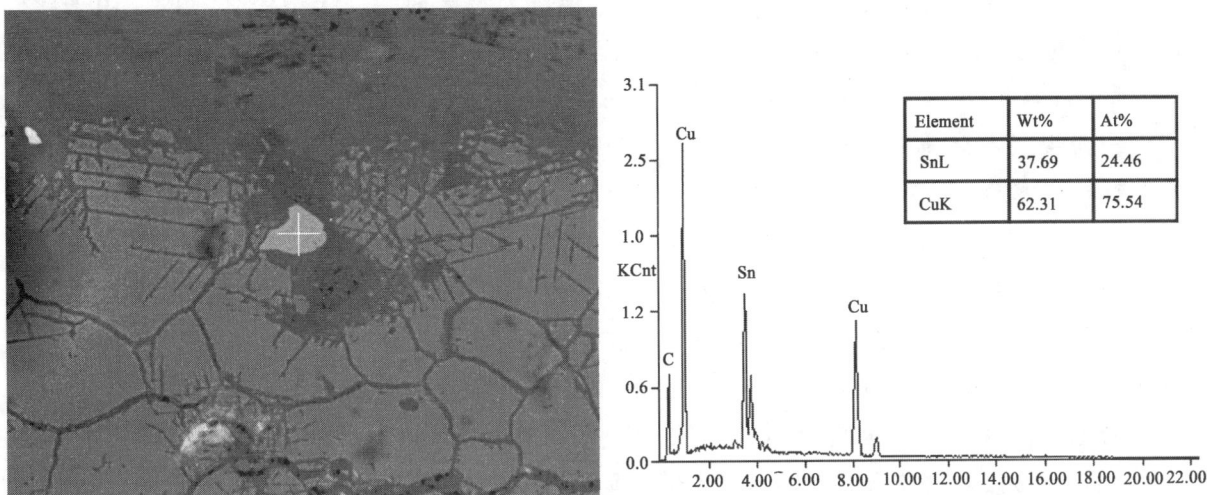

Element	Wt%	At%
SnL	37.69	24.46
CuK	62.31	75.54

附图二八 铜盆 GCY-03 的 BSE 电子像，1200x，富 Sn 的铜锡合金颗粒夹杂，与 ε 相（Cu_3Sn）的成分相符。右图为该颗粒的能谱图

（一）铁元素。样品 GCY-07、GCY-09 和 GCY-16 的平均含铁量均较高，分别为 1.13%、1.38% 和 6.2%。P. T. Craddock 等认为[1]，古代青铜制品中铁含量的变化可以作为冶铜技术改变的证据之一。如果含铁量低于 0.05%，表明使用富铜矿石冶炼的可能性很大，是较原始的冶铜工艺。若使用富铁铜矿作原料，或者在冶炼过程中加入铁矿石作为熔剂来改善炉渣流动性，则会引起铜制品中含铁量的增高。样品 GCY-16 中的铁含量更是高达 6.2%，属于 CuSnPbFe 四元合金。这三件青铜样品为研究青铜制品含铁成分与冶炼技术关系提供了重要的实物资料。

（二）砷元素。样品 GCY-07 中砷含量为 3.52%，为 CuSnPbAs 四元合金，根据 SEM 观察和能谱分析结果，砷元素可能来自含砷氧化铜矿或砷铁矿。砷铜自公元前 4000 年左右开始使用，是人类利用的第一种合金。中国砷铜主要集中发现于西北的甘肃和新疆等地[2]，此件砷铜合金器物的出土，表明在锡青铜和铅锡青铜大量使用的西周时期，偶有砷铜的生产或延续使用。

（三）Cu_2S 夹杂。在分析的 16 件铜器中，有 9 件铜器样品中存在硫化物夹杂。通过对显微组织中第二相及夹杂物的观察分析，发现 Cu_2S 夹杂通常位于青铜器基体的锈蚀缝隙中。对于铅青铜而言，铅通常聚积在 Cu_2S 夹杂周围。

（四）ε 高锡相。样品 GCY-03 晶界锈蚀中发现的一处富 Sn 的铜锡合金颗粒夹杂，出现在铜器青铜合金层靠近表面部分的锈蚀层中，其合金成分为 Sn 37.69%、Cu 62.31%，与 ε 相（Cu_3Sn）的理论值含 Sn 量 38.2% 成分非常接近。一般认为，ε 相很难出现在铸造青铜器中，

---

① P. T. Craddock and N. D. Meeks "Iron in Ancient Copper". Archaeometry, vol. 29, part. 2 August, 1987, p187～204.

② 潜伟、孙淑云、韩汝玢等：《古代砷铜研究综述》，《文物保护与考古科学》2000 年 2 期，43～50 页。

多出现在镀锡青铜器的镀层之中，或出现在使用锡作为焊接剂的焊接过程之中[1][2]。由于此件器物为热锻成形，目前尚不清楚此相出现的原因。有些文章中提到了在铜—锡体系的相图中存在 α 固熔体和一个 ε 相的低温区[3]。根据近来对甘肃灵台白草坡出土西周早期镀锡青铜兵器的研究，镀锡层中有 ε 相出现[4]。考虑到崇信于家湾和灵台白草坡相距只有数十公里，两者之间是否存在技术交往有待进一步研究，必要时可进行两者青铜器铅同位素分析比较。

（五）热锻青铜容器。此次分析的 5 件铜盆中有 4 件显示等轴晶和孪晶组织，为热锻加工制成，其中 2 件有较多和大量滑移带存在，说明样品在热锻又经冷加工。另外 1 件铜盆显示 α 固溶体等轴晶组织，表明铸造成形后又经过加热和轻微冷加工。根据文献记载，人类在新石器时代已开始锤击天然红铜来制造小件饰品和工具，进入青铜时代后，范铸成型在中国成为青铜器的主流制作方式。据现有研究可知，甘肃永靖秦魏家出土的齐家文化铜锥（前 2000 年）可能是迄今发现的中国最早青铜锻件[5]。其后在甘肃民乐东灰山四坝文化遗址（前 1900 年~前 1600 年）出土的铜管、刀、锥共 15 件为热锻成形[6]，玉门火烧沟四坝文化遗址出土的铜匕首、铜管也是热锻成形[7]。内蒙古朱开沟遗址（龙山文化晚期至早商时期）出土部分小饰品、工具和兵器是热锻成形或铸造成形后又经过加工[8]。有人曾对陕西关中地区先周和西周早期铜器进行过研究，发现有铸后热、冷加工的兵器和工具，而容器样品均呈铸造组织[9]。到目前为止，已做过金相分析的秦汉以前锻造铜器大多为小件饰品、工具或兵器，几乎没有容器。河北怀来县北辛堡曾出土一件春秋末期胎薄铜缶，器物分上下两部分，锻打成形后套接在一起[10]，这可能是迄今所知年代最早的锻造铜容器。至西汉时期，热锻技术在铜容器制作中的应用开始增多，如广州南越王墓出土的铜盆、铜销就是经热锻加工而成[11]。根据于家湾出土保存较好的青铜盆来看，铜盆直径一般在 10 厘米左右，说明在西周早中期人们已经利用锻打技术，制作小件青铜容器。据此，可以认为此次分析的 4 件铜盆是中国目前发现最早的锻打成形青铜容器。

①　Meeks, N. 1993, *Patination phenomena on Roman and Chinese high-tin bronze mirrors and other artifacts. In Metal plating & patination, cultural, technical & historical Developments.* (eds. S. La Niece and P. Craddock), Oxford：Butterworth-Heinemann, 63 - 84.

②　Meeks, N. 1993, *Surface characterization of tinned bronze, high-tin bronze, tinned iron and arsenical bronze. In Metal plating & patination, cultural, technical & historical developments.* Eds. S. La Niece and P. Craddock), Oxford：Butterworth-Heinemann, 247 - 275.

③　David A. Scott, *Copper and Bronze in Art——Corrosion, Colorants, Conservation*, Getty Conservation Institute, Los Angeles, 2002.

④　Qinglin Ma, David A. Scott, *Tinned belt plaques of the 6-5th century B. C from Gansu province, China：A technical study, Fiftieth anniversary symposium on scientific research in the field of Asian art*, Freer Gallery of Art at the Smithsonian Institution, Washington D. C, Archetype Publications Ltd. 2003, pp. 60 - 69.

⑤　中国社会科学院考古研究所甘肃工作队：《甘肃永靖秦魏家齐家文化墓地》，《考古学报》1975 年 2 期，57~91 页。

⑥　孙淑云：《东灰山遗址四坝文化铜器的鉴定及研究》，《中国冶金史论文集》，《北京科技大学学报》，2002 年，203~208 页。

⑦　孙淑云等：《甘肃早期铜器的发现与冶炼、制造技术的研究》，《文物》1997 年 7 期，75~84 期。

⑧　李秀辉、韩汝玢：《朱开沟遗址出土铜器的金相学研究》，《中国冶金史论文集》，《北京科技大学学报》，2002 年，242~260 页。

⑨　杨军昌：《陕西关中地区先周和西周早期铜器的技术分析与比较研究》，北京科技大学博士学位论文，2002 年，58~97 页。

⑩　敖承隆等：《河北怀来县北辛堡出土的燕国铜器》，《文物》1964 年 7 期，28~29 页。

⑪　孙淑云：《西汉南越王墓出土铜器、银器及铅器鉴定报告》，广州市文物考古研究所编：《西汉南越王墓》，文物出版社，1991 年，397~410 页。

五　结　论

经过对 16 件青铜器分析研究，得到了许多重要的科学信息，结论如下：

（一）16 件青铜器中有锡青铜 5 件，铅锡青铜 8 件，铅青铜、CuSnPbAs 四元合金和 CuSnPbFe 四元合金各 1 件。13 件为低锡青铜，3 件为高锡青铜，其中 4 件经热锻加工制成，12 件为铸造加工制成。

（二）3 件青铜样品含铁量较高。研究发现，当青铜器中铁含量较高时，较易形成铜铁硫化物夹杂，铁还可在铜基体 α 晶内以独立相存在。

（三）1 件铜鼎为砷铜合金，表明在锡青铜和铅锡青铜大量使用的西周时期的甘肃地区，仍有砷铜制品的生产或延续使用。

（四）4 件铜盆壁薄且厚度均匀，为锻制，是中国目前发现的最早的锻打成形青铜容器。

（感谢甘肃省文物考古研究所杨惠福所长、魏怀珩研究员和深圳博物馆张珑副研究员等提供研究样品和相关考古资料，工作中受到北京科技大学韩汝玢和孙淑云教授以及中国国家博物馆潘路和姚青芳研究员的帮助，同时还受到中国文化遗产研究院文物保护科技中心领导与同事的帮助，在此一并表示感谢）

附录三

崇信于家湾周墓出土玉器研究

张治国　　马清林

（中国文化遗产研究院）

1　引　言

　　于家湾墓地位于甘肃崇信县城东北 3.5 千米，地处汭河北岸，是甘肃省迄今发现时代最早、墓葬最多的周文化墓群。考古工作者先后于 1982 年、1984 年、1986 年先后 3 次对于家湾先周至西周墓葬进行了发掘，出土大量青铜器、陶器、玉饰及料珠等[1][2]。

　　出土玉器的鉴定与研究对于了解我国古代先民的生产生活、审美意识和科学技术具有十分重要的意义。近年来，该项研究一直是文物考古学界、地质学界乃至收藏界关注的热点。一般情况下，对完整的古代玉器只采取无损方法进行分析。对于残片，可以对其少量剥落物进行微损或无损分析。此次分析的于家湾周墓出土玉器 6 件，3 件为完整器，3 件为残片（附图一；附表一）。利用扫描电子显微镜及能谱仪（SEM-EDX）、X 射线荧光分析仪（EDXRF）、X 射线衍射仪（XRD）和红外光谱仪（FT-IR）进行成分与结构分析。

附图一　甘肃于家湾周墓出土部分玉器

附表一　崇信于家湾周墓出土玉器取样表

样品编号	出土编号	器物描述	年代
GCYJ-1	M97-1	玉器残片	不祥
GCYJ-2	M102-7	玉戈尖残片	不祥
GCYJ-3	M135-1	玉鱼	不祥
GCYJ-4	M66-5	玉鱼	西周早期
GCYJ-5	M144:3	玉鱼残片	西周早期
GCYJ-6	M23-3	玉蚕	西周早期

---

[1]　陶荣：《追本溯源话崇信》，《平凉日报》，2005 年 7 月 5 日。

[2]　甘肃省文物工作队：《甘肃崇信于家湾周墓发掘简报》，《考古与文物》1986 年 1 期，1~7 页。

二　分析仪器与分析条件

（一）扫描电子显微镜（SEM）及能谱分析仪（EDX）

Hitachi S-3600N 扫描电子显微镜，分析电压为 20KV；美国 EDAX 公司 Genesis 2000XMS 型 X 射线能谱仪。

（二）能量散射 X 射线荧光分析仪（EDXRF）

SHIMADZU EDX-800HS 型能量散射 X 射线大腔体荧光分析仪，测量电压为 50KV，测量时间为 100s，Rh 靶。

（三）X 射线衍射仪（XRD）

Rigaku D/max 2200 型 X 射线衍射仪，工作管压和管流分别为 40KV 和 40mA，Cu 靶。发散狭缝、防散射狭缝和接收狭缝分别为 1°、1°和 0.15 毫米。

（四）傅立叶变换红外光谱仪红外光谱仪（FT-IR）

Nicolet Nexus670 型傅立叶变换红外光谱仪，配有 Continus 系列红外显微镜。样品分析采用 KBr 粉末压片法，采集 $400-4000cm^{-1}$ 波长范围的显微中红外透射图谱。

三　结果与讨论

玉器在中国古代文明中占有重要位置，我国自新石器时代以来广泛用玉，殷墟甲骨文中已有用玉的记载，是世界上用玉最早的国家之一。玉是自然界的天然岩石，由细小矿物的集合体组成。一般真玉仅指软玉与硬玉两种。软玉主要是指致密块状的角闪石族透闪石－阳起石系列矿物，中国古代玉主要指软玉。硬玉则是一种致密块状辉石族硅酸盐矿物，我国俗称翡翠。假玉指其他称之为"玉"的各种矿石。

经分析，于家湾周墓送检玉器分为两种，软玉和假玉（大理岩玉和钙铝榴石玉）。

（一）软玉

软玉是致密块状的角闪石组钙角闪石类的透闪石—阳起石系列矿物，一般具有交织纤维显微结构，即软玉结构，在天然矿物中具有仅次于黑金刚石的极高韧性[1]。软玉中的白玉含透闪石 95% 以上，颜色洁白，质地纯净、细腻、光泽滋润，为和田玉中的优质品种；青白玉的质地与白玉无显著差别，仅玉色白中泛淡淡的青绿色，为和田玉中三级玉材，价值略低于白玉；青玉通常呈淡青、青绿或灰白色，颜色匀净、质地细腻，有油脂状光泽，约含透闪石 89%，阳起石 6%，由透闪石和阳起石交织分布相互过渡而成[2]。

① 闻广：《苏南新石器时代玉器的考古地质学研究》，《文物》1986 年 1 期，42～49 页。
② 白崇斌、范宾宾：《宝鸡益门出土玉器分析研究》，《文物保护与考古科学》2005 年 4 期，34～38 页。

附表二　4 件软玉样品表面 EDXRF 成分分析结果（质量分数 wt%）

实验室编号	出土编号	Ca	Si	Mg	Fe	S	Al	K	Mn
GCYJ-1	M97-1	49.8	37.7	7.0	2.4	1.7	0.7	0.4	0.3
GCYJ-2	M102-7	25.2	50.3	20.6	1.4	—	2.0	0.4	0.1
GCYJ-3	M135-1	24.3	49.6	20.2	2.9	0.2	1.5	0.4	0.4
GCYJ-4	M66-5	28.4	48.5	20.0	0.8	0.1	1.7	0.4	0.2

能量散射 X 射线荧光光谱仪（EDXRF）可分析所测玉器原料的化学组成和含量，属于无损检测且具有灵敏度高的优点。将 4 件玉器表面用无水乙醇清洁后，利用 EDXRF 对玉器表面未受沁处进行无损成分分析（附表二）。分析结果显示四件玉器的主量元素均为 Ca、Si、Mg 和 Fe，属同一类玉。由附表二可以看出，样品 GCYJ-1 中的 Ca 含量明显高于其他三个样品，这是该样品高度受沁后在元素成分上的体现。

在进行元素成分测定后，将 4 件玉器置于 X 射线衍射仪进行无损物相分析。分析结果显示，4 件玉器的主要组成矿物均为透闪石〔$Ca_2Mg_5Si_8O_{22}(OH)_2$〕和阳起石〔$Ca_2(Mg, Fe)_5Si_8O_{22}(OH)_2$〕。为避免重复，文中只列出样品 GCYJ-1 的衍射数据（附表三），其他 3 件软玉样品仅列出衍射图（附图二，a～d）。透闪石结晶呈显微纤维变晶状集合体，具显微毛毡状结构（附图三，以样品 GCYJ-1 为例），从而确认这 4 件玉器均为软玉。它们在矿物组成上与新疆和田软玉没有区别，均属真

附表三　玉器样品 GCYJ-1 的 X 射线衍射数据

GCYJ-1		透闪石 44-1402		阳起石 41-1366	
dA°	I/I₀	dA°	I/I₀	dA°	I/I₀
9.02	11	9.00	56	9.04	20
8.43	27	8.38	100	8.42	75
4.88	12	4.86	23	4.88	16
4.51	15	4.50	22	4.52	20
4.21	8	4.19	10	4.21	16
3.88	14	3.86	18	3.88	16
3.38	38	3.37	44	3.39	30
3.28	40	3.27	41	3.28	45
3.12	100	3.12	69	3.12	100
2.94	48	2.93	34	2.94	35
2.81	9	2.80	10	2.81	16
2.73	22	2.73	20	2.73	16
2.70	80	2.70	71	2.71	55
2.59	29	2.59	21	2.60	18
2.53	49	2.53	27	2.53	25
2.34	28	2.33	21	2.34	20
2.32	18	2.32	12	2.32	12
2.16	33	2.17	4	2.16	18
2.01	24	2.01	15	2.01	10
1.65	26	1.65	18	1.65	12
1.44	26	1.44	16	1.45	12

玉。在附图二中，GCYJ-1、GCYJ-2 和 GCYJ-4 的 XRD 谱图几乎完全相同，而 GCYJ-3 的 XRD 谱图则与之略有不同，其原因在于 GCYJ-3 的铁含量较高，在矿物组成上反映为阳起石含量较高，标明这 4 件玉器并非属于同一种软玉。

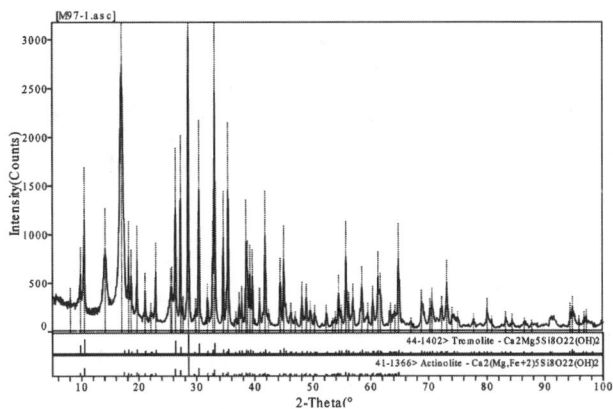

a 玉器样品 GCYJ-1 表面 X 射线衍射图

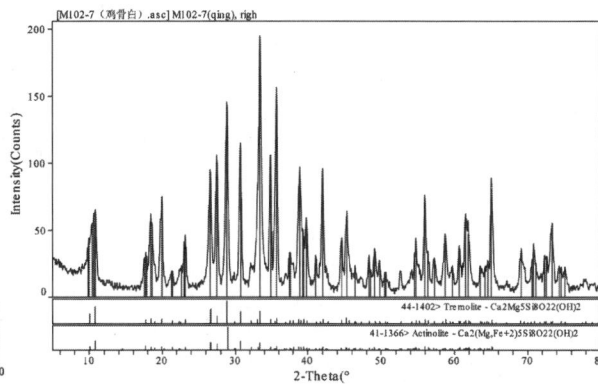

b 玉器样品 GCYJ-2 表面 X 射线衍射图

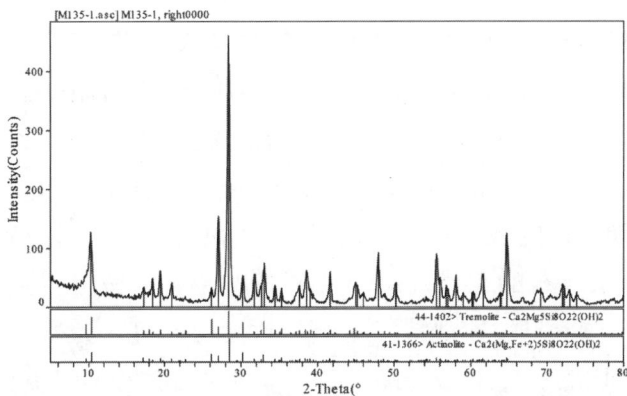

c 玉器样品 GCYJ-3 表面 X 射线衍射图

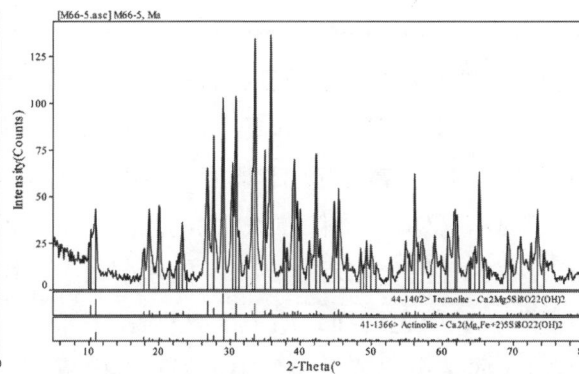

d 玉器样品 GCYJ-4 表面 X 射线衍射图

附图二 四件软玉样品表面的 X 射线衍射图

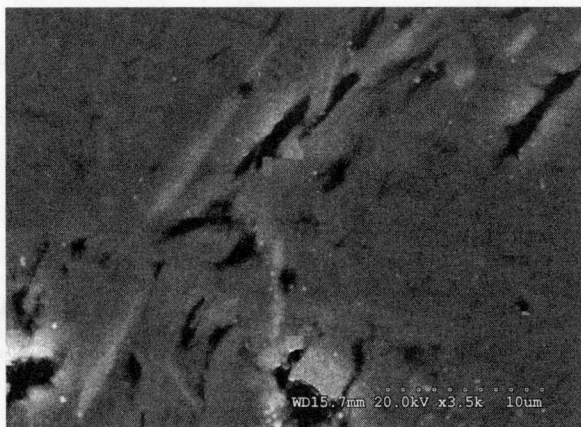

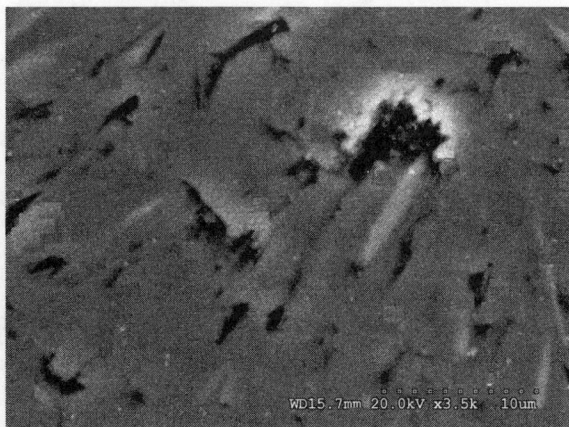

附图三 玉器样品 GCYJ-1 截面扫描电镜二次电子像

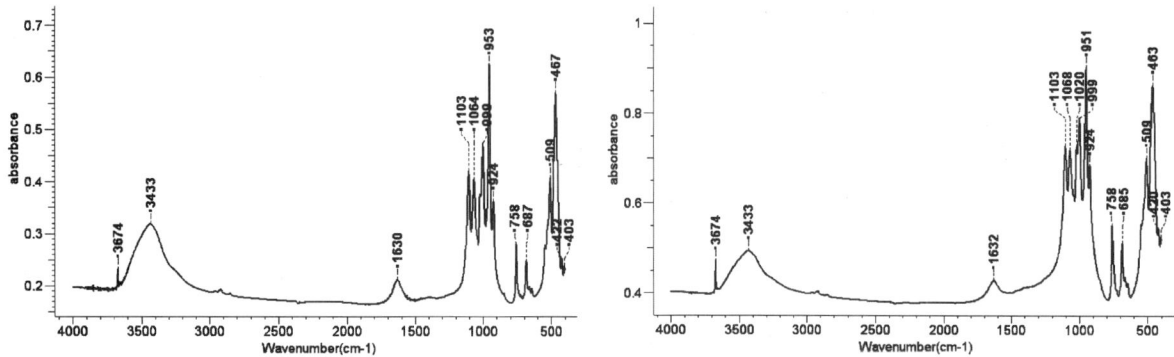

附图四 软玉 GCYJ-1 和 GCYJ-2 的红外光谱图

红外光谱主要反映物质与红外辐射相互作用时振动能级的变化，将所测样品的红外光谱特征谱与标准矿物特征谱比对，可以对矿物种类进行判断[1]。将玉器样品的微量剥落物研磨，经 KBr 粉末压片制样后进行透射法分析，得到的红外光谱图（附图四，以 GCYJ-1 和 GCYJ-2 为例）。经与标准矿物特征谱比较，得知其主要矿物成分均为透闪石，与 XRD 分析结果相符。

软玉随透闪石－阳起石中铁含量增高而颜色加深，其基本致色因素是过渡金属化合物的自显色作用，属于晶体场色[2]。透闪石〔$Ca_2Mg_5Si_8O_{22}(OH)_2$〕和阳起石〔$Ca_2(Mg, Fe)_5Si_8O_{22}(OH)_2$〕仅在铁元素含量上存在差别。由附表二可以看出，以镁含量为基准，样品 GCYJ-3 的含铁量相对较高，可见其矿物组成中阳起石的含量较高。从外观上来看，该玉器主体呈青色，颜色匀净，质地细腻（见附图一），与青玉的外观特征完全一致。由此可认为样品 GCYJ-3 属于单斜闪石类型中透闪石系的青玉。其他三件玉器样品 GCYJ-1、GCYJ-2 和 GCYJ-4 的相对含铁量较低，结合玉器外观特征判断这三件玉器均为青白玉。

在这四件软玉样品中，样品 GCYJ-1 受沁较为严重，表面有蚀斑，沁色呈白色（见附图一）。玉器受沁实质是自然环境风化作用与侵蚀作用所致，通常需百年。目前，对于白色沁色成因说法不一。为了深入研究于家湾软玉受沁情况，我们将玉器 GCYJ-1 的残片包埋后在扫描电镜下对白色受沁处和未受沁处进行成分对比分析（附图五；附表四）。由附图五可见，白色受沁处和未受沁处在扫描电镜背散射电子像中的亮度不同，白色受沁处的亮度较高，说明该处重元素含量较高。经对表四化学成分分析数据对比发现，白色受沁处的钙含量要比未受沁处平均高 10 个百分点，而铁的含量变化不大。由此可见，白色沁色的形成并不是由于铁元素流失，而是一个钙化的过程，即埋藏土壤中钙离子不断向玉器扩散进而沉积的过程。由附图五 b 中受沁处微观形貌可以看出，受沁处的玉器微观呈现岛屿状，纹理出现部分断裂，结构受到一定的破坏。但从历史和艺术角度来看，白色沁色为古玉器增添了岁月沧桑的感觉，已成为鉴定古玉器的重要特征之一。

---

[1] 彭文世、刘高魁：《矿物红外光谱图集》，科学出版社，1982 年。

[2] 闻广、荆志淳：《沣西西周玉器地质考古学研究》，《考古学报》1993 年 2 期，251～280 页。

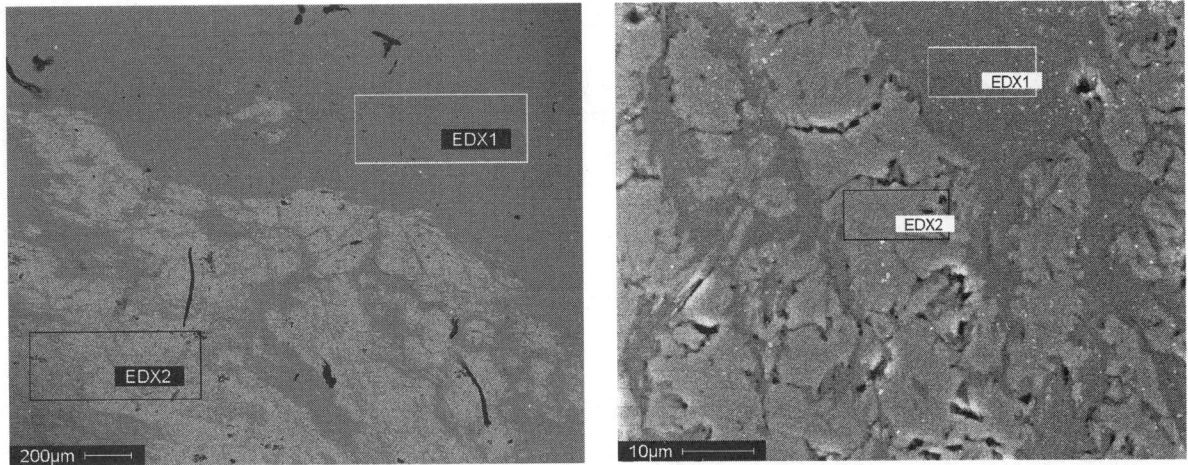

附图五 软玉样品 GCYJ-1 的扫描电镜背散射电子像

（EDX1：未受沁处；EDX2：白色受沁处）

附表四 GCYJ-1 受沁处白色和未受沁处成分分析对比表（质量分数 wt%）

编号	Ca	Si	Mg	Fe	Al
5a-1	18.5	56.2	22.9	0.6	1.8
5a-2	28.2	50.7	18.0	0.6	2.5
5b-1	19.2	56.0	22.9	0.8	1.1
5b-2	30.8	49.7	17.1	0.6	1.7

（二）大理岩玉

从外观上看，玉鱼 GCYJ-5 残片断口为参差状，具半玻璃光泽，半透明，质地均匀，呈细粒状变晶结构（见附图一）。对该样品进行表面清洁后，进行 XRD 物相分析（附图七；附表六）。结果显示，该样品矿物组成主要为白云石〔$CaMg(CO_3)_2$〕、方解石（$CaCO_3$）和利蛇纹石（$Mg_5Al_2Si_3O_{10}(OH)_8$），结合外观特征鉴定该玉鱼属大理岩玉[①]。因大理岩硬度较低，性脆，玉器在制作时抛光性能不好，且容易在埋葬时受到环境侵蚀，以致表面通常布满微坑。

对该样品残片剥落物进行包埋，利用 SEM-EDX 进行微观形貌观察与成分分析（附图六；附表五）。从该样品的微观形貌图可以很明显地观察到，方解石在大理岩玉的矿物结构中为独立相，白云石和利蛇纹石混合在一起成为另一相，两相交织掺杂在一起构成了大理岩玉的矿物组成。

---

① 蔡文静、张敬国、朱勤文、吴沫：《凌家滩出土部分古玉器玉质成分特征》，《东南文化》2002 年 11 期，80～83 页。

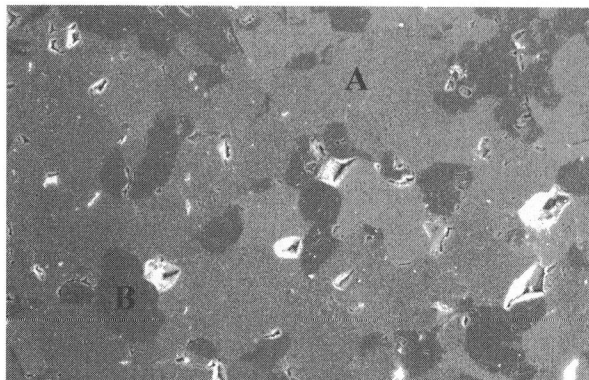

附图六　GCYJ-5 截面扫描电镜二次电子像

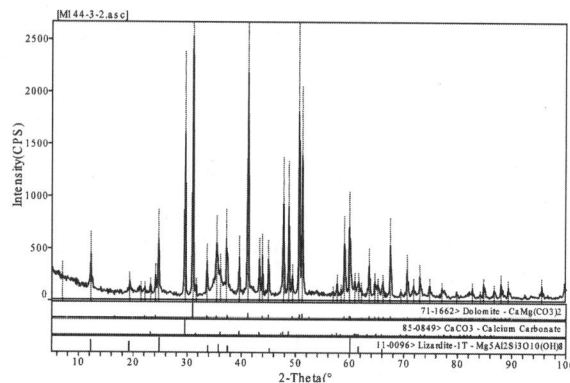

附图七　玉器样品 GCYJ-5 表面 X 射线衍射图

附表五　玉器 GCYJ-5 截面 SEM-EDX 分析结果（质量分数 wt%）

编号	Ca	Si	Mg	Fe	Al	可能物相
6-A	96.4	0.6	2.5	—	0.5	方解石
6-B	24.2	37.2	35.0	2.0	1.6	白云石，利蛇纹石
区域成分	76.6	4.7	16.4	—	2.2	—

附表六　玉器 GCYJ-5 的 X 射线衍射数据

GCYJ-5		$CaMg(CO_3)_2$ 36-0426		$CaCO_3$ 47-1743		$Mg_5Al_2Si_3O_{10}(OH)_8$ 11-0096	
dA°	I/I$_0$	dA°	I/I$_0$	dA°	I/I$_0$	dA°	I/I$_0$
4.59	4					4.59	23
3.61	21					3.57	43
3.02	63			3.03	100		
2.88	100	2.88	100				
2.66	13					2.64	23
2.53	16					2.50	31
2.41	19	2.40	13			2.39	26
2.27	14			2.28	27		
2.19	84	2.19	35				
2.08	14			2.09	20		
2.01	14	2.01	20			2.00	15
1.90	35			1.91	28		
1.87	33			1.87	33		
1.80	70	1.80	26				
1.78	53	1.78	33				
1.60	4			1.60	16		
1.54	24	1.54	16			1.54	100
1.50	4					1.50	41
1.46	12	1.46	12				
1.41	5					1.41	44
1.39	20	1.39	15				

（三）钙铝榴石玉

对玉蚕 GCYJ-6 进行 EDXRF（附表七）和 XRD 无损分析（附图八；附表八），确认其主要矿物组成为钙铝榴石 [$Ca_3Al_2(SiO_4)_3$]，结合肉眼观察，鉴定其为钙铝榴石。钙铝榴石属于石榴石族宝石的一种，又名乌兰翠，颜色无色到浅色透明，呈粒状结构[1]。石榴石族宝石属于等轴晶系，晶面上发育有纵纹，具次贝壳状断口，强玻璃光泽，摩氏硬度为 7～7.5。

附表七　玉蚕 GCYJ-6 表面 EDXRF 分析结果（质量分数 wt%）

编号	出土编号	Ca	Si	Al	Fe	Mg	K	S	Mn
GCYJ-6	M23-3	51.0	28.2	17.5	1.4	1.0	0.5	0.2	0.1

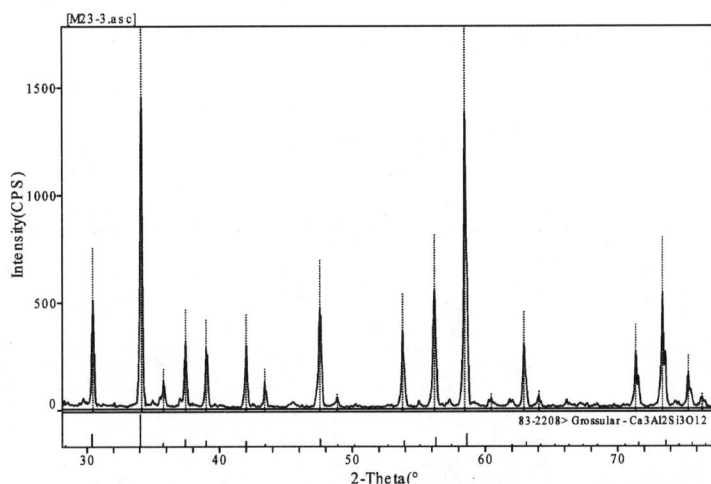

附图八　玉器样品 GCYJ-6 表面 X 射线衍射图

附表八　玉蚕 GCYJ-6 的 X 射线衍射数据

GCYJ-6		$Ca_3Al_2Si_3O_{12}$ 83-2208	
dA°	I/I$_0$	dA°	I/I$_0$
2.93	35	2.95	33
2.62	100	2.64	100
2.40	20	2.41	21
2.31	20	2.31	15
2.15	19	2.15	15
1.91	34	1.91	26
1.70	23	1.70	21
1.64	39	1.64	39
1.58	93	1.58	60
1.48	20	1.47	15
1.32	17	1.32	15
1.29	36	1.29	27
1.26	11	1.26	11

四　结　论

经过对甘肃崇信于家湾周墓出土 1 件玉戈、3 件玉鱼、1 件玉蝉以及 1 件玉器残片共 6 件玉器样品的科学检测与分析，发现 4 件玉器为软玉，包括 1 件青玉和 3 件青白玉；2 件为假玉，分别为大理岩玉和钙铝榴石玉。

对软玉白色受沁处和未受沁处的化学成分对比发现，白色沁色的形成是埋藏土壤中钙离子不断向玉器扩散、沉积和钙化的过程。

（甘肃省文物考古研究所杨惠福所长、魏怀珩研究员和深圳博物馆张珑副研究员等提供了研究样品和相关考古资料，工作中受到中国文化遗产研究院各位同事的帮助，在此一并表示感谢）

---

[1] 李伊白、王旭光：《漫谈石榴石族宝石及其快速鉴定》，《珠宝科技》2000 年 3 期，19～21 页。

附录四

崇信于家湾周墓出土人骨鉴定报告

魏 东 张林虎

（吉林大学边疆考古研究中心）

受发掘者委托，我中心人类学实验室对出土于甘肃崇信于家湾墓地的先周、周代墓葬中出土的人类骨骼标本进行了初步整理鉴定，现将结果报告如下。

一 标本保存现状及性别、年龄鉴定结果

墓号	年代	保存情况	性别	年龄
M2	西周早期	头骨、下颌骨右侧、右侧骨盆、骶骨	男性	30－35 岁
M4	周	头骨	女性?	成年
M5	周	下颌骨、骨盆	男性	40－45 岁
M6	先周	头骨、骨盆	男性	成年
M10	先周	骶骨	不明	成年
M12	西周早期	下颌骨、骨盆	男性	45－50 岁
M17	周	头骨、骨盆	男性	25－30 岁
M20	西周早期	骨盆	男性?	成年
M24	周	骨盆	女性	成年
M39	先周	头骨、骨盆	不明	成年
M51	西周早期	骨盆	女性	30－40 岁
M53	先周	头骨	不明	成年
M54	西周早期	头骨	女性	成年
M59	西周早期	头骨两个、骨盆	全部为女性	25 岁左右
M63	西周早期	下颌骨	不明	8 到 9 岁
M65	先周	下颌骨	不明	成年
M66	西周早期	头骨	女性?	成年
M77	周	骨盆	不明	成年
M78	西周早期	腰椎三个、骨盆	男性	成年
M80	先周	右侧骨盆坐骨端、额骨残片	不明	成年
M81	周	骨盆	不明	不明
M104	西周中期	头骨	男性?	成年
M122	西周中期	头骨	不明	10 岁左右
M130	西周中期	头骨	女性?	成年

二　测量数据

受颅骨保存条件所限，本文标本可提供测量数据的个体不多。更广义反映其种族遗传特征的男性个体仅有 4 例可进行测量观察。现将主要测量数据刊布如下：

单位：长度：毫米；角度：度；指数:%

马丁号	测量项目	M2	M6	M17	M104
1	颅　长	182.8	/	178.2	182.4
8	颅　宽	145.5	135.0	/	137.5
17	颅　高	148.6	141.5	142.0	143.5
9	最小额宽	93.5	93.5	84.8	87.5
45	颧　宽	/	/	134.7	/
48	上面高（n－pr）	74.0	/	76.6	
51	眶　宽（R）	46.4	/	45.2	
52	眶　高（R）	34.0	/	35.2	
54	鼻　宽	25.8	/	25.4	
55	鼻　高	60.0	/	56.7	
72	总面角	83.0	/	88.0	
77	鼻颧角	140.3	/	139.4	149.0
8:1	颅指数	71.60	/	/	75.38
17:1	颅长高指数	81.29	/	79.69	78.67
17:8	颅宽高指数	102.13	104.81	/	104.36
9:8	额宽指数	64.26	69.26	/	63.64
48:17	垂直颅面指数	49.80		53.94	/
52:51	眶指数（R）	72.81	/	77.88	/
54:55	鼻指数	43.00	/	44.80	/

三　病理现象

M2：在该个体颅骨上颌观察到双侧第三臼齿阻生导致的炎症（附图一，1），右侧发现有增生齿（附图一，2）。

M4：颅底部发现寰椎与枕髁融合（附图一，3），右侧上颌犬齿阻生（附图一，4）。

M17：发现鼻骨骨折（附图一，5）。

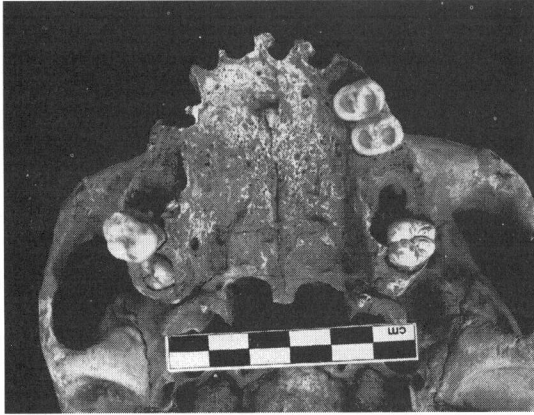

1

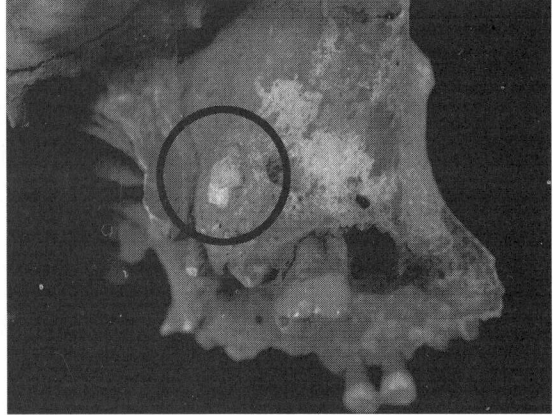

2

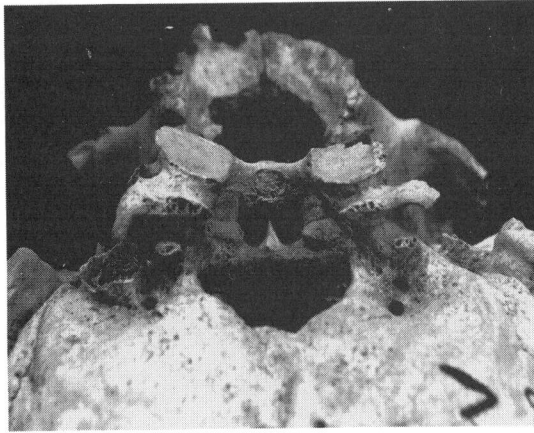

3

4

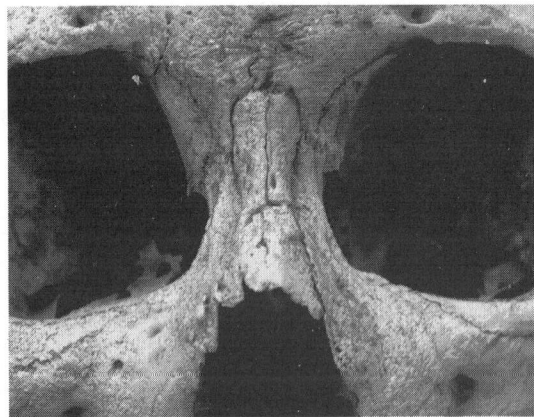

5

附图一　病理现象分析图

附录五

崇信于家湾出土先周时期青铜器

陶 荣

崇信县位于甘肃省平凉市东南部，属关山余脉与陇东黄土高原的交接之处。泾河支流的汭河、黑河、达溪河由西向东贯穿县境，形成三川两原和众多的山坡沟壑。1981 年 8 月在汭河北岸的九功乡于家湾村小塬嘴出土铜器 2 件，玉、蚌、贝、蛤蜊壳等器物 53 件①。在此前后，地、县级文物主管部门多次调查，认为这一地点是一处重要的西周墓葬群。1984 年 6 月 24 日崇信县人民政府将其公布为第一批县级文物保护单位；1993 年 3 月 29 日甘肃省人民政府将其公布为第五批省级文物保护单位。现将 1981 年出土的器物简介如下。

这批文物系于家湾村民在修庄基挖窑洞时挖出的，出土情况不详。据了解器物是在距地表 5 米多深处挖出，同出的还有人头骨、兽骨等和棺灰遗迹，应该是一座古墓葬。

铜瓿　1 件。标本 CXB0166，喇叭口，尖唇，下收细颈，鼓腹，小喇叭形圈足。腹部上下各饰两道凸弦纹，之间浮雕两组饕餮纹，衬以云雷纹。圈足内壁铸有"册口册父甲"五字铭文。通高 22.2、口径 13.5、底径 8.5 厘米（附图一、二）。

铜爵　1 件。标本 CXB0221，半圆槽状长流，三角形短尾，口沿略撇，流跟沿上分立二伞状柱；深腹，腹一侧置半环耳鋬，圜底；腹下置三棱锥状长撇足。柱头表面饰阴弦纹两圈，夹卷云纹；鋬上浮雕牛首，口沿下饰大小七组叶尖向上的蕉叶纹，腹部有三个等距离扉棱，浅浮雕二组兽面纹，云雷纹衬底。耳鋬内铸有"口癸父"三字铭文。通高 21.5、流至尾长 17.5、腹深 10.5、柱高 4.5 厘米（附图三、四）。

青玉鱼形饰　2 件。标本 CXB0222，形制大小基本相同，均青玉质，色呈青灰，通体磨光，长方形，一端平齐，另一端呈斜三角形；三角形近处有一对钻圆孔，两面各有两道直线纹。长 6.4 ~ 6.7、宽 1.3 ~ 1.4、厚 0.3 ~ 0.35 厘米（附图五、六）。

鱼形蚌饰　17 件。标本 CXB0223，大小不等，形制基本相同。均磨制，平面呈鱼形，头部有对钻小孔，刻有背鳍和尾鳍。长 2.3 ~ 5.1、宽 1 ~ 1.7、厚 0.1 ~ 0.2 厘米。

蚌壳　3 件。标本 CXB0224，平面呈扇形，顶部圆鼓，有一磨制小孔。

海贝　4 件。标本 CXB0225，平面略呈三角形，中间有齿，后有圆孔。

蛤蜊壳　27 件。标本 CXB0226，平面呈扇形，背部凸鼓，面有瓦棱纹，顶部有磨制小孔。

① 崇信县文化馆陶荣：《崇信出土西周早期青铜器》，此文刊载于甘肃省平凉地区博物馆编写的内部刊物《平凉文物》1984 年 1 期。

附图一　铜觚

附图二　铜觚铭文

附图三　铜爵

附图四　铜爵铭文

附图五　青玉鱼形饰　　　　　　　　　　附图六　青玉鱼形饰

于家湾墓地出土的铜器为觚、爵组合。觚、爵同出是商末周初习见的组合形式，其形制和陕西泾阳高家堡戈国墓地 M4 出土的铜觚和铜爵极为相似[1]，年代应为商末周初。这批文物的出土为研究平凉地区商周文化的发展以及考察这个时期的方国历史，提供了新的实物资料。

---

[1]　陕西省考古研究所：《高家堡戈国墓》，三秦出版社，1995 年。

附录六

崇信赤城香山寺发现先周墓葬

甘肃省文物考古研究所　崇信县博物馆

　　1984年9月，崇信县文化馆馆长马长春同志回其老家赤城乡香山寺村种麦时，在村边一条山坡小路上发现了一枚海贝，遂引起了他的注意。仔细观察后，又在出海贝的西北方向约2米处发现一块露出的鬲足，经手掏，相继发现了3件陶器。在初步判断这是一座墓葬后，马长春同志立即将其回填，并将这一情况告诉了当时正在该县九功乡于家湾周代墓地进行考古发掘的省文物工作队。10月8日，省文物工作队魏怀珩、张珑，县文化馆马长春、陶荣以及当时正在于家湾发掘工地参观考察的西北大学历史系刘士莪教授等前往现场进行调查，并对马长春同志发现的这座墓葬进行了清理发掘，编号为84CXM1。

　　该墓位于崇信县城西南约30千米的赤城乡香山寺村西的黑河北岸第二台地上一条南北向斜坡小路边（附图一、二），当地村民在修这条小路时，已将墓的西圹和南圹挖残，东边和北边墓圹因靠近村民马治娃家的窑背，故而保存基本完整。现将清理情况简报如下。

一　墓葬形制

　　墓葬形制为长方形竖穴土坑墓，方向310°。墓口开在台地的原生土层上，墓口以上为扰土层，回填土较为干净，呈红褐色，内夹有细沙砾。墓底长约1.95、残宽约0.70、深1.55米。墓室北壁距墓底0.60米处挖有一壁龛，平面呈半圆形，进深0.50、宽约0.85、高0.42米。随葬的陶器全部放在龛内（附图三、四）。

　　墓内一棺，紧靠墓壁而置，棺底撒有薄薄的一层碎木炭。棺已朽成灰白色粉末，棺长约1.80、宽0.60、高0.50、侧板灰宽0.70米。棺内人骨仰身直肢，头北脚南，左手放置于腹部。头骨因挤压已破碎，头骨下面发现有朱砂，下颌骨内有1枚海贝，当为口含。马长春同志发现的那枚海贝应该是放置于墓主人脚部的。肢骨保存尚好，唯右小腿骨和双脚骨被村民修路时挖残。死者为一老年男性。

二　出土遗物

　　随葬品共9件，除了2件海贝外，其余7件均为陶器，其组合为3鬲4罐。

　　陶鬲　3件。均为高领乳状袋足分裆鬲。

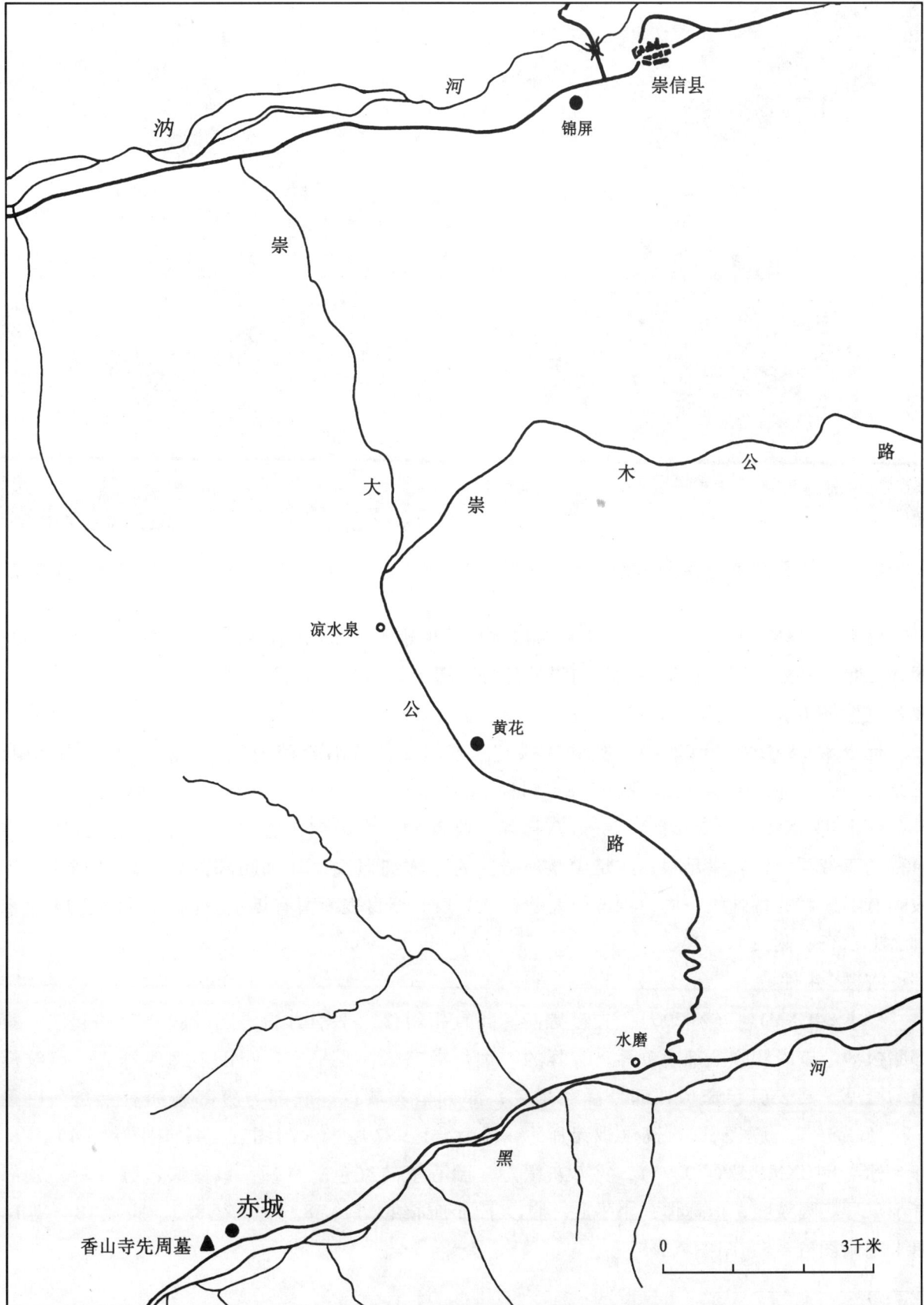

附图一　赤城香山寺先周墓葬位置示意图

附图二　赤城香山寺先周墓所在地形及清理情况　　　附图三　赤城香山寺先周墓壁龛内陶器出土情况

标本84CXM1:1（N0293）①，夹砂灰褐陶。体形较大，高斜领，大敞口，方唇。尖乳头足根，三足尖外撇。通体饰细绳纹，口沿处部分呈黑色，可能是烧陶时所致。高22.4、口径22厘米（附图五，1；附图六，1）。

标本84CXM1:2（N0294），夹砂灰褐陶。高斜领，口沿处稍内敛，方唇。尖乳头足根，三足尖外撇。通体饰粗绳纹。高17.8、口径14.6厘米（附图五，2；附图六，2）。

标本84CXM1:3（N0295），夹砂灰褐陶。高斜领，大敞口，方唇，唇沿外斜。领腹间有对称的双带耳，尖乳头足根，三足尖微外撇。通体饰细绳纹，耳和腹部部分绳纹被抹去，领腹间有不连贯的刻画纹一周，裆部外表贴有三泥条。器身表面留有烟炱。高15、口径14厘米（附图五，3；附图六，3）。

陶罐　4件。

标本84CXM1:4（N0296），夹砂黑陶。高直领斜侈，平沿方唇。圆鼓腹略垂并起棱，腹部胎极薄。口沿和腹上部附单耳，有耳的一边口沿略低，小平底。腹以上绳纹抹去，但纹痕隐约可见。器表颜色斑驳，部分呈灰褐色，部分呈灰黄色。底部与腹部表面有烟炱。口径6.2、底径4.2、腹径8.5、高（以无耳的一边为准）9.7厘米（附图五，4；附图六，4）。

标本84CXM1:5（N0297），夹砂灰褐陶，胎心呈砖红色。直颈，口微侈，圆方唇，领部有小双耳。圆鼓腹，似球体，小平底。腹以下饰细绳纹。口径8.7、底径8.2、腹径18、高18厘米（附图五，5；附图六，5）。

---

① 赤城香山寺M1所出土的文物现藏于崇信县博物馆，括号里的编号为该馆藏品号。

标本84CXM1:6（N0298），泥质褐陶，表皮磨光呈黑灰色。直颈，口沿外侈，圆唇。圆肩，腹部斜收，平底，最大径在肩部。肩部有五道断断续续浅而细的刻画纹。口径10、腹径18.7、高17.8厘米（附图五，6；附图六，6）。

标本84CXM1:7（N0299），泥质灰陶，胎较厚，胎心呈铁锈色，表皮磨光呈灰褐色。小口，直颈，圆唇外卷。圆鼓肩，腹斜收，小平底。肩部有两道凹弦纹。口径12.4、底径12、腹径28、高28厘米（附图五，7；附图六，7）。

海贝　2枚。均为穿孔海贝（附图六，8、9）。

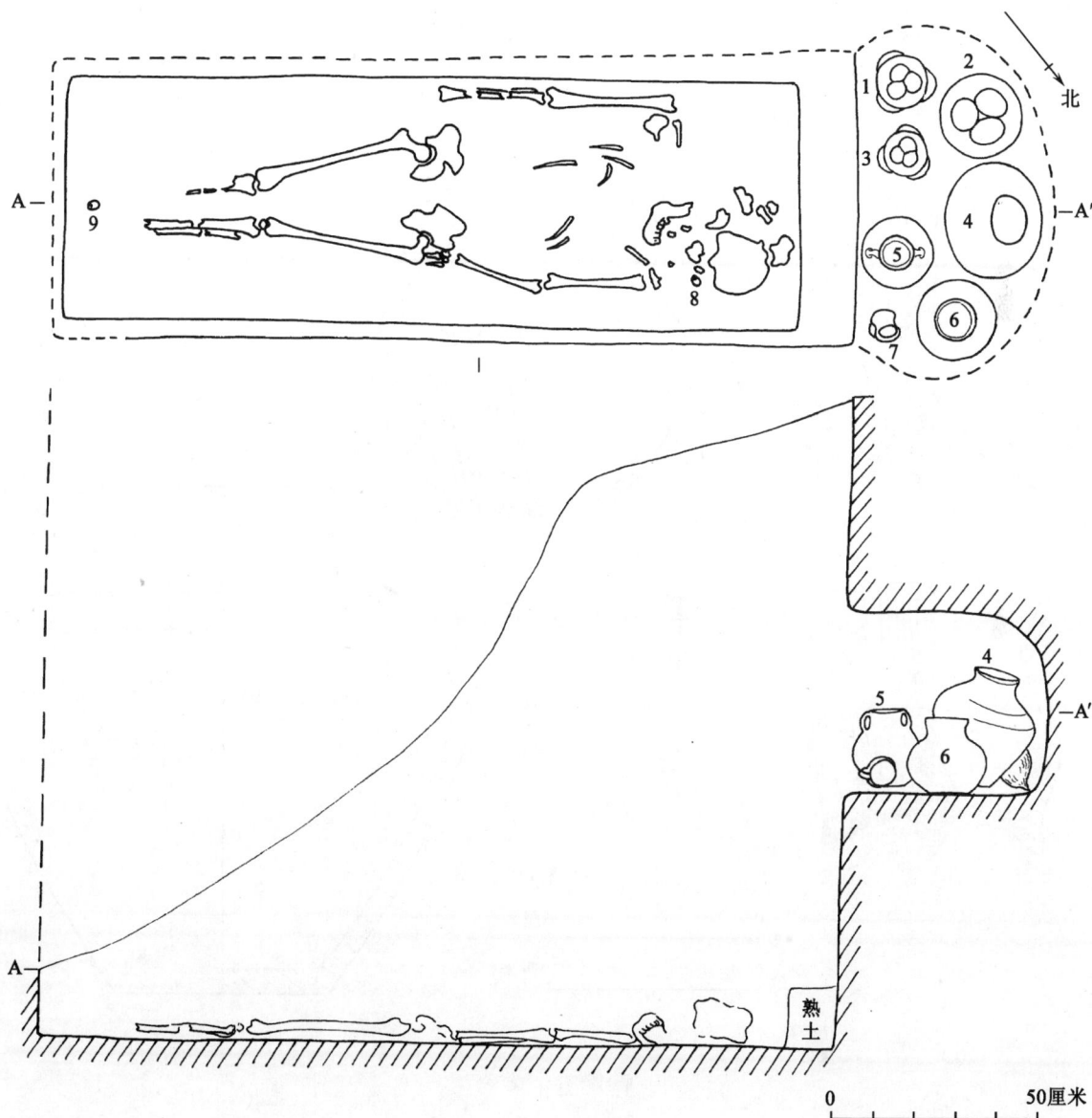

附图四　赤城香山寺先周墓平、剖面图

1～3.陶鬲　4～7.陶罐　8～9.海贝

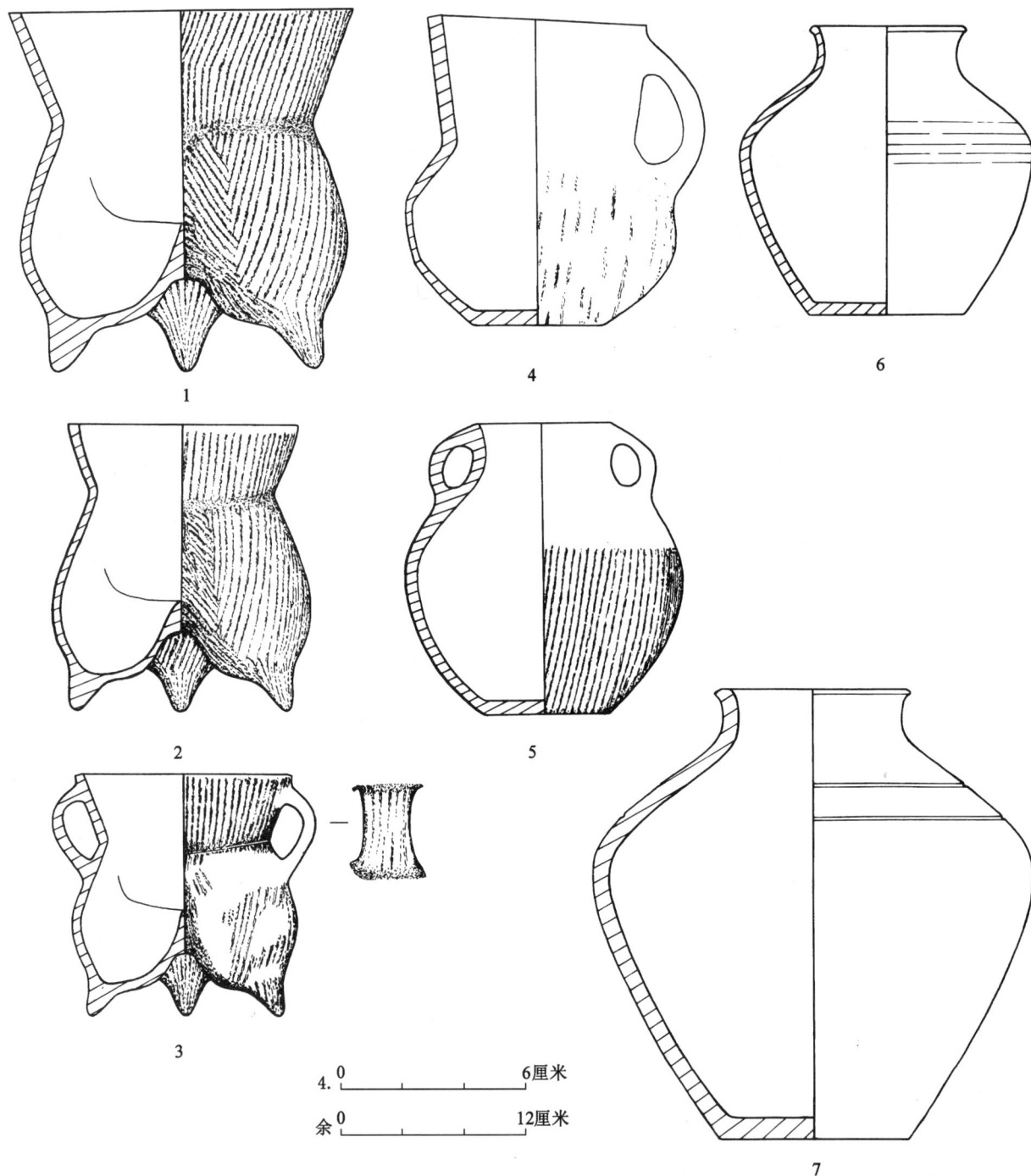

附图五　陶器

1. 鬲 84CXM1∶1（N0293）　　2. 鬲 84CXM1∶2（N0294）　　3. 鬲 84CXM1∶3（N0295）
4. 单耳罐 84CXM1∶4（N0296）　　5. 双耳罐 84CXM1∶5（N0297）　　6. 罐 84CXM1∶6
（N0298）　　7. 罐 84CXM1∶7（N0299）

1

2

3

4

5

6

7

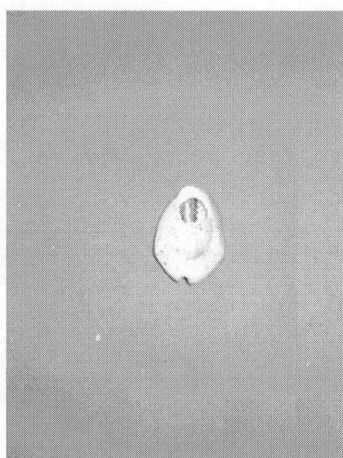

8

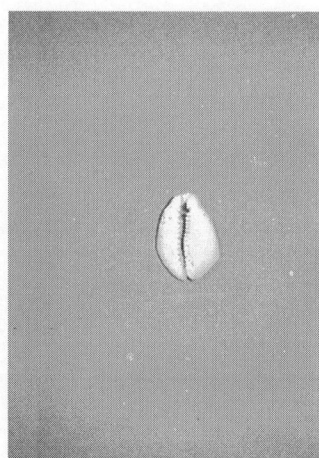

9

附图六　陶器、海贝

三　结语

　　赤城香山寺出土的这组陶器，无论是器形还是组合都是陇东和关中地区商代晚期先周墓葬较为常见的典型器物，如高领乳状袋足分裆鬲和磨光黑皮或灰褐皮圆肩罐与崇信于家湾①、宝鸡斗鸡台②、峪泉村③、凤翔西村④等地的先周文化遗址或墓葬出土的同类型器物都非常相似，年代应该为先周晚期。但是，与典型的先周文化墓葬不同的是，赤城香山寺还出土了带有寺洼文化特征的单耳罐和辛店文化特征的双耳罐，如香山寺的单耳罐与庄浪徐家碾Ⅰ式单耳罐就极为相似⑤，香山寺的双耳罐与具有辛店文化特征的扶风刘家村Ⅲ式双耳罐非常相近⑥。这种既有先周文化特征，又有甘青地区青铜文化因素的器物共出于一墓，正是陇东地区先周文化的特点之一。另外，这座墓葬墓底铺有木炭、墓主人头枕朱砂，这种葬俗在甘肃东部地区先周墓葬中还是比较少见的。我们在该墓所在的黑河北岸第二台地以西约 1 千米的范围内进行调查后发现，这是一片周文化墓葬区，仅在台地的断面上就发现了近 10 座可能是周时期的墓葬痕迹。据文献记载，位于泾河上游的崇信曾是周人早期活动地区之一，赤城香山寺先周墓葬的发现，对研究先周族在这一区域的活动提供了重要的资料。

执笔、绘图：张珑

摄影：陶荣

---

① 甘肃省文物考古研究所：《崇信县于家湾周墓发掘报告》，文物出版社，2008 年。

② 苏秉琦：《斗鸡台沟东区墓葬》，1948 年北平版；又《斗鸡台沟东区墓葬图说》，1954 年中国科学院出版。

③ 陕西省考古研究所、宝鸡市考古队：《陕西省宝鸡市峪泉周墓》，《考古与文物》2000 年 5 期。

④ 雍城考古队韩伟等：《凤翔南指挥西村周墓的发掘》，《考古与文物》1982 年 4 期。

⑤ 中国社会科学院考古研究所泾渭工作队：《甘肃庄浪县徐家碾寺洼文化墓葬发掘纪要》，《考古》1982 年 6 期。

⑥ 陕西周原考古队：《扶风刘家姜戎墓葬发掘简报》，《文物》1984 年 7 期。

附录七

崇信九功塬遗址

陶 荣

崇信九功塬遗址位于县城东北约 5 千米的九功乡九功村西、汭河北岸第一台地上，西距省级文物保护单位于家湾西周墓地约 1.5 千米。汭河在此呈"〰"形从台地前流过，东、南、西三面临河，北与营坪山相接。九功塬遗址面积约 36 万平方米，文化层距地表 1~3 米，最深处达 6 米。断崖上暴露有灰坑、墓葬和马坑等遗迹。采集到的遗物如下。

一 仰韶文化庙底沟类型遗物

陶罐 1 件。细泥红陶。大口，圆唇，深弧腹，腹上饰双环耳，小平底。口至腹下饰黑彩，图案为一周对称弧形三角和"↓↓"纹构成。高 22.5、口径 17.4 厘米（附图一）。

陶钵 1 件。细泥红陶。口内沿外斜，尖圆唇。饰弧线三角纹。已残（附图二）。

陶盆 1 件。泥质红陶。卷沿，微鼓腹，腹下内收。素面。已残。

二 周文化遗物

陶罐 1 件。细夹砂灰陶，侈口，方唇，束颈，领下饰绳纹。已残（附图三）。

陶鬲 5 件。均夹砂灰陶。有方唇和圆唇二种，侈口，鼓腹，颈部绳纹抹光，腹部饰绳纹。柱状足，夹砂灰褐陶，细绳纹；圆锥状，夹砂灰陶，细绳纹；分裆，夹砂灰陶，裆部饰绳纹，后用泥条附抹。均已残（附图四）。

九功塬遗址是一处内涵仰韶文化庙底沟类型和周文化遗存的重要遗址，文化

附图一 陶罐

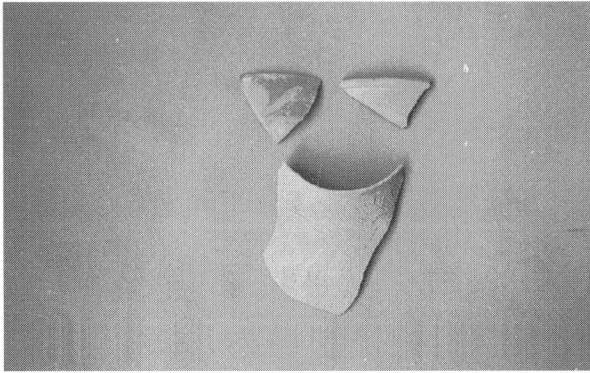

附图二　陶钵

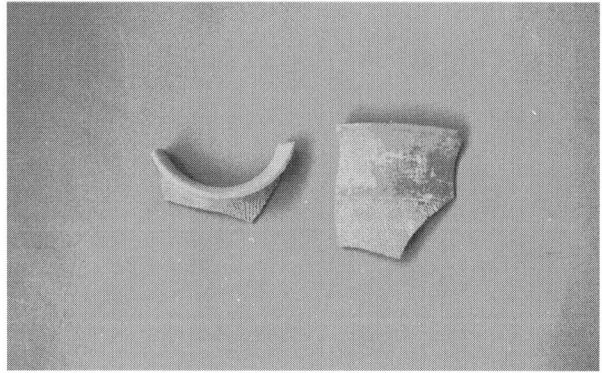

附图三　陶罐

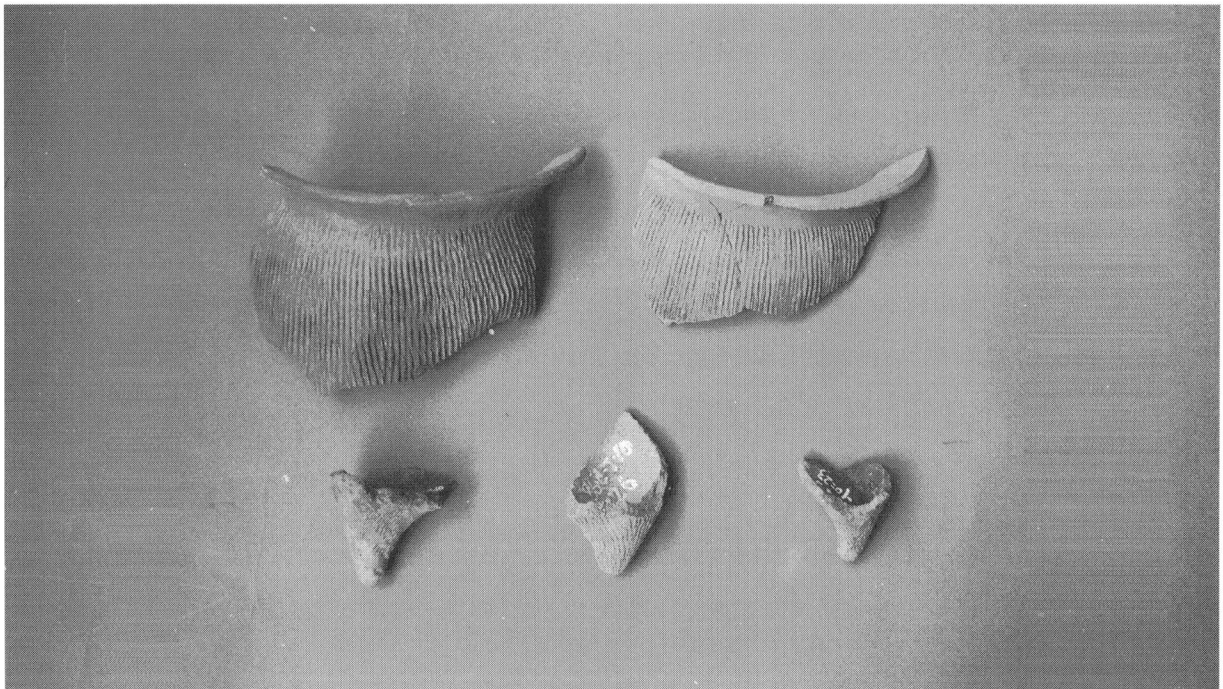

附图四　陶鬲

内涵丰富，文化层堆积较厚，特别是周文化遗存随处可见，有马坑、墓葬等，估计于家湾墓地与九功塬遗址之间一定有着非常密切的关系。

后　　记

　　崇信于家湾周墓的考古发掘资料自 1986 年发掘结束后，因多种原因一直未能及时整理。
2002 年 5 月，甘肃省文物考古研究所聘请已退休的魏怀珩同志开始对崇信于家湾周墓发掘资
料进行整理。魏怀珩同志对于家湾周墓的所有墓葬材料进行了认真、详尽地登记和整理，并
撰写了绪论、墓地概况、随葬器物和部分墓葬形制及马坑的文字初稿。后因魏怀珩同志身体
的原因，资料整理工作停顿了下来。为了使这批十分重要的考古资料能够尽早公布于世，甘
肃省文物考古研究所于 2006 年 3 月致函深圳博物馆，请求借调当年曾参与崇信于家湾周墓发
掘、现已在该馆工作的张珑同志来完成崇信于家湾周墓发掘报告的资料整理和文字编写工作。
这项工作得到了深圳博物馆杨耀林馆长和叶杨副馆长的大力支持，此后的两年多，他们在时
间上给予了张珑同志充分的保证，最终使这个报告得以完成。因此，这个报告可以说是 20 多
年来许多考古专业人员辛勤努力的结果，是甘肃省文物考古研究所和深圳博物馆两家单位通
力协作的结果，是各级领导关心支持的结果。

　　本报告的最终框架结构及文字撰写是由张珑同志完成的。除了下面要提到的以外，本报
告绘图：孙明霞、魏怀珩、张珑；摄影：张宝玺、赵吴成；拓片：孙明霞。

　　日本秋田县埋藏文化财中心的吉川耕太郎、小岛朋厦在甘肃省文物考古研究所实习期间，
绘制了于家湾周墓出土的大部分陶器线图；甘肃省文物考古研究所岳邦湖和张德芳先生、甘
肃省博物馆赵广田先生为本报告拍摄了需要补充的部分器物照片；甘肃省博物馆马英女士为
本报告的器物拓片进行了装裱；深圳文物考古鉴定所技工屈学芳先生为本报告修改并重新描
绘了部分线图；深圳博物馆黄诗金、刘大川先生在本报告编写过程中协助制作了电子版文稿；
中国社会科学院考古研究所丁晓雷先生为本书翻译了英文提要；该所朱岩石先生请东京大学
大学院角道亮介先生为本书翻译了日文提要，在此一并致谢。同时，也要感谢甘肃省文物考
古研究所庞耀先、郭振威、党荣华先生以及潘玉灵女士，兰州公交公司退休职工冯海威先生、
兰州驼铃客车厂退休职工贾满荣女士等，他们都为本书的编写付出了辛劳。

　　中国文化遗产研究院张治国、马清林先生对于家湾周墓出土的部分青铜器、玉器、料器
标本做了鉴定、分析和研究，他们的报告已收入本书附录中，为本书增色不少。

　　崇信县博物馆陶荣先生为本书提供了 1981 年 8 月于家湾周墓出土的商代晚期青铜瓶、爵
等器物标本，并撰写了有关文章，详细介绍了于家湾墓地及其周边古文化遗址的概况，让读
者对于家湾墓地有了更深入的了解，这两篇文章也已收入本书附录中。

　　吉林大学边疆考古研究中心魏东、张林虎先生对于家湾周墓出土的部分人骨做了鉴定分
析，报告已收入本书附录中。在此，要特别感谢朱泓教授的大力支持。

1984年9月，我们在崇信于家湾发掘期间，曾陪同西北大学考古系刘士莪教授对崇信县赤城乡香山寺先周墓地进行了考察并清理发掘了一座已暴露的先周墓葬，考虑到这座墓葬的资料与于家湾周墓地有一定的关联，故发掘简报也收入本书附录中。

文物出版社杨冠华先生作为本书的责任编辑为本书的出版付出了辛勤劳动，在此特致谢意！

在发掘报告即将付梓之际，我们要代表参加崇信于家湾发掘工作的所有工作人员，对前后三次发掘中给予我们大力支持的崇信县人民政府、平凉地区博物馆、崇信县博物馆表示感谢！对当年参加发掘的于家湾村的所有民工表示感谢！

编　者

2008 年 12 月

Zhou Tombs at Yujiawan Village, Chongxin County

(Abstract)

Yujiawan 于家湾 Zhou Cemetery, a province-protected historic heritage settled on a secondary terrace nearby Rui 汭 River, is located at Yujiawan Village about 3. 5 kilometers to the northeast of Chongxin 崇信 County seat, Gansu Province. In the years 1982, 1984 and 1986, Gansu Provincial Institute of Cultural Relics and Archaeology conducted three seasons of archaeological drilling probes and excavations to this cemetery, which uncovered 138 tombs and three horse pits of Pre-Zhou Period and the Western Zhou Dynasty.

All of the excavated tombs are rectangular pit shaft in north-south orientation (the lengths in north-south direction are larger than the widths in east-west direction). Based on the tilting degrees of the pit walls, these tombs could be grouped into three types: straight shaft tombs, outward sloping walled tombs (the sizes at the tops are larger than that at the bottoms) and inward sloping walled tombs (the sizes at the bottoms are larger than that at the top). All of the tomb occupants were heading north whose orientations are between 8° ~ 305° degrees.

By sizes of the pits, these tombs could be grouped into large-sized tombs (3. 5 − 4. 18 meters in length and 2. 2 − 2. 95 meters in width), medium-sized tombs (2. 2 − 3. 5 meters in length and 1. 2 − 2. 2 meters in width) and small-sized tombs (1. 65 − 2. 2 meters in length and 0. 7 − 1. 2 meters in width). As our analyses, the occupants of large-sized tombs would be high-ranked officials such as " Grand Master" or elites such as local or fief chiefs. The statuses of the occupants of the medium-sized tombs were more complicated than the other two; some of them were lower-ranked nobles, or rich common civilians, military officers and warriors. The small-sized tombs were those of poor people or warriors.

Most tombs had secondary-tiers dug out of the wall or tamped around the coffin; some tombs had niches in the northern wall and few tombs had waist pit on the bottom under the waist of the occupant.

Most of the tombs had wooden burial furniture, most of which were lacquered. Generally, the large-sized tombs all had wooden burial chambers and coffins, each of which had only one in one tomb; most of the medium-sized tombs had coffins, some of them even had wooden burial chambers; no small-sized tombs had burial chambers but only coffins or even no coffins in which the occupants were buried directly on the tomb bottoms.

Because most of the tombs had been looted before our excavation, the skeletons were disturbed; from the few intact tombs we observed that the dead were in extended supine burial. Cinnabars were scattered all over the dead bodies, usually on the skull and torso, therefore large areas of cinnabar traces could be found on the tomb bottoms. This situation was discovered in all three sized tombs but the large- and medium-sized took much larger proportion; it would have been a burial custom at that time.

Among the excavated 138 tombs and six horse pits, 111 tombs and one horse pit yielded in total 3770 pieces of burial articles. They could be classified into pottery, bronze, jade, stone, bone, ivory, horn, agate, turquoise, glass (beads), clam, cowry, lacquer and textile. The bronzes, such as Ding-tripod and Gui-container with nipple protrusion patterns, Yue-axe with five perforations and shaft socket and Ge-dagger axe with shaft socket, and the lacquer ware, such as tray with sun, moon and cloud designs and geometric patterns, are rare and valuable relics of the Pre-Zhou Period and Western Zhou Dynasty. What noticeable is the forging technique reflected by the bronze basins found in Yujiawan Zhou Cemetery. Eight tombs yielded forged bronze basins, totally more than a dozen. The bodies of these bronze basins are as thin as about only 0. 51 to 1. 65 millimeters; the metallographic and element analyses showed that all of these bronze basins were made by heating and hammering, which revealed the fact that as early as in the early period of the Western Zhou Dynasty, the forging technique has been used to make bronze vessels. Therefore, we can consider the bronze basins unearthed from Yujiawan Zhou Cemetery as the earliest bronze vessels made by forging technique in China.

Being referred to the comparative studies of the unearthed artifacts and the stratigraphic relationships of the tombs, the tombs of Yujiawan Zhou Cemetery could be dated into three phases, which roughly matched the later period of the Shang Dynasty to the middle period of the Western Zhou Dynasty.

The excavation to the Yujiawan Zhou Cemetery is so far the largest excavation for Shang-Zhou Archaeology in Gansu Province, the data obtained through which are important materials for the researches on the Shang-Zhou Archaeology and the bronze cultures in the northwestern China. The historic literature showed that the upper reaches of Jing 泾 River was the cradle of Pre-Zhou Culture; the excavation to the Yujiawan Zhou Cemetery, which was located in the upper reaches of Jing River, unquestionably provided archaeological evidence for these historic records. We believe that the further archaeological investigations and excavations aiming at exploring Pre-Zhou Culture in this region will get more achievements.

要　旨

　　于家湾周人墓地は甘粛省崇信県県城から東北へ約3.5km離れた于家湾村に位置し、隣接する汭河の二級台地上に位置する。甘粛省の省級文物保護単位である。当地では1982年、1984年、1986年の三回にわたり甘粛省文物考古研究所によるボーリング調査および発掘調査が行われ、その結果、合計138基の先周時代? 西周時代墓と6基の馬坑が検出された。

　　発掘された墓は基本的に南北方向が長く東西方向が短い長方形竪穴土壙墓であり、墓室壁面の傾斜の程度によって竪井形、正斗形、覆斗形の三種類に分類することができる。被葬者の埋葬方向はすべて頭を北側、足を南側とし、頭位は約305度から8度の範囲内に分布している。

　　これらの墓は、墓壙の大きさによって大型墓（長さ3.50～4.18m、幅2.20～2.95m）、中型墓（長さ2.20～3.50m、幅1.20～2.20m）、小型墓（長さ1.65～2.20m、幅0.70～1.20m）の三種類に分類可能である。分析の結果、大型墓の被葬者は比較的地位の高い大夫あるいは邦長といった貴族階級に属すると考えられる。中型墓の被葬者の身分はより複雑であり、「士」階級に属する貴族のほか、比較的富裕な一般階級や軍事的指導者階級や兵士などを含んでいる。小型墓の被葬者は主に貧しい一般階級や兵士だと考えられる。

　　一般的には墓壙内に熟土あるいは生土の二層台を有する墓が多く、一部には墓室北壁に壁龕を有する墓も見られる。極めて少数には墓底中央部の被葬者腰部の下に腰坑を作る墓も検出された。

　　大部分の墓は木製の槨棺を持ち、その多くは表面に漆が塗られている。基本的な傾向として、大型墓は槨棺を共に有し、一槨一棺である。中型墓はいくつかの例外を除いてどれも棺を有し、やや規模の大きな墓では槨を有するものもある。小型墓は槨を持たず一棺のみを有するが、一部の非常に規模の小さい墓では棺さえも持たず被葬者を墓底上に直接埋葬する例も見られた。

　　ほとんどの墓は盗掘を受けており被葬者の人骨は攪乱のため保存状況が劣悪であったが、少数の未盗掘墓の状況から判断する限り、埋葬方式は多くが仰臥伸展葬である。ほぼすべての墓で朱砂が撒かれており、これらの朱砂は被葬者の頭部や体の周囲に撒かれるのが通常であるため、墓底部の被葬者安置部位には広範囲にわたり朱砂の痕跡が確認された。このような現象は大型墓、中型墓、小型墓のどの墓からも確認されたが、特に大型墓、中型墓に多く、おそらく当時の一種の埋葬習慣なのであろう。

　　発掘された138基と6基の馬坑のうち、111基の墓と1基の馬坑から副葬品が検出され、その総数は3770点余りである。土器、青銅器、玉器、石器、骨角器、瑪瑙、緑松石、料珠、貝製品、貨貝（子安貝?）、貝殻、漆器、紡織品などの種類に分類でき、そのうち乳丁紋鼎、簋、五孔銎内鉞、銎内戈などの青銅器や日月雲気幾何紋漆盤などはどれも先周時代から西周時代に属する貴重な遺物である。また注目すべきは于家湾遺跡の鍛造技術である。于家湾西周墓のうち8基から鍛造製の青銅盆が検出され、その総数は十数点に及んだ。これらの青銅盆は器壁が極めて薄く、0.51～1.65mmほどの厚さしか持たない。金属成分分析の結果、当該の青銅盆はどれも熱間鍛造によって作られたことが判明し、このことから西周時代前期にはすでに鍛打成形よる青銅容器の製作が行われていたことが明らかとなった。これらは今まで中国には最も早い鍛打成形よる青銅容器である。

　出土遺物の比較や墓の切り合い関係から判断して、于家湾周人墓はおおよそ三時期に区分することができ、その相対年代は殷代後期から西周中期にほぼ相当する。

　于家湾周人墓の発掘は、今までのところ甘粛省における殷周時代考古学上の最大規模の発掘調査であり、なおかつこの調査によって、わが国の殷周考古学および西北地区における青銅文化研究に対する重要な資料を得ることができた。歴史書の記述によれば涇河上流は先周文化の発祥地であり、したがって涇河上流に位置する崇信于家湾周人墓の発掘は、歴史文献資料の記述に考古学的な根拠を確実に与えているのである。今後この地域において先周文化の探求を主目的とする考古学的な調査と発掘とが継続されれば、更に多くの成果が得られるであろうことは疑いようのないことだと思われる。

1. 1986年考古发掘现场（由西北向东南）

2. M66纺织物

3. 漆盘（M149∶1）

彩版一　发掘现场及出土丝织物、漆盘

1. Ⅰ式（M9：1）

2. Ⅱ式（M96：1）

彩版二　铜鼎

1. M9：2

2. M9：3

彩版三　铜簋

1. 簋（M20：1）

2. 觯（M73：1）

彩版四　铜器

1. 盆（M104∶49）

2. 五孔銎内钺（M60∶1）

彩版五　铜器

1. 銮内戈（M58：1）

2. 微胡二穿戈（M3：1）

3. 中胡一穿戈（M160：14）

4. 弓形器（M42：1）

彩版六　铜器

1. M104：31～33（由左至右）

2. M104：34～36（由左至右）

彩版七　铜銮铃

1. M38：3

2. M38：4

彩版八　铜镜

1. 铜镳（左 M104∶21　右 M104∶22）

2. Ⅰ式玉鱼（M66∶2）

3. Ⅰ式玉鱼（M66∶3）

4. Ⅱ式玉鱼（M66∶5）

5. Ⅲ式玉鱼（M34∶9）

6. Ⅳ式玉鱼（M34∶4）

彩版九　铜镳、玉鱼

1. 异形鸟（M102：4）

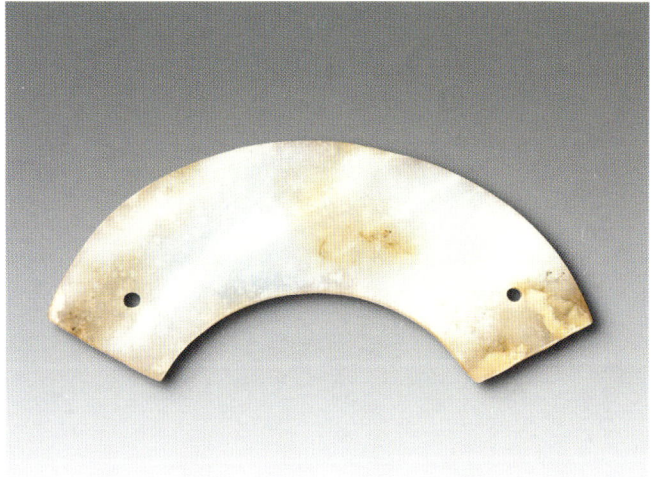

2. 璜（M23：2）

3. 璧（M35：2）

4. 蚕（M23：3）

5. 蝉（M63：1～5）
（由左至右）

彩版一〇　玉器

1. 条形器（M157：2）

2. 刀（M94：3）

3. 凿（M101：2）

4. 串珠（M130：1~3）（由上至下）

5. 串珠（M19：1）

彩版一一　玉器

1. 穿孔蚌泡（M116：5）

2. 无孔蚌泡（M70：9）

彩版一二　蚌泡

1. 1982年考古发掘现场（由北向南）

2. 1984年考古发掘现场（由北向南）

图版一　考古发掘现场

1. 1986年考古发掘工作人员

2. 1986年考古发掘部分工作人员

图版二　考古发掘工作人员

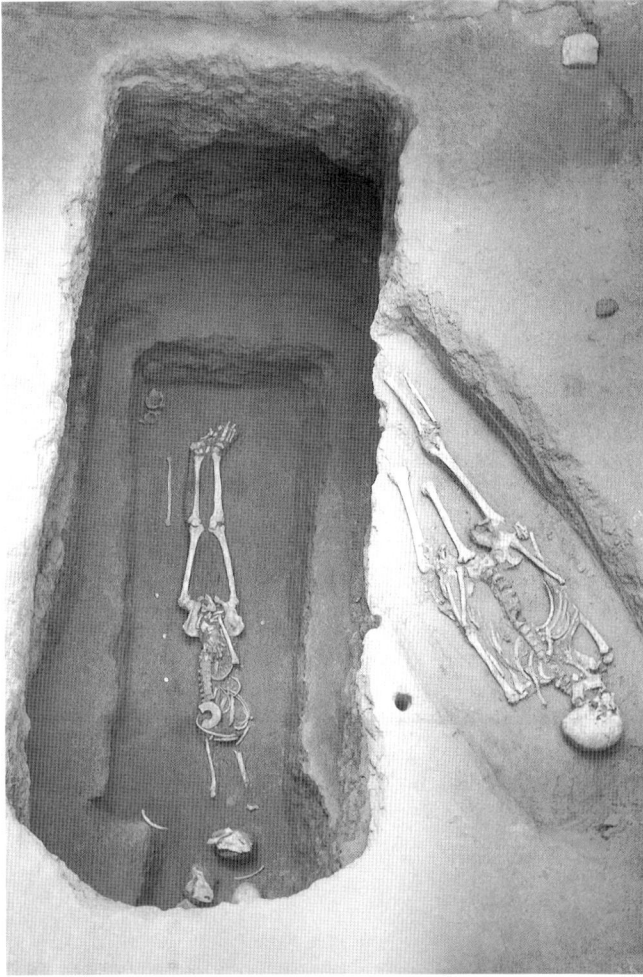

1. M35 打破 M39

2. M66 腰坑狗骨架

图版三　墓葬打破关系及腰坑殉狗

1. M17中"Ⅱ"形棺

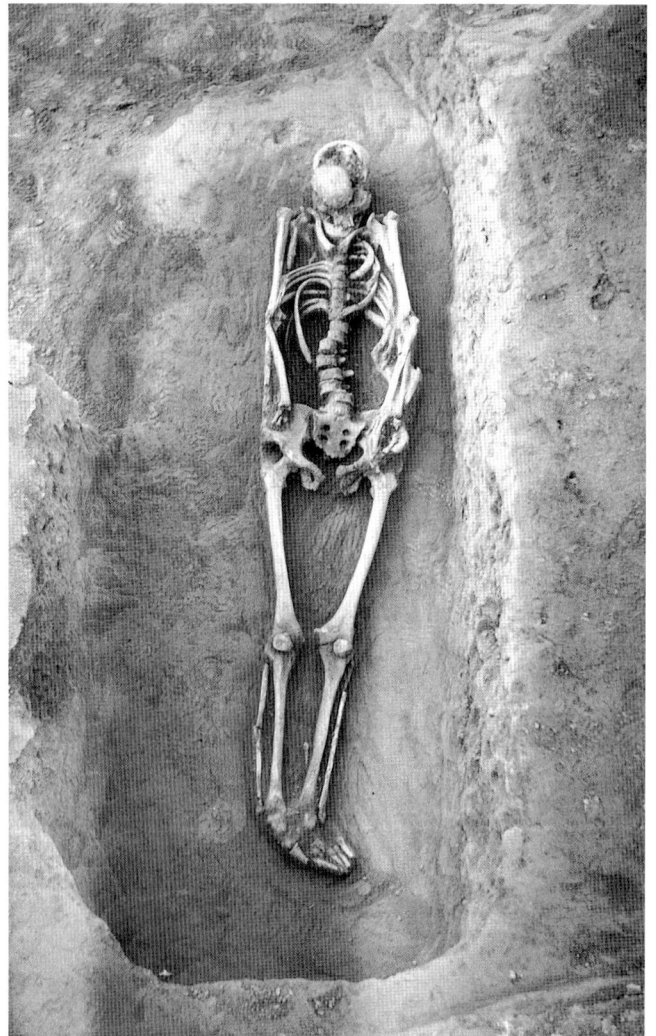

2. M81墓主人仰身直肢葬

图版四 葬具、葬式

1. M20 墓主人仰身屈肢葬

2. M48 墓内随葬蛤蜊壳

图版五　葬式、葬俗

1. M42

2. M50

图版六　墓葬全景

1. M51

2. M59

图版七　墓葬全景

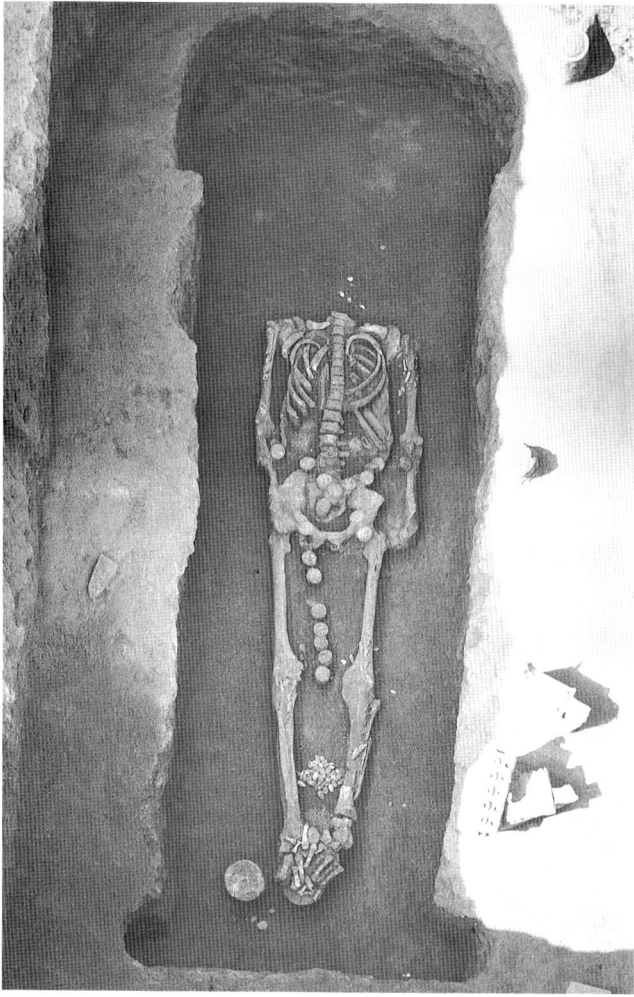

1. M60

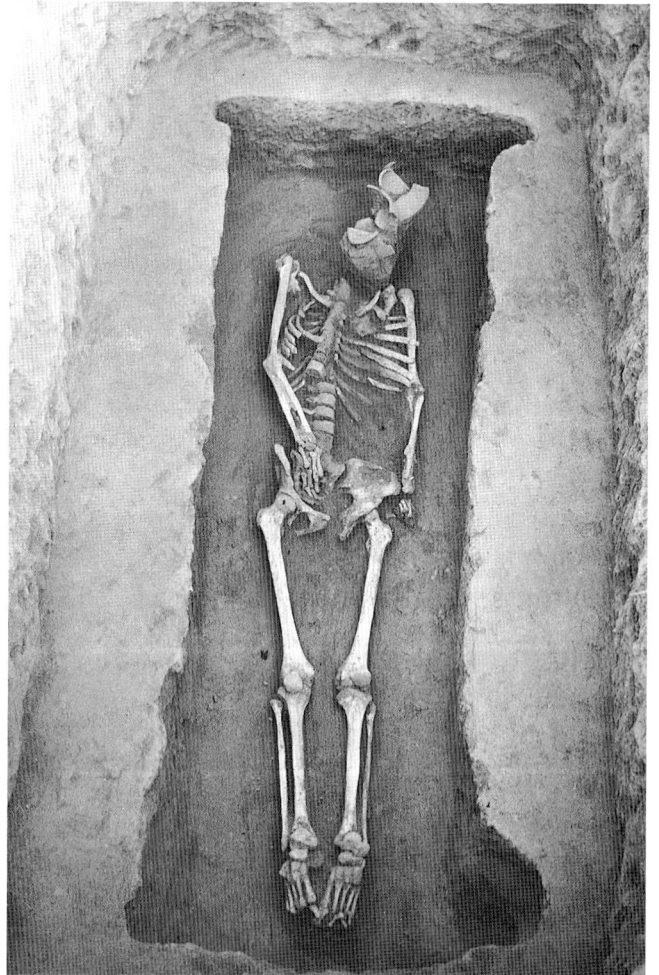

2. M78

图版八　墓葬全景

1. M54

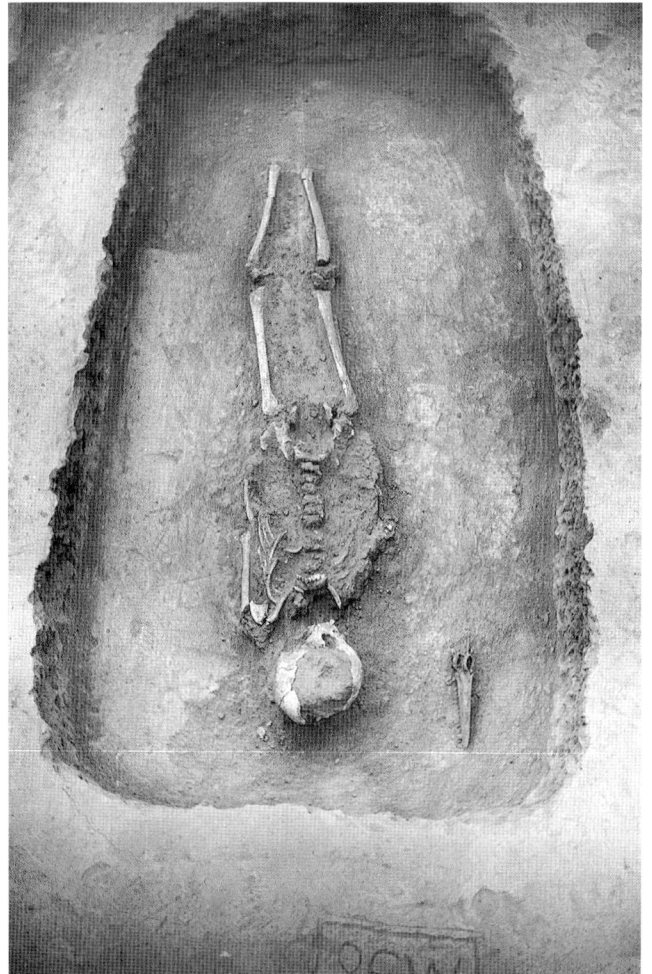

2. M58

图版九　墓葬全景

1. 平裆鬲（M53：1）

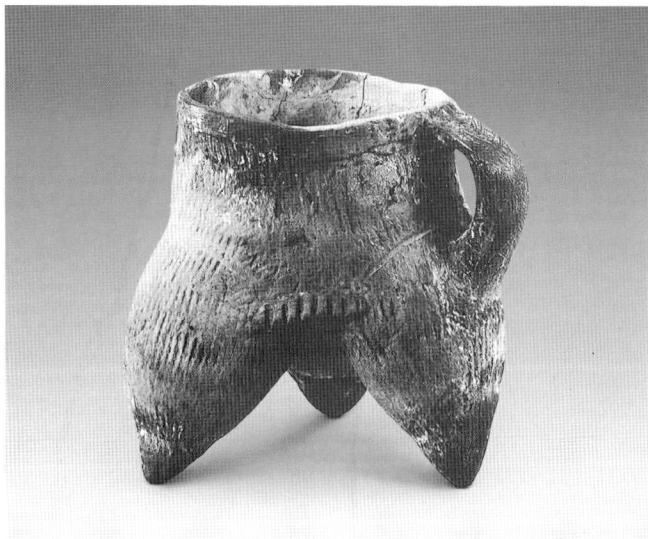

2. A型分裆鬲（M112：1）

3. B型Ⅰ式分裆鬲（M6：1）

4. B型Ⅱ式分裆鬲（M65：1）

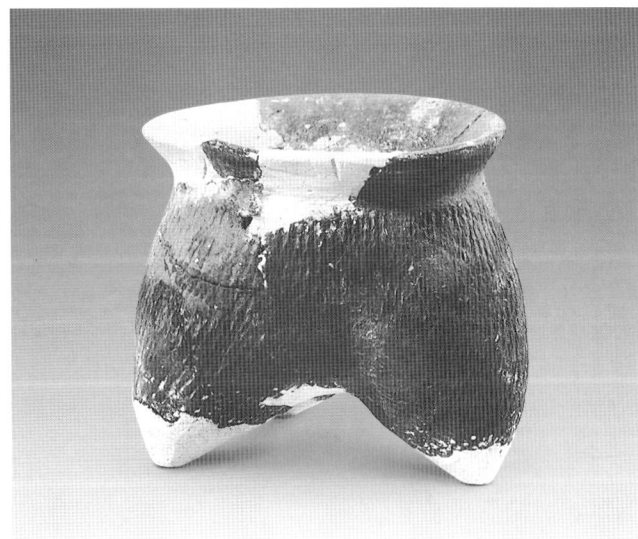

5. B型Ⅲ式分裆鬲（M35：1）

6. Ⅰ式联裆鬲（M10：1）

图版一〇　陶鬲

1. I 式（M61：1）

2. II 式（M44：1）

3. II 式（M38：1）

4. III 式（M72：1）

5. III 式（M34：11）

6. IV 式（M51：1）

图版一一　联裆鬲

1. Ⅳ式（M2：1）

2. Ⅳ式（M23：1）

3. Ⅳ式（M116：1）

4. Ⅴ式（M50：1）

5. Ⅴ式（M158：1）

6. Ⅵ式（M94：2）

图版一二　联裆鬲

1. VI式联裆鬲（M96：5）

2. VII式联裆鬲（M122：1）

3. VII式联裆鬲（M46：2）

4. I式瘪裆鬲（M9：5）

5. I式瘪裆鬲（M38：2）

6. I式瘪裆鬲（M7：1）

图版一三　陶鬲

1. Ⅱ式（M15：1）

2. Ⅱ式（M5：7）

3. Ⅱ式（M20：2）

4. Ⅱ式（M33：1）

5. Ⅲ式（M63：1）

图版一四　瘪裆鬲

1. A 型圆肩罐（M20：3）

2. B 型 I 式圆肩罐（M12：1）

3. B 型 II 式圆肩罐（M94：1）

4. A 型折肩罐（M61：2）

5. B 型 I 式折肩罐（M110：1）

6. B 型 II 式折肩罐（M9：6）

图版一五　陶罐

1. B 型 II 式折肩罐（M31：1）

2. B 型 III 式折肩罐（M78：1）

3. B 型 IV 式折肩罐（M46：1）

4. 尊（M50：2）

5. 壶（M54：1）

图版一六　陶罐、尊、壶

1. Ⅰ式（M61：3）

2. Ⅱ式（M24：1）

3. Ⅱ式（M31：2）

4. Ⅱ式（M29：1）

5. Ⅲ式（M13：1）

图版一七　陶纺轮

1. I 式鼎（M9：1）

2. II 式鼎（M96：1）

3. 簋（M9：2）

4. 簋（M9：4）

5. 簋（M9：3）

6. 簋（M20：1）

图版一八　铜鼎、簋

1. 觯（M73：1）

2. 盆（M104：49）

3. 盆（M104：50）

4. 盆（M104：24）

5. 盆（M104：48）

6. 盆（M104：51）

图版一九　铜觯、盆

1. 五孔銎内钺（M60：1）

2. 銎内戈（M58：1）

3. 微胡二穿戈（M60：3）

4. 微胡二穿戈（M3：1）

5. 微胡二穿戈（M3：2）

6. 微胡二穿戈（M5：3）

图版二〇　铜钺、戈

1. 微胡二穿戈（M79：1）

2. 微胡二穿戈（M5：1）

3. 短胡无穿戈（M108：1）

4. 短胡无穿戈（M108：2）

5. 短胡一穿戈（M112：2）

6. 短胡一穿戈（M115：8）

图版二一　铜戈

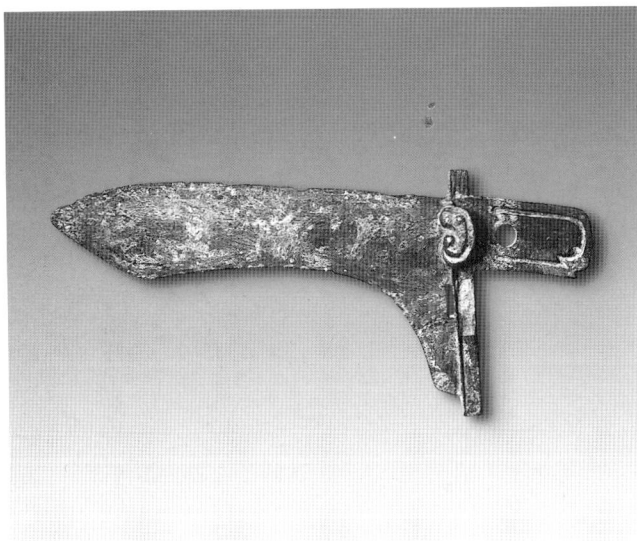

1. 中胡一穿戈（M160∶14）

2. 中胡一穿戈（M104∶2）

3. 中胡三穿戈（M60∶4）

4. 中胡三穿戈（M60∶2）

5. 长胡二穿戈（M5∶2）

6. 长胡二穿戈（M71∶8）

图版二二　铜戈

1. 镞（左 M128：15　右 M38：14）

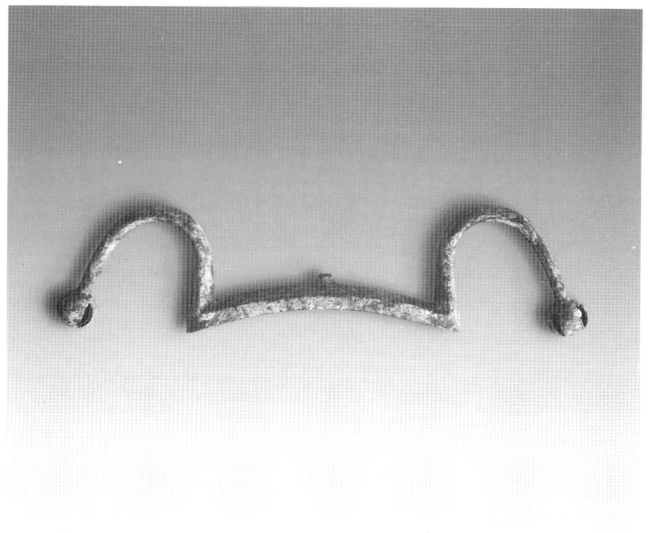

2. 弓形器（M42：1）

3. 削（M128：14）

4. 刻刀（M104：37）

5. 剑鞘（M144：2）

6. I 式车軎（M115：5）

图版二三　铜器

1. I 式车軎（M115：7）

2. II 式车軎（M128：1）

3. II 式车軎（M160：4）

4. I 式车辖（M154：4）

5. II 式车辖（左 M156：3　右 M156：4）

6. 管形衡末饰（M147：89）

图版二四　铜器

1. I 式（M115：6）

2. II 式（M160：10）

3. II 式（M160：11）

4. II 式（M160：12）

5. II 式（M160：13）

6. III 式（M154：6）

图版二五　　A 型铜銮铃

1. M154：7

2. M104：31

3. M104：32

4. M104：33

5. M104：34

6. M104：35

图版二六　A 型 Ⅲ 式铜銮铃

1. A 型 III 式（M104：36）

2. B 型銮铃（M115：1）

3. B 型銮铃（M115：2）

4. B 型銮铃（M115：3）

5. B 型銮铃（M115：4）

图版二七　铜銮铃

1. 镳（左 M104：21　右 M104：22）

3. 衔（上 M156：1　下 M156：2）

2. 镳（左 M104：144　右 M104：145）

4. 衔（上 M104：146　下 M156：5）

5. 衔（上 M158：2　下 M158：3）

图版二八　铜镳、衔

1. 当卢（M158：8）

2. Ⅰ式节约（M128：16）

3. 环（M154：1、2）

4. 牌饰（M130：4～13）
（由左至右）

图版二九　铜器

1. I 式（M38：3）

2. II 式（M38：4）

图版三〇　铜镜

1. Ⅰ式（M158：5）

2. Ⅰ式（M158：11）

3. Ⅱ式（M104：1）

4. Ⅱ式（M158：10）

5. Ⅱ式（M23：5）

6. Ⅱ式（M63：3）

图版三一　　A 型铜铃

1. A 型 II 式（M158：7）　　　　2. A 型 II 式（M158：9）　　　　3. A 型 III 式（M158：3）

4. B 型（M130：14）　　　　5. B 型（M130：15）　　　　6. 铃舌（M118：1）

图版三二　铜铃、铃舌

1. Ⅰ式铜鱼（M127:19）

2. Ⅱ式铜鱼（M140:7）

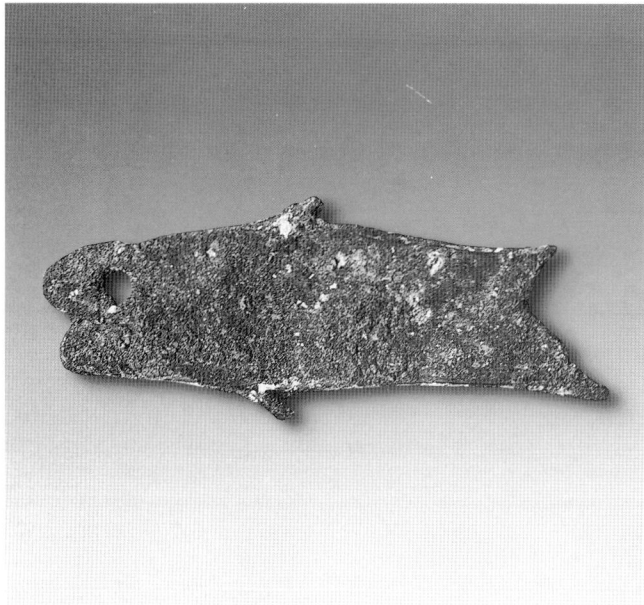

3. Ⅱ式铜鱼（M140:8）

4. 帽形器（M128:17）

图版三三　铜鱼、帽形器

1. I 式大泡（M60∶9）

2. I 式大泡（M42∶2）

3. I 式大泡（M5∶5）

4. II 式大泡（M2∶2）

5. I 式中泡（M60∶7）

6. II 式中泡（M5∶4）

图版三四　圆形有沿铜泡

1. Ⅱ式中泡（M38：5）

2. 小泡（M147：2）

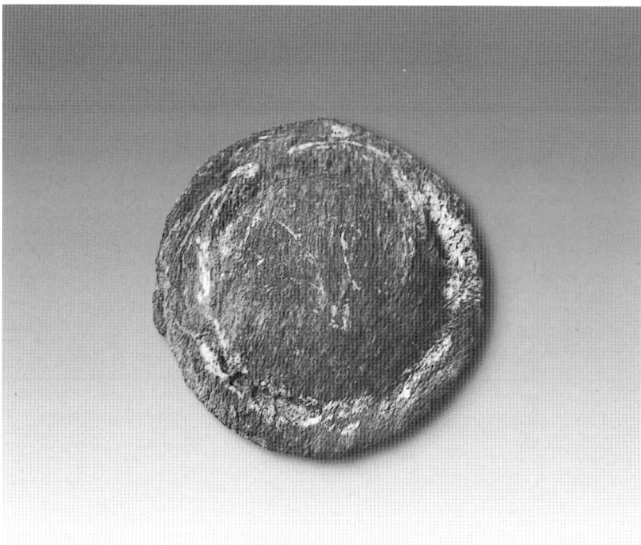

3. 小泡（M147：3）

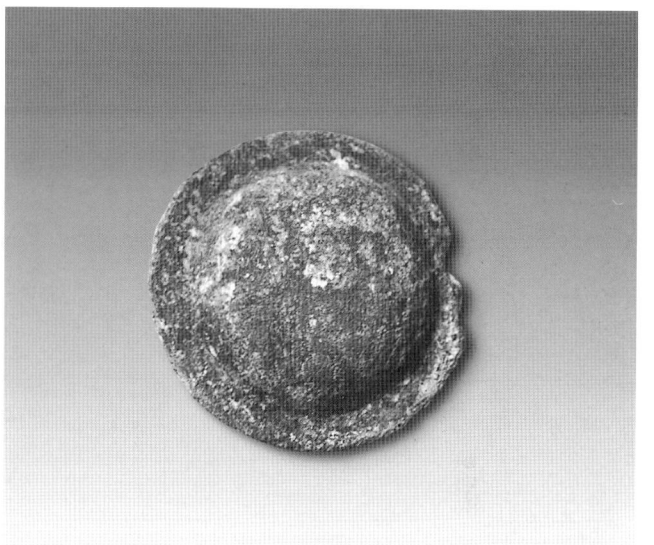

4. 小泡（M147：4）

5. 小泡（M147：5）

6. 小泡（M147：6）

7. 小泡（M147：7）

图版三五　圆形有沿铜泡

1. I式十字梁泡（M140：1）

2. I式十字梁泡（M128：2）

3. I式十字梁泡（M1：1）

4. I式透顶泡（M160：9）

5. II式透顶泡（M54：3）

6. II式透顶泡（左 M148：1　左 M148：2）

图版三六　铜泡

7

8

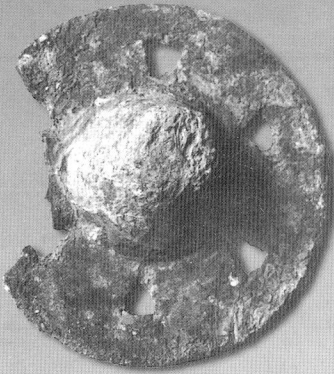

9

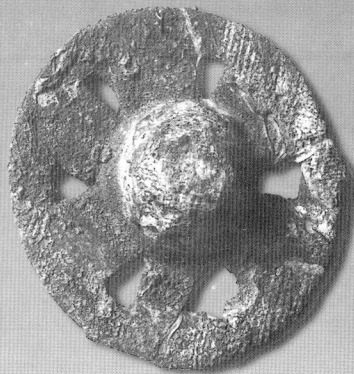

10

11

12

13

图版三七　帽形铜泡（M38：7～13）

（由左至右、由上至下）

图版三八　Ⅰ式圆形无沿铜泡（M60∶5）

1. I 式（左 M105：1　右 M105：2）

2. II 式（M160：6～8）（由左至右）

3. II 式（M148：5～31）（由左至右、由上至下）

图版三九　圆形无沿铜泡

1. Ⅱ式（左 M132∶1 右 M132∶2）

2. Ⅱ式（M128∶3～6）（由左至右）

3. Ⅲ式（M63∶4）（由左至右、由上至下）

图版四〇 圆形无沿铜泡

1. 长方形双联铜泡（M150：1～4）
   （由左至右）

2. Ⅰ式玉鱼（M66：2～4）
   （由上至下）

3. Ⅱ式玉鱼（M66：5）

4. Ⅲ式玉鱼（M34：9）

图版四一　铜泡、玉鱼

1. Ⅳ式鱼（M34：3）

2. Ⅳ式鱼（M34：4）

3. 异形鸟（M102：4）

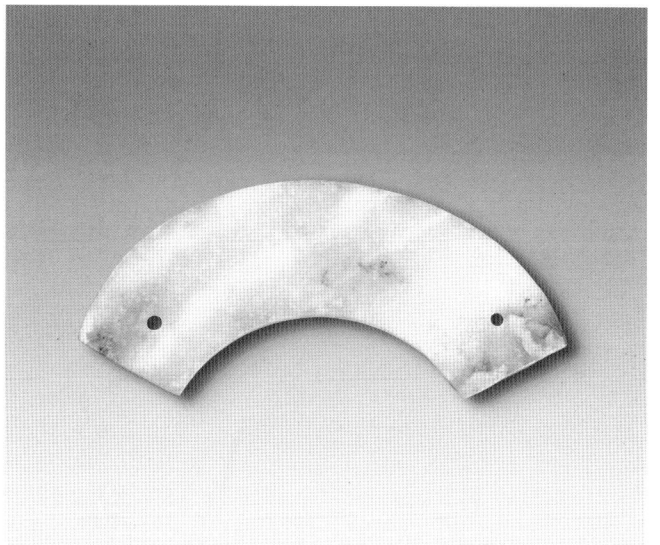

4. 璜（M23：2）

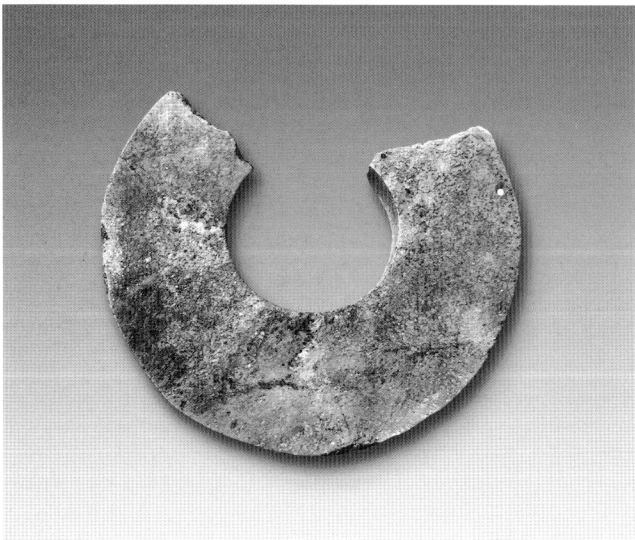

5. 璧（M35：2）

6. 璧心（M77：1）

图版四二　玉器

1. 蚕（M23∶3）

2. 蝉（M63∶5）

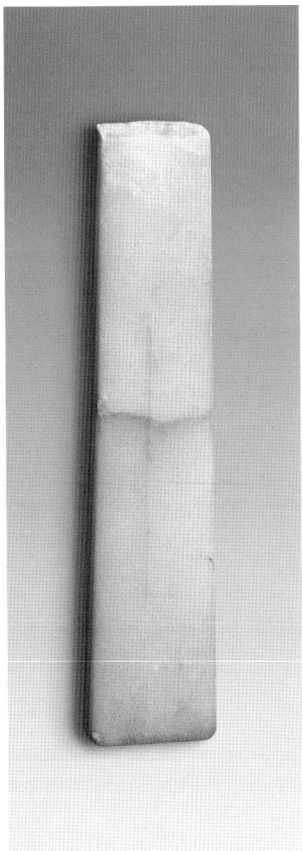

3. 条形器（M157∶1）

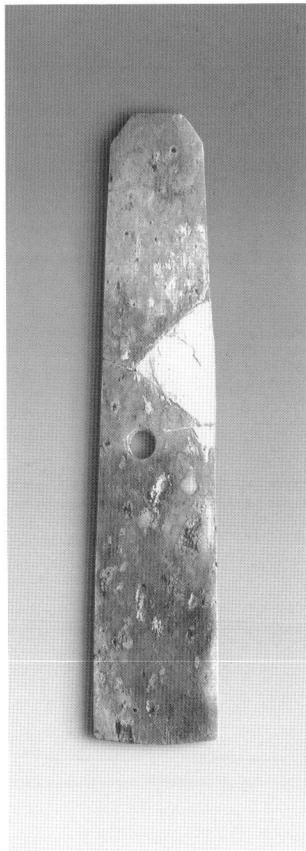

4. 条形器（M157∶2）

5. 刀（M94∶3）

6. 凿（M101∶2）

图版四三　玉器

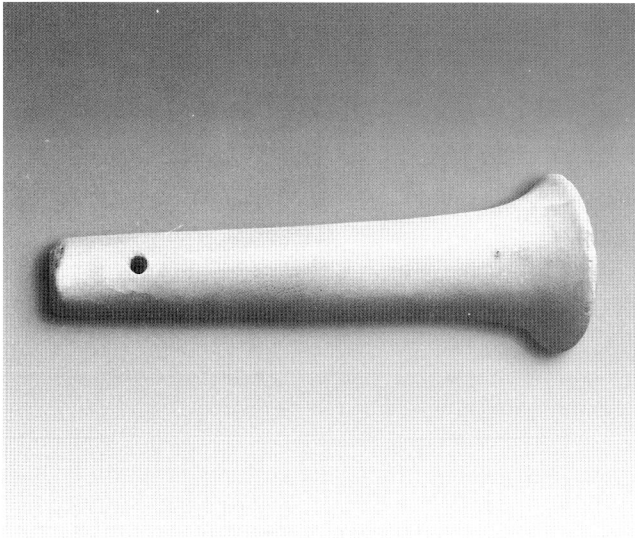

1. 笄（M96：3）

2. 圆形佩饰（M94：8）

3. 方形佩饰（M96：6）

4. 方形佩饰（M96：7）

5. 半环形饰（M23：4）

6. 泡（M97：3）

图版四四　玉器

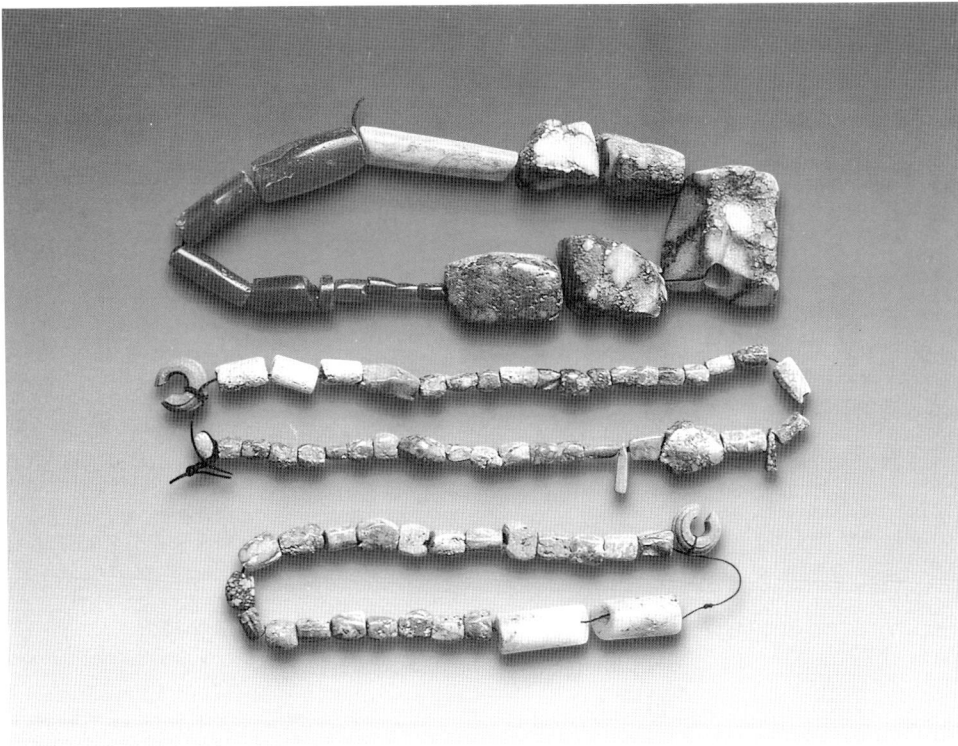

1. M130：1～3（由上至下）

2. M19：1

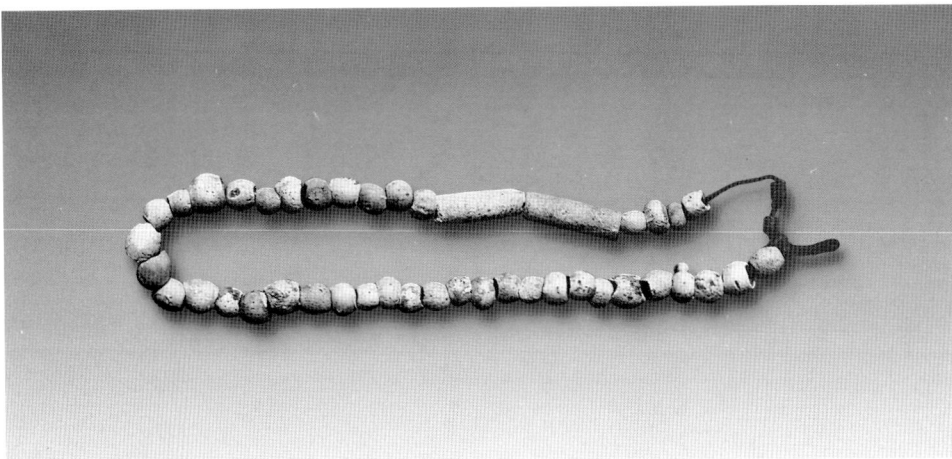

3. M94：9

图版四五　串珠

1. A 型 I 式砺石（M38：15）

2. A 型 II 式砺石（M7：2）

3. B 型 I 式砺石（M38：16）

4. B 型 I 式砺石（M3：5）

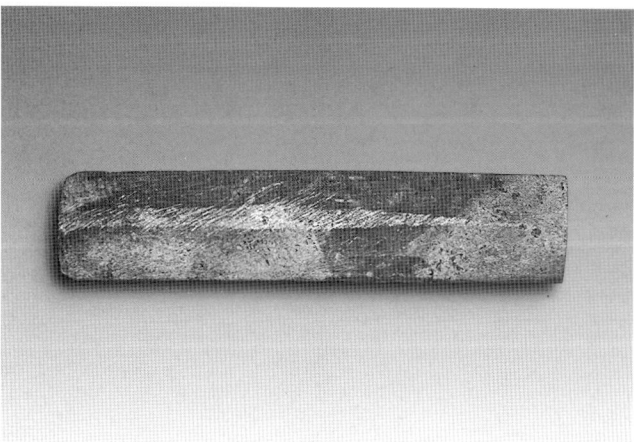

5. 石叶（M96：4）

图版四六　石器

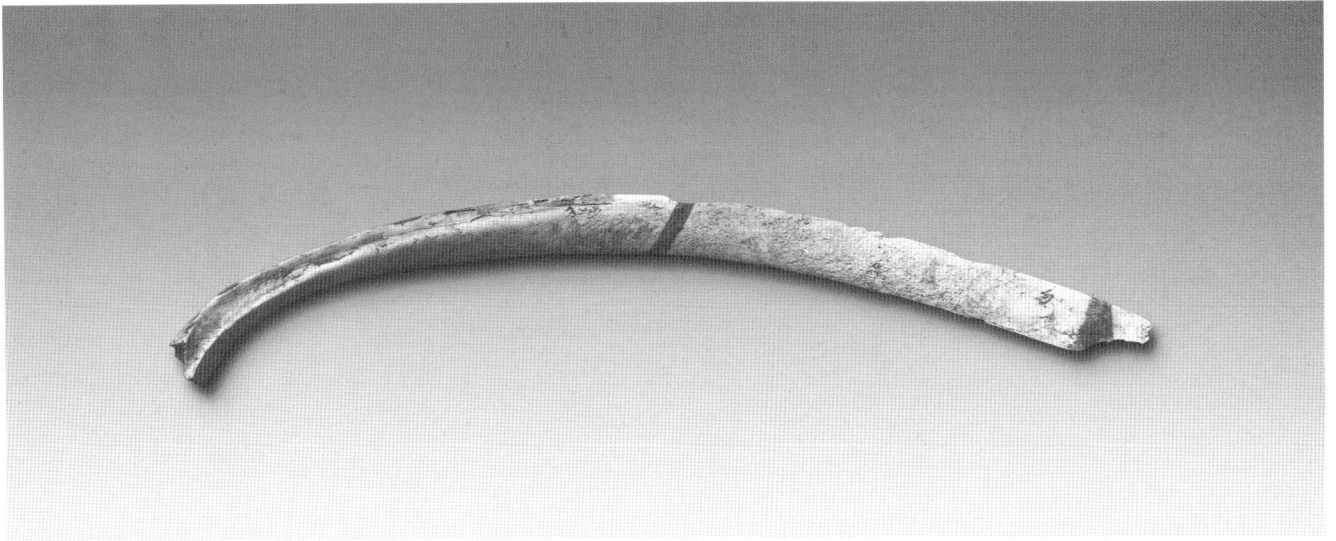

1. M15：3

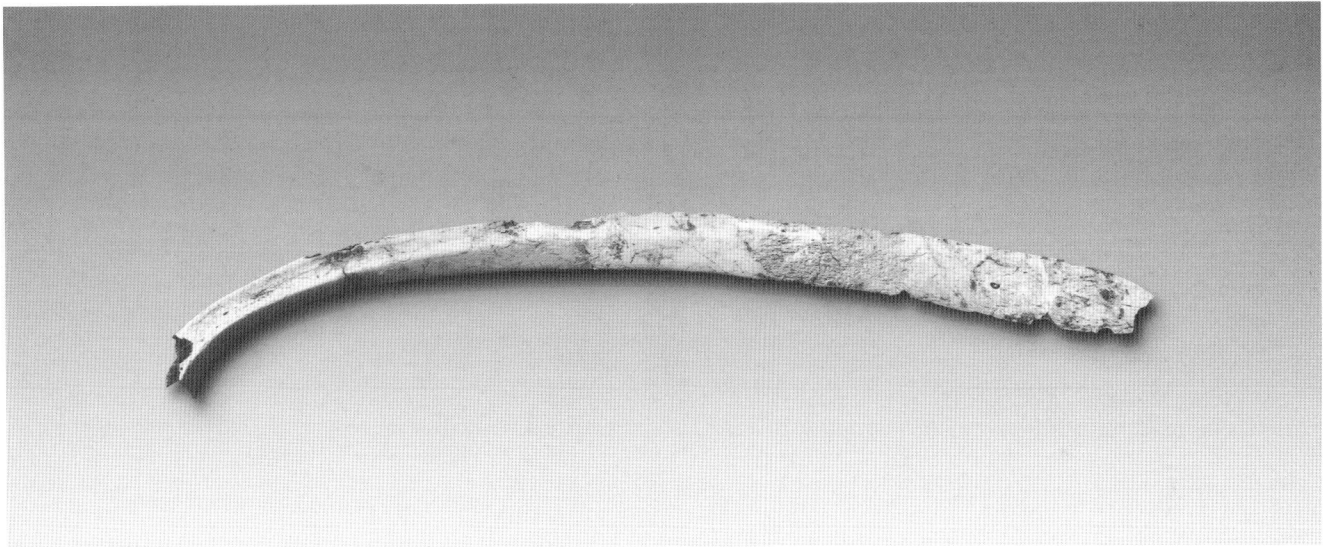

2. M59：1

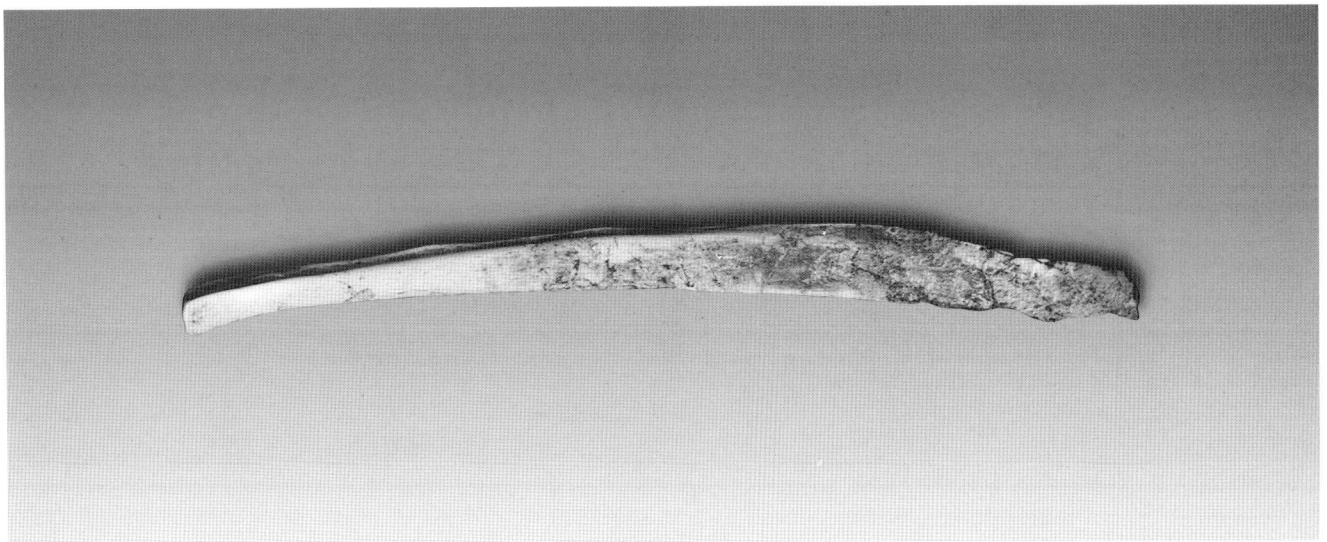

3. M76：1

图版四七　骨刀

1. 纺轮（M105：3）

3. 梳（M59：5）

2. 笄（M59：4）

4. 细腰（M128：91）

5. 管（M104：38）

图版四八　骨器

图版四九　骨片（M66：11）

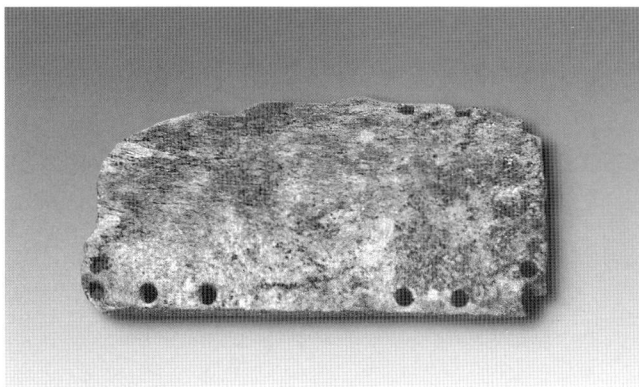
1. 骨片（M108：4）

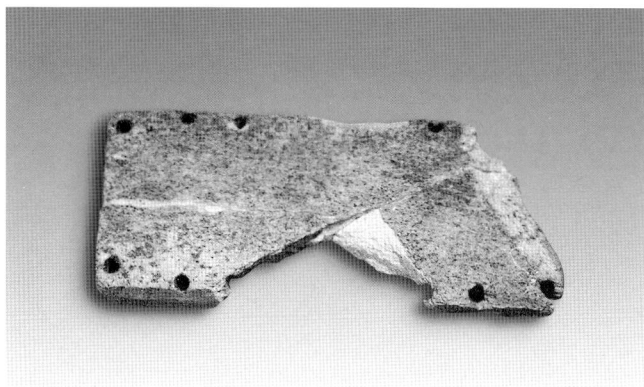
2. 骨片（M108：5）

3. 蚌刀（M155：5）

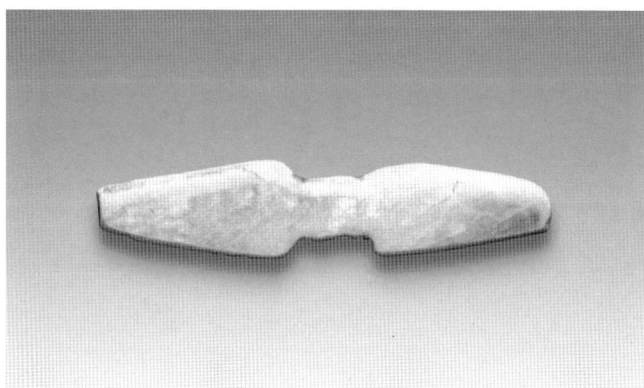
4. 蚌细腰（M128：71）

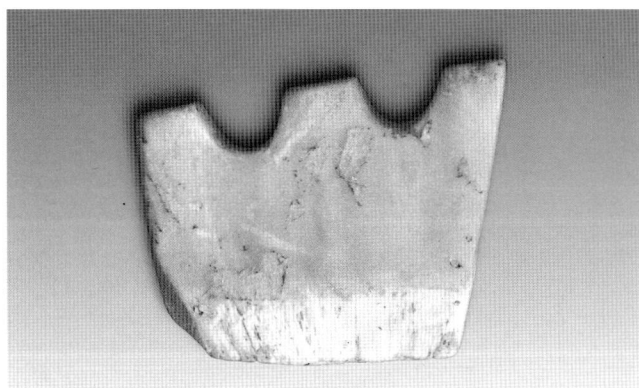
5. "山"字形蚌饰（M70：6）

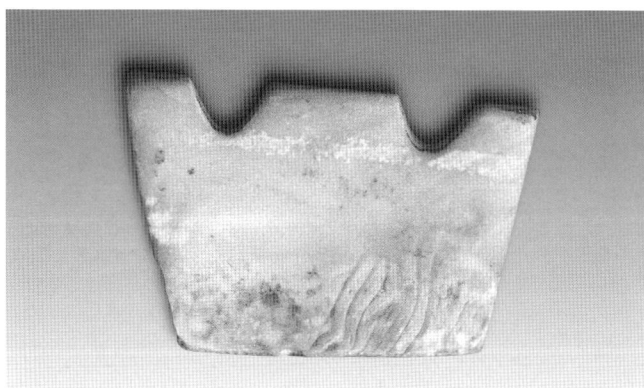
6. "山"字形蚌饰（M70：7）

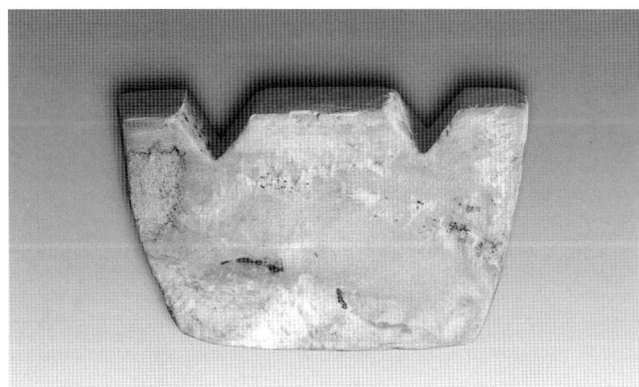
7. "山"字形蚌饰（M70：11）

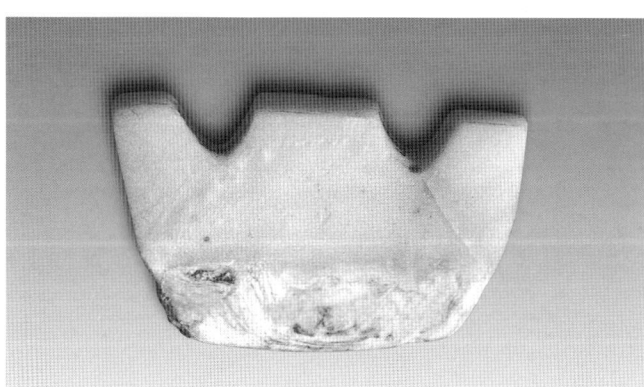
8. "山"字形蚌饰（M70：13）

图版五〇　骨器、蚌器

1. 方形片饰（M70：1）

2. 方形片饰（M70：2）

3. 方形片饰（M70：3）

4. 方形片饰（M70：12）

5. 方形片饰（M70：14）

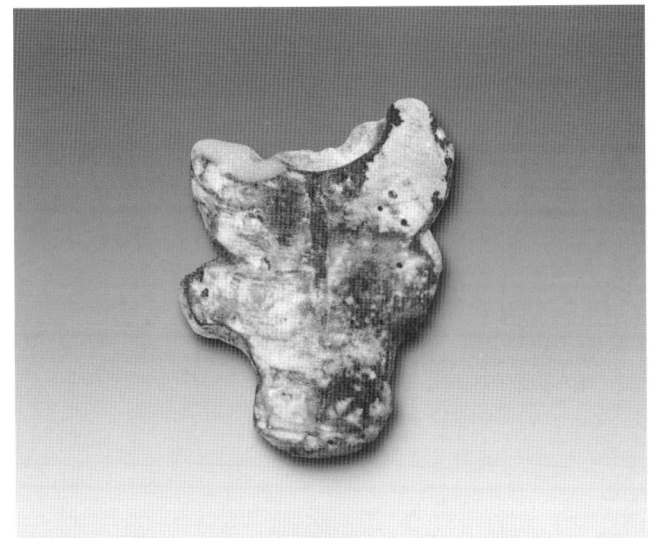
6. 牛首饰（M115：9）

图版五一　蚌器

图版五二　穿孔蚌泡（M116：5）

1. 穿孔泡（M128：19）　　　　　　　　　　　　2. 穿孔泡（M35：3）

3. 无孔泡（M70：9）

4. 无孔泡（M147：8～10）（由左至右）

图版五三　蚌泡

图版五四　无孔蚌泡（M96∶7）

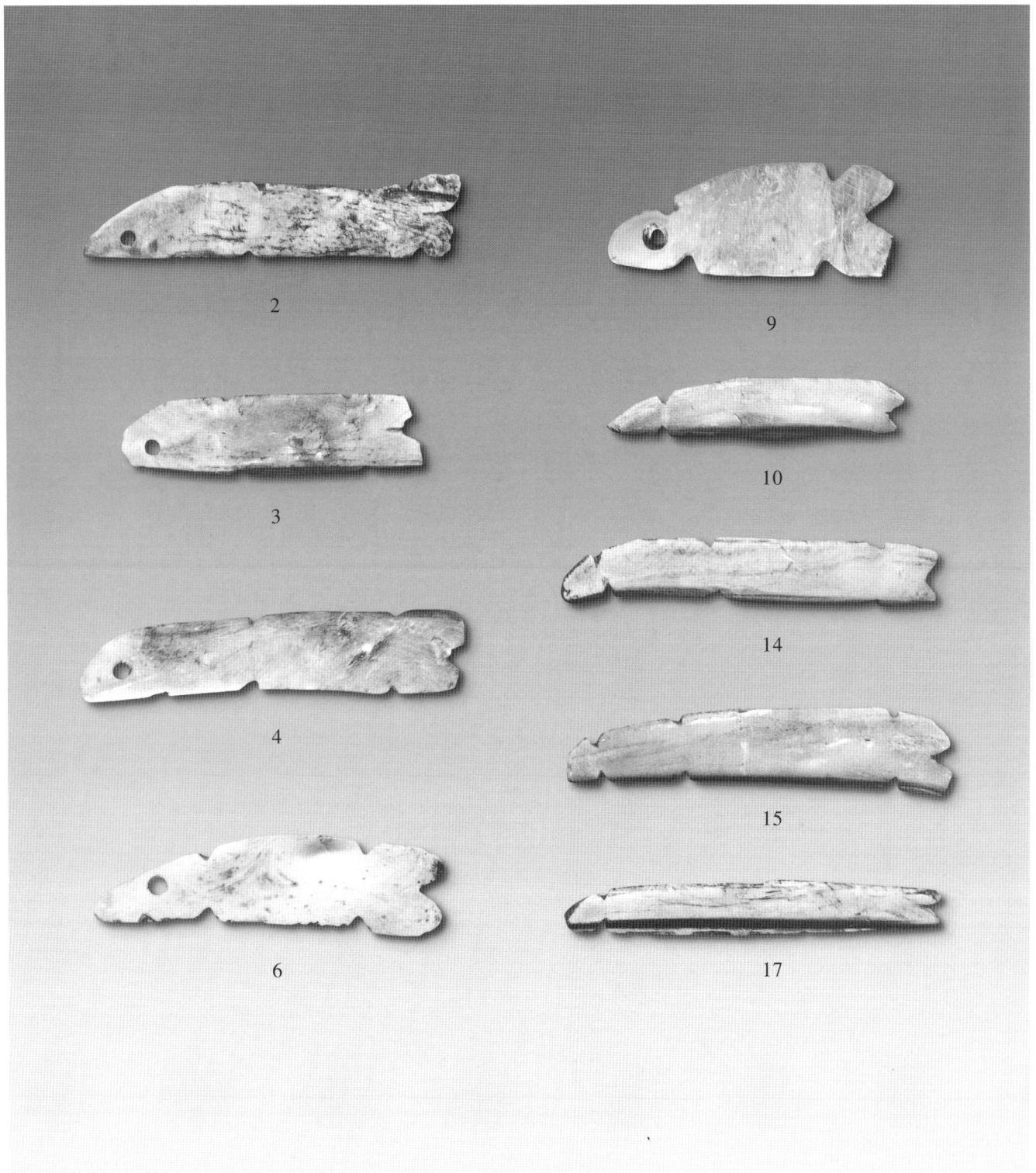

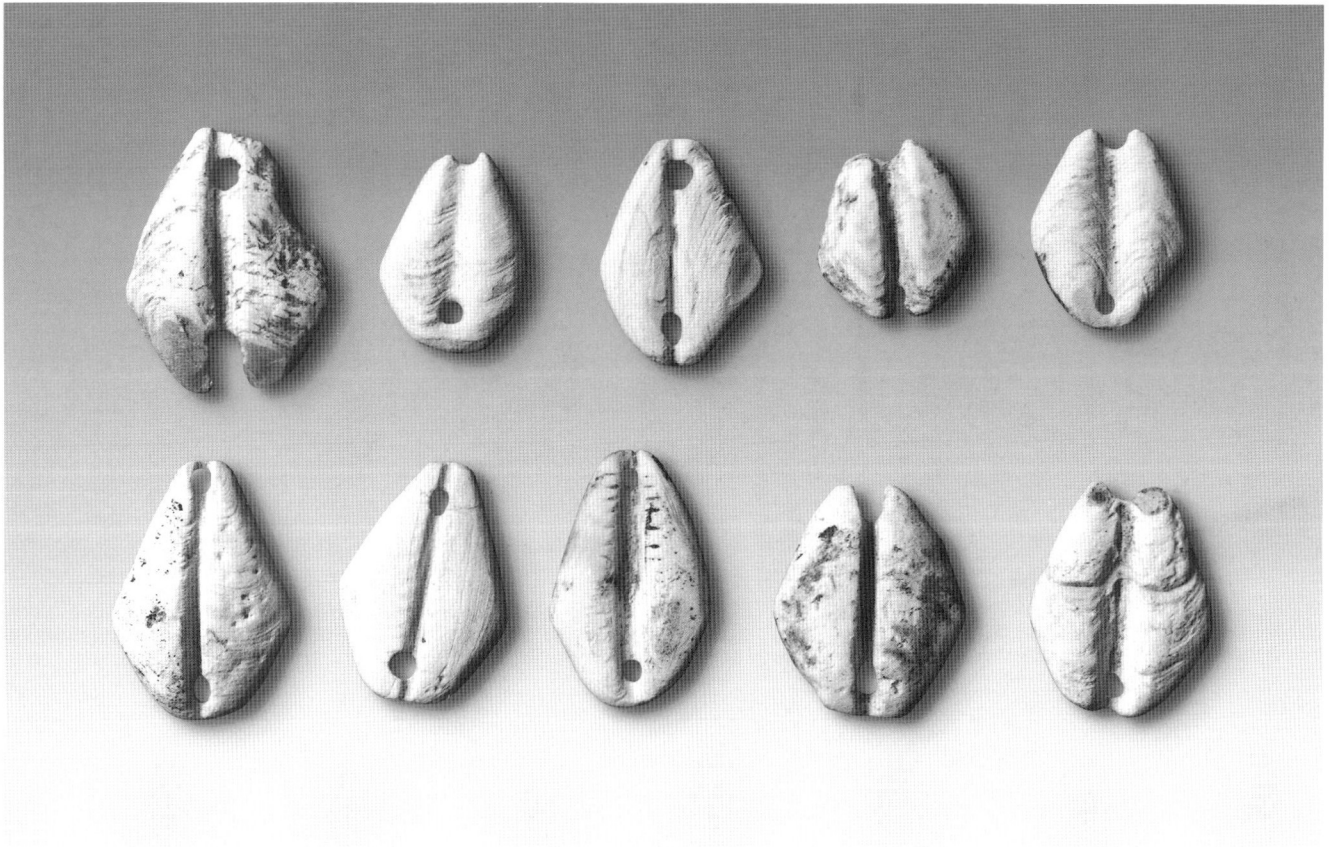

1. 蚌贝（M147∶44）

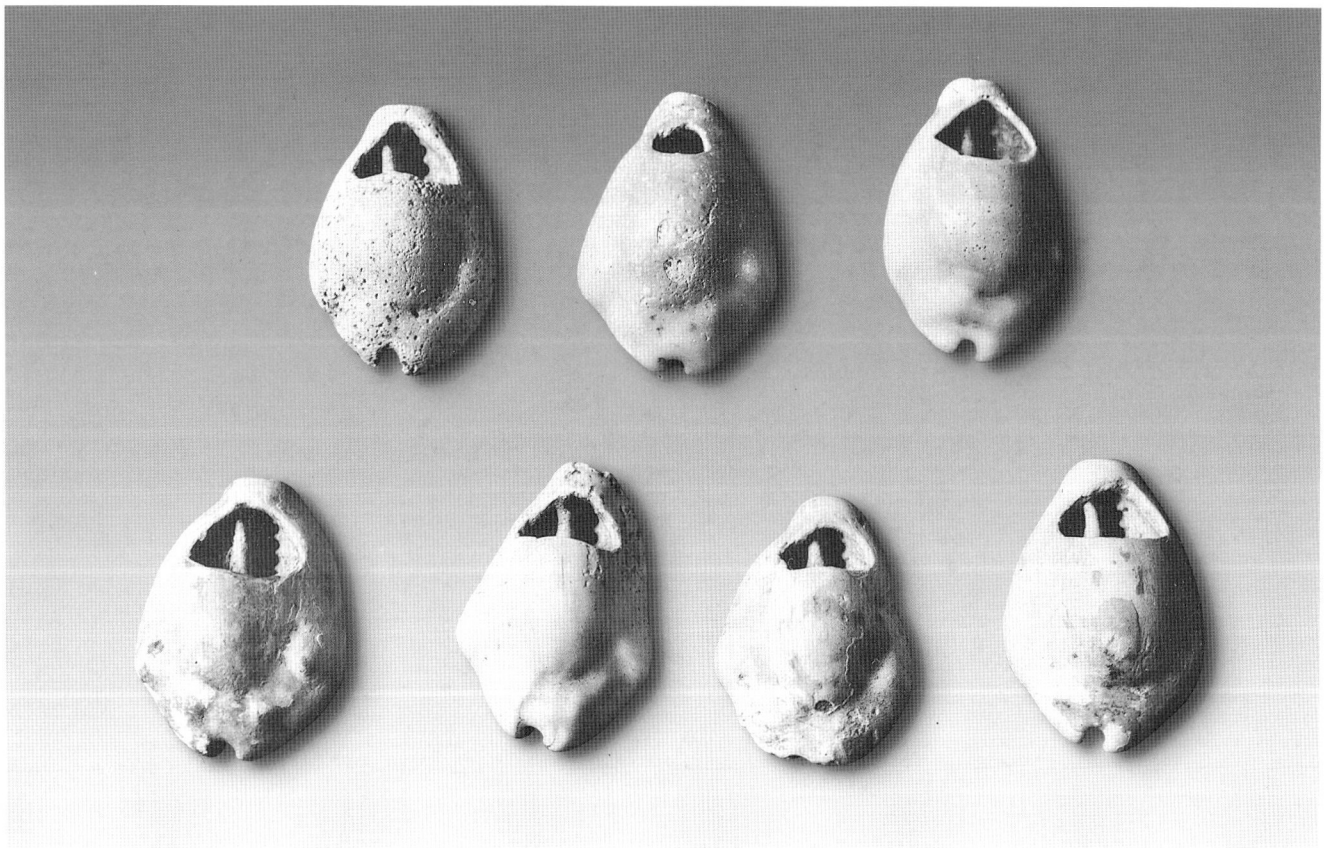

2. 穿孔海贝（M140∶9）

图版五六　蚌贝、海贝

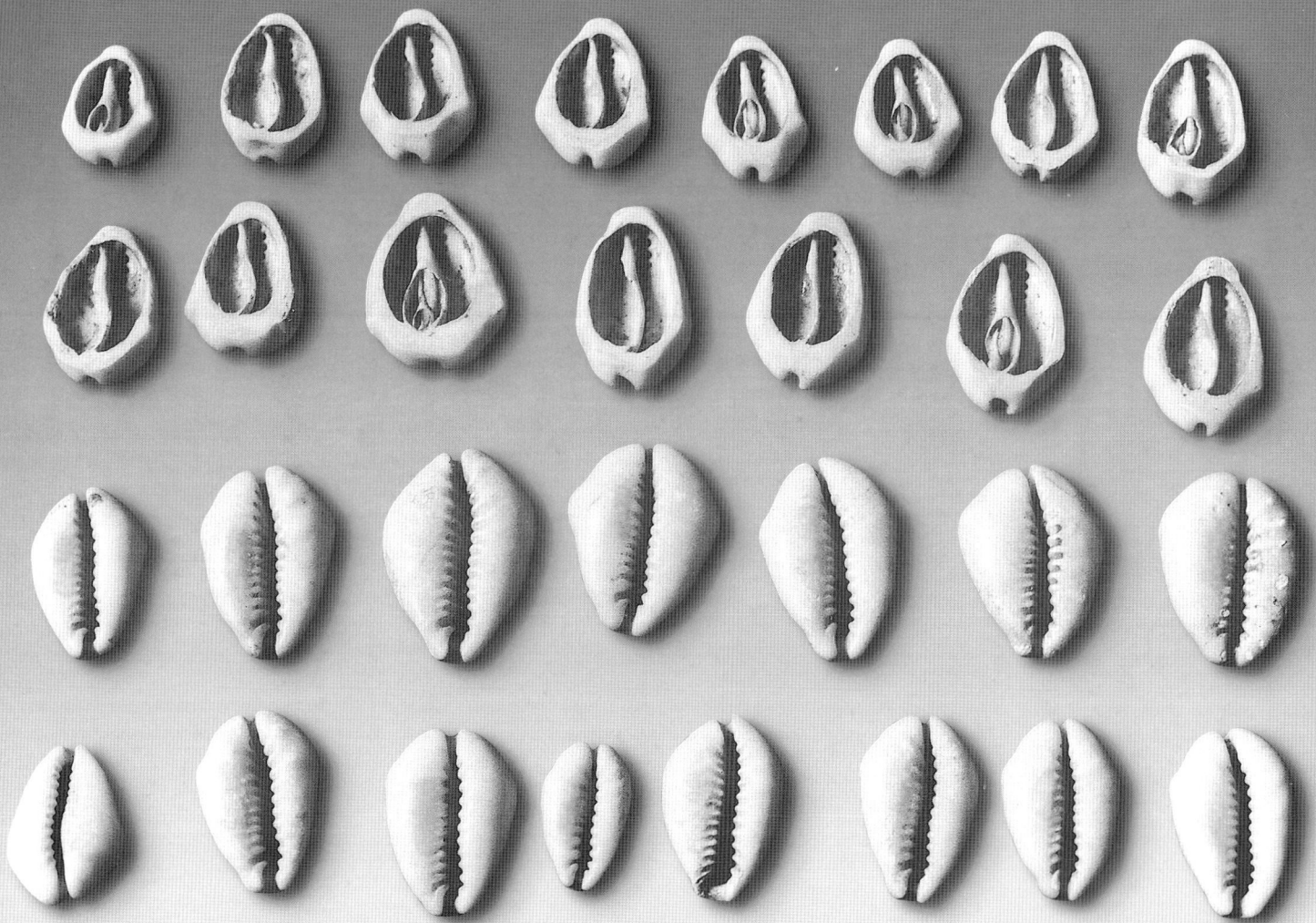

图版五七　磨平海贝（M57：2）

图版五八　蚶蛤蜊壳（M102：5）

1. 蚶蛤蜊壳（M34：15）

2. 文蛤蜊壳（M18：1～4）

3. 文蛤蜊壳（左 M112：3 右 M112：4）

1. 河蚌（M104∶56）

2. 骨喜形器（MK1∶1）

3. 角牌饰（左 MK1∶2　中 MK1∶3　右 MK1∶4）

图版六〇　蚌器、骨器、角器